100% FLE

B1

Grammaire essentielle du français

37 leçons • 10 bilans

Ludivine Glaud, Yves Loiseau, Élise Merlet pour les leçons

Marion Perrard, Odile Rimbert pour la grammaire contrastive

Français Langue Étrangère

Dans votre navigateur, saisissez didierfle.app et flashez les pages de votre livre pour un accès direct aux audios avec votre smartphone ou votre tablette !

Crédits photographiques : Amarante/Shutterstock LdD Dec 2014 © 145230244, PHOTOCREO Michal Bednarek ; 79265284, Marzolino ; 137333393, m.bonotto ; 171331082, Syda Productions ; 232866100, Volt Collection ; 162289508, Hasloo Group Production Studio ; 161354726, ilolab ; 180890471, Monkey Business Images ; 89899735, SipaPhoto ; 451427, Lori Sparkia ; 77787970, Horiyan ; 171245753, Pekka Nikonen ; 121852696, Olesia Bilkei ; 144959950, racorn ; 201457808, racorn ; 139942111, Tyler Olson ; 154176629, William Perugini ; 193637351, MJTH ; 79154713, Pawel Kazmierczak ; 107606312, Zurijeta ; 137657909, Rido ; 137657909, Rido ; 133368206, razihusin ; 76713919, Igor Bulgarin ; 101011498, auremar ; 12567610, Pressmaster ; 159963464, Smileus ; 101697775, Blend Images ; 125618024, auremar ; 125875172, gpointstudio ; 126378476, Andresr ; 137002709, CandyBox Images ; 168757025, Anton_Ivanov ; 183064256, Serhiy Shullye ; 204629917, Aleks vF ; 159773816, koosen ; 196249826, Everything ; 173833937, Image Point Fr ; 219651598, Nadya Lukic ; 87753514, ifong ; 122692906, nevodka ; 101379130, andersphoto ; 173223272, RomanSlavik.com ; 4855540, Brasiliao ; 120259810, ChameleonsEye ; 96030377, erichon ; 191699726, Iakov Filimonov ; 55768960, Paul McKinnon ; 136018736, Ikonoklast Fotografie ; 109161155, Goodluz

Édition : Valentine Pillet / Illustrations : Joëlle Passeron / Couverture : olo.éditions / Maquette : amarantedesign

©Didier FLE, une marque des éditions Hatier, Paris, 2023 / ISBN 978-2-278-10925-8

Achevé d'imprimer en Espagne en mars 2023 par Macrolibros – Dépot légal : 10925/01

éditions didier s'engagent pour l'environnement en réduisant l'empreinte carbone de leurs livres. Celle de cet exemplaire est de : 1,2 kg éq. CO$_2$ Rendez-vous sur www.editionsdidier-durable.fr

PAPIER À BASE DE FIBRES CERTIFIÉES

Avant-propos

La *Grammaire essentielle du français* a été conçue pour l'étude du fonctionnement syntaxique et morphologique du français.

Un ouvrage qui s'adresse à un large public
- Les étudiants de français langue étrangère, en cours d'apprentissage (niveau B1[1]) ;
- Les personnes installées en France ou dans un pays francophone, ou en projet d'installation, et souhaitant mieux maîtriser le français ;
- Les enseignants de français langue étrangère qui pourront l'utiliser comme matériel de cours.

Une méthode visant l'autonomie de l'apprenant
- Cette grammaire s'articule autour de 37 points de langue. Chaque leçon comprend :
  - une démarche de découverte de la grammaire par l'**observation** et la **réflexion**,
  - un exposé synthétique de **la règle** avec un minimum de métalangage,
  - des **exercices de difficulté progressive**.
- En fin d'ouvrage, les corrigés et les bilans offrent la possibilité d'une **autocorrection** et d'une **autoévaluation**.

Un outil actuel et complet
- Les points de langue y sont exposés dans des **situations de communication de la vie quotidienne**.
- À la démarche systématique est associée une **dimension communicative** par le biais d'exercices de production écrite et d'exercices de prise de parole en continu ou en interaction.
- La **grammaire de l'oral** y est développée et mise en œuvre par des dialogues et des activités systématiques de compréhension de l'oral et de production orale.
- Le **support audio** (sur CD mp3 et en ligne à l'adresse www.centpourcentfle.fr) permet l'écoute de tous les dialogues et la mise en œuvre des exercices
  - pour repérer les incidences orales de la grammaire,
  - pour lier la compréhension et la production orale.
- Les pages consacrées à la **grammaire contrastive** anglais-français et espagnol-français offrent aux étudiants un outil complémentaire pour éviter les erreurs selon les langues sources.
- Les **renvois** d'une leçon à l'autre et l'index en fin d'ouvrage facilitent le repérage des points de langue et la circulation au sein de l'ouvrage.
- Le **tableau des conjugaisons** et une **liste de verbes avec prépositions** sont des éléments de référence essentiels.

Que ce voyage 100 % grammatical soit riche et ludique !

Les auteurs

---

1. du Cadre européen commun de référence pour les langues

Sommaire

Mode d'emploi

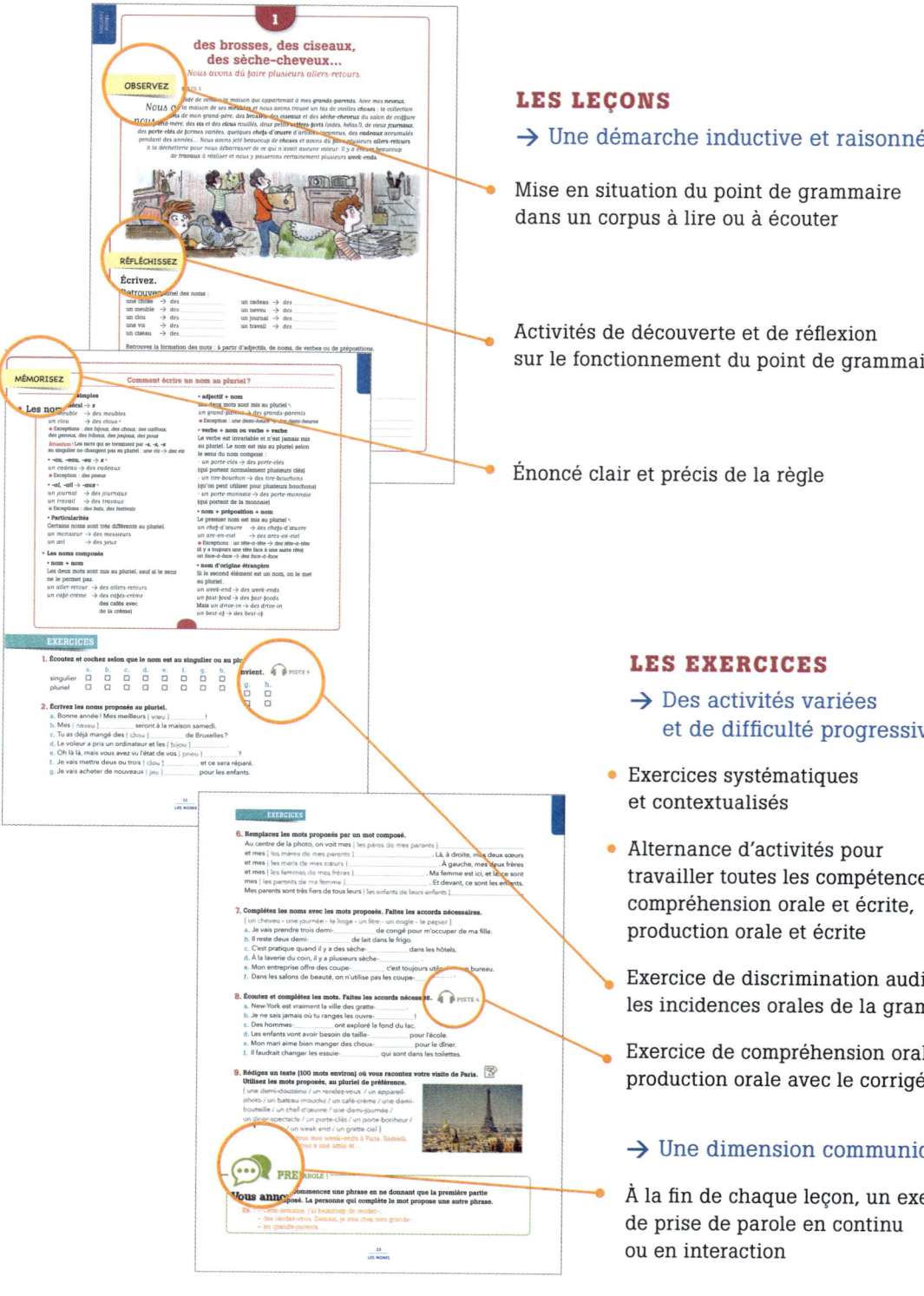

LES LEÇONS

→ Une démarche inductive et raisonnée

Mise en situation du point de grammaire dans un corpus à lire ou à écouter

Activités de découverte et de réflexion sur le fonctionnement du point de grammaire

Énoncé clair et précis de la règle

LES EXERCICES

→ Des activités variées et de difficulté progressive

- Exercices systématiques et contextualisés

- Alternance d'activités pour travailler toutes les compétences : compréhension orale et écrite, production orale et écrite

Exercice de discrimination auditive : les incidences orales de la grammaire

Exercice de compréhension orale / production orale avec le corrigé

→ Une dimension communicative

À la fin de chaque leçon, un exercice de prise de parole en continu ou en interaction

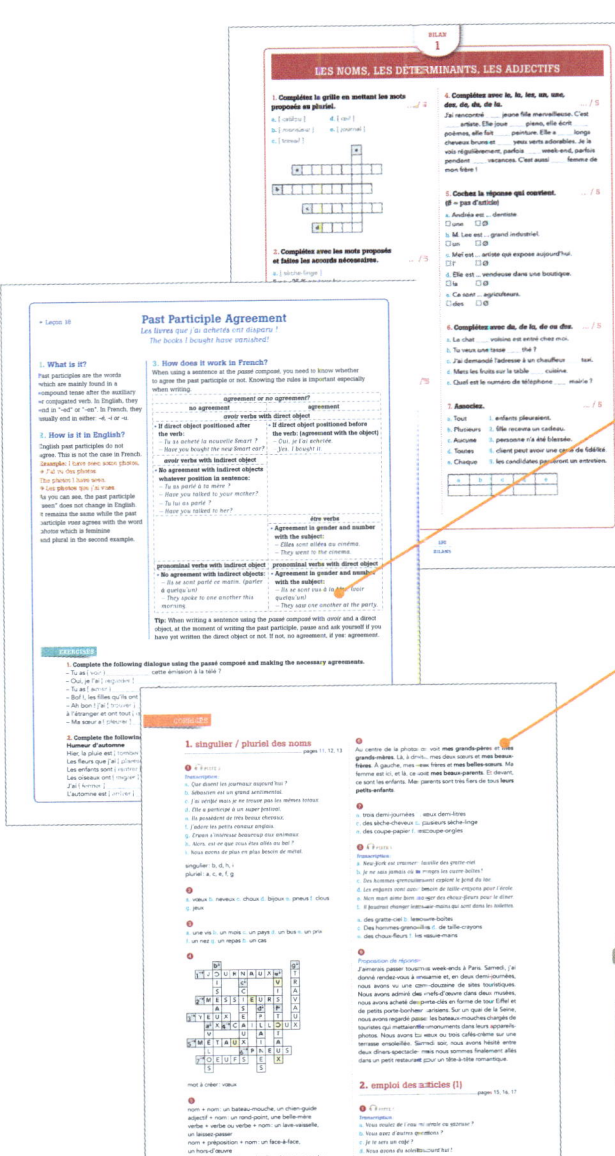

LES BILANS

→ 10 tests d'évaluation
avec score sur 60 points

LA GRAMMAIRE CONTRASTIVE

→ Étude des difficultés propres
aux apprenants anglophones
et hispanophones, avec
exercices à l'appui

LES CORRIGÉS

→ Avec transcription
de tous les textes audio

LES DIALOGUES ET EXERCICES ENREGISTRÉS

→ Dans votre navigateur,
saisissez **didierfle.app** et
flashez les pages de votre livre
pour un accès direct aux audios.

LE TABLEAU DES CONJUGAISONS

→ Avec les principaux verbes

L'INDEX

→ Pour un accès rapide
aux différents points de langue
du niveau B1

des brosses, des ciseaux, des sèche-cheveux...

Nous avons dû faire plusieurs allers-retours.

*Nous avons décidé de vendre la maison qui appartenait à mes **grands-parents**. Avec mes **neveux**, nous avons vidé la maison de ses **meubles** et nous avons trouvé un tas de vieilles **choses** : la collection de **tire-bouchons** de mon grand-père, des **brosses**, des **ciseaux** et des **sèche-cheveux** du salon de coiffure de ma grand-mère, des **vis** et des **clous** rouillés, deux petits **coffres-forts** (vides, hélas !), de vieux **journaux**, des **porte-clés** de formes variées, quelques **chefs-d'œuvre** d'artistes inconnus, des **cadeaux** accumulés pendant des années... Nous avons jeté beaucoup de **choses** et avons dû faire plusieurs **allers-retours** à la déchetterie pour nous débarrasser de ce qui n'avait aucune valeur. Il y a encore beaucoup de **travaux** à réaliser et nous y passerons certainement plusieurs **week-ends**.*

RÉFLÉCHISSEZ

Écrivez.

Retrouvez le pluriel des noms :

une chose	→ des _____		un cadeau	→ des _____
un meuble	→ des _____		un neveu	→ des _____
un clou	→ des _____		un journal	→ des _____
une vis	→ des _____		un travail	→ des _____
un ciseau	→ des _____			

Retrouvez la formation des mots : à partir d'adjectifs, de noms, de verbes ou de prépositions.

un aller-retour	→ un aller et un retour	→ nom	+	nom
un grand-parent	→ grand + un parent	→ _____	+	_____
un coffre-fort	→ un coffre + fort	→ _____	+	_____
un porte-clés	→ porter des clés	→ _____	+	_____
un tire-bouchon	→ tirer un bouchon	→ _____	+	_____
un chef d'œuvre	→ un chef + de + une œuvre	→ _____	+	_____ + _____

Retrouvez le pluriel des noms composés :

un aller-retour	→ des _____		un tire-bouchon	→ des _____
un grand-parent	→ des _____		un chef-d'œuvre	→ des _____
un coffre-fort	→ des _____		un week-end	→ des _____
un porte-clés	→ des _____			

Comment écrire un nom au pluriel ?

• **Les noms simples**

• En général → s

un meuble → des meubles
un clou → des clous*

* Exceptions : *des bijoux, des choux, des cailloux, des genoux, des hiboux, des joujoux, des poux*

Attention ! Les mots qui se terminent par **-s, -z, -x** au singulier ne changent pas au pluriel : *une vis → des vis*

• -au, -eau, -eu → x*

un cadeau → des cadeaux

* Exception : *des pneus*

• -al, -ail → -aux*

un journal → des journaux
un travail → des travaux

* Exceptions : *des bals, des festivals*

• Particularités

Certains noms sont très différents au pluriel.
un monsieur → des messieurs
un œil → des yeux

• **Les noms composés**

• nom + nom

Les deux mots sont mis au pluriel, sauf si le sens ne le permet pas.
un aller-retour → des allers-retours
un café-crème → des cafés-crème
(des cafés avec de la crème)

• adjectif + nom

Les deux mots sont mis au pluriel*.
un grand-parent → des grands-parents

* Exception : *une demi-heure → des demi-heures*

• verbe + nom ou verbe + verbe

Le verbe est invariable et n'est jamais mis au pluriel. Le nom est mis au pluriel selon le sens du nom composé :
- un porte-clés → des porte-clés
(qui portent normalement plusieurs clés)
- un tire-bouchon → des tire-bouchons
(qu'on peut utiliser pour plusieurs bouchons)
- un porte-monnaie → des porte-monnaie
(qui portent de la monnaie)

• nom + préposition + nom

Le premier nom est mis au pluriel*.
un chef-d'œuvre → des chefs-d'œuvre
un arc-en-ciel → des arcs-en-ciel

* Exceptions : *un tête-à-tête → des tête-à-tête*
(il y a toujours une tête face à une autre tête)
un face-à-face → des face-à-face

• nom d'origine étrangère

Si le second élément est un nom, on le met au pluriel.
un week-end → des week-ends
un fast-food → des fast-foods
Mais un drive-in → des drive-in
un best-of → des best-of

EXERCICES

1. Écoutez et cochez selon que le nom est au singulier ou au pluriel. 🎧 PISTE 3

	a.	b.	c.	d.	e.	f.	g.	h.	i.
singulier	☐	☐	☐	☐	☐	☐	☐	☐	☐
pluriel	☐	☐	☐	☐	☐	☐	☐	☐	☐

2. Écrivez les noms proposés au pluriel.

a. Bonne année ! Mes meilleurs [vœu] _____ !

b. Mes [neveu] _____ seront à la maison samedi.

c. Tu as déjà mangé des [chou] _____ de Bruxelles ?

d. Le voleur a pris un ordinateur et les [bijou] _____ .

e. Oh là là, mais vous avez vu l'état de vos [pneu] _____ ?

f. Je vais mettre deux ou trois [clou] _____ et ce sera réparé.

g. Je vais acheter de nouveaux [jeu] _____ pour les enfants.

EXERCICES

3. **Soulignez le nom qui ne change pas au pluriel.**

a. un clou – une vis – un écrou

b. un jour – une semaine – un mois

c. une région – un pays – un continent

d. un vélo – une voiture – un bus

e. un prix – une taxe – une réduction

f. un œil – un nez – une dent

g. un repas – un dîner – un festin

h. une situation – un fait – un cas

4. **Complétez la grille en mettant les mots au pluriel.**

1. [un journal] **a.** [un vélo]
2. [un monsieur] **b.** [un oiseau]
3. [un œil] **c.** [un ciseau]
4. [un caillou] **d.** [une plaine]
5. [un métal] **e.** [une vis]
6. [un pneu] **f.** [un total]
7. [un œuf] **g.** [un travail]

Remettez dans l'ordre les lettres des cases jaunes pour écrire un mot au pluriel : ....

5. **Classez les mots selon leur formation. Puis complétez les phrases avec ces mots au pluriel.**

[un rond-point / un bateau-mouche / un chien-guide / un lave-vaisselle / une belle-mère / un face-à-face / un hors-d'œuvre / un laissez-passer]

nom + nom	adjectif + nom	verbe + verbe ou verbe + nom	nom + préposition + nom
....	....	....	....
	....	....	....

a. Les .... facilitent la circulation des voitures.

b. Notre magasin vous offre -15 % sur tous les ....

c. Les touristes aiment beaucoup visiter Paris avec les ....

d. Nous recherchons des familles pour élever nos .... d'aveugle.

e. On raconte beaucoup de méchantes histoires à propos des ....

f. Pendant les élections, nous proposons des .... entre les candidats.

g. Pour le buffet, on peut mettre des .... froids ou chauds.

h. Vous devrez montrer vos .... pour sortir de la ville.

6. **Remplacez les mots proposés par un mot composé.**

Au centre de la photo, on voit mes [les pères de mes parents] _____
et mes [les mères de mes parents] _____. Là, à droite, mes deux sœurs
et mes [les maris de mes sœurs] _____. À gauche, mes deux frères
et mes [les femmes de mes frères] _____. Ma femme est ici, et là, ce sont
mes [les parents de ma femme] _____. Et devant, ce sont les enfants.
Mes parents sont très fiers de tous leurs [les enfants de leurs enfants] _____.

7. **Complétez les noms avec les mots proposés. Faites les accords nécessaires.**

[un cheveu – une journée – le linge – un litre – un ongle – le papier]

a. Je vais prendre trois demi-_____ de congé pour m'occuper de ma fille.

b. Il reste deux demi-_____ de lait dans le frigo.

c. C'est pratique quand il y a des sèche-_____ dans les hôtels.

d. À la laverie du coin il y a plusieurs sèche-_____.

e. Mon entreprise offre des coupe-_____, c'est toujours utile dans un bureau.

f. Dans les salons de beauté, on n'utilise pas les coupe-_____.

8. **Écoutez et complétez les mots. Faites les accords nécessaires.**  PISTE 4

a. New-York est vraiment la ville des gratte-_____.

b. Je ne sais jamais où tu ranges les ouvre-_____!

c. Des hommes-_____ ont exploré le fond du lac.

d. Les enfants vont avoir besoin de taille-_____ pour l'école.

e. Mon mari aime bien manger des choux-_____ pour le dîner.

f. Il faudrait changer les essuie-_____ qui sont dans les toilettes.

9. **Rédigez un texte (100 mots environ) où vous racontez votre visite de Paris. Utilisez les mots proposés, au pluriel de préférence.**

[une demi-douzaine / un rendez-vous / un appareil-
photo / un bateau-mouche / un café-crème / une demi-
bouteille / un chef-d'œuvre / une demi-journée /
un dîner-spectacle / un porte-clés / un porte-bonheur /
un tête-à-tête / un week-end / un gratte-ciel]

J'aimerais passer tous mes week-ends à Paris. Samedi,
j'ai donné rendez-vous à une amie et…

PRENEZ LA PAROLE !

10. **À tour de rôle, commencez une phrase en ne donnant que la première partie d'un nom composé. La personne qui complète le mot propose une autre phrase.**

Ex. : – Cette semaine, j'ai beaucoup de rendez-…
     – des rendez-vous. Demain, je vais chez mes grands-…
     – les grands-parents.

le, la, les, un, une, des, du, de la

On va servir du riz avec le poisson ?

OBSERVEZ 🎧 PISTE 5

① *Les clients ont commandé **une** entrée ?*

*Non, ils n'aiment pas **la** soupe.*

② *On va servir **du** riz avec le poisson ?*

*Oui, nous avons **un** riz délicieux qui vient de Thaïlande.*

③ *J'ai prévu **des** cerises pour décorer le gâteau.*

*Ils veulent **de la** sauce avec le poisson ?*

*Oui bien sûr, **la** sauce que tu as préparée.*

*Je n'ai pas trouvé **de** cerises.*

*Ah oui, ce ne sont pas **des** cerises, ce sont **des** prunes !*

④ *Les clients ne veulent pas **du** poulet mais **de la** viande de bœuf.*

⑤ *Ici, nous cuisinons **des** légumes frais. Le chef veut que les clients mangent **de** bons légumes.*

*Je ne veux pas **un** concombre, je veux **une** courgette.*

RÉFLÉCHISSEZ

1. Associez. ①

une entrée ○   ○ On peut compter la quantité (une, deux, trois…).

de la sauce ○   ○ On ne peut pas compter la quantité.

la soupe ○   ○ Le nom est général.

la sauce que j'ai préparée ○   ○ Le nom est précisé.

2. Écrivez. ②

Dans la réponse, quel est le mot placé après *riz* ? _____

La présence de ce mot oblige à utiliser quel article ? _____

3. Écrivez. ③

Quel article est utilisé dans la phrase affirmative ? _____ et dans la phrase négative ? _____

À la forme négative, avec le verbe *être*, quel est l'article utilisé ? _____

4. Cochez. ④

Quand on oppose deux éléments dans une phrase négative,

☐ on utilise l'article *de*.   ☐ on utilise l'article indéfini (*un, une, des*) ou l'article partitif (*du, de la*).

5. Associez. ⑤

On emploie *des* ○   ○ quand l'adjectif est placé après le nom pluriel.

On emploie *de* ○   ○ quand l'adjectif est placé avant le nom pluriel.

Quel article choisir ?

- **Devant un nom général, déterminé ou connu de tous**
  On utilise les articles définis **le, la, les.**
  la soupe / la sauce que j'ai préparée

- **Devant un nom indéterminé ou comptable**
  On utilise les articles indéfinis **un, une, des.**
  une entrée / des cerises

- **Devant un nom non comptable**
  On utilise les articles partitifs **du, de la.**
  du riz / de la sauce

  Attention ! Dans une **phrase négative**, *un, une, des du, de la*, se transforment en **de** :
  J'ai prévu des cerises. → Je n'ai pas trouvé de cerises.
  Sauf avec la forme « ce n'est pas » :
  Ce sont des cerises. → Ce ne sont pas des cerises.

- **Quand on oppose deux éléments dans la phrase négative**
  On utilise l'article indéfini **un, une, des** ou partitif **du, de la.**
  Je ne veux pas un concombre, je veux une courgette. / Les clients ne veulent pas du poulet mais de la viande de bœuf.

- **Quand un adjectif précise un nom**
  On remplace les articles définis **le, la, les,** et les articles partitifs **du, de la,** par les articles indéfinis **un, une, des :**
  On va servir du riz. / Nous avons un riz délicieux.

  Attention ! Quand l'**adjectif est devant le nom,** *des* est remplacé par **de** : *des légumes → de bons légumes*

EXERCICES

1. **Écoutez et, pour chaque phrase, cochez les cases des articles que vous entendez.** 🎧 PISTE 6

	a.	b.	c.	d.	e.	f.	g.	h.
un, une, des	☐	☐	☐	☐	☐	☐	☐	☐
de, d'	☐	☐	☐	☐	☐	☐	☐	☐
le, l', la, les	☐	☐	☐	☐	☐	☐	☐	☐
du, de l', de la	☐	☐	☐	☐	☐	☐	☐	☐

2. **Soulignez la proposition qui convient.**

   a. – Tu connais [les / des] musées intéressants à Paris ?
      – Oui, j'ai déjà visité [le / un] Musée d'Orsay et [le / un] Louvre.

   b. – Voici [le / un] thé que vous avez commandé !
      – Merci, mais j'avais demandé [le / un] jus de fruit !

   c. – [Le / Un] vent souffle fort sur les côtes bretonnes en hiver.

   d. – Nous avons passé [les / des] vacances d'hiver extraordinaires ! Il y avait [la / une] belle neige fraîche sur les pistes !

   e. – Pourquoi tu boites ?
      – J'ai mal à [le / un] pied depuis que j'ai couru [le / un] marathon de Paris.

   f. – On peut se voir [le / un] mercredi du mois prochain ?
      – Non, je ne suis jamais libre [le / un] mercredi, [le / un] samedi plutôt ?

   g. – J'ai mal à [la / une] tête depuis ce matin.
      – Si tu prends [le / un] comprimé, tu iras mieux.

   h. – [La / Une] philosophie est [la / une] science difficile à comprendre.

EXERCICES

3. Soulignez l'article qui convient.

a. [Le / Du] chocolat est riche en magnésium et bon pour [le /du] moral.

b. [La / De la] neige a recouvert les sommets au début du mois de décembre.

c. Si j'avais [le / du] temps, je pourrais aller voir [les / des] amis en Espagne.

d. Il faut [la / de la] passion et [le / du] courage pour écrire un roman.

e. Au printemps, quand [le / du] soleil revient, il y a [le / du] monde aux terrasses des cafés.

f. – Tu as terminé [le / du] projet pour notre client suédois ?

– Non, je n'ai pas encore trouvé [le / du] temps nécessaire pour le terminer.

g. – Tu as visité [les / des] vignobles français pendant tes vacances ?

– Oui, et j'ai découvert que [le / du] champagne était produit près de Reims !

4. Complétez avec *le, la, les, un, une, des, du, de la.*

.... échange de maisons est .... nouveau moyen de se loger pendant .... vacances tout en économisant .... argent.

.... concept est simple, il suffit de s'inscrire sur .... site « trocmaison.com ». Vous indiquez .... informations importantes sur votre maison ou votre appartement. Ensuite, vous cherchez .... maison qui vous intéresse sur .... site.

Il y a bien sûr .... surprises, mais en général, cela permet de faire .... rencontres enrichissantes et de passer .... vacances inoubliables.

5. Complétez avec *le, la, les, un, une, des, du, de la.*

– Allô Karine ! Comment tu vas ? On ne s'est pas parlé depuis .... semaines !

– Je vais bien, merci. Oui je crois qu'on s'est croisées .... mois dernier mais on n'a pas eu .... temps de bavarder.

– Alors ? Tu as .... nouveau fiancé ? C'est .... gentil garçon ?

– Oui, c'est .... homme charmant ! Il fait .... sport, il joue .... guitare, il aime .... théâtre. On organise .... fête bientôt. Tu pourras le rencontrer ! Cela devait être .... samedi 15 juin mais il s'est cassé .... jambe droite .... semaine dernière. Alors, on a reporté .... soirée au 25 août.

– Quel dommage ! Il va me falloir .... patience pour attendre jusqu'en août !

6. À l'oral, transformez les phrases en ajoutant l'adjectif proposé.

Ex. : J'ai des chapeaux [grand] ➔ J'ai de grands chapeaux.

a. Ils mangent un gâteau. [gros]

b. Tu as visité des villes. [joli]

c. Nous dormons dans un château. [vieux]

d. Elle m'a accueilli avec un sourire. [grand]

e. Ils cuisinent des plats. [excellent]

f. On a acheté une maison. [petit]

g. Nous avons passé des vacances à Paris. [bon]

h. Vous serez en contact avec des services. [autre]

7. À l'oral, transformez, les phrases à la forme négative.

Ex. : J'achète des roses pour la fête des mères. → Je n'achète pas de roses pour la fête des mères.

a. Elle connaît les règles de politesse.

b. Je prends du sucre.

c. Tu as de la mémoire.

d. Vous prenez le train pour aller travailler ?

e. Je prendrai un jus d'orange avec mon croissant.

f. Vous parlez des langues étrangères ?

g. J'ai de l'argent pour payer le voyage.

h. Je cherche une nouvelle maison.

8. Écoutez et, à l'oral, répondez négativement à l'aide des mots proposés. PISTE 7

Ex. : [un collier] → Il ne m'a pas offert une bague mais un collier.

a. [une tablette]

b. [du thé]

c. [une maison]

d. [des amis]

e. [un paiement en espèces]

f. [une lettre de recommandation]

9. Complétez l'histoire avec les articles (définis, indéfinis, partitifs).

.... journées du patrimoine sont organisées .... fois par an dans .... France entière. Ce jour-là, ... musées et .... monuments sont gratuits pour .... grand public. .... nombreuses personnes profitent de cette journée pour découvrir .... lieu qu'elles ne connaissent pas. En général, ... visites gratuites ont .... succès, et il faut .... patience pour entrer dans .... musée du Louvre ou pour monter .... marches du Mont-Saint-Michel ! Mais ce n'est pas .... seule occasion pour visiter .... musées gratuitement. En effet, ... dimanche par mois, en général .... premier dimanche du mois, on ne paie pas .... droit d'entrée pour visiter .... musées.

10. Rédigez un texte (environ 75 mots) pour décrire la photo en utilisant *le, la, les, un, une, des, de, du, de la* et les mots proposés.

[pique-nique – jus de fruit – chocolat – gâteau – boisson – panier – soleil – dimanche – famille – campagne – confiture – football – sieste]

Dimanche, j'ai fait un pique-nique à la campagne.

 **PRENEZ LA PAROLE !**

11. Un hôtel recherche un employé pour la réception. Vous voulez présenter votre candidature. Exposez toutes les compétences et qualités qui vous permettront d'obtenir cet emploi.

Ex. : – Le réceptionniste est la première personne que les clients rencontrent à l'hôtel…

3

un, une, des, de, du, de la, Ø

Il est écrivain. Il rêve d'aventures !

OBSERVEZ 🎧 PISTE 8

1 *Mon frère est écrivain.*
*Marc est **un** écrivain de l'école Molière.*
*Marc est **un** écrivain qui publie des romans policiers.*
*Marc est **un** célèbre écrivain.*

2 *Il a acheté **des** livres.*
*Il a acheté beaucoup **de** livres.*
3 *Il a besoin **de** temps.*
*Il rêve **d'**aventures.*

4 *Il a besoin **du** temps nécessaire pour terminer son roman.*
*Il rêve **des** aventures de Robinson Crusoé.*
5 *Il écrit un roman **d'**amour.*
*Marc lit le roman **du** gagnant du prix Goncourt.*

RÉFLÉCHISSEZ

1. Cochez. 1
Dans la 1re phrase,
- après le verbe, on trouve ☐ un nom ☐ un adjectif.
- l'article *un* est présent. ☐ vrai ☐ faux

2. Soulignez les propositions correctes. 1
On n'utilise pas d'article quand le verbe *être* est suivi d'un [nom / adjectif] qui [est / n'est pas] précisé par un adjectif ou un complément.

3. Cochez. 2
Dans la 2e phrase, que se passe-t-il quand on utilise *beaucoup de*?
☐ On conserve l'article *des*.   ☐ On supprime l'article *des*.

4. Cochez. 3
Quand, après le verbe (*a besoin / rêve*), on trouve la préposition (*de*), utilise-t-on un article? ☐ oui ☐ non

5. Cochez 4
Dans *Il rêve des aventures de Robinson Crusoé*,
☐ on précise le type d'aventures. ☐ on ne précise pas, on parle des aventures en général.

Quand, après le verbe (*il rêve*), on trouve un nom précisé, la préposition (*de*)
☐ ne change pas.   ☐ est contractée avec l'article défini.

6. Cochez 5
Le complément du nom *amour* est ☐ un nom générique ☐ un nom précisé.

Le complément de nom *gagnant du prix Goncourt* est ☐ un nom générique ☐ un nom précisé.

Quand le nom (*roman*) est complété par un nom générique, il est suivi par ☐ *de* ☐ l'article contracté avec *de*.

Quand le nom (*roman*) est complété par un nom précisé, il est suivi par ☐ *de* ☐ l'article contracté avec *de*.

Quand utiliser l'article ?

- **Avec article**

  - *être* + *un / une / des* + nom précisé
  Marc est un célèbre écrivain.

  - verbe + *au / à la / à l' / aux / du** */ de la / de l' / des** + nom précisé
  Il rêve des aventures de Robinson Crusoé.

  - pour exprimer la quantité : *un / une / des* + nom
  Il a acheté des livres.

  - nom + *du** */ de la / de l' / des* + complément du nom précisé
  le roman du gagnant du prix Goncourt

  * Remarque L'article défini est ici associé à la préposition (*de* ou *à*) qui lie le nom et son complément.

- **Sans article (Ø)**

  - *être* + nom sans précision
  Mon frère est écrivain.

  - verbe + *de* + nom sans précision
  Il a besoin de temps.

  - expression de la quantité + nom
  Il a acheté beaucoup de livres.

  - nom + complément du nom (générique)
  Il lit un roman d'amour.

EXERCICES

1. Écoutez et, pour chaque phrase, cochez la case qui convient. 🎧 PISTE 9

	a.	b.	c.	d.	e.	f.	g.	h.
article	☐	☐	☐	☐	☐	☐	☐	☐
absence d'article	☐	☐	☐	☐	☐	☐	☐	☐

2. Cochez la réponse qui convient (Ø = pas d'article).

a. Son père est … avocat réputé.   ☐ un   ☐ Ø

b. Arthur est … médecin à la campagne.   ☐ le   ☐ Ø

c. Aurélie et Lionel sont … nouveaux voisins.   ☐ les   ☐ Ø

d. Elle est … directrice de son entreprise.   ☐ une   ☐ Ø

e. C'est … professeur de chimie de notre fils.   ☐ le   ☐ Ø

f. Émilie est … meilleure joueuse de son équipe.   ☐ la   ☐ Ø

3. Soulignez la proposition qui convient.

a. Jean Dujardin est [un / Ø] acteur qui a joué dans de nombreux films.

b. Elle est [une / Ø] présidente de l'association sportive de sa commune.

c. Vincent est [un / Ø] grand sportif.

d. Zehor est [une / Ø] vendeuse dans un magasin de vêtements.

e. Ses parents sont [des / Ø] propriétaires d'un restaurant.

f. Ce sont [des / Ø] musiciens de la fête.

4. À l'oral, reconstituez les groupes nominaux.

Ex. : [une paire / les lunettes] → – une paire de lunettes

a. [un livre / la poche]

b. [des chaussures / le sport]

c. [un chef / l'entreprise]

d. [une bouteille / le lait]

e. [une table / le jardin]

f. [un film / les aventures]

g. [une musique / le film]

h. [une feuille / les notes]

i. [une porte / le garage]

EXERCICES

5. **Soulignez la proposition qui convient.**

a. une lettre [d' / de l'] amour

b. la décision [de / du] juge

c. le titre [de / de la] nouvelle chanson

d. un paquet [de / des] gâteaux

e. un acteur [de / du] film *Intouchables*

f. une tasse [de / du] café

g. le message [de / du] client

h. l'usine [de / du] recyclage

6. **Complétez avec *du, de la* ou *de*.**

a. Le chat est monté sur la table _____ cuisine.

b. Oh, regarde cette table _____ cuisine, elle est superbe, non ?

c. Les habitants organisent la fête _____ village.

d. On organise des fêtes _____ village partout en France.

e. Qui a laissé la lampe _____ bureau allumée ?

f. Je dois m'acheter une nouvelle lampe _____ bureau pour mon cabinet.

g. Marie a mangé un morceau _____ gâteau.

h. Il reste un morceau _____ gâteau que j'ai fait hier.

7. **À l'oral, faites des phrases à partir des mots proposés.**

Ex. : [je / parler de / travail] → – Je parle de travail.

a. [je / avoir besoin de / temps]

b. [elle / s'occuper de / enfants]

c. [nous / manquer de / argent]

d. [tu / rêver de / vacances]

e. [il / se servir de / Internet]

f. [ils / avoir envie de / calme]

g. [nous / parler de / sports]

h. [vous / changer de / voiture]

8. **Transformez les phrases avec les mots proposés et l'article qui convient.**

a. Jean est musicien. [célèbre]

→ Jean est un musicien célèbre.

b. Votre voisin est professeur. [de notre fils]

→ ....

c. Olivier est cuisinier. [de notre mariage]

→ ....

d. Amélie est danseuse. [à l'Opéra de Paris]

→ ....

e. Hélène est comédienne. [du cours Florent]

→ ....

f. Ce garçon rêve d'être astronaute. [qui va sur la Lune]

→ ....

g. Mickael est pilote. [qui a gagné beaucoup de prix]

→ ....

h. Cet homme est footballeur. [jeune]

→ ....

i. Cette femme est avocate. [de mon père]

→ ....

9. Écoutez et répondez oralement à la question PISTE 10
en utilisant l'expression de quantité proposée.

Ex. : [beaucoup de] → Il a acheté beaucoup de cadeaux pour sa famille.

a. [assez de]   **c.** [pas mal de]   **e.** [un peu de]   **g.** [des dizaines de]
b. [beaucoup de] **d.** [peu de]   **f.** [trop de]   **h.** [autant de]

10. **À l'oral, faites des phrases en utilisant les images et les expressions de quantité.**

[un peu de – beaucoup de – trop de – assez de – une tasse de – une cuillérée de – un morceau de]

11. **Complétez avec** *du, de la, des* **ou** *de.*

a. Nous parlons _____ temps passé avec nos amis d'enfance.

b. Elles ont dit beaucoup trop _____ mensonges pour qu'on leur fasse confiance.

c. Richard a acheté une douzaine _____ huîtres pour le déjeuner.

d. La majorité _____ employés de l'entreprise fait le pont pour le 1er Mai.

e. Vous avez besoin _____ conseils de vos parents.

f. Adeline rêve _____ soleil et _____ sable fin.

12. **Complétez avec des articles quand cela est nécessaire.**

Yannick Noah est _____ chanteur français. C'est _____ ancien joueur _____ tennis. Il a aussi été _____
capitaine de l'équipe de France de tennis. Aujourd'hui, Yannick Noah est _____ artiste que les
Français préfèrent. Cet ancien sportif est _____ homme sympathique et généreux. Il participe à
beaucoup _____ actions humanitaires et caritatives. Il s'occupe _____ vie de jeunes qui ont besoin
_____ aide. C'est aussi _____ membre actif _____ concert des Enfoirés pour aider les plus démunis.

13. **Rédigez la recette d'un plat de votre pays. Utilisez les articles nécessaires**
et les adverbes de quantité (*un peu de, beaucoup de, assez de, trop de***).**

Pour réussir de bonnes crêpes, il faut de la farine de froment, des œufs frais, un peu de sel...

💬 **PRENEZ LA PAROLE !**

14. **Par deux, jouez la conversation entre un serveur**
et un client en utilisant le menu et la liste
d'expressions.

[prendre – avoir envie de – avoir faim de – ne pas
aimer – ne pas vouloir – beaucoup de – trop de –
un peu de]

Ex. : – Je vais prendre une tartine de chèvre chaud.

Entrées	Desserts
Tartine de chèvre chaud	Tarte aux pommes
Tomates à la mozzarella	Éclair au chocolat
Plats	**Boissons**
Poisson du jour	Eau plate / gazeuse
Entrecôte	Jus de fruits
	Vin rouge

certains, plusieurs, n'importe quel, chaque, aucun, pas un, tout

On a rencontré plusieurs champions. Il a neigé toute la nuit.

QUANTITÉ INDÉTERMINÉE

OBSERVEZ 🎧 PISTE 11

1 *Il a neigé **toute** la nuit.*

Tous mes amis aiment faire du ski.

Toutes ces pistes sont difficiles.

2 *Certains champions ont gagné une médaille.*

Quelques champions sont venus signer des autographes.

*On a rencontré **plusieurs** champions.*

*J'ai dépensé **tout** mon argent pour mon séjour à la montagne.*

3 *Ils vont skier à **n'importe quelle** heure.*

Aucun champion n'est venu à la rencontre du public.

*À Tignes, on peut skier en **toute** saison.*

Tout skieur hors piste sera sanctionné.

RÉFLÉCHISSEZ

1. Cochez. 1

tout / toute signifie *la totalité de.*	☐ vrai	☐ faux
tous / toutes signifie *la totalité de.*	☐ vrai	☐ faux
tout / toute signifie *chaque.*	☐ vrai	☐ faux
tous / toutes signifie *chaque.*	☐ vrai	☐ faux

2. Cochez. 2

certains signifie ☐ pas un seul champion ☐ un ou deux champions parmi un groupe.
quelques signifie ☐ pas un seul champion ☐ un petit nombre de champions.
plusieurs signifie ☐ pas un seul champion ☐ plus d'un champion.
aucun signifie ☐ pas un seul champion ☐ un petit nombre de champions.

3. Écrivez. 2

aucun est-il suivi d'un article? _____
Quel mot accompagne *aucun*? _____

4. Cochez (plusieurs possibilités). 3

N'importe quelle heure signifie :
☐ à 8h, ou à 10h, ou à 23h, etc. ☐ 24 heures sur 24. ☐ à aucun moment.

Toute saison a le sens de :
☐ n'importe quelle saison. ☐ chaque saison. ☐ aucune saison.

Tout skieur a le sens de :
☐ n'importe quel skieur. ☐ chaque skieur. ☐ aucun skieur.

Comment exprimer une quantité indéterminée?

• **Pour exprimer la totalité**

tout + déterminant et nom masculins singuliers	***toute*** + déterminant et nom féminins singuliers	***tous*** + déterminant et nom masculins pluriels	***toutes*** + déterminant et nom féminins pluriels
tout le temps	toute la nuit	tous les amis	toutes les pistes
Tout mon / ton / son / notre / votre / leur argent	toute ma / ta / sa / notre / votre / leur famille	tous mes / tes / ses / nos / vos / leurs amis	toutes mes / tes / ses / nos / vos / leurs amies
tout ce voyage	toute cette histoire	tous ces skieurs	toutes ces pistes

Attention ! *tout* et *toute* utilisés seuls et au singulier peuvent avoir le sens de *chaque* ou *n'importe quel* :
On peut skier en toute saison. = *On peut skier à n'importe quelle saison.*
Tout skieur sera sanctionné. = *Chaque skieur sera sanctionné.*

• **Pour exprimer une valeur indéterminée**

certains + nom masculin pluriel	***certaines*** + nom féminin pluriel
certains champions	certaines championnes
plusieurs + nom pluriel	
plusieurs champions / championnes	
quelques + nom pluriel	
quelques champions / championnes	

• **Pour exprimer une chose ou une personne indéterminée**

n'importe quel + nom masculin singulier	***n'importe quelle*** + nom féminin singulier
n'importe quel moment	n'importe quelle heure

• **Pour exprimer l'absence totale**

aucun / pas un + nom masculin singulier	***aucune / pas une*** + nom féminin singulier
Aucun champion n'est venu. Pas un skieur n'est tombé.	Aucune championne n'est venue. Pas une skieuse n'est tombée.

Attention ! Avec *aucun*, *aucune* et *pas un*, *pas une*, on utilise *ne* devant le verbe.

EXERCICES

1. Écoutez et, pour chaque phrase, cochez la case qui convient. 🎧 PISTE 12

	a.	b.	c.	d.	e.	f.	g.	h.
aucun / aucune	☐	☐	☐	☐	☐	☐	☐	☐
certains	☐	☐	☐	☐	☐	☐	☐	☐
quelques	☐	☐	☐	☐	☐	☐	☐	☐
plusieurs	☐	☐	☐	☐	☐	☐	☐	☐
chaque	☐	☐	☐	☐	☐	☐	☐	☐
n'importe quel / quelle	☐	☐	☐	☐	☐	☐	☐	☐
tout / toute	☐	☐	☐	☐	☐	☐	☐	☐
tout le / toute la / tous les / toutes les	☐	☐	☐	☐	☐	☐	☐	☐

EXERCICES

2. **Transformez les phrases avec les mots proposés.**

a. Il n'a pas gardé de contact avec Frédéric.

[aucun] → Il n'a gardé aucun contact avec Frédéric.

b. Il n'a pas donné d'indication.

[aucune] → ....

c. Peu d'étudiants ont réussi l'examen.

[quelques] → ....

d. Elle fait confiance à plus d'une personne.

[plusieurs] → ....

e. Une partie des enfants a classe le mercredi matin.

[certains] → ....

f. Plus d'un acteur sont venus à l'avant-première du film.

[plusieurs] → ....

3. **Transformez les phrases en utilisant *aucun(e)*.**

a. Il m'a donné **des indications** pour aller chez lui.

→ Il ne m'a donné aucune indication pour aller chez lui.

b. Ce patron fait confiance à **ses employés**.

→ ....

c. **Des maisons** sont à vendre dans le quartier.

→ ....

d. **Les magasins** sont fermés le mardi.

→ ....

e. J'ai **une solution** à ton problème.

→ ....

4. **Écoutez et transformez oralement les phrases en utilisant *aucun(e)*.** 🎧 PISTE 13

Ex. : – Il n'a trouvé aucune solution.

5. **Soulignez la proposition qui convient (plusieurs possibilités).**

a. Vous pouvez nous contacter pour [tout / n'importe quelle] renseignement.

b. [Toute l' / Chaque / N'importe quelle] infraction au code de la route est sanctionnée.

c. Il peut arriver à [tout / n'importe quel] moment.

d. Elle cherche à réussir à [chaque / n'importe quel] prix.

e. [Tout mon / Chaque / N'importe quel] problème a une solution.

6. **À l'oral, transformez les phrases en utilisant *tout, toute, tous, toutes*.**

Ex.: La totalité de cette histoire est invraisemblable. → – Toute cette histoire est invraisemblable.

a. Chaque seconde compte lorsqu'on court le marathon.

b. Chaque dimanche, Lili court 10 kilomètres à pied.

c. Il cherche à réussir sa carrière par n'importe quel moyen.

d. Méline était tellement fatiguée qu'elle a dormi la totalité du week-end.

e. Nous avons investi la totalité de nos économies pour faire ce voyage.

7. **Complétez avec les déterminants indéfinis qui conviennent.**

Aujourd'hui, on peut utiliser Internet pour .... action du quotidien. Sandra, par exemple, fait .... ses courses sur Internet. Presque .... les supermarchés offrent un service « Drive » à .... leurs clients. Par contre, on ne peut pas acheter .... produit, ... aliments frais ne sont pas en ligne. .... fois, on peut refuser de prendre un sac de fruits qui ne nous convient pas. Sandra peut maintenant faire ses courses .... fois par semaine sans perdre de temps !

8. **Écoutez et répondez oralement avec les éléments proposés.** PISTE 14

Ex.: [faire - tout – famille – pique-nique] → – Oui, toute la famille fait un pique-nique.

a. [être - tout - livre - 5 €]

b. [être - tout - table - réservé]

c. [être - chaque - mercredi - fermé]

d. [avoir - quelques - questions]

e. [être - certains - articles - soldé]

f. [aucun - explication - donner]

9. **À l'oral, faites une seule phrase avec les deux déterminants indéfinis et les mots des deux listes (plusieurs possibilités).**

Ex. : [tous les – plusieurs]
→ Depuis plusieurs années, les clients préfèrent envoyer tous les contrats par courriel.

a. [chaque – certains]

b. [n'importe quelle - tous les]

c. [aucun – chaque]

d. [toute – plusieurs]

e. [chaque – aucune]

f. [chaque – plusieurs]

[signer – téléphoner – prendre – prévoir – partager – travailler ensemble – être mal équipé – fonctionner – faire]

[un rendez-vous – une décision – un contrat – une semaine – un client – la matinée – le voyage d'affaires – les réunions – une idée – les collègues – un bureau – un ordinateur – les salariés – l'entreprise – le directeur – une décision – un accord – l'année]

10. **Rédigez un texte (environ 75 mots) pour décrire la vie de Léa au bureau.**

Léa a tous les jours beaucoup de travail.

PRENEZ LA PAROLE !

11. **Choisissez un thème (loisirs, voyages, goûts, habitudes alimentaires) et questionnez vos camarades à ce sujet. Énoncez les réponses obtenues en utilisant les déterminants indéfinis.**

Ex. : – Certains étudiants ne prennent pas de petit-déjeuner. Tous les étudiants déjeunent...

la dernière réunion, un formidable espoir...

Les projets écologiques européens annoncés sont très ambitieux.

PLACE ET ACCORDS

 **OBSERVEZ** 🎧 **PISTE 15**

*C'est aujourd'hui la **dernière** réunion de cette **grande** rencontre **écologique**. Une **première** voiture **officielle noire** est arrivée il y a **cinq** minutes : la voiture de la délégation **allemande**.*

*Des décisions **politiques** et **économiques** sont très attendues et les projets **écologiques européens annoncés** sont ambitieux. La ministre **espagnole** a d'ailleurs fait hier une **surprenante** déclaration et on peut s'attendre à d'**autres** annonces **surprenantes** aujourd'hui, ce qui apporterait un **formidable** espoir face aux préoccupations **écologiques actuelles**.*

*Cette rencontre devrait donc se terminer admirablement dans les salles **or** et **rouge foncé** de Versailles qui accueillent les représentants **officiels**.*

RÉFLÉCHISSEZ

1. Soulignez les adjectifs placés avant le nom.
dernière – grande – première – officielle – noire – cinq – allemande – politiques – économiques – européens – espagnole – autres – or

2. Classez les adjectifs.
officielle – politiques – économiques – écologiques – surprenante – formidable
adjectifs objectifs (pas liés aux sentiments de la personne) : ....
adjectifs subjectifs (liés aux sentiments de la personne) : ....

3. Cochez.
Les adjectifs objectifs se placent ☐ avant le nom ☐ après le nom.
Les adjectifs subjectifs se placent ☐ avant le nom ☐ après le nom.

4. Écrivez.
Retrouvez les accords des adjectifs (masc. = masculin ; fém. = féminin ; sing. = singulier ; plu. = pluriel).
officiel → fém. sing. : .... → masc. plu. : ....
surprenant → fém. sing. : .... → fém. plu. : ....
or → fém. plu. : ....
rouge foncé → fém. plu. : ....

Où placer et comment accorder les adjectifs ?

- **La place des adjectifs**

  • **Avant le nom**

  – Les **adjectifs courts très fréquents** : *petit, grand, gros, beau, joli, bon, mauvais, jeune, vieux, vrai, faux, autre, nouveau, prochain*,* etc.

  cette grande rencontre

  – Les **adjectifs de classement** : *premier, deuxième, second, dernier*,* etc.

  une première voiture

  * *prochain* et *dernier* sont placés avant le nom *(le prochain train, la dernière personne…)* sauf quand ils indiquent une date *(la semaine prochaine, le mois dernier…).*

  • **Après le nom**

  – Les **adjectifs à valeur objective** (qui ne dépend pas de l'opinion de la personne qui parle).

  les projets écologiques / une voiture officielle

  – Les **adjectifs de nationalité, de couleur, de forme**.

  une voiture noire

  Ils ont un rôle de classification qui est secondaire par rapport aux adjectifs à valeur objective et viennent donc en dernier dans la liste des adjectifs.

  les projets écologiques européens / une voiture officielle noire

  – Les **adjectifs liés par** *et*, **placés à un même niveau**.

  les décisions politiques et économiques

  – Les **participes passés utilisés comme adjectifs** (ils sont placés en dernière position).

  les projets écologiques européens annoncés

  • **Avant ou après le nom**

  Les **adjectifs à valeur subjective** (qui dépend de l'opinion de la personne qui parle) : *formidable, splendide, magnifique, horrible, superbe, incompréhensible, étonnant…*

  – Placés avant le nom, ils sont mis en valeur et ils apportent une appréciation plus forte.

  La ministre a d'ailleurs fait une surprenante déclaration.

  – Placés après le nom, ils viennent à la suite des autres adjectifs qui sont toujours après le nom (adjectifs à valeur objective, de nationalité, de forme, de couleur).

  La rencontre aboutira à une décision politique européenne surprenante.

- **L'accord des adjectifs**

  • L'adjectif s'accorde **en genre et en nombre** avec le nom qu'il qualifie.

  une voiture officielle noire / les préoccupations écologiques actuelles

  • Quand **l'adjectif de couleur est issu du nom d'une chose** (*orange, marron, bordeaux, argent, or…*) il est **invariable**.

  des salles or / des chaussettes orange

  • Quand **l'adjectif de couleur est composé,** il est **invariable**.

  des salles rouge foncé / des yeux bleu clair

EXERCICES

1. **Écoutez et indiquez si l'adjectif est avant ou après le nom qu'il qualifie.** 🎧 PISTE 13

	a.	b.	c.	d.	e.	f.	g.	h.	i.	j.	k.
avant le nom	☐	☐	☐	☐	☐	☐	☐	☐	☐	☐	☐
après le nom	☐	☐	☐	☐	☐	☐	☐	☐	☐	☐	☐

2. **Soulignez les adjectifs. Classez-les dans le tableau et cochez les cases.**

a. Il travaille dans une école <u>maternelle</u>.
b. On a la date de la prochaine réunion ?
c. Quelle est votre adresse postale ?
d. Il a un comportement curieux.
e. La nouvelle machine arrive demain.
f. Tu as des idées merveilleuses.
g. Il est dans une situation inacceptable.
h. On recherche une personne trilingue.
i. On n'a pas d'autre solution.
j. Elle veut être assistante sociale.

adjectifs courts et fréquents	adjectifs objectifs	adjectifs subjectifs
	maternelle	
☐ avant ☐ après le nom	☐ avant ☐ après le nom	☐ avant ☐ après le nom

3. **Transformez en ajoutant l'adjectif proposé.**

a. Elle participe à un salon. [international] → <u>un salon international</u>
b. Tu pourrais me rendre un service ? [petit] → ....
c. On est allés dans un restaurant. [vietnamien] → ....
d. Faites entrer le candidat ! [suivant] → ....
e. Je voudrais louer une chambre. [meublée] → ....
f. Non, franchement, c'est une idée ! [mauvaise] → ....
g. J'ai pensé à une chose. [autre] → ....

4. **Ajoutez le mot *et* entre les deux adjectifs quand c'est nécessaire.**

a. Nous allons participer à une rencontre politique .... internationale.
b. Ils vont rencontrer les responsables coréens .... japonais.
c. Tes amis sont des personnes sympathiques .... accueillantes.
d. Ils ont fait une découverte scientifique .... importante.
e. Il a gagné de nombreuses compétitions nationales .... internationales.

5. **Complétez le texte avec les adjectifs proposés.**

[agréable – chaud – climatique – exceptionnelle – généreuses – géographique – grosses – humide – individuelles – jolies – noires – préféré – riches – sympathiques – tranquille]

Mon pays .... se situe dans une zone .... et .... qui bénéficie d'un climat .... et .... mais cependant très .... On y rencontre de .... habitants qui ne possèdent pas de .... voitures .... Ce ne sont pas des personnes .... mais elles ont assez d'argent pour vivre de manière .... dans de .... maisons .... Ce sont aussi des personnes .... qui partagent tout avec les autres. Malheureusement, ce pays n'existe pas.

6. Écoutez et, oralement, ajoutez l'adjectif proposé. 🎧 PISTE 17

Ex. : [indienne] → – une écharpe indienne rouge

a. [charmante]   **d.** [blanche]   **g.** [administratif]

b. [bancaire]   **e.** [officielle]   **h.** [industriel]

c. [psychologiques]   **f.** [électronique]   **i.** [économique]

7. Remettez le nom en gras et les adjectifs dans l'ordre qui convient.

a. La robe est faite avec [**un matériau** / importé / noir / synthétique].

....

b. Il participe à [**une compétition** / internationale / cycliste / reconnue].

....

c. Les industriels travaillent dans [**un marché** / intérieur / japonais / limité].

....

d. Vous allez découvrir [**les innovations** / allemandes / dernières / industrielles].

....

e. Le gouvernement propose [**des mesures** / économiques / inadaptées / régionales].

....

8. Complétez avec l'adjectif proposé et faites les accords nécessaires.

a. [rouge] Pourquoi est-ce que tu as les yeux .... ?

b. [orange] On a prévu des ballons .... pour la décoration.

c. [marron] Je voudrais des chaussures ....

d. [blanc] À qui est la voiture .... devant l'entrée ?

e. [bleu clair] C'est une maison avec des volets ....

f. [cerise] Oui, une veste ...., c'est original !

g. [vert pomme] Il porte souvent une chemise ....

h. [noir] Ah, voilà ma valise ....

i. [bordeaux] Isabelle portait une jolie robe ....

9. Rédigez un article (environ 100 mots) pour présenter votre pays.

Le Panama est un petit pays tropical américain merveilleux...

💬 **PRENEZ LA PAROLE !**

10. Présentez une personne que vous connaissez. Aidez-vous des adjectifs proposés.

[**le physique :** carré, court, grand, gros, long, maigre, mince, noir, rond, vert...

l'apparence : beau, charmant, élégant, gai, sauvage, séduisant, svelte, triste...

la personnalité : ambitieux, avare, calme, déterminé, chaleureux, hypocrite, sociable...

les sentiments : amoureux, bon, fâché, fier, gentil, heureux, timide, tranquille, troublé...

les compétences : brillant, compétent, doué, intelligent, habile, maladroit, malin...]

Ex. : – Guillaume est un petit homme rond avec un visage maigre, de gros yeux verts
et des cheveux longs et sales.

c'est bon, il est sympathique, il est vrai que...

Il était facile. C'est difficile à comprendre !

ÉTRE + ADJECTIF

 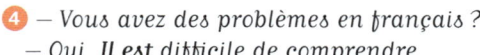

 **1** — Tu as fini l'exercice ?
— Oui, **il était** facile.
— Moi, j'ai travaillé avec Marta, **elle est** sympathique.

2 — Tu aimes la grammaire ?
— Oui, **c'est** passionnant.
— Et toi, tu aimes apprendre le français ?
— Oui, **c'est** amusant.

3 — Vladimir ne parle pas très bien français, mais Valia a un bon accent.
— Oui, **elle est** facile à comprendre et, lui, **il est** difficile à comprendre.
— Et pourquoi ont-ils des niveaux aussi différents ?
— Eh bien... **c'est** difficile à comprendre !

4 — Vous avez des problèmes en français ?
— Oui. **Il est** difficile de comprendre la grammaire française.
— Et vous avez appris les conjugaisons?
— Oui, **c'est** facile d'apprendre les conjugaisons.
— **Il est** vrai que vous apprenez vite. Et **il est** possible que vous compreniez très vite le prochain point de grammaire.

RÉFLÉCHISSEZ

1. Écrivez. **1**
Quel mot remplace *il*? ....
Quel mot remplace *elle*? ....

2. Cochez. **2**
On parle de *grammaire*, il s'agit ☐ d'une grammaire spécifique, connue ☐ de la grammaire en général.
Dans *c'est amusant*, c' remplace ☐ apprendre le français ☐ le français.

3. Écrivez. **3**
Que remplace *il* dans la phrase *il est difficile à comprendre*? ....
Que remplace *c'* dans la phrase *c'est difficile à comprendre*? ....
Quel petit mot est utilisé après *difficile*? ....

4. Cochez et écrivez. **4**
il ou *c'* remplacent ☐ une personne ☐ une idée ☐ rien.
Quel petit mot est utilisé après *difficile*? ....

5. Complétez **4**
Il est difficile .... comprendre la grammaire.
C'est facile .... apprendre les conjugaisons.
Il est possible .... vous compreniez la grammaire.

6. Lisez et répondez. **4**
Il est possible de comprendre la grammaire.
Il est possible que vous compreniez la grammaire.
Quelles sont les deux différences entre ces deux phrases? ....

Quand et comment utiliser *c'est, il est* + *adjectif*?

- **il est / elle est** + adjectif
  Pour reprendre un nom qui désigne une personne ou une chose précise :
  l'exercice → il était facile / Marta → elle est sympathique

- **c'est** + adjectif
  Pour reprendre une idée ou un nom qui a une valeur générale, ou un infinitif :
  la grammaire → c'est passionnant / apprendre le français → c'est amusant

- **il est / elle est** + adjectif + **à** + **verbe à l'infinitif**
  Pour reprendre le nom d'une personne ou d'une chose qui est l'objet de l'action :
  Vladimir ne parle pas très bien français. → Il est difficile à comprendre.
  Valia a un bon accent. → Elle est facile à comprendre.

- **c'est** + adjectif + **à** + **verbe à l'infinitif**
  Pour reprendre une idée qui est l'objet de l'action :
  Pourquoi ont-ils des niveaux aussi différents ? → C'est difficile à comprendre.

- **il est / c'est** + adjectif + **de** + **verbe à l'infinitif**
  Pour présenter une idée :
  Il est difficile de comprendre la grammaire française. / C'est facile d'apprendre les conjugaisons.
  Remarque La construction « *il est* + adjectif » est utilisée à l'écrit ; à l'oral, on préfère « *c'est* + adjectif ».

- **il est** + adjectif + **que** + **verbe conjugué**
  Pour indiquer la personne qui réalise l'action :
  Il est vrai que vous apprenez vite. / Il est possible que vous compreniez très vite.
  Attention !
  Le verbe est à **l'indicatif** avec *il est vrai que / il est certain que / il est évident que / il est exact que / il est clair que...*
  Il est au **subjonctif** avec *il est difficile que / il est essentiel que / il est obligatoire que / il est possible que / il est dommage que / il est important que / il est nécessaire que...*

➤ L'emploi du subjonctif, page 104

EXERCICES

1. Écoutez et, pour chaque phrase, cochez la case qui convient. 🎧 PISTE 19

	a.	b.	c.	d.	e.	f.	g.	h.
une personne ou une chose précise	☐	☐	☐	☐	☐	☐	☐	☐
une idée ou un nom à valeur générale	☐	☐	☐	☐	☐	☐	☐	☐
une personne ou une chose qui est l'objet de l'action	☐	☐	☐	☐	☐	☐	☐	☐
une idée qui est l'objet de l'action	☐	☐	☐	☐	☐	☐	☐	☐

2. Complétez avec *il est, elle est* ou *c'est*.

a. – Qu'est-ce que vous pensez de ma tarte aux poires ? – .... délicieuse !

b. – Je t'ai apporté des fleurs ! – Oh, ... gentil !

c. – Tu t'entends bien avec Audrey ? – Oui, ... gentille.

d. – C'est bien un dîner aux chandelles, non ? – Oui, ... romantique.

e. – Ils chantent bien, ces petits garçons ! – Oh, non, ... nul !

f. – Valérie n'est pas venue travailler aujourd'hui. – .... étrange.

g. – Harumi a trouvé un travail à Bordeaux. – .... fantastique !

h. – J'ai acheté le dernier livre d'Anna Gavalda. – Je l'ai lu, ... génial !

3. Écoutez et répondez oralement 🎧 PISTE 20
aux questions avec *il est* ou *c'est* et les mots proposés.

Ex. : [évident] → – C'est évident !

a. [facile]   **c.** [agréable]   **e.** [sympa]   **g.** [incroyable]

b. [sérieux]   **d.** [embêtant]   **f.** [génial]   **h.** [malade]

4. Transformez les phrases.

a. Organiser un voyage touristique est difficile.

→ C'est difficile d'organiser un voyage touristique

b. Sélectionner les bons lieux touristiques est simple.

→ ....

c. Négocier les prix dans les hôtels est complexe.

→ ....

d. Dire non à un touriste est gênant.

→ ....

e. Recevoir de mauvaises critiques est désagréable.

→ ....

5. Cochez la réponse qui convient.

a. Pourquoi est-ce qu'il a quitté sa femme ?
☐ C'est impossible à expliquer.
☐ Il est impossible à expliquer.

b. William a un drôle d'accent quand il parle.
☐ Oui, c'est difficile à comprendre.
☐ Oui, il est difficile à comprendre.

c. Tu as une jolie chemise. Elle est en coton ?
☐ Oui, c'est bien, c'est léger à porter.
☐ Oui, c'est bien, il est léger à porter.

d. La décoration n'est pas terminée ?
☐ Non, c'est long à faire.
☐ Non, il est long à faire.

e. J'ai du mal à me servir de mon téléphone.
☐ C'est compliqué à utiliser ?
☐ Il est compliqué à utiliser ?

f. Les meubles en kit, c'est bien.
☐ Oui, c'est facile à monter.
☐ Oui, il est facile à monter

6. Soulignez la préposition qui convient.

a. – On voudrait visiter un pays en Asie.
   – Mais c'est cher [à / de] voyager à l'étranger, non ?

b. – On s'en va à Venise.
   – Oh, c'est fabuleux [à / d'] aller là-bas !

c. – À cause de cette décision, cent personnes vont perdre leur emploi.
   – C'est dur [à / d'] accepter.

d. – On mange quoi à midi, une salade ?
   – Oui, c'est rapide [à / de] préparer.

e. – Il y a quoi à voir, à Paris ?
   – À mon avis, c'est obligatoire [à / d'] aller visiter les Catacombes.

f. – Je trouve que Raphaël travaille vraiment mal.
   – Oh, c'est méchant [à / de] dire ça.

7. Soulignez la proposition qui convient (indicatif présent ou subjonctif présent).

   a. Il est certain que vous [avez / ayez] de la chance.

   b. Il est nécessaire que tu [vas / ailles] au Nigéria ?

   c. Il est clair que la situation [devient / devienne] de plus en plus grave.

   d. Il est évident que Sarah ne [veut / veuille] plus te voir.

   e. Il est possible que nous [partons / partions] en Corée l'an prochain.

8. Écoutez et répondez oralement aux questions avec *c'est… à* ou *c'est… de*  PISTE 21 et les mots proposés.

   Ex. : [difficile – dire] → – C'est difficile à dire.

   a. [agréable – entendre]   **c.** [gentil – venir]   **e.** [courageux – rester]

   b. [impossible – gagner]   **d.** [amusant – parler français]   **f.** [facile – préparer]

9. À l'oral, transformez les phrases avec *il est … que* et le verbe conjugué au subjonctif à la personne indiquée.

   a. Il est nécessaire de partir à 8 h. [vous]

   b. Il est possible de finir ça pour demain ? [tu]

   c. Il est dommage de ne pas participer à notre réunion. [vous]

   d. Il est essentiel de manger équilibré. [vos enfants]

   e. Il est obligatoire de le dire à mon directeur ? [je]

10. Rédigez une lettre (80 mots environ) au directeur de votre école pour expliquer  ce qui ne vous plaît pas. Utilisez les thèmes et les expressions proposés.

   [les salles de cours – les heures de cours – les tables et les chaises – la décoration des salles – les espaces de repos – les espaces verts – les espaces pour le sport – les distributeurs de boisson – les livres]

   [Il est / C'est + adjectif]   [Il est / C'est + adjectif + de]

   [Il est / C'est + adjectif + à]   [Il est / C'est + adjectif + que]

   Monsieur le Directeur,
   C'est embêtant de venir à l'école à 8 h…

 PRENEZ LA PAROLE !

11. Exprimez oralement votre point de vue sur les trois thèmes.

   [inutile – difficile – impossible – possible – important – essentiel – inacceptable – obligatoire]

   – Êtes-vous d'accord pour que les élèves portent un uniforme dans les écoles secondaires ?

   – Que pensez-vous du droit de vote à 16 ans ?

   – À votre avis, doit-on éteindre toutes les lumières dans les rues des grandes villes, la nuit, entre 1 h et 5 h du matin, pour économiser l'énergie ?

   Ex. : – C'est impossible de voter à 16 ans car on est trop jeunes. Et c'est difficile à 16 ans de…

me, te, le, nous, en, lui, leur, y...

Je leur ai posé la question. Ils y réfléchissent.

OBSERVEZ 🎧 PISTE 22

1 *Jules et Marie vont venir ?*

*Oui, je **les** ai invités.*

Et Louise ?

*Non, mais on **la** verra le week-end prochain.*

2 *Tu connais tous tes voisins ?*

Et ton frère ?

*Je l'appelle pour **le** prévenir.*

*Non, j'**en** connais deux : Oscar et Léa.*

*Je **les** croise souvent quand je pars travailler.*

3 *Tu as demandé aux voisins de garder le chat pendant les vacances ?*

*Oui, je **leur** ai posé la question.*

*Et quand vont-ils donner la réponse ? Je **t'**ai dit que c'était urgent.*

*Ils **y** réfléchissent encore.*

RÉFLÉCHISSEZ

1. Associez.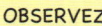

Jules et Marie ○   ○ la
Louise ○   ○ les
Ton frère ○   ○ le

2. Écrivez.

Retrouvez le groupe nominal qui remplace

en : ....
les : ....

3. Cochez. **1** **2**

Les pronoms *le, la, les* et *en* sont ☐ compléments d'objet indirect (COI) ☐ compléments d'objet direct (COD).

Ici, on a utilisé le pronom *en* :
☐ pour remplacer une personne uniquement.
☐ pour remplacer une chose uniquement.
☐ pour remplacer un nom précédé par *un, une, des* ou *du, de la*.

4. Cochez. **3**

Les pronoms *te, leur* et *y* sont ☐ compléments d'objet indirect (COI) ☐ compléments d'objet direct (COD).

5. Écrivez. **3**

Quels pronoms remplacent un complément qui correspond à une personne ? ....
Quel pronom remplace un complément qui correspond à une chose ou une idée ? ....

PRONOMS COD / COI

Quel pronom choisir pour remplacer un nom ou un groupe nominal ?

• **Pronoms compléments d'objet direct**

pronom COD masculin singulier	**me, te, le**	*Je l'appelle, il t'appelle, il m'appelle*
pronom COD féminin singulier	**me, te, la**	*Il me verra, je te verrai, on la verra*
pronom COD pluriel	**nous, vous, les**	*Tu nous invites, on vous invite, je les invite*
article indéfini + COD (*un, une, des*)	**en**	*Je connais des voisins : j'en connais deux.*
article partitif + COD (*du, de la*)	**en**	*Tu veux du sucre ? Oui, j'en veux un peu.*

Attention ! Souvent, le pronom *en* ne s'utilise pas seul : il est complété par un adverbe de quantité ou un adjectif numéral. *Tu connais des voisins ? Oui, j'en connais deux.*

• **Pronoms compléments d'objet indirect**

pronom COI singulier	**me, te, lui**	*Je t'ai dit que c'était urgent.*
pronom COI pluriel	**nous, vous, leur**	*Je leur ai posé la question.*
COI qui est un être inanimé, une chose ou une idée	**y**	*Ils y réfléchissent encore.*

➤ Les pronoms COD ou COI qui remplacent des êtres animés, page 40
➤ Grammaire contrastive anglais-français, pages 212 et 213
➤ Grammaire contrastive espagnol-français, pages 218 et 219

EXERCICES

1. **Écoutez et soulignez la phrase que vous entendez.** 🎧 PISTE 23

a. Je l'aime. / Je les aime.

b. Je l'ai fait. / Je le fais.

c. J'en veux. / Jean en veut.

d. Elle y pense. / Elles y pensent.

e. Tu l'as détesté. / Tu la détestes.

f. Élise l'a emporté. / Élise en a apporté.

g. Vous lui offrez. / Vous les offrez.

h. J'y réfléchis. / Je réfléchis.

2. **Cochez la fonction des compléments en gras (COD ou COI) et transformez les phrases avec des pronoms.**

a. Elle a visité **le Louvre** l'année dernière. ☒ COD ☐ COI

→ *Elle l'a visité l'année dernière.*

b. Elle offre son aide **à des personnes démunies**. ☐ COD ☐ COI

→ ....

c. Je viens de voir **le dernier film de Niels Tavernier**. ☐ COD ☐ COI

→ ....

d. Nous repensons souvent **à nos années au lycée**. ☐ COD ☐ COI

→ ....

e. Mes parents racontent **leurs vacances au Vietnam**. ☐ COD ☐ COI

→ ....

f. Maria envoie un colis **à son fils qui habite en Espagne**. ☐ COD ☐ COI

→ ....

3. Associez les pronoms aux groupes nominaux qu'ils peuvent remplacer.

	en	le	les	y	lui	la	leur
a. des enfants	☒	☐	☐	☐	☐	☐	☐
b. ton ordinateur	☐	☐	☐	☐	☐	☐	☐
c. à ton projet	☐	☐	☐	☐	☐	☐	☐
d. à mes amis	☐	☐	☐	☐	☐	☐	☐
e. la fête de l'école	☐	☐	☐	☐	☐	☐	☐
f. ses employés	☐	☐	☐	☐	☐	☐	☐
g. à Théo	☐	☐	☐	☐	☐	☐	☐

4. À l'oral, transformez les phrases avec les pronoms qui conviennent.

Ex. : Nous allons inviter nos voisins à déjeuner dimanche prochain.
→ – Nous allons les inviter à déjeuner.

a. Adèle parle **à son fils** au téléphone.

b. Elle a renoncé **à son projet**.

c. Il a vendu son vélo **à ses voisins**.

d. Nous pensons **à nos prochaines vacances**.

e. Les enfants offrent un cadeau **à leur professeur**.

f. Il envoie des cadeaux **à ses clients**.

5. Cochez les groupes nominaux qui sont remplacés par les pronoms.

a. Nous le verrons demain.

b. Elle en a acheté hier.

c. Il lui rend visite le week-end.

d. Elles en portent souvent.

e. Vous devez y faire attention.

f. Nous y assistons régulièrement.

g. Il aimerait la revoir.

h. Elle y pense tous les jours.

☐ notre frère
☐ sa voiture
☐ à son frère
☐ de Paris
☐ à ma voiture
☐ au spectacle de cirque
☐ son amie Sarah
☐ à ses vacances

☐ un film en version originale
☐ du pain
☐ son vélo
☐ des robes
☐ à vos enfants
☐ avec nos enfants
☐ à sa fille
☐ son ancienne maison

6. Soulignez le pronom qui convient.

a. – Ils ont parlé de leur voyage à Moscou ?
  – Oui, ils [l' / en] ont raconté pendant la soirée.

b. – Vous retournez dans cette maison près de la plage ?
  – Oui, nous allons [la / leur] louer tout l'été.

c. – L'artiste a signé des autographes après le concert ?
  – Oui, il [y / en] a signé des centaines.

d. – José est un professeur rigoureux avec ses élèves ?
  – Oui, il [en / leur] donne beaucoup de travail.

e. – Andrée a perdu le collier que lui a offert son mari ?
  – Oui, elle est triste, elle [y / le] tenait beaucoup.

f. – Emma fête son anniversaire avec ses amis ?
  – Oui, elle [les / en] invite pour le dîner.

7. Complétez les réponses avec des pronoms compléments.

a. – Il a des nouvelles de Josselin ?

– Oui, il .... contacte souvent.

b. – Vous connaissez ce roman ?

– Oui, je .... ai lu l'année dernière.

c. – Vous avez pensé à ma proposition ?

– Oui, j' .... ai réfléchi.

d. – Tu as appelé tes parents ?

– Oui, je .... ai téléphoné ce matin.

e. – Vous passerez par la capitale ?

– Oui, nous .... visiterons.

f. – Il aime faire des blagues ?

– Oui, il .... fait souvent.

8. Transformez le texte en éliminant les répétitions.

Les objets d'occasion ont beaucoup de succès. Les gens préfèrent acheter **des objets d'occasion** car cela coûte moins cher et cela permet **aux gens** d'économiser un peu d'argent. Les vide-greniers sont devenus très populaires car on peut trouver **dans les vide-greniers** beaucoup d'objets pour la famille. Un vélo, des vêtements, une BD de collection séduiront **la famille** par leur petit prix ! De nombreuses personnes utilisent aussi Internet car on trouve **sur Internet** des voitures ou des meubles d'occasion. Les sites spécialisés dans le troc ont du succès et les Français utilisent de plus en plus **les sites spécialisés**. Enfin, la protection de l'environnement et le recyclage font aujourd'hui partie de la vie quotidienne et les personnes font attention **à l'environnement et au recyclage** en ne jetant pas les objets abîmés. En revendant **les objets qui sont un peu abîmés**, on réduit notre empreinte écologique.

Les objets d'occasion ont beaucoup de succès. Les gens préfèrent en acheter...

....

....

....

....

....

....

....

....

....

....

....

....

....

....

....

....

....

9. À l'oral, répondez aux questions sur l'image en utilisant des pronoms et les verbes proposés.

Ex. : La femme blonde a-t-elle emmené son livre ? [lire] → — Oui, elle le lit.

a. L'homme au chapeau joue-t-il de la guitare ? [tenir dans sa main]

b. Les enfants aiment-ils le chien ? [regarder en souriant]

c. Le monsieur au pull vert a-t-il perdu son bonnet ? [rendre]

d. La femme blonde a-t-elle vu le chien ? [ne pas faire attention]

e. La femme au manteau rose a-t-elle des gants ? [porter]

f. Le monsieur au bonnet rayé s'occupe-t-il de ses enfants ? [surveiller]

g. L'homme qui court est-il le maître du chien ? [suivre]

10. Écoutez et retrouvez le groupe nominal remplacé par le pronom 🎧 PISTE 24 complément de chaque phrase. Puis écrivez le pronom que vous avez entendu.

	a.	b.	c.	d.	e.	f.	g.	h.	pronoms
une maison	☐	☐	☐	☐	☐	☐	☐	☐	....
ces amis	☐	☐	☐	☐	☐	☐	☐	☐	....
les bateaux	☐	☐	☐	☐	☐	☐	☐	☐	....
son vélo	☐	☐	☐	☐	☐	☐	☐	☐	....
des séries télévisées	☐	☐	☐	☐	☐	☐	☐	☐	....
du café	☒	☐	☐	☐	☐	☐	☐	☐	*en*
le Mont-Saint-Michel	☐	☐	☐	☐	☐	☐	☐	☐	....
le professeur	☐	☐	☐	☐	☐	☐	☐	☐	....

11. Complétez le dialogue suivant avec des pronoms compléments.

— Allô Aurélie ? Comment vas-tu ? Alors, comment s'est passée la surprise pour l'anniversaire de ton mari ? Il ne s'......... est pas douté ?

— Non ! Pas du tout ! Nous avons réussi à .... préparer une fête sans qu'il .... sache !

— Et tes amis sont venus .... aider à .... organiser ?

— Oui, ils .... ont rejointe à la salle un peu plus tôt pour .... décorer et .... installer les plats pour le déjeuner.

— Et ton mari ? Comment .... as-tu convaincu d'aller à la salle ?

— Je .... ai demandé d'......... aller avec moi pour faire une surprise à un de ses amis ! Évidemment, il n'imaginait pas que la surprise était pour lui !

— Bravo ! Je suis certaine que tu .... as fait plaisir avec cette fête !

— Oui, tout le monde était content ! Si tu veux, je .... montrerai les photos.

— Avec plaisir, je passerai .... voir demain et on .... regardera ensemble.

12. Écoutez et répondez oralement aux questions en utilisant les mots proposés  PISTE 25
et les pronoms compéments..

Ex. : [téléphoner à Richard.] → — Oui, je **lui** ai téléphoné.

a. [rencontrer Marie]

b. [acheter du pain]

c. [faire les devoirs]

d. [demander aux parents]

e. [s'intéresser à notre projet]

f. [trouver un appartement dans le centre-ville]

13. Rédigez pour chaque photo une description en utilisant les pronoms compléments

a.

b.

c.

d.

a. Je l'emporte en vacances. Je l'utilise pour prendre des photos. J'en ai offert un à mon frère pour son anniversaire.

14. Écrivez des phrases en utilisant tous les pronoms compléments proposés.

a. un dictionnaire électronique [le / en / y]

b. une voiture [la / en / y]

c. le chef d'entreprise [le / lui]

d. mon voisin [le / me / lui]

e. le téléphone portable [y / en]

f. les vacances [les / y / en]

g. la mer [la / y]

h. nos parents [leur / les]

a. Je l'utilise tous les jours. J'en ai besoin pour mon cours de français. J'y ajoute les mots au fur et à mesure que je les découvre. Je n'ai pas le droit de l'utiliser pendant les tests ou les examens.

> **PRENEZ LA PAROLE !**

15. À partir des verbes et des compléments proposés, formulez des questions
à votre camarade qui devra y répondre en utilisant un pronom complément.

[manger – s'intéresser à – utiliser – parler – remercier – rendre visite à – inviter – goûter]

[le dictionnaire – des Français – ton professeur – des croissants – le football – la ville –
ta famille – le foie gras]

Ex. : — Tu as remercié ton professeur?

    — Oui, je l'ai remercié.

à lui, de lui, sans lui, en, y...

Elle pense souvent à elles. Je m'en moque!

OBSERVEZ 🎧 PISTE 26

❶ *Annie est déjà partie! Zut, je voulais parler avec* **elle** *!*

Il faut remercier Adrien et Matthieu, sans **eux**, *on n'aurait jamais fini ce projet!*

Bon j'ai fini mon travail, je vais rentrer chez **moi**.

❷ *Ses anciennes collègues étaient très gentilles, elle pense souvent à* **elles**.

Tu te souviens de notre contrat pour l'Espagne?

*Oui, j'*y *pense toujours!*

*Ils ne sont pas honnêtes avec leurs clients, ils se moquent d'*eux.

Tu n'es pas fâché de leur réaction?

*Non, je m'*en *moque complètement!*

❸ *Tu as parlé au directeur hier?*

Non, je **lui** *ai envoyé un courriel.*

Tu as gardé contact avec tes collègues australiens?

Oui, je tiens beaucoup à **eux**, *et à notre collaboration.*

RÉFLÉCHISSEZ

1. Cochez. ❶
Les pronoms *elle, moi, eux* remplacent
☐ des êtres animés, des personnes.
☐ des êtres inanimés, des choses, des idées.

2. Cochez. ❶
Quels pronoms utilise-t-on
après les prépositions *avec, chez, sans?*
avec + ☐ *me* ☐ *moi*
chez + ☐ *se* ☐ *lui / elle*
sans + ☐ *se* ☐ *eux / elles*

3. Cochez. ❷
Quels sont les groupes nominaux (en gras)
qui font référence à des êtres animés?
Elle pense à **ses collègues**. ☐
Je pense à **notre contrat**. ☐
Ils se moquent de **leurs clients**. ☐
Je me moque de **leur réaction**. ☐

4. Écrivez. ❷
Retrouvez dans le dialogue les pronoms
compléments qui remplacent :
l'être animé précédé par *à* : ....
l'être inanimé précédé par *à* : ....
l'être animé précédé par *de* : ....
l'être inanimé précédé par *de* : ....

5. Cochez. ❸
Indiquez la proposition qui convient pour remplacer
les groupes nominaux (en gras).
J'envoie un courriel **à mon directeur**.
☐ *à lui* ☐ *lui*
Je tiens **à mes collègues**.
☐ *à eux* ☐ *leur*

6. Cochez. ❸
Dans le dialogue,
envoyer à est suivi d'un COI ☐ animé ☐ inanimé.
tenir à est suivi d'un COI ☐ animé ☐ inanimé.

Quels pronoms compléments pour remplacer un complément introduit par une préposition ?

- **Pronom complément = être animé**
  Quand le complément introduit par une préposition (*chez, sans, pour, avec, par, à...*) est un être animé, il peut être remplacé par les pronoms toniques ***moi, toi, lui, elle, nous, vous, eux, elles.***
  Je voulais parler avec Annie. → *Je voulais parler avec elle.*
  Sans Adrien et Matthieu, on n'aurait jamais fini. → *Sans eux, on n'aurait jamais fini.*
  Ils se moquent de leurs clients. → *Ils se moquent d'eux.*
  Elle pense souvent à ses anciennes collègues. → *Elle pense à elles.*

- **Pronom complément = être inanimé, chose, idée**
  Quand le complément introduit par les prépositions *de* ou *à* est un être inanimé, il peut être remplacé par **en** ou **y**.
  Je me moque de sa réaction. → *Je m'en moque.*
  Je pense à notre contrat. → *J'y pense toujours.*

- **Cas particuliers**
  - Certains verbes comme *penser à* (*ressembler à, tenir à, s'intéresser à...*) peuvent être suivis d'un COI animé (*penser à ses collègues*) ou d'un COI inanimé (*penser à son travail*).
  - si le COI est animé, on le remplace par un pronom tonique en conservant la préposition *à* :
  Elle pense à Lucie et Ahmed. → *Elle pense à eux.*
  - si le COI est inanimé, on le remplace par *y* :
  Elle pense à son travail. → *Elle y pense.*
  - Certains verbes comme *envoyer à* (*écrire à, dire à, demander à ...*) ne peuvent être suivis que d'un COI animé (*envoyer à la directrice*).
  Le COI animé est remplacé par le pronom COI :
  Elle envoie un courriel à la directrice → *Elle lui envoie un courriel.*

  ➤ Grammaire contrastive anglais-français, pages 212 et 213
  ➤ Grammaire contrastive espagnol-français, pages 218 et 219

EXERCICES

1. Écoutez, et pour chaque phrase, notez le pronom et cochez la case qui convient. 🎧 **PISTE 27**

	a.	b.	c.	d.	e.	f.	g.	h.	i.
pronom utilisé	en								
être animé	☐	☐	☐	☐	☐	☐	☐	☐	☐
chose, idée	☒	☐	☐	☐	☐	☐	☐	☐	☐

2. Complétez les phrases en utilisant les pronoms compléments.

a. J'aime beaucoup Sophie et Isabelle. J'ai bavardé avec __elles__ lors de ton mariage

b. M. Rousseau est un patron strict, mais c'est agréable de travailler pour _____ .

c. Il faut inviter Maxime Sans _____, la soirée ne sera pas réussie !

d. Venez manger chez _____, nous avons acheté des pizzas !

e. Pour votre déménagement, vous pouvez compter sur _____, je suis en vacances.

f. Je te confie ma maison pendant les vacances car j'ai confiance en _____ .

g. Jonas est fou amoureux de Caroline, il ne peut pas vivre sans _____ .

h. Ces fleurs sont pour _____ évidemment ! Joyeux anniversaire ma chérie !

3. Écoutez et cochez le ou les groupes nominaux auxquels peuvent correspondre les pronoms compléments des phrases que vous entendez. 🎧 **PISTE 28**

	a.	b.	c.	d.	e.	f.	g.	h.
à mon petit garçon	☒	☐	☐	☐	☐	☐	☐	☐
de ce poème	☐	☐	☐	☐	☐	☐	☐	☐
de cet artiste	☐	☐	☐	☐	☐	☐	☐	☐
à ce professeur	☐	☐	☐	☐	☐	☐	☐	☐
de ce projet	☐	☐	☐	☐	☐	☐	☐	☐
à cette œuvre	☐	☐	☐	☐	☐	☐	☐	☐
à ce projet	☐	☐	☐	☐	☐	☐	☐	☐

4. Soulignez la proposition qui convient.

a. – Je peux t'emprunter tes ciseaux ?

– Oui, [je n'ai plus besoin d'eux / je n'en ai plus besoin].

b. – Pourquoi tu ne parles pas à tes voisins ?

– Ils sont étranges, [je m'en méfie / je me méfie d'eux].

c. – Attention ! Le bord de la rivière est inondé.

– Il ne faut pas [s'approcher de lui / s'en approcher].

d. – Le projet du nouveau gymnase a été abandonné ?

– Oui, tous les conseillers municipaux [se sont opposés à lui / s'y sont opposés].

e. – Tu as vu le dernier film avec Florence Foresti ?

– Non, mais [on m'en a beaucoup parlé / on m'a beaucoup parlé de lui].

5. Associez les deux parties des phrases (plusieurs possibilités).

a. Les grands-parents tiennent	**1.** à la responsable du magasin.
b. Ils ont offert un beau bouquet	**2.** à son art.
c. Mon frère s'intéresse	**3.** aux courses de chevaux.
d. Annie s'est habituée	**4.** aux étudiants.
e. Le professeur a posé une question	**5.** à leurs petits-enfants.
f. Tu te fies toujours	**6.** à leur maman.
g. Cet artiste a consacré sa vie	**7.** à ses nouveaux amis.
h. Les clients s'adressent directement	**8.** à tes impressions.

a	
b	
c	
d	
e	
f	
g	
h	

6. À l'oral, transformez les phrases de l'exercice 5 en utilisant des pronoms compléments.

Ex. : – Les grands-parents tiennent beaucoup à eux.

7. Transformez les phrases en utilisant des pronoms compléments.

a. Il demande sa route à **un passant**. → Il lui demande sa route.

b. Vous faites confiance à **cet avocat**.

c. Le candidat s'oppose à **son concurrent**.

d. Ils ont vendu leur maison à **des Espagnols**.

e. Les parents font attention à **leurs enfants**.

f. Ce spécialiste explique **aux étudiants** le fonctionnement du cerveau.

8. À l'oral, répondez aux questions en utilisant des pronoms compléments et les verbes proposés.

Ex. : — Valentin a reçu beaucoup de compliments? — Oui, ses professeurs [être très contents de]
→ — Oui, ses professeurs sont très contents de lui !

a. — **Votre fils** a réussi le concours d'avocat? — Oui, nous [être fiers de] …

b. — La chanteuse Zaz viendra au **festival**? — Oui, elle [participer à] …

c. — **Elle** n'a pas eu peur de sauter en parachute? — Non, son père [faire le saut avec] …

d. — Vous savez si **vos cousins** viennent au mariage? — Je dois [demander à] …

e. — Je peux t'emprunter **ta voiture** demain? — Non, je [avoir besoin de] …

f. — On pourrait passer voir **Vincent et Maria**? — Oui, je crois qu'ils [être chez] ….

9. Complétez avec des pronoms compléments.

a. — Allô ! Emma ! Alors, tes parents ? Qu'est-ce qu'ils ont dit ?
Tu as discuté avec _eux_ au sujet des vacances d'été ?
— Oui, je _____ ai parlé hier mais ils n'_____ ont pas encore réfléchi !
— Oh, j'espère qu'ils vont accepter que tu partes avec _____ !
La maison de ma famille est à 5 minutes de la plage !

b. — Chers collègues, je vous présente Nicolas Dufour, notre nouveau commercial. Nous _____ souhaitons la bienvenue dans notre entreprise.
— Bonjour à tous, je suis très content de me joindre à votre entreprise et j'espère _____ apporter des nouveautés.

c. — Tu ne devineras jamais ! Hier, j'ai revu Anthony !
Tu te souviens de _____ ?
— Oui, bien sûr ! Tu tenais à _____ plus qu'à tous tes autres petits amis ! Et qu'est-ce qu'il t'a dit?
— Il m'a annoncé son mariage ! Et j'_____ suis même invitée !

PRENEZ LA PAROLE !

10. À tour de rôle, formulez des questions à partir des verbes proposés et répondez-y en utilisant un pronom complément.

[penser à – douter de – envoyer à – partir avec – réfléchir à – demander à – se moquer de – s'habituer à – parler de – essayer sans – vivre avec – avoir besoin de – réussir sans – tenir à]

Ex. : — Tu as pensé au pain pour ce soir?
— Oui, j'y ai pensé.

y, en, le

Oui, je le pense. J'en ai besoin. J'y tiens.

OBSERVEZ 🎧 PISTE 29

1 Tu penses étudier **demain** ? — Oui, je **le** pense.

Tu as besoin d'étudier **plus de temps** ? — Oui, j'**en** ai besoin.

Tu tiens à poursuivre tes études ? — Oui, j'**y** tiens.

2 Tu penses qu'il va étudier pour son examen ? — Oui, je **le** pense.

Il a besoin que j'étudie avec lui ? — Oui, il **en** a besoin.

Tu tiens à ce qu'il étudie tous les jours ? — Oui, j'**y** tiens.

3 Tu lui proposes de réviser avec toi, et à moi, tu ne me **le** proposes pas ? — Tu as besoin d'étudier pour ton examen?

Oui, j'**en** ai besoin. — D'accord, je te donnerai un rendez-vous demain et si tu as besoin que je te donne des explications, je t'**en** donnerai.

RÉFLÉCHISSEZ

1. Associez. ❶

Associez les propositions infinitives avec le pronom qui convient.

étudier	○	○ le
étudier plus de temps	○	○ en
poursuivre tes études	○	○ y

2. Cochez. ❶

Une proposition infinitive directe (sans *de* ou *à*) est remplacée par ☐ *le* ☐ *en* ☐ *y*.
Une proposition infinitive introduite :
- par *de* est remplacée par
☐ *le*
☐ *en*
☐ *y*.
- par *à* est remplacée par
☐ *le*
☐ *en*
☐ *y*.

3. Écrivez. ❷

Retrouvez les pronoms qui remplacent :
qu'il va étudier pour son examen ....
que j'étudie avec lui ....
à ce qu'il étudie tous les jours ....

4. Cochez. ❸

Tu proposes ☐ d' ☐ Ø un rendez-vous.
Tu as besoin ☐ d' ☐ Ø explications.
Tu proposes ☐ de ☐ Ø réviser ensemble.
Tu as besoin ☐ d' ☐ Ø étudier.

5. Écrivez. ❸

Quel pronom utilise-t-on avec
le verbe *proposer*? ....
le verbe *avoir besoin*? ....

VERBES ET PRONOMS (2)

Les pronoms compléments *y, en, le* pour remplacer une proposition

- **La proposition directe**

  - Elle est remplacée par le pronom ***le*** :

  Je pense étudier. → *Je le pense.*
  Je pense qu'il va étudier. → *Je le pense.*

  - Certaines propositions directes sont remplacées par ***en*** :

  - *avoir besoin / avoir envie + que*
  Tu as besoin que je te donne des explications. → *Tu en as besoin.*
  - *s'apercevoir / se souvenir + que*
  Nous nous souvenons que tu as gagné ce tournoi. → *Nous nous en souvenons.*
  - *être content / surpris / étonné ... + que*
  Je suis contente que tu aies réussi ta formation. → *J'en suis contente.*

- **La proposition indirecte introduite par *de***

  - Elle est remplacée par le pronom ***en*** :

  Tu as besoin d'étudier → *Tu en as besoin.*
  Tu es sûr de ce que tu dis. → *Tu en es sûr.*

  - Certaines propositions introduites par *de* sont remplacées par ***le*** :

  - *demander / dire / conseiller + de*
  Il me demande d'arriver à l'heure. → *Il me le demande.*
  - *proposer / interdire / promettre + de*
  Je te propose de réviser. → *Je te le propose.*
  - *permettre / reprocher... + de*
  Il me reproche de parler trop fort. → *Il me le reproche.*

- **La proposition indirecte introduite par *à***

  Elle est remplacé par le pronom ***y*** :

  Je tiens à poursuivre mes études. → *J'y tiens.*
  Je tiens à ce qu'il étudie tous les jours. → *J'y tiens.*

➤ Grammaire contrastive anglais-français, pages 212 et 213
➤ Grammaire contrastive espagnol-français, pages 218 et 219

EXERCICES

1. Écoutez et écrivez le pronom (*en, y, le*) qui peut remplacer la proposition.  PISTE 30

a.   b.   c.   d.   e.   f.   g.   h.

le   ....

2. Associez les deux parties de phrases.

a. Vous avez parlé	1. à ce qu'il te dit.
b. Tu as raconté	2. de ce qu'on allait faire ce week-end ?
c. Il a bien dit	3. à partir en voyage.
d. J'ai envie	4. de prêter ta voiture.
e. Tu fais attention	5. d'aller au restaurant.
f. Tu es prêt	6. qu'il venait à la réunion ?
g. Il préfère	7. ce que tu avais vu.
h. Tu refuses	8. faire du sport tôt le matin.

a	
b	
c	
d	
e	
f	
g	
h	

3. À l'oral, transformez les phrases de l'exercice 2 en utilisant les pronoms compléments *le, en* ou *y*.

Ex. : Vous avez parlé de ce qu'on allait faire ce week-end ? → – Vous en avez parlé ?

4. Transformez la proposition en gras par un pronom complément (*le, en* ou *y*).

a. – Je viens d'apprendre qu'Emmanuel voulait changer de travail !
   – Oui, nous savions qu'**il voulait changer de travail**.
   → Oui, nous le savions.

b. – Je suis bloquée à la gare à cause de la grève ! Tu aurais pu me le dire !
   – Désolé, j'ai oublié de te dire **que tu allais être bloquée**.

c. – J'ai l'impression que Charline n'écoute pas ce que nous lui racontons !
   – En effet, Charline ne s'intéresse pas **à ce que nous lui racontons**.

d. – Vous savez ce que Jean et Paulette racontent ?
   – Non, mais tu devrais te méfier **de ce qu'ils racontent**.

e. – Tu ne te rends pas compte à quel point je suis déçu !
   – Mais, si, je comprends bien **ce que tu ressens**.

f. – Alors, Hicham va partir étudier en Australie l'année prochaine ?
   – Oui, il espère vraiment **partir étudier en Australie l'année prochaine**.

5. À l'oral, répondez ou réagissez en utilisant les pronoms compléments *le, en* ou *y*.

Ex. : – Tu penses à passer chez Thomas ? – Oui, [se souvenir] → – Je m'en souviens.

a. – Tu te souviens qu'on a rendez-vous chez le notaire ? – Oui, [ne pas oublier]

b. – Tu as déjà oublié ce que je t'ai dit hier ? – Non, [se souvenir de]

c. – Tu te moques de ce qu'on peut dire de toi ? – Oui, [ne pas prêter attention à]

d. – Tu dois être fier d'avoir réussi ton examen ! – Oui, [être content de]

e. – Tu sais que tu dois être à l'heure ! – Oui, [savoir]

6. Soulignez les répétitions puis récrivez le dialogue en les supprimant grâce aux pronoms compléments *le, en* ou *y*.

– Salut Damien ! Ça te dirait de faire un cours de cuisine ?

– Oh, je n'ai pas très envie de faire un cours de cuisine ! Je suis au régime !

– Ah bon ? Je ne comprends pas que tu sois au régime ! Tu n'as pas besoin d'être au régime !

– Si, je t'assure que j'ai besoin d'être au régime ! Je dois perdre 3 kilos avant l'été !

– D'accord ! Mais suivre un cours de cuisine ne t'empêchera pas de perdre 3 kilos avant l'été ! Surtout que nous apprenons à cuisiner des plats équilibrés et bons pour la santé.

– Mais je veux justement faire attention à cuisiner des plats équilibrés et bons pour la santé !

– Parfait, alors on se retrouve samedi à midi devant le théâtre ?

– D'accord, je vais noter sur mon agenda pour ne pas oublier de te retrouver samedi à midi devant le théâtre. Merci de m'avoir proposé cette activité, je pense qu'on va passer un bon moment ensemble !

– Je suis sûre qu'on va passer un bon moment ensemble !

7. Écoutez et répondez oralement en utilisant les verbes proposés 🎧 PISTE 31
et les pronoms compléments.

Ex. : [savoir] → – Oui je **le** sais.

a. [penser]

b. [dire]

c. [venir de se rendre compte]

d. [rêver de - depuis longtemps]

e. [ne pas - s'attendre à]

f. [être ravi de]

g. [être malade de]

h. [réfléchir à]

i. [se douter de]

8. Complétez avec les pronoms compléments *le, en* ou *y*.

Depuis plusieurs semaines, sur le panneau des petites annonces, se trouve un message qui propose d'être acteur pour un film qui sera tourné l'été prochain. Au début, je n'_____ ai pas prêté attention. La semaine dernière, Claudie m'_____ a parlé et donc je m'_____ suis intéressé d'un peu plus près ! Être acteur, je n'_____ avais jamais pensé avant, mais puisqu'on _____ propose, je me suis dit : « Pourquoi pas ? ». Claudie, elle, n'_____ était pas convaincue. Elle m'a dit : « Tu penses vraiment que c'est une offre sérieuse, je m'_____ méfierais à ta place ! ». J'ai donc envoyé un courriel à l'agence en espérant qu'ils me répondent. Et finalement, ils m'ont écrit dès le lendemain pour me donner un rôle, je ne m'_____ attendais pas du tout !

9. Remettez les mots dans l'ordre puis associez les résultats aux phrases avec les pronoms compléments qui peuvent correspondre.

a. [à / que / fait / ce / as / tu / m'] à ce que tu m'as fait _____

b. [vous / que / aide / je] _____

c. [lui / pardonnions / que / nous] _____

d. [dans / à / cette / vivre / ville] _____

e. [avec / travailler / vous / de] _____

f. [projet / meilleur / que / c'est / votre] _____

1. Elle le demande gentiment. [ ]

2. Vous vous y habituerez. [ ]

3. Je n'y pense plus. [a]

4. Nous en sommes ravis ! [ ]

5. Vous en avez besoin ? [ ]

6. Si vous le dites ! [ ]

💬 **PRENEZ LA PAROLE !**

10. Vous passez le week-end entre amis et discutez du programme : utilisez les pronoms compléments *le, en* ou *y* pour ne pas répéter les propositions.

Ex. : – On pourrait faire du vélo au bord de la Loire ?
– Oh, non, je n'en ai pas envie !
– Et si on prenait le bateau ?
– Surtout pas ! Avoir le vent dans les cheveux, je ne le supporte pas !

10

Tu y as participé ? Je ne peux pas y aller.

Propose-lui. Je vais lui en parler.

OBSERVEZ 🎧 PISTE 32

① Demain, c'est le forum des associations, tu **y** as déjà participé ?

② Oui, l'année dernière mais cette année, je ne peux pas **y** aller. Tu sais quelle activité tu veux faire ?

③ J'hésite entre le volley et le tennis. Je voudrais proposer à Karine d'**en** faire avec moi.

④ Bonne idée, propose-**lui** d'aller au forum avec toi mais n'**y** allez pas trop tard, il y a du monde !

⑤ Oui, je vais **lui en** parler, je **la** vois la semaine prochaine.

⑥ Tu devrais **le lui** demander dès ce soir car il y a parfois des pré-inscriptions ! Je **te le** conseille ! Moi, pour aller au forum l'année dernière, je **m'y** étais inscrite une semaine avant.

RÉFLÉCHISSEZ

1. Associez. ① ②

y est complément d'objet indirect ○
y est complément de lieu ○

○ de l'auxiliaire *avoir*.
○ du verbe *participer*.
○ du verbe *pouvoir*.
○ du verbe *aller*.

2. Cochez. ① ②
En règle générale, le pronom se place :
☐ après le verbe dont il est complément.
☐ avant le verbe dont il est complément.

3. Cochez. ③
Dans *proposer d'en faire* le pronom se place ☐ avant ☐ après le verbe à l'infinitif dont il est le complément.

4. Écrivez et cochez. ④
À quel temps sont conjugués les verbes *proposer* et *aller* ? ....
Avec ce temps, on place le pronom :
☐ avant ☐ après le verbe à la forme affirmative,
☐ avant ☐ après le verbe à la forme négative.

5. Écrivez. ⑤ ⑥
Complétez avec les pronoms proposés :
[en – lui] → *je vais* .... *parler*   [le – te] → *Je* .... *conseille*
[le – lui] → *Tu devrais* .... *demander*   [me – y] → *je* .... *étais inscrite*

Où placer les pronoms compléments dans la phrase ?

- **Devant le verbe dont le pronom est complément**

  – lorsque le verbe est conjugué :

  Je vois Karine. → *Je la vois. / J'ai participé au forum.* → *J'y ai participé.*

  – lorsque le verbe conjugué est à l'impératif négatif :

  N'allez pas trop tard au forum → *N'y allez pas trop tard.*

  – lorsque le verbe est à l'infinitif (dans les constructions infinitives) :

  Je vais proposer à Karine de faire du volley. → *Je vais proposer à Karine d'en faire.*

  Remarque Quand le verbe est à la forme négative, le pronom garde sa place devant le verbe conjugué ou le verbe à l'infinitif : *Je ne peux pas y aller. / Je ne lui ai pas encore demandé.*

- **Derrière le verbe dont le pronom est complément**

  Si le verbe conjugué est à l'impératif affirmatif (le pronom est joint par un tiret) :

  Propose à Karine d'aller au forum. → *Propose-lui.*

  Attention ! Les pronoms COI *me* et *te* se transforment en *moi* et *toi* quand ils sont avec un verbe à l'impératif : *Dis-moi la vérité. / Lève-toi !*

  Attention ! Certaines transformations sont nécessaires quand le verbe se termine par une voyelle : *Pense à prendre ton passeport !* → *Penses-y ! / Va à l'école !* → *Vas-y !*

  Attention ! La liaison est obligatoire entre les pronoms et le verbe dont ils sont compléments : *Il vous en parle. / Allez-y ! / Il va les emmener. / Ne les invitez pas.*

- **L'emploi de plusieurs pronoms**

  En cas de compléments multiples, les pronoms compléments se placent selon ces ordres :

1	2
me te nous vous	le la les lui leur en y

1	2
le la les	lui leur

1	2
le la les	y

1	2
lui leur	en

  Tu me prêtes ton livre ? → *Tu me le prêtes ?*

  J'ai proposé à Karine d'aller au forum. → *Je le lui ai proposé.*

  Tu as invité Sacha au forum ? → *Tu l'y as invité ?*

  Je vais parler à Karine du forum des associations. → *Je vais lui en parler.*

➤ L'impératif, page 116
➤ Grammaire contrastive espagnol-français, page 220

EXERCICES

1. Écoutez et cochez la phrase que vous entendez. 🎧 PISTE 33

a. ☐ Jean en a envie. ☐ J'en ai envie.

b. ☐ Elles en ont parlé. ☐ Elsa a parlé.

c. ☐ Ils n'en ont plus parlé. ☐ Ils en ont plus parlé.

d. ☐ Vous nous en avez offert. ☐ Vous en avez souffert.

e. ☐ Elles y ont mangé. ☐ Elles en ont mangé.

f. ☐ Je les ai gardés dehors. ☐ Je laissais les gardes dehors.

g. ☐ Nous t'y avons invité. ☐ Nous y étions invités.

h. ☐ Vous voulez en parler ? ☐ Vous ne voulez pas parler ?

2. Soulignez les répétitions et récrivez le texte en les supprimant
grâce aux pronoms compléments.

Chaque année, l'association de notre quartier organise la fête des voisins. C'est la deuxième fois que nous participons <u>à la fête des voisins</u>. L'année dernière, nous avions fait la connaissance de nos voisins de palier, Jean et Alexandra. Nous avions sympathisé avec Jean et Alexandra et nous avions invité Jean et Alexandra plusieurs fois pour l'apéritif. Cette année, le thème de la fête est le carnaval, il faut donc prévoir un déguisement original ! Le problème est qu'Anthony et moi n'avons pas de déguisement original ! Mon frère qui habite à Paris a un déguisement de super héros. Il a prêté son déguisement à Anthony, mais moi, je cherche un déguisement original ! Je n'ai pas encore trouvé de déguisement original et la fête est dans seulement deux jours ! Alexandra m'a proposé de faire les boutiques avec elle demain pour trouver notre tenue. On trouvera certainement dans les boutiques une tenue pour la fête ! Et je suis sûre que nous passerons un bon moment à cette fête !

Chaque année, l'association de notre quartier organise la fête des voisins. C'est la deuxième fois que nous y participons...

3. Reconstituez les phrases.

a. [faire / le / essayer / de / seul / dois / Tu /.] <u>Tu dois essayer de le faire seul.</u>

b. [avoir / Je /. / besoin / vais / en]

....

c. [leur /. / va / demain / dire / Il]

....

d. [voulons / savoir / le / rapidement / Nous /.]

....

e. [penser / y /? / pourras / Tu]

....

f. [ai / de / les / décidé /. / vendre / J']

....

g. [pouvoir / Tu / aller / y / penses /?]

....

h. [pour /. / sommes / Nous / voir / venus / les]

....

4. Complétez les phrases avec les verbes proposés et des pronoms compléments.

a. [pouvoir – retrouver] J'ai perdu mes lunettes, <u>tu peux **les** retrouver</u> .... ?

b. [pouvoir – réparer] La roue de mon vélo est cassée, tu .... ?

c. [vouloir – aller] Il y a un bon film au cinéma, tu .... ?

d. [savoir – faire] C'est une plage idéale pour le surf, vous .... ?

e. [devoir – penser] Demain, c'est l'anniversaire de Lou, ... !

f. [pouvoir – rendre] Tom a oublié ses clés. Tu .... ?

g. [pouvoir – louer] Sur l'île, on circule à vélo, et vous ....

h. [penser – rédiger] Je veux ce rapport rapidement, vous .... ?

i. [aller – avoir besoin de] Tiens, je te prête mon GPS, tu ....

5. Transformez cette lettre en mettant les éléments en gras à la forme négative.

Marcelle,
Je t'aime depuis des mois et aujourd'hui,
j'ose te l'avouer!
Hier, je voulais te parler, je pensais en avoir le courage!
Et surtout, j'avais très envie de te le dire!
Et aujourd'hui, j'ose!
Quelle que soit ta réaction, je l'accepterai!
J'espère seulement que nous continuerons
à nous voir et que nous resterons en contact!
Paulo

6. Transformez les phrases en utilisant le verbe proposé.

a. Ne nous oublie pas! [nous – demander] → Nous te demandons de ne pas nous oublier.

b. Ne lui dis pas! [tu – devoir]
→ ....

c. N'en parlez plus! [tu – conseiller]
→ ....

d. N'y allons pas! [nous – pouvoir]
→ ....

e. N'en achète pas! [ils – dire]
→ ....

f. N'y pensons plus! [nous – devoir]
→ ....

g. Ne leur faites pas confiance [je – conseiller]
→ ....

h. Ne les dérange pas! [tu – ordonner]
→ ....

i. Ne tombe pas malade! [je – souhaiter]
→ ....

7. À l'oral, répondez aux questions avec les mots proposés et aux temps indiqués.

Ex. : – Tu peux me le prêter? – Oui. [ne pas avoir besoin de] [présent]
→ – Oui. Je n'en ai pas besoin.

a. – Le gâteau d'anniversaire est livré? – Non. [oublier - commander] [passé composé]

b. – Nous nous verrons à la réunion? – Non. [ne pas pouvoir - assister] [futur]

c. – Tu n'es pas énervé par son comportement? – Non. [ne pas faire attention à] [présent]

d. – Pauline a eu son permis de conduire? – Non. [devoir - repasser] [présent]

e. – Ça te dirait d'essayer la planche à voile? – Oui. [vouloir faire] [conditionnel présent]

f. – Tu as bien pris ton passeport? – Oui. [ne pas oublier] [passé composé]

8. Transformez les phrases en utilisant un ou plusieurs pronoms.

a. J'ai recommandé **Martin à son nouvel employeur.** → Je le lui ai recommandé.

b. Je pense offrir **cette montre à mon frère** pour son anniversaire.

→ ....

c. Il m'a promis **d'arriver à l'heure au bureau demain.**

→ ....

d. Tu ne dois rien dire **à ta tante.**

→ ....

e. Ils ont offert **des places de concert à leurs amis.**

→ ....

f. Tu ne devrais pas t'occuper **de ses affaires.**

→ ....

g. Il a décidé de prêter **sa voiture à son fils.**

→ ....

h. Tu peux rendre **les clés à Martin** quand tu partiras.

→ ....

9. Écoutez et associez les phrases aux groupes compléments qui sont proposés. 🎧 PISTE 34

a. mes enfants `1`   **g.** un camion de pompier `   `

b. d'aller au cinéma `   `   **h.** son nouveau vélo `   `

c. à tes parents `   `   **i.** des graines pour le jardin `   `

d. au Père Noël `   `   **j.** de tes mauvaises notes `   `

e. à notre fils `   `   **k.** à envoyer la lettre aux impôts `   `

f. à son mariage `   `   **l.** à l'école `1`

10. Transformez les phrases à l'impératif.

a. Vous devez écouter les conseils de vos grands-parents ! → Écoutez-les !

b. Tu ne dois pas te lever si tard ! → ....

c. Il faut que tu me le donnes ! → ....

d. Tu ne dois pas en prendre après 17 h. → ....

e. Je vous conseille d'y être attentifs. → ....

f. Tu ne dois pas t'en faire pour moi ! → ....

g. Je te conseille de te soigner. → ....

h. Il ne faut pas lui en parler. → ....

11. À l'oral, donnez des consignes (affirmatives et négatives) pour l'utilisation des différents objets. Utilisez les verbes proposés et des pronoms.

a. [plier - transporter - emporter]   **b.** [garer - recharger - conduire]   **c.** [ouvrir - regarder - chercher]

ORDRE ET PLACE DES PRONOMS

12. **Reconstituez les phrases.**

a. [leur / pu / il / n' / expliquer / pas / a / .]

....

b. [l' / ne / pas / . / je / aider / peux]

....

c. [. / vérité / lui / la / dis / -]

....

d. [pas / regarde / le / ne / .]

....

e. [. / s' / y / il / allant / est / en / perdu]

....

f. [ne / parlé / . / en / a / nous / il / jamais]

....

13. **À l'oral, répondez aux questions. Utilisez des pronoms compléments.**

Ex. : – Quand avez-vous vu la victime pour la dernière fois ?
→ Nous l'avons vue hier soir. On lui a dit « Bonsoir » et on l'a vue rentrer chez elle.

a. – Comment aviez-vous rencontré la victime ?

b. – Aviez-vous eu des problèmes avec la victime ?

c. – Connaissiez-vous la famille de la victime ?

d. – Que savez-vous de Nicolas Guittet, le voisin de la victime ?

e. – Qu'allez-vous dire aux journalistes au sujet de la victime ?

f. – Pensez-vous à un ou plusieurs suspects pour le meurtre de la victime ?

14. **Rédigez le rapport de police à l'aide de vos réponses à l'exercice 13.**
Utilisez le maximum de pronoms possibles.

Les voisins on vu la victime pour la dernière fois le soir.

Ils lui ont dit « Bonsoir » et ils l'ont vue rentrer chez elle.

15. **Écoutez les phrases et soulignez les liaisons.** 🎧 PISTE 35
Lisez ensuite toutes les phrases à voix haute.

a. Vas-y !

b. Je vais vous en donner un.

c. N'en achète pas.

d. Elle nous y a invités.

e. Je vous en parlerai demain.

f. Pensez-y !

 **PRENEZ LA PAROLE !**

16. **Imaginez une publicité pour un objet insolite. Vous devez utiliser le maximum**
de pronoms possibles ; un temps simple ; un temps composé ; un impératif ; un infinitif.

Ex. : – Regardez ces chaussettes ! Regardez-les bien ! Vous pouvez les porter dehors sans chaussures ! Et pour les porter à la maison, vous y ajoutez une semelle spéciale !
Grâce à elles, vous n'aurez plus besoin d'acheter de chaussons ni de chaussures !

11

qui, que, où, dont

C'est un quartier que nous avons beaucoup aimé.

OBSERVEZ  PISTE 36

1 *Nice est la ville **où** nous avons passé nos vacances l'été dernier.*

2 *Le jour **où** nous sommes arrivés, nous avons rencontré un Niçois **qui** nous a donné de bons plans sur sa ville.*

5 *Nous avons logé dans une villa **dont** le prix était vraiment raisonnable.*

6 *C'est une villa **dont** le propriétaire est très fier.*

3 *Le Carré d'or est un quartier **que** nous avons beaucoup aimé parce qu'il y a beaucoup d'animations.*

4 *C'est une ville **dont** on parle beaucoup en ce moment au journal télévisé parce qu'elle accueille un festival de jazz.*

RÉFLÉCHISSEZ

1. Écrivez.

2 Quel mot se trouve avant le pronom *qui*? .... après le pronom *qui*? ....
Quel est le sujet du verbe *donner*? ....
3 Quel mot se trouve avant le pronom *que*? .... après le pronom *que*? ....
Quel est le sujet du verbe *aimer*? ....
Quel est le complément d'objet direct du verbe *aimer*? ....
1 Quel mot se trouve avant le pronom *où*? .... après le pronom *où*? ....
Quel est le sujet du verbe *passer*? ....
Quel est le complément de lieu du verbe *passer*? ....
2 Quel mot se trouve avant le pronom *où*? .... après le pronom *où*? ....
Quel est le sujet du verbe *arriver*? ....
Quel est le complément de temps? ....

2. Cochez.

Retrouvez les pronoms utilisés pour remplacer :

– le sujet	☐ *où*	☐ *qui*	☐ *que*
– le complément d'objet direct	☐ *où*	☐ *qui*	☐ *que*
– le complément de lieu	☐ *où*	☐ *qui*	☐ *que*
– le complément de temps	☐ *où*	☐ *qui*	☐ *que*

3. Complétez.

Comparez ces phrases à celles du dialogue.

*C'est une ville. On parle beaucoup **de** cette ville.* **4**

*Nous avons logé dans une villa. Le prix **de** cette villa était vraiment raisonnable.* **5**

*C'est une villa. Le propriétaire **de** cette villa est très fier.* **6**

On utilise le pronom .... lorsque le complément du verbe, du nom ou de l'adjectif est introduit par la préposition ....

PRONOMS RELATIFS SIMPLES

À quoi servent les pronoms relatifs simples et lequel choisir ?

- **L'emploi**

  Le pronom relatif simple remplace un nom, un pronom ou un groupe nominal et relie deux phrases.

  On place le pronom après le groupe nominal qu'on ne veut pas répéter.

  Les phrases qui ont un pronom relatif ont au minimum deux verbes.

  Le Carré d'or est un quartier. Nous avons beaucoup aimé ce quartier.

  → *Le Carré d'or est un quartier que nous avons beaucoup aimé.*

- **Le choix du pronom relatif**

  Le pronom relatif dépend de sa fonction dans la phrase.

  qui = sujet

  Nous avons rencontré un Niçois qui nous a donné de bons plans sur sa ville.

  que = complément d'objet direct

  C'est un quartier que nous avons beaucoup aimé.

  Attention ! *que* devient *qu'* quand il est suivi d'un mot qui commence par une voyelle ou *h* muet.

  où = complément de lieu

  Nice est la ville où nous avons passé nos vacances l'été dernier

  où = complément de temps

  Le jour où nous sommes arrivés (...)

  dont = complément du verbe introduit par *de* (*parler de, s'occuper de...*)

  C'est une ville dont on parle beaucoup en ce moment.

  dont = complément du nom introduit par *de* (*le prix de...*)

  Nous avons logé dans une villa dont le prix était vraiment raisonnable.

  dont = complément de l'adjectif introduit par *de* (*être fier de...*)

  C'est une villa dont le propriétaire est très fier.

  ➤ Grammaire contrastive espagnol-français, page 221

EXERCICES

1. **Écoutez et écrivez les pronoms que vous entendez.** 🎧 PISTE 37

   a. C'est un livre _____ le titre original est *Les fourmis*.

   b. Tu devrais regarder le film _____ a obtenu la Palme d'or.

   c. Le jour _____ tu es arrivé, il faisait très froid.

   d. Je te présente l'homme _____ je suis amoureuse.

   e. Enzo est le jeune homme _____ je t'ai parlé.

   f. Paris est une ville _____ il y a beaucoup d'activités culturelles.

   g. C'est une femme _____ j'aime bien.

2. **Complétez avec *qui, que, où, dont.***

C'est un voyage :

   a. _____ j'ai apprécié.

   b. _____ je parle tous les jours.

   c. _____ est extraordinaire.

   d. _____ je me souviendrai toute ma vie.

C'est un pays :

   e. _____ nous pourrions vivre.

   f. _____ nous avons découvert cette année.

   g. _____ nous avons passé nos vacances.

   h. _____ nous aimons beaucoup.

3. Associez les deux parties des phrases.

a. Le jour où
b. La ville dont
c. L'immeuble où
d. J'habite dans la maison dont
e. Le gardien qui
f. L'appartement que
g. J'ai une femme de ménage dont

1. travaille ici est vraiment sympa.
2. j'ai déménagé, il faisait froid.
3. je suis très contente.
4. j'habite va être démoli.
5. j'occupe est trop petit.
6. tu m'as parlé semble très jolie.
7. la porte d'entrée est verte.

a	
b	
c	
d	
e	
f	
g	

4. Complétez avec *qui, que, où*.

a. J'ai regardé un documentaire _____ parle des jeunes en Ukraine.
b. Marseille est la ville _____ j'ai passé toute mon enfance.
c. Toi _____ as compris la réponse, tu peux m'expliquer ?
d. As-tu lu le document _____ je t'ai envoyé hier soir par courriel ?
e. J'étais très ému le jour _____ j'ai reçu mon diplôme de fin d'études.
f. L'Aquitaine est une région _____ j'aime tout particulièrement.
g. La ville _____ j'étudie va accueillir les prochains Jeux Olympiques d'été.
h. Pouvez-vous m'indiquer le nom de la personne _____ vous a conseillé notre boutique ?

5. Complétez les nouvelles phrases en utilisant *qui, que, où*.

a. L'inégalité entre les hommes et les femmes n'existerait pas dans un monde idéal.
→ Je rêve d'un monde idéal…
b. Ces voisins parlent très fort toute la nuit. Je n'aime pas ces voisins.
→ Je n'aime pas…
c. Tu m'as acheté un bracelet pour mes 40 ans. J'ai perdu le bracelet.
→ J'ai perdu…
d. Ce film est sorti en salle la semaine dernière. J'ai adoré ce film.
→ J'ai adoré…
e. J'ai fait mes études dans cette ville. J'aime bien cette ville.
→ J'aime bien…
f. Ces jeunes ont des idées innovantes et ambitieuses. J'admire ces jeunes.
→ J'admire …
g. Ces femmes arrivent à conjuguer vie professionnelle et vie familiale. Je respecte ces femmes.
→ Je respecte …

6. Complétez avec *le jour où, le mois où, l'année où*.

a. Le mardi, c'est _____ je prends des cours de danse.
b. Juillet est _____ je pars en vacances.
c. 2010 est _____ j'ai obtenu mon baccalauréat.
d. Le 6 août est _____ ma fille est née.
e. Février est _____ il a fait très froid cette année.
f. 1943 est _____ mon grand-père est né.

7. À l'oral, faites une seule phrase en utilisant *dont*.

Ex. : – Tu m'as parlé d'un artisan. – Il n'est pas disponible avant l'automne.
→ – L'artisan dont tu m'as parlé n'est pas disponible avant l'automne.

a. – J'ai reçu, ce matin, une nouvelle.
– Je suis très heureuse de cette nouvelle.

b. – Mon père m'a offert ce livre sur l'art contemporain.
– J'avais besoin de ce livre pour mes études.

c. – La villa n'est plus disponible du 5 au 20 août.
– Nous rêvions de cette villa.

d. – Tu m'as parlé d'un appartement.
– L'appartement me semble petit pour cinq personnes.

e. – L'enfant est à l'école maternelle Saint-Jean.
– Je m'occupe de cet enfant.

f. – Je suis amoureuse d'un homme.
– Il m'a demandé en mariage la semaine dernière.

g. – La voiture coûte 15 000 €.
– J'ai besoin de cette voiture.

8. Complétez le texte avec *qui, que, où, dont*.

La Réunion est une île .... se trouve dans l'océan Indien. Ses habitants, ... viennent de divers horizons, habitent principalement sur la côte. C'est une île .... offre des paysages variés : la montagne, la mer, etc. Son volcan, ... le nom est le Piton de la Fournaise, est encore actif aujourd'hui. Lors de votre séjour, vous pourrez aussi déguster des plats typiques comme le carry .... se compose de riz, poulet, oignon, thym, etc. C'est un plat .... vous allez adorer. Alors, n'hésitez plus et venez à la Réunion ! C'est une île .... vous passerez des vacances inoubliables.

9. Rédigez un texte (environ 70 mots) pour décrire votre région (les lieux et les personnes).
Vous devez utiliser deux fois chaque pronom relatif simple *qui, que, où, dont*.

L'Andalousie est une région qui se trouve au Sud de l'Espagne...

 **PRENEZ LA PAROLE !**

10. Chacun pense à un objet, une ville, un pays, un métier, etc. À tour de rôle, vous devez faire deviner ce mot au groupe en faisant des phrases avec des pronoms relatifs simples.

Ex. : – Je suis une ville qui se trouve dans le Sud de la France à côté de Nice. Je suis une ville dont on parle beaucoup en mai car j'accueille un festival de films international. Je suis…
– Cannes.

laquelle, auxquels, duquel...
Voici les raisons pour lesquelles je me sens bien.

1. *Voici les raisons pour **lesquelles** je me sens bien dans cette nouvelle ville.*
2. *La ville dans **laquelle** je viens d'emménager me paraît très agréable et animée.*
3. *Le colocataire avec **lequel / qui** je vis m'a fait découvrir sa région natale.*
4. *Les collègues avec **lesquels / qui** je travaille sont très sympas.*
5. *Le lac au bord **duquel** nous nous sommes promenés la semaine dernière est magnifique.*
6. *Les amis grâce **auxquels / à qui** j'ai pu trouver rapidement ce logement sont formidables.*

RÉFLÉCHISSEZ

1. Complétez. 1 2 3 4

Après *pour,* .... , ...
on utilise le pronom *lesquelles,* .... ,
.... ou ....

2. Associez.

lesquelles ○	○ féminin singulier
laquelle ○	○ féminin pluriel
lequel ○	○ masculin singulier
lesquels ○	○ masculin pluriel

3. Cochez.

Pour remplacer des personnes, on utilise ☐ *lequel* ☐ *qui* ☐ les deux.

4. Écrivez et cochez. 5

Nous nous sommes promenés au bord d'un lac la semaine dernière. Le lac est magnifique.
Quel mot est utilisé après *au bord* ? ....
Quel mot est répété dans ces phrases ? ....
Ce mot est ☐ masculin singulier ☐ féminin singulier ☐ masculin pluriel ☐ féminin pluriel.
Comparez ces phrases à celle du dialogue. Complétez :
de + lequel = ...

5. Complétez et cochez. 6

J'ai pu trouver rapidement ce logement grâce à mes amis. Mes amis sont formidables.
Quel est le petit mot utilisé après *grâce* ? ....
Quels mots sont répétés dans ces phrases ? ....
Ce mot est ☐ masculin singulier ☐ féminin singulier ☐ masculin pluriel ☐ féminin pluriel.
Comparez ces phrases à celle du dialogue. Complétez :
à + lesquels = ...

6. Cochez.

Où le pronom relatif composé (*lequel, laquelle, ...*) se place-t-il dans les phrases ?
☐ à la fin de la phrase. ☐ juste après le nom qu'il remplace.

PRONOMS RELATIFS COMPOSÉS

À quoi servent les pronoms relatifs composés et lequel choisir ?

- **L'emploi**

  Les pronoms relatifs composés relient deux phrases et permettent de supprimer un complément construit avec une préposition autre que la préposition *de* (utilisée seule).

  *Je viens d'emménager dans **une ville**. **La ville** me paraît très agréable et animée.*

  → *La ville dans **laquelle** je viens d'emménager me paraît très agréable et animée.*

- **Le choix du pronom relatif**

  Le pronom relatif dépend de la préposition qui le précède dans la phrase.

  • *lequel*

  lequel, laquelle, lesquels, lesquelles s'utilisent après une préposition (*dans, par, pour, avec*) :

  Voici les raisons pour lesquelles je me sens bien dans cette nouvelle ville.

  • *auquel*

  auquel, à laquelle, auxquels, auxquelles sont des pronoms relatifs composés qui sont contractés avec *à*.

  Les amis grâce auxquels j'ai pu trouver rapidement ce logement sont formidables.

  • *duquel*

  duquel, de laquelle, desquels, desquelles s'utilisent après une préposition qui contient *de* (*au bord de, près de*…).

  Le lac au bord duquel nous nous sommes promenés la semaine dernière était magnifique.

  Remarque Quand le pronom désigne une personne, on préfère utiliser la préposition + *qui* :

  *Le colocataire avec **lequel** je vis m'a fait découvrir sa région natale.*

  → *Le colocataire avec **qui** je vis m'a fait découvrir sa région natale.*

  ➤ Grammaire contrastive espagnol-français, page 221

EXERCICES

1. Écoutez et, pour chaque phrase, soulignez le pronom relatif que vous entendez. 🎧 PISTE 39

a. [auxquelles – lesquelles – desquelles]　　**e.** [lequel – auquel – duquel]

b. [lequel – duquel – auquel]　　**f.** [lequel – auquel – duquel]

c. [lesquels – auxquels – desquels]　　**g.** [de laquelle – laquelle – à laquelle]

d. [de laquelle – laquelle – à laquelle]　　**h.** [auxquels – desquels – lesquels]

2. Complétez avec *lequel, laquelle, lesquels* ou *lesquelles*.

a. Le colocataire avec _____ tu habites est très bruyant et désordonné.

b. La maison derrière _____ nous habitons a été vendue à un couple de Parisiens.

c. Est-ce que les nouveaux collègues avec _____ vous travaillez sont compétents ?

d. Les patrons pour _____ je travaille viennent de racheter une nouvelle entreprise.

e. Les femmes derrière _____ j'étais au cinéma ont parlé pendant tout le film.

f. Vous avez fait des remarques sur _____ j'aimerais réagir.

g. Tu m'indiques le chemin par _____ passer pour venir chez toi ?

h. L'appartement dans _____ j'habite se trouve près d'ici.

3. Dans quelles phrases de l'exercice 2 peut-on remplacer le pronom par *qui* ?

_____

4. À l'oral, répondez aux questions en utilisant *qui, lequel, laquelle, lesquels, lesquelles* (plusieurs possibilités).

Ex. : – Je vis dans un appartement. – Il est comment? [lumineux et bien situé]
→ – L'appartement dans lequel je vis est lumineux et bien situé.

a. – Mme Brun enseigne à l'université.
– Cette université est bien ?
[privée et réputée]

b. – Hiromi travaille pour des patrons japonais.
– Ils sont comment?
[compétents et sérieux]

c. – Mes parents vivent dans une résidence.
– Elle est comment?
[récente et bien entretenue]

d. – J'ai fait du canoë sur le lac de Maine.
– Ce lac, il est bien pour faire du canoë?
[calme et tranquille]

e. – Nina part en vacances avec ses amies.
– Elles sont sympas ?
[sympas et sérieuses]

f. – Je vis dans le quartier Lafayette.
– Votre quartier, il est agréable ?
[agréable et charmant]

5. Complétez avec *à qui, auquel, à laquelle, auxquels* ou *auxquelles* (plusieurs possibilités).

a. C'est l'homme grâce _____ ma vie a complètement changé.

b. La salle de sport _____ je suis inscrit ouvre un cours de zumba le lundi soir.

c. Le roman _____ tu t'intéresses est en rupture de stock depuis deux semaines.

d. Quels sont les sujets de travail _____ tu t'intéresses ?

e. Les hommes _____ j'ai parlé travaillent à la mairie de ma ville.

f. Les journées de formation _____ j'ai assisté m'ont permis d'être plus efficace.

6. À l'oral, imaginez une publicité pour chaque objet magique.

Ex. : – C'est un stylo magique avec lequel vous ne ferez plus de fautes de français.

7. Transformez les phrases en une seule phrase avec *de qui, duquel, de laquelle, desquels* ou *desquelles* (plusieurs possibilités).

a. Tu t'es promené au bord d'une rivière. La rivière s'appelle La Moine.
→ La rivière au bord de laquelle tu t'es promené s'appelle La Moine.

b. Il a pris un verre dans un bar. À côté de ce bar, il y avait un spectacle de rue. → Il a pris…

c. Les enfants ont beaucoup ri. J'étais en face de ces enfants. → Les enfants…

d. Tu habites près d'une pâtisserie. La pâtisserie fait d'excellents éclairs. → La pâtisserie…

e. Le restaurant sert des plats bon marché. Je travaille près de ce restaurant. → Le restaurant…

f. Hier, vous avez déjeuné près d'un musée. Comment s'appelle ce musée? → Comment…

g. J'ai été licencié à cause de deux femmes. Ces deux femmes ont obtenu une promotion.
→ Les deux femmes…

PRONOMS RELATIFS COMPOSÉS

8. **Soulignez la proposition qui convient.**

    a. Ils ont assisté à un spectacle durant [lequel / duquel / auquel] ils se sont bien amusés.

    b. Le lac autour [duquel / lequel / auquel] tu t'es baladé est très profond.

    c. Je n'ai pas compris la raison pour [de laquelle / à lacuelle / laquelle] tu es parti.

    d. Ce sont des remarques pertinentes [desquelles / auxquelles / lesquelles] je dois réfléchir.

    e. La boutique en face [de laquelle / à laquelle / laquelle] j'habite fait des promotions.

    f. La vendeuse [à qui / qui / de qui] je me suis adressée était vraiment désagréable.

    g. L'appartement [lequel / duquel / auquel] tu penses est trop cher pour nous.

9. **Complétez le texte avec des pronoms relatifs composés (plusieurs possibilités).**

> **Bienvenue à Pâtiss'facile**
>
> le cours grâce _____ la pâtisserie devient plus facile !
>
> Vous aimez inviter vos amis à manger mais au moment du dessert, c'est toujours la catastrophe? Et en plus, ils vous font des réflexions à cause _____ vous commencez à perdre confiance en votre talent de cuisinier ou cuisinière?
>
> Pas de panique, nous sommes là! Nous vous proposons des cours pendant _____ vous apprendrez à faire d'excellents gâteaux au chocolat ou découvrirez des recettes de base grâce _____ vous surprendrez tous vos invités.
>
> Ces cours sont très conviviaux : les formateurs avec _____ vous pratiquerez la cuisine sont très patients et l'ambiance est très décontractée. Cette « classe » de pâtisserie s'organise comme un atelier autour _____ se créent souvent de nouvelles amitiés.
>
> Ce sont les raisons pour _____ vous devez vous inscrire tout de suite.
>
> Rejoignez-nous, nous vous attendons !

10. **Rédigez une petite annonce (environ 50 mots) pour chaque personne.** **Utilisez deux pronoms relatifs composés pour chaque petite annonce.**

    a. [Anita – 26 ans – Toulouse – Elle voudrait rencontrer des Toulousains.]

    b. [Dimitri – 34 ans – Angers – Il cherche un(e) colocataire.]

    c. [Ayana – 42 ans – Paris – Elle cherche un appartement.]

    d. [Victoria et Samuel – 30 ans – Lyon – Ils cherchent une voiture d'occasion.]

    a. Je viens d'emmenager à Toulouse et j'aimerais rencontrer de nouvelles personnes avec qui je pourrais partager mes deux passions : la danse africaine et la peinture. Si vous êtes un jeune Toulousain pour qui la joie de vivre est la chose la plus importante dans la vie, alors contactez-moi !

 **PRENEZ LA PAROLE !**

11. **Vous finissez votre stage en pâtisserie. Une petite fête est organisée. Vous remerciez et exprimez votre satisfaction. Vous devez utiliser cinq pronoms relatifs composés.**

    Ex. : – Je tiens tout particulièrement à remercier mon chef avec qui j'ai appris beaucoup de techniques.

ceci, cela, ça, ce

Ça va ? Tu as compris cela ? C'est facile.

PRONOMS DÉMONSTRATIFS

Ça va ? Ça te plaît d'être ici ?

Oui, ce qui me plaît, c'est de découvrir une nouvelle culture. Mais, j'espère que ce sera plus simple demain. Je n'ai pas compris ceci : la différence entre l'indicatif et le subjonctif. Et toi, tu as compris cela ?

Oui, c'est facile. Je t'expliquerai.

Quand ça ? Ça m'inquiète parce qu'il y a un test vendredi.

Excuse-moi, je dois partir, j'ai un match de basket.

Je peux venir avec toi ? Le basket, j'adore ça.

RÉFLÉCHISSEZ

1. Reliez.

On utilise *ceci* ○   ○ pour annoncer une chose ou une idée.

On utilise *cela* ○   ○ pour reprendre quelque chose qui a été annoncé avant.

2. Cochez.

J'adore ça. = J'adore cela. ☐ vrai ☐ faux

Tu as compris cela ? = Tu as compris ça ? ☐ vrai ☐ faux

3. Cochez.

On utilise aussi *ça* :

☐ pour renforcer un pronom interrogatif (*quand*…).

☐ devant un pronom relatif (*qui, que*…).

☐ dans quelques expressions (*ça suffit, ça va*…).

4. Cochez.

On utilise *ce* :

☐ devant le verbe aller.

☐ pour renforcer un pronom interrogatif (*quand*…).

☐ devant un pronom relatif (*qui, que*…).

☐ devant le verbe *être*.

À quoi servent les pronoms démonstratifs neutres et lequel choisir ?

Les pronoms démonstratifs neutres remplacent une phrase, un groupe nominal ou une proposition.

- **Ceci**

  Le pronom *ceci* est utilisé pour annoncer une chose ou une idée.

  Je n'ai pas compris ceci : la différence entre l'indicatif et le subjonctif.

- **Cela**

  Le pronom *cela* est utilisé :

  – pour reprendre quelque chose qui a été annoncé avant.

  Je n'ai pas compris la différence entre l'indicatif et le subjonctif. Et toi, tu as compris cela ?

  – devant un verbe (sauf le verbe *être*).

  Cela te plaît ?

- **Ça**

  Le pronom *ça* est utilisé :

  – pour remplacer *cela* à l'oral.

  Cela m'inquiète. → *Ça m'inquiète.*

  – dans quelques expressions de la langue familière.

  Ça va. / Ça m'est égal. / C'est ça. / Ça y est. / Ça suffit.

  – pour renforcer le pronom interrogatif.

  Quand ça ? / Qui ça ?

  – pour remplacer les mots qui expriment une idée ou une chose en général.

  Tu aimes le basket ? Oui, j'aime ça.

  Tu aimes l'équipe de France de basket ? Oui, je l'aime bien. (une équipe de basket en particulier)

  Attention ! *ceci* est utilisé dans le langage soutenu, *cela* est utilisé dans le langage écrit et *ça* à l'oral.

- **Ce**

  Le pronom *ce* est utilisé :

  – pour remplacer *ça* devant le verbe *être*.

  C'est facile. / Ce n'est pas grave. / Ce sera fait.

  – devant un pronom relatif simple (*qui, que*).

  Ce qui me plaît, c'est de découvrir une nouvelle culture. (= la chose qui me plaît)

  Ce que j'aime, c'est la musique de la langue. (= la chose que j'aime)

➤ La mise en relief, page 142

EXERCICES

1. Écoutez et, pour chaque phrase, cochez le pronom démonstratif que vous entendez. 🎧 PISTE 41

	a.	b.	c.	d.	e.	f.	g.	h.
ceci	☐	☐	☐	☐	☐	☐	☐	☐
cela	☐	☐	☐	☐	☐	☐	☐	☐
ça	☐	☐	☐	☐	☐	☐	☐	☐
ce	☐	☐	☐	☐	☐	☐	☐	☐

2. **Associez.**

a. C' o   o est une bonne nouvelle.

 Ça o   o me semble être une bonne nouvelle.

b. Cela o   o reste à expliquer : quelle est la pertinence du film ?

 Ceci o   o t'a plu de voir ce film.

c. Ça o   o suffit !

 C' o   o est fini.

d. Ce o   o qui me plaît, c'est le scénario.

 Cela o   o me fait plaisir d'être allé au cinéma.

3. **Soulignez le pronom qui convient.**

a. Aujourd'hui, il y a beaucoup de neige mais [cela / ceci] n'arrive pas souvent ici.

b. [Ça / Ce] qui me ferait plaisir, c'est que tu m'accompagnes chez ma mère.

c. Sarah, est-ce que tu aimes [ce / ça] ?

d. [Ce / Ça] y est, j'ai terminé !

e. Le plus important pour moi, [c' / ceci] est d'être en bonne santé.

f. [Ceci / Cela] me surprend : il n'y a plus de place pour le vol Paris-Rome.

4. **Complétez avec *ce* ou *ça*.**

a. – La France, _____ te plaît ?

 – Oui, bien sûr, _____ qui me plaît le plus, _____ est la nourriture !

b. – _____ va mieux aujourd'hui ?

 – Euh, non, pas vraiment, j'ai très mal à la tête. Je crois que _____ est une migraine.

c. – Qui est- _____ ?

 – _____ est Martin. Tu peux m'ouvrir ?

d. – Combien _____ coûte ?

 – 20 €. _____ n'est vraiment pas cher.

e. – _____ suffit maintenant, taisez-vous !

 – _____ est la faute de Pedro, il m'énerve !

f. – _____ qui me plairait, _____ est que tu viennes voir mon spectacle le 28 août.

 – Quand _____ ?

 – Le 28 août, _____ te convient ?

5. **À l'oral, racontez des retrouvailles en utilisant *ce* ou *ça* et les mots proposés.**

Vous avez rencontré un(e) ami(e) que vous n'aviez pas revu(e) depuis dix ans. Vous évoquez votre émotion.

Ex. : – Ça m'a fait vraiment plaisir de le/la revoir.

[faire plaisir – rappeler de bons souvenirs – étonner – être bien – plaire – être génial – aimer]

6. Remplacez les mots en gras par *ça, ce, ceci, le, les*.

a. – Est-ce que tu aimes **la viande rouge** ?

– Non, désolé, mais je [ne pas aimer] _____ .

b. – Est-ce que tu peux me prêter **ton foulard beige** ?

– Euh, oui, je te [prêter] _____ .

c. – Les enfants, vous voulez **un peu de gâteau au chocolat** ?

– Oh oui, on [adorer] _____ .

d. – Vous connaissez **monsieur Hugo** ?

– Oui, je [connaître] _____ très bien.

e. – Tu veux **mes clés de voitures** ?

– Non, je [ne pas vouloir] _____ .

f. – Est-ce qu'il aime **vivre ici** ?

– Oui, il [aimer] _____ .

7. Complétez avec *ceci, cela* ou *ce*.

```
Madame,
_____ m'a vraiment surpris que vous n'ayez pas répondu favorablement à ma demande.
_____ qui m'étonne, _____ est que vous m'aviez dit en décembre que je
correspondais aux critères et que je pourrais obtenir facilement une chambre
universitaire. Je n'apprécie pas du tout _____ que vous faites.
Je comprends que les demandes sont nombreuses mais vous ne m'aviez pas expliqué
_____ avant.
De plus, _____ me choque : vous avez proposé une chambre à un de mes amis qui
s'est présenté la semaine dernière et qui n'a pas de problème de logement.
Je tenais à vous dire tout _____ .
Cordialement,
Alain Bruneau
```

8. Rédigez votre avis avec les mots proposés et au moins deux fois
chaque pronom démonstratif neutre.

Vous êtes allé(e) dans un restaurant gastronomique et vous avez été déçu(e) des prestations
(service, qualité des plats…). Exprimez votre étonnement et votre mécontentement.

[produits de mauvaise qualité – service long – décor ancien – accueil peu chaleureux –
repas trop cher – vaisselle sale]

Ce qui m'a surpris, c'est qu'un restaurant propose des produits de mauvaise qualité.

PRENEZ LA PAROLE !

**9. Vous organisez un repas d'anniversaire pour 20 personnes et vous passez commande
à un traiteur. Imaginez le dialogue entre vous et le traiteur. Utilisez le maximum de
pronoms démonstratifs neutres.**

Ex. : – Ce qui nous plairait, c'est avoir un grand choix d'entrées.

– De la charcuterie, des salades, des cakes salés… cela vous convient ?

quelque chose, rien, personne, plusieurs...

Vous avez vu quelque chose ? Non, je n'ai rien vu.

OBSERVEZ 🎧 PISTE 42

1 Vous avez vu **quelque chose** ?

Non, je **n'ai rien** vu de spécial.

2 Vous avez vu **quelqu'un** qui sortait de la bijouterie ?

Non, je **n'ai** vu personne.

3 Je pourrais facilement reconnaître son manteau parce que mon ami a **le même**.

4 On a interrogé **chacun** des témoins ?

5 Certains indices correspondent mais **d'autres** ne correspondent pas du tout.

6 Parmi les témoins, **certains** disent qu'une femme a participé au vol.

7 Vous avez des photos ? Parmi les témoins, **plusieurs** disent qu'une femme a participé au vol.

8 Des photos du suspect ? Oui, j'en ai **quelques-unes**.

9 Je pensais avoir des indices mais je **n'en ai aucun**.

10 Les témoins du vol sont **tous** là. Ils nous ont **tout** expliqué.

RÉFLÉCHISSEZ

1. Écrivez. **1** **2**

Retrouvez le contraire de ces mots :

quelque chose ≠ ....   quelqu'un ≠ ....

2. Cochez.

3 *le même* signifie :
☐ un manteau différent.
☐ un manteau identique.

4 *d'autres* signifie :
☐ les mêmes indices.
☐ des indices différents.

5 *chacun* signifie :
☐ chaque témoin d'un groupe.
☐ quelques témoins d'un groupe.

6 *certains* signifie :
☐ pas un seul témoin.
☐ deux (trois, ...) témoins parmi un groupe.

7 *plusieurs* signifie :
☐ pas un seul témoin.
☐ plus d'un témoin.

8 *quelques-unes* signifie :
☐ pas une seule photo.
☐ un petit nombre de photos.

9 *aucun* signifie :
☐ pas un seul indice.
☐ un petit nombre d'indice.

10 *tous* signifie :
☐ quelques témoins.
☐ la totalité des témoins.

10 *tout* signifie :
☐ la totalité des choses.
☐ un petit nombre de choses.

Quel pronom indéfini choisir?

Les pronoms indéfinis remplacent des noms ou des groupes nominaux indéterminés.

● **Les pronoms indéfinis singuliers**

Quelque chose*

Ce pronom remplace le nom d'un objet
ou d'une idée.
*Quelque chose me dit que vous avez vu le voleur.
Vous avez vu quelque chose ?*

Quelqu'un*

Ce pronom remplace le nom d'une personne.
*Quelqu'un est sorti en courant. Vous avez vu
quelqu'un qui sortait de la bijouterie ?*

Rien ne… / Ne… rien*

Ce pronom remplace le nom d'un objet
ou d'une idée.
C'est le contraire de *quelque chose*.
*Je n'ai rien vu de spécial. / Rien ne convient. /
Je ne vois rien.*

Personne ne … / Ne… personne*

Ce pronom remplace le nom d'une personne.
C'est le contraire de *quelqu'un*.
*Non, je n'ai vu personne. / Personne n'est venu. /
Je ne vois personne.*

Aucun(e) ne… / Ne … aucun(e)*

Ce pronom indique une quantité nulle.
*je pensais avoir des indices mais je n'en ai
aucun. / Aucun n'est venu nous voir.*

Chacun, chacune

Ce pronom signifie *chaque personne (d'un groupe)*
et il est suivi de *de*.
*Il a donné des photos du suspect à chacun
des témoins.*

Tout

Ce pronom signifie *toutes les choses*.
*Tout va bien. Ils nous ont tout expliqué.
Je veux tout terminer avant de partir.*

● **Les pronoms indéfinis pluriels**

Tous, toutes

Ces pronoms renforcent un nom ou un pronom.
*Les témoins du vol sont tous là. Elles sont toutes
venues au commissariat.*

Plusieurs, quelques-uns, quelques-unes*

Ces pronoms indiquent une quantité imprécise.
Ils renvoient à un nom qui précède.
*Parmi les témoins, plusieurs disent qu'une femme
a participé au vol.
Des photos du suspect ? Oui, j'en ai quelques-unes.*

Certains, certaines*

Ce pronom signifie « un nombre de personnes dans
un groupe » et il renvoie à un nom qui précède.
*Parmi les témoins, certains disent qu'une femme
a participé au vol.*

● **Les pronoms indéfinis singuliers ou pluriels**

Le même, la même, les mêmes

Ce pronom indique une chose identique à ce qui
a été cité.
*Je pourrais facilement reconnaître son manteau
parce que mon ami a le même.*

Autre(s)

Ce pronom ajoute un élément différent à ce qui
a été cité et est précédé d'un déterminant (*les, d'…*)
*Certains indices correspondent mais d'autres
ne correspondent pas du tout.*

*** Ces pronoms indéfinis peuvent être suivis d'un adjectif
qui s'accorde en genre et en nombre avec le nom et cet
adjectif est précédé de *de* :
*Il y a quelque chose **de bon** à manger ?
C'est quelqu'un **de formidable**.
Je n'ai rien vu **de spécial** dimanche dernier.
Il n'y a personne **de connecté** en ce moment.
Je n'en connais aucune **de gentille**.
J'en ai trouvé plusieurs **de jolies**.
Des indices ? Oui, j'en ai quelques-uns **d'intéressants**
Il y a en a certaines **de cassées**.*

➤ La négation, page 156

EXERCICES

1. Écoutez et écrivez le numéro de chaque phrase à côté des pronoms. 🎧 PISTE 43

a. quelque chose ☐   **e.** le / la / les même(s) ☐   **i.** plusieurs ☐

b. rien ☐   **f.** chacun ☐   **j.** quelques-un(e)s ☐

c. quelqu'un ☐   **g.** certain(e)s ☐   **k.** aucun ☐

d. personne ☐   **h.** autre(s) ☐   **l.** tout ☐

2. **Répondez négativement aux questions.**

a. – Il y a quelqu'un dans le bureau ? – <u>Non, il n'y a personne.</u>

b. – Il se passe quelque chose dans la rue ? – _____

c. – Quelqu'un a sonné à la porte ? – _____

d. – Quelque chose te perturbe ? – _____

e. – On t'a offert quelque chose ? – _____

f. – Vous avez vu quelqu'un à l'accueil ? – _____

g. – Il a vu quelque chose d'anormal ? – _____

3. **Répondez aux questions en utilisant** *quelque chose, rien, quelqu'un* **et les mots proposés.**

a. – Cet employé travaille bien ? [compétent]

– Oui, c'est <u>quelqu'un de compétent.</u>

b. – Vous avez vu quelque chose ? [étrange]

– Non, je _____

c. – Elle est drôle ton amie ? [très drôle]

– Oui, c'est _____

d. – Est-ce que tu as acheté un cadeau pour le mariage de ton frère ? [original]

– Oui, j' _____

e. – Tu as remarqué quelque chose hier ? [spécial]

– Non, je _____

f. – Tu as regardé de bons films pendant les vacances ? [intéressant]

– Non, je _____

g. – C'est une personne agréable ? [très sympathique]

– Oui, c'est _____

4. **Complétez avec** *tout, tous* **ou** *toutes.*

a. _____ se passe comme prévu.

b. Les photos ? Tu les as _____ vues ?

c. On va _____ préparer pour midi.

d. J'ai _____ compris.

e. Mes cousins parlent _____ portugais.

f. Les livres ? Je les ai _____ lus.

g. Tes amies viennent _____ à ta fête ?

h. _____ a bien fonctionné.

5. **Reconstituez les réponses.**

a. – Tu as eu des nouvelles ?

[eu / en / je / n' / ai / aucune] – Non, _____ .

b. – Elle a rencontré quelqu'un ?

[elle / rencontré / a / personne / n'] – Non, _____ .

c. – Tes amis de Londres ont réussi à venir à ton mariage ?

[n'/ pu / venir / aucun / ami / a] – Non, _____ .

d. – Elle est à toi cette lettre ?

[a / donnée / quelqu'un / l' / me] – Oui, _____ .

e. – Vous savez où est Mathys ?

[personne / ne / où / il / est / sait] – Non, _____ .

6. **Complétez les phrases avec les mots proposés.**

  a. [certain(e)s – d'autres]

   –Tu connais plusieurs langues étrangères ?

   – Oui, j'en ai appris _____ au lycée et _____ en regardant des films.

  b. – [quelques-un(e)s – chacun]

   – Tu as vu des films de Jean-Pierre Jeunet ?

   – Oui, j'en ai vu _____ . _____ de ses films est surprenant

  c. [plusieurs – aucun]

   – La cliente voulait le livre de Yannick Noah mais il ne m'en reste _____ .

   – Tu les as tous vendus ? Mo , il m'en reste _____ dans ma librairie.

  d. [le / la / les même(s) – chacun]

   – Les enfants, je vous ai acheté des bandes-dessinées : il y en a une pour _____ .

   – Prends celle-là, j'ai _____ à la maison.

7. **À l'oral, répondez aux questions en utilisant les mots proposés.**

  Ex. : – Vous parlez plusieurs langues ? [en / plusieurs] → – Oui, j'en parle plusieurs.

  a. – Vous faites du sport ? [en / aucun]

  b. – Vous avez lu quelques livres d'Anna Gavalda ? [en / quelques-uns]

  c. – Vous connaissez des chansons françaises ? [en / plusieurs]

  d. – Vous avez ce livre ? [le même]

  e. – Vous connaissez ces acteurs ? [en / certains]

  f. – Vous avez des nouvelles de Marion ? [en / aucune]

8. **Rédigez (environ 80 mots) le rapport de vol pour lequel un témoin vous a fait**  **une déclaration. Utilisez les mots proposés.**

  [quelqu'un – quelque chose – rien – plusieurs – certain – aucun – autre]
  M. Levasseur a vu quelqu'un qui sortait du magasin vers 18 h...

PRENEZ LA PAROLE !

9. **Par deux, imaginez une conversation entre un policier et une personne qui a assisté à un vol dans une banque. Utilisez un maximum de pronoms indéfinis.**

  Ex. : – Est-ce que vous avez vu quelque chose ?
    – Oui, j'ai vu quelqu'un qui sortait de la banque en courant.

les miennes, le tien, les nôtres, les leurs…

Voici le mien. Ce ne sont pas les nôtres.

OBSERVEZ  **PISTE 44**

1 — *Vos cartes d'identité, s'il vous plaît !*
— *Voici **la mienne** et là, c'est la carte de mon mari.*
— *Et les billets ?*
— *Voici **le mien**. Chéri, tu as **le tien** ?*
— *Oui, tenez.*
— *Et à qui sont ces bagages ?*
— *Ce sont **les miens**.*
— *Et là, ce sont vos assurances voyage ?*
— *Oui, ce sont **les miennes**.*

2 — *Madame, monsieur, vous avez oublié vos billets ?*
— *Non, ce ne sont pas **les nôtres**.*
— *Vous avez demandé aux deux hommes là-bas ?*
— *Oui, mais ce ne sont pas **les leurs**.*

RÉFLÉCHISSEZ

1. Écrivez. 1
Retrouvez les mots employés dans le dialogue.
Voici ma carte d'identité.   → *Voici* ....
Voici mon billet.   → *Voici* ....
Ce sont mes bagages.   → *Ce sont* ....
Ce sont mes assurances voyage. → *Ce sont* ....

2. Cochez. 1 2
Les pronoms possessifs sont composés de ☐ un mot ☐ deux mots ☐ trois mots.
Le pronom possessif remplace un groupe nominal. ☐ vrai ☐ faux

3. Cochez. 1 2

	masculin	féminin	singulier	pluriel
la mienne	☐	☐	☐	☐
le mien	☐	☐	☐	☐
les miens	☐	☐	☐	☐
les miennes	☐	☐	☐	☐

4. Associez. 2
les nôtres ○   ○ nos billets
le tien   ○   ○ les billets des deux hommes
les leurs ○   ○ ton billet

Quel pronom possessif choisir ?

- **Les différents pronoms possessifs**

Le pronom possessif se choisit en fonction du sujet auquel il appartient.

	singulier		pluriel	
	masculin	féminin	masculin	féminin
à moi	le mien	la mienne	les miens	les miennes
à toi	le tien	la tienne	les tiens	les tiennes
à lui / à elle	le sien	la sienne	les siens	les siennes
à nous	le nôtre	la nôtre	les nôtres	
à vous	le vôtre	la vôtre	les vôtres	
à eux / à elles	le leur	la leur	les leurs	

mon billet → le mien
nos billets → les nôtres
leurs billets → les leurs

EXERCICES

1. Écoutez les phrases et cochez le genre (masculin ou féminin) 🎧 PISTE 45
et le nombre (singulier ou pluriel) des pronoms. Écrivez à qui peut appartenir l'objet.

	a.	b.	c.	d.	e.	f.	g.	h.
masculin	☒	☐	☐	☐	☐	☐	☐	☐
féminin	☐	☐	☐	☐	☐	☐	☐	☐
singulier	☒	☐	☐	☐	☐	☐	☐	☐
pluriel	☐	☐	☐	☐	☐	☐	☐	☐
à qui ?	à lui							
	à elle							

2. Remettez les lettres des pronoms possessifs dans l'ordre.
Puis associez-les aux groupes nominaux.

a. [E / L / T / E / I / N]................................ o   o nos clés

b. [S / V / L / E / Ô / R / T / E / S]............. o   o ses livres

c. [N / T / L / S / E / Ô / E / R / S]............. o   o vos colliers

d. [L / M / A / E / I / E / N / N].................... o   o ma maison

e. [S / E / S / L / E / I / N / S]..................... o   o leur écharpe

f. [L / E / A / L / R / U]................................. o   o ton sac

3. Remplacez les mots proposés par un pronom possessif.

a. Ici, c'est ma petite fille, et là, c'est [votre petite fille] _la vôtre_ ?

b. Je vais sortir le chien de Yumi et aussi [mon chien]..................................

c. Je viens de prendre mes places pour le festival, tu as pris [tes places].................... ?

d. Tu peux prendre mes gants et [les gants de Bonnie]........................... ?

e. Adam a pris mon ticket et aussi [les tickets des enfants]............................

f. Là, c'est le bureau des secrétaires ou bien c'est [notre bureau]............................ ?

EXERCICES

4. Cochez la bonne réponse.

a. À qui sont ces affaires sur la table ?
☐ C'est la mienne.
☐ Ce sont les nôtres.
☐ Ce sont les tiens.

d. Pourquoi tu prends ma carte ?
☐ J'ai oublié la mienne.
☐ J'ai oublié la tienne.
☐ J'ai oublié le mien.

b. À qui sont ces billets ?
☐ C'est le vôtre.
☐ Ce sont les miens.
☐ C'est le leur.

e. Ces clés, elles sont à Jacob ou à toi ?
☐ Ce sont les siennes.
☐ Ce sont les miens.
☐ C'est le leur.

c. C'est la fille de ton amie ?
☐ Oui, c'est le sien.
☐ Bien sûr, c'est la leur.
☐ Bien sûr, c'est la sienne.

f. Il est à toi ce parapluie ?
☐ Oui, c'est le mien.
☐ Oui, c'est le leur.
☐ Bien sûr, c'est la sienne.

5. Répondez aux questions en utilisant un pronom possessif.

a. – C'est la voiture de Maëlle ?
– Oui, _____.

e. – Ce sont les parents d'Enzo et Jules ?
– Non, _____.

b. – Ce sont les lunettes de Pawel ?
– Non, _____.

f. – Sofia, c'est mon pull ?
– Oui, _____.

c. – C'est le fils de Paco et Anita ?
– Non, _____.

g. – Monsieur, c'est votre passeport ?
– Oui, _____.

d. – Ce sont nos documents ?
– Oui, _____.

h. – Ce sont tes nièces ?
– Oui, _____.

6. Écoutez les questions et retrouvez les réponses. 🎧 PISTE 46
Écrivez le numéro de la phrase à côté de sa réponse.

a. Oui, ce sont les leurs. ☐
b. Oui, c'est la mienne. ☐
c. Oui, c'est la sienne. ☐
d. Oui, c'est le sien. [1]
e. Oui, c'est la nôtre. ☐

f. Oui, ce sont les miens. ☐
g. Oui, c'est le mien. ☐
h. Oui, ce sont les nôtres. ☐
i. Oui, c'est la leur. ☐
j. Oui, ce sont les miennes. ☐

7. À l'oral, répondez aux questions en utilisant des pronoms possessifs.
Ex. : – À qui est cet appareil photo ? (à Lucia) → – C'est le sien.

a. – À qui sont ces lunettes rouges ? [à Maria]
b. – À qui est ce sac noir ? [à moi]
c. – À qui est cette caméra ? [Bob et John]
d. – À qui sont ces deux valises rouges ? [à moi et ma collègue]
e. – À qui est ce guide touristique ? [à Laura et Paco]
f. – À qui est cet accessoire ? [à Tom]

8. Complétez avec le pronom possessif qui convient (plusieurs possibilités).

   a. – Jessica, c'est ton portefeuille sur la table ?

   – Non, _____ est dans mon sac. Je crois que c'est celui de Katie.

   – Non, _____ est rouge et celui-là est noir.

   b. – Monsieur, la voiture qui est stationnée devant mon garage, c'est _____ ?

   – Non, _____ est stationnée sur ma place de parking.

   c. – Mon fils est célibataire. Et _____ ?

   – _____ s'est marié l'année dernière.

   d. – Nos parents sont retraités et _____ ?

   – Comme _____ , ils ne travaillent plus depuis 2 ans.

   e. – Pourquoi est-ce que tu prends mes clés ?

   – Parce que j'ai perdu _____ .

   f. – J'ai oublié mon livre. Tu peux me passer _____ ?

   – Oui, mais ce n'est pas _____ , c'est le livre de Timéo.

9. Rédigez un dialogue (environ 100 mots) entre deux enfants qui rangent leur chambre. Utilisez au minimum 8 pronoms possessifs et les mots proposés.

[un sac – un chapeau – une guitare – des livres – des chaussettes – une raquette de tennis – un pull – des DVD]

– À qui est ce sac ?

– C'est le mien.

– Et ce chapeau, il est à Paul ou c'est le tien ?

– Non, ce n'est pas le sien et le mien est rangé dans le placard.

_____

_____

_____

_____

_____

_____

_____

_____

_____

PRENEZ LA PAROLE !

10. Formez un cercle. Un objet sert à passer la parole. Une personne pose une question en utilisant un pronom possessif. Elle lance l'objet à une autre personne qui répond en utilisant un pronom possessif, avant de poser à son tour une question, etc. La personne qui ne fait pas de nouvelle phrase a perdu.

Ex. : – Mon père est médecin. Et le tien ?

   – Le mien est retraité. C'est la montre de Yuka sur la table ?

   – Non, ce n'est pas la sienne. Ce sont tes lunettes ?

il habitait, on lui a offert...

Il travaillait à Nantes quand on lui a offert ce poste.

1 Quand **il habitait** à Nantes, Frédéric **travaillait** près de chez lui. Avant son installation à Paris, **on se voyait** souvent. **Il a perdu** 5 kilos avec son nouveau travail. **Il est devenu** avocat en 2014.

2 *Nous ne sommes jamais allés voir Frédéric à Paris depuis son emménagement.* **Frédéric ne prenait jamais** les transports en commun quand **il habitait** en province.

3 *C'était le matin,* **il faisait** doux, **le soleil éclairait** les fleurs du jardin du Luxembourg, et Frédéric **se sentait** heureux de vivre à Paris.

4 *Frédéric* **travaillait** à Nantes quand **on lui a offert** ce poste à Paris. Maintenant, il travaille près de la tour Eiffel.

PASSÉ COMPOSÉ ET IMPARFAIT

RÉFLÉCHISSEZ

1. Cochez. **1**

Il travaillait près de chez lui.
☐ une action ponctuelle dans le passé
☐ une habitude dans le passé
☐ une situation qui n'existe plus

Il a perdu 5 kilos.
☐ un événement dans le passé
☐ une situation qui n'existe plus
☐ une action ponctuelle dans le passé

On se voyait souvent.
☐ une habitude dans le passé
☐ un événement dans le passé
☐ une situation qui n'existe plus

Il est devenu avocat.
☐ une situation qui n'existe plus
☐ un événement dans le passé
☐ une action ponctuelle dans le passé

2. Écrivez.

On utilise l'imparfait pour :
....
....
....

On utilise le passé composé pour :
....
....
....

3. Associez. **2**

On utilise l'imparfait ○   ○ pour une action réalisée ou non.
On utilise le passé composé ○   ○ pour une habitude dans le passé.

4. Cochez. **3**

Pourquoi utilise-t-on l'imparfait dans cette phrase ? ☐ Pour parler d'une action habituelle dans le passé.
☐ Pour décrire le décor d'une action. ☐ Pour décrire une situation qui n'existe plus.

5. Complétez le schéma avec les actions *travailler à Nantes* et *offrir le poste*. **4**

....

.... ↓ Travailler à Paris

──►

Quand utiliser l'imparfait et le passé composé ?

- **L'imparfait**
  - Pour parler d'une habitude dans le passé :
    On se voyait souvent.
  - Pour décrire une situation passée qui a cessé d'exister :
    Il travaillait près de chez lui.
  - Pour décrire le contexte d'une histoire (le temps, les personnes, les lieux, les sentiments) du passé :
    C'était le matin, il faisait doux.

- **Le passé composé**
  - Pour parler d'une action ponctuelle dans le passé :
    Il a perdu 5 kilos.
  - Pour parler d'une action réalisée ou non réalisée dans le passé :
    Nous ne sommes jamais allés voir Frédéric.
  - Pour raconter un événement passé :
    Il est devenu avocat.
  - Pour énoncer une action passée qui modifie une situation :
    On lui a offert ce poste.

➤ Grammaire contrastive anglais-français, page 214
➤ Tableau des conjugaisons, page 275

EXERCICES

1. Écoutez et, pour chaque phrase, cochez le temps qui correspond. 🎧 PISTE 48

	a.	b.	c.	d.	e.	f.	g.	h.
imparfait	☐	☐	☐	☐	☐	☐	☐	☐
passé composé	☐	☐	☐	☐	☐	☐	☐	☐

2. Complétez le tableau après avoir lu les phrases.

- **a.** Avant la réforme, les enfants **n'allaient pas** à l'école le mercredi.
- **b.** Je **jouais** aux cartes avec ma grand-mère chaque dimanche.
- **c.** Nino **a déjà écrit** sa lettre pour le père Noël.
- **d.** Il était au chômage depuis 3 mois quand **il a trouvé** ce nouvel emploi.
- **e.** Avant 1944, les femmes **ne pouvaient pas** voter en France.
- **f.** Nous **avons déjà rendu** visite à notre fille qui vit en Angleterre.
- **g.** Daniel et Christiane **se sont mariés** en 1971.
- **h.** Il **se levait** tous les matins à 7 h avant d'être à la retraite.
- **i.** Il **faisait** froid et nous voulions rentrer à la maison.

	phrases	temps utilisé
habitude dans le passé	....	....
situation passée qui a cessé d'exister	a	imparfait
contexte d'une histoire du passé	....	....
action réalisée ou non réalisée dans le passé	....	....
événement passé	....	....
action passée qui modifie une situation	....	....

3. **Complétez cette histoire avec les verbes proposés dans le désordre.**

[a laissé – a pris – n' a pas pu – a allumé – cambriolait – a quitté – s'est introduit – était – a reconnu – pleuvait – a échangé – était – a vu – s'est connecté – disait – as oublié – ont convenu – interrogeait – venait – est arrivé (x2) – a téléphoné – a arrêté – portait – a envoyé]

Vers 15h, hier après-midi, Amédé Pafuté s'est introduit dans la maison de Léon Adubol et _____ plusieurs objets de valeur : des bijoux, des cartes de crédits, un téléphone portable et de l'argent. Mais, pendant qu'il _____ la maison, Amédé _____ résister à l'envie de se connecter à son profil Fastouch! Il _____ l'ordinateur de la victime et _____ sur son profil personnel. Seulement voilà, quand il _____ la maison, l'ordinateur _____ toujours en marche! Mais ce n'est pas tout! Comme il _____, Amédé _____ totalement trempé et chez la victime, il _____ ses vêtements mouillés contre des vêtements secs, et il _____ ses affaires! En arrivant chez lui à 18h, Léon Adubol _____ les vêtements mouillés et le profil Fastouch toujours connecté sur son ordinateur. Il _____ à son voleur un message qui _____ : « Tu _____ tes affaires chez moi! Je te rends tes vêtements et tu me rends le téléphone que tu m'as volé. » Ils _____ d'un rendez-vous. Quand Léon Adubol _____ au lieu de rendez-vous, il _____ son voleur grâce à la photo de son profil Fastouch. Il _____ à la police qui _____ Amédé sans problème! Le plus ridicule : lorsque la police _____ Amédé, il _____ à son poignet la montre qu'il _____ de voler!

4. **Complétez les tableaux.**
   a. Je voulais devenir un acteur célèbre.
   b. J'ai voulu lui rendre visite la semaine dernière.

situation passée qui a cessé d'exister	a.	imparfait
action ponctuelle dans le passé	b.	passé composé

   c. Je ne suis jamais resté au bureau après 18h.
   d. Je ne restais jamais longtemps à discuter avec eux.

action réalisée ou non réalisée dans le passé	....	
habitude dans le passé	....	

   e. Rafael Nadal a gagné le tournoi de Roland Garros en 2014.
   f. Il gagnait tous ses matchs avant de se blesser au genou.

événement passé	....	
situation passée qui a cessé d'exister	....	

   g. Il était à Angers pour ses études.
   h. Il a été déçu de ne pas pouvoir rester plus longtemps.

contexte d'une histoire du passé	....	
action ponctuelle dans le passé	....	

   i. Il a décidé de partir vivre en Allemagne.
   j. Elle décidait pour toute la famille en général.

action passée qui modifie une situation	....	
habitude dans le passé	....	

5. **Soulignez le temps qui convient.**

a. Il [n'habitait plus / n'a plus habité] à Lyon quand j'y [allais / suis allé] pour étudier.

b. Nous [ne réservions pas encore / n'avons pas encore réservé] nos billets pour le Japon.

c. Les employés [n'étaient jamais augmentés / n'ont jamais été augmentés] dans cette entreprise depuis sa création.

d. Tu [visitais déjà / as déjà visité] le Québec ?

e. Il [voulait toujours / a toujours voulu] apprendre une nouvelle langue étrangère.

f. Sa sœur [ne votait jamais / n'a jamais voté] car elle n'a pas 18 ans.

g. Nous [aimions / avons aimé] construire des cabanes dans le jardin quand nous [étions / avons été] enfants.

h. Je ne [prenais plus / ai plus pris] le bus pour aller à l'université quand [j'achetais / j'ai acheté] mon vélo.

6. **Rédigez des phrases avec les mots proposés.**

a. [maisons individuelles – immeubles – avant – puis]

b. [bus – tramway – avant – puis]

c. [nature – pollution – auparavant – ensuite]

d. [champs – usines – avant – puis]

e. [petits magasins – supermarchés – à l'époque – après]

f. [école – université – d'abord – plus tard]

a. Avant, les gens vivaient dans des maisons individuelles. Puis, de nouveaux habitants sont arrivés. On a construit des immeubles.

7. **Complétez l'histoire de Kevin en utilisant les temps qui conviennent.**

Ce matin-là, [je – arriver] je suis arrivé à la gare pour prendre le train. Bien installé, [je – sortir] _____ mon roman préféré et [je – commencer] _____ à le lire. Mais, quelques minutes après l'heure officielle du départ, une voix a annoncé au micro : « Mesdames et Messieurs, nous sommes désolés de vous annoncer que votre train partira avec quinze minutes de retard. »

Alors, [je – décider] _____ de changer de train. [Je – sortir] _____ rapidement et [je – monter] _____ dans le TGV de 9h !

Comme [le train – être] _____ complètement vide et qu'il a démarré, [je – être] _____ pris de panique et [je – traverser] _____ tous les wagons.

[Le train – rouler] _____ très lentement pendant une heure et [je – se retrouver] _____ dans la gare de nettoyage des TGV. Finalement, [je – pouvoir] _____ descendre du train et [le conducteur – me – proposer] _____ de m'emmener à la gare de Nantes en voiture.

[Nous – arriver] _____ à midi ! [Il – être] _____ trop tard pour commencer ma journée de travail. [Je – prévenir] _____ mes collègues et, ce jour-là, [je – ne pas aller] _____ au bureau !

8. **À l'oral, transformez le texte de Zoé au passé.**

Ex. : — C'était le mois d'août. Ce jour-là, il...

C'est le mois d'août. Aujourd'hui, il fait un temps magnifique. Je suis assise sur un banc dans un parc. C'est l'heure du déjeuner. Je regarde les enfants s'amuser. Un homme joue au football avec un enfant. Il a la trentaine. Il est grand et brun. Par erreur, ils lancent le ballon dans ma direction et j'ai à peine le temps de l'éviter. En courant, l'homme se dirige vers moi pour s'excuser. Nos regards se croisent et nous échangeons un sourire. Nous commençons à parler et c'est le début de notre histoire d'amour.

9. **Rédigez une histoire à partir du plan proposé et en utilisant les temps du passé.**

1. Hakim
– travailler beaucoup
– vouloir se reposer
– prendre des jours de vacances
– être très heureux

2. Léa
– téléphoner

3. Léa
– proposer de passer le week-end chez elle

4. Hakim
– prendre le bus tôt le matin suivant
– rester bloqué dans le bus pendant
  cinq heures à cause de la neige
– discuter avec sa voisine de siège

5. La voisine
– être très belle

6. Hakim
– tomber amoureux
– passer les plus belles vacances de sa vie

Hakim travaillait beaucoup depuis plusieurs semaines et il voulait se reposer. Il a pris...

10. **Rédigez la biographie de Coluche à partir des informations données.**

naissance en 1944 • nom de naissance : Michel Colucci, père italien • enfance heureuse à Paris • mariage avec sa femme Véronique en 1975 • naissance de ses deux fils : 1972 et 1976 • début de sa carrière à 26 ans, jeune humoriste • succès et célébrité en 1974 avec la parodie du jeu télévisé *Le Schmilblick* • popularité importante • candidat aux élections présidentielles en 1981 • début en tant qu'acteur dans les années 80 • victoire du César du meilleur acteur en 1984 pour le film *Tchao Pantin* • création des Restos du Cœur en 1985 • mort dans un accident de moto en 1986

Coluche est né en 1944. Son nom de naissance était Michel Colucci car son père était italien...

11. **Écoutez les verbes donnés à l'infinitif avec leur sujet et leur temps.** 🎧 PISTE 49
Numérotez les formes verbales qui correspondent.

a. 1 tu es arrivé	**h.** elles ont attendu	**o.** elle a fini
b. j'ai atteint	**i.** elles sont descendues	**p.** ils faisaient
c. il est parti	**j.** ils faisaient	**q.** nous mangions
d. vous êtes partis	**k.** il partait	**r.** nous avons loué
e. ils ont fait	**l.** tu expliquais	**s.** elle est tombée
f. vous avez pris	**m.** elles restaient	**t.** je suis allé
g. nous avons atteint	**n.** vous essayiez	

12. Racontez oralement les vacances de Lilou en utilisant les verbes de l'exercice 11. Attention, il faudra modifier les temps et les personnes !

> **Ex. :** — Lilou et ses amis sont partis à la montagne pour les vacances d'hiver...

13. Écoutez et répondez oralement  PISTE 50 aux questions en utilisant les informations proposées.

> **Ex. :** [6 ans] → — J'ai commencé le tennis à 6 ans.

a. [mon père]   **d.** [le tournoi de Paris]   **g.** [motivé pour retrouver la forme]

b. [quatre]   **e.** [gagner Paris Bercy]   **h.** [oui se soigner]

c. [16 ans]   **f.** [se blesser]   **i.** [oui déjà gagner les qualifications]

14. Rédigez le récit (100 mots environ) d'un voyage que vous avez fait.

> L'été dernier, j'ai visité l'Angleterre...

💬 **PRENEZ LA PAROLE !**

15. Vous interrogez votre voisin à partir des thèmes proposés. En cas de réponse positive (oui), il faut interroger le contexte (quand, comment). En cas de réponse négative (non), il faut connaître la cause (pourquoi).

[habiter en France – visiter plus de 3 pays étrangers – obtenir son permis de conduire – écrire une lettre d'amour – prendre l'avion – arriver en retard en classe aujourd'hui – faire un discours en public – travailler pour une entreprise – faire du sport le week-end dernier – garder des enfants]

Ex. : — Tu as déjà visité Paris ?
    — Non.
    — Pourquoi ?
    — Je suis jamais allé en France.
     Mais j'ai visité l'Espagne.

Ex. : — Tu es déjà allé à Paris ?
    — Oui.
    — Quand ? Comment ?
    — C'était en 2012, j'étais en vacances.
     Je suis resté une semaine...

j'avais vécu, il avait vu...

Il voulait me contacter car il avait vu un de mes spectacles.

① **Votre inspiration ?**

*Je me suis inspiré de ce que **j'avais vécu** quand je travaillais dans une agence de communication.*

② **Vos débuts ?**

*Un jour, un producteur voulait me contacter car **il avait vu** un de mes spectacles.*

③ **Vos premiers succès ?**

*Je **m'étais bien préparé** pour mon premier spectacle et, quand le public et les critiques l'ont adoré, j'étais vraiment fier !*

④ **Vos projets ?**

*Je **n'avais jamais imaginé** faire du cinéma et pourtant, quand on me l'a proposé, je me suis dit « Pourquoi pas ? »*

RÉFLÉCHISSEZ

1. Écrivez. ①

Complétez le schéma avec les verbes *s'inspirer, vivre, travailler* conjugués dans le dialogue.

Avant .... Maintenant

....

2. Cochez. ① ②

Quand une action s'est passée avant une autre action passée, on utilise ☐ l'imparfait ☐ le plus-que-parfait.
Pour décrire une situation passée, on utilise ☐ l'imparfait ☐ le plus-que-parfait.

3. Associez. ①

Au passé composé (*je me suis inspiré*), l'auxiliaire *avoir* est conjugué ○   ○ à l'imparfait.
Au plus-que-parfait (*j'avais vécu*), l'auxiliaire *avoir* est conjugué ○   ○ au présent.

4. Cochez (plusieurs possibilités). ③ ④

Pour former le plus-que-parfait, on peut utiliser l'auxiliaire ☐ *être* ☐ *avoir*.
Au plus-que-parfait, à quel temps conjugue-t-on l'auxiliaire *être* ou *avoir*? ☐ au présent ☐ à l'imparfait
Au plus-que-parfait, le participe passé s'accorde comme au passé composé? ☐ oui ☐ non
Avec le plus-que-parfait, où place-t-on *ne*? ☐ avant ☐ après l'auxiliaire.
Avec le plus-que-parfait, où place-t-on *pas* ou *jamais*? ☐ avant ☐ après le participe passé.

Quand utiliser et comment former le plus-que-parfait ?

• **Les emplois du plus-que-parfait**

parler d'une action passée **qui a eu lieu avant une autre action passée** *Je me suis inspiré de ce que j'avais vécu.*
parler d'une action passée **qui a eu lieu avant une situation passée** *Il voulait me contacter* *car il **avait vu** mes spectacles.*

• **La formation du plus-que-parfait**

on utilise les auxiliaires *être* ou *avoir* **conjugués à l'imparfait + le participe passé** *J'avais vécu / Je m'étais bien préparé*
on suit la même construction **que pour le passé composé** *Je n'avais jamais imaginé faire du cinéma.*

Attention ! Comme au passé composé, au plus-que-parfait, le pronom complément doit se placer avant l'auxiliaire *être* ou *avoir*.

➤ Le passé composé et l'imparfait, page 74
➤ L'ordre et la place des pronoms, page 48

EXERCICES

1. Écoutez et cochez le temps de chaque phrase. 🎧 **PISTE 52**

	a.	b.	c.	d.	e.	f.	g.
imparfait	☐	☐	☐	☐	☐	☐	☐
passé composé	☐	☐	☐	☐	☐	☐	☐
plus-que-parfait	☐	☐	☐	☐	☐	☐	☐

2. **Soulignez les verbes qui sont au plus-que-parfait.**
   a. Nous les avons rejoints dans leur camping, ils s'y étaient installés deux jours plus tôt.
   b. Elle était déçue de ses résultats, alors qu'elle avait bien réussi à mon avis !
   c. On l'avait sélectionné pour la coupe du monde mais il s'est blessé.
   d. Vous aviez pris votre décision et vous ne nous en avez pas parlé !
   e. Ils étaient connus dans le monde entier, car ils avaient sorti un album à succès.
   f. Tu n'avais pas eu de chance cette année-là mais finalement les choses se sont arrangées.

3. **Conjuguez les verbes suivants au plus-que-parfait.**
   a. [je – ne pas pouvoir] ....
   b. [nous – savoir] ....
   c. [on – mettre] ....
   d. [elle – partir] ....
   e. [vous – ne pas dire] ....
   f. [ils – partir] ....
   g. [elles – naître] ....
   h. [il – prendre] ....
   i. [ils – avoir] ....
   j. [ils – s'aimer] ....

4. **Complétez le texte avec les verbes conjugués aux temps indiqués.**
   Arthur et Olivia [se rencontrer – passé composé] <u>se sont rencontrés</u> il y a 20 ans, quand
   ils [être – imparfait] .... à l'école. Olivia et sa famille [quitter – plus-que-parfait]
   .... Nantes où ils [vivre – plus-que-parfait] ....
   pendant 10 ans. Arthur [déjà se faire – plus-que-parfait] .... beaucoup
   d'amis quand il [rencontrer – passé composé] .... Olivia, ils [s'entendre –
   passé composé] .... à merveille ! Depuis, ces deux-là [ne jamais se
   quitter – passé composé] ....

5. **Écoutez l'histoire et complétez le texte avec les verbes que vous entendez.** 🎧 PISTE 53
Ensuite, lisez le texte à voix haute.

Ce matin-là, la femme d'Hector lui _____ de faire les courses. Il _____
un peu fâché d'y aller car il _____ de regarder un match de football
mais il ne _____ jamais rien refuser à sa femme. Comme il _____
sa voiture au garage la veille, il _____ prendre la voiture de sa femme.
Il _____ très vite, _____ les courses, mais quand il _____
du magasin, impossible de retrouver sa voiture. Il _____ attention au
moment de la garer ! Puis, enfin, il _____ la voiture de sa femme ! Seulement,
il _____ à l'ouvrir ! Hector _____ de voiture ! Mais, le
propriétaire _____ derrière lui et _____ la police quand Hector
_____ de sa présence ! Quand la police _____, les deux
hommes _____ et Hector _____ la voiture de sa femme
avec l'aide de son nouvel ami !

6. **À l'oral, remplacez les mots en gras par un pronom.**

Ex. : — Quand Marie est passée samedi, elle pensait que tu allais lui donner des cerises.
— Elle exagère, je lui avais donné **deux kilos de cerises** lundi dernier.
→ — Elle exagère, je lui en avais donné deux kilos lundi dernier.

a. — Pourquoi tu n'as pas demandé à Charlie de t'aider pour ton déménagement ?
— J'en avais parlé **à Charlie** la veille mais il ne pouvait pas m'aider !

b. — Madame, vous n'avez jamais envoyé votre chèque !
— Je ne comprends pas, je vous avais envoyé **le chèque** dès le début du mois !

c. — Bon Arthur, 2 / 20, vous n'avez pas assez étudié !
— Je vous assure Madame, la veille de l'examen, j'avais passé toute ma soirée **à étudier** !

d. — M. et Mme Pichard attendent toujours la livraison de leurs nouveaux canapés !
— Le transporteur m'a dit qu'il les avait livrés **à M. et Mme Pichard** hier !

e. — Tu as passé une belle journée pour ton anniversaire ?
— Oui, et pour une fois, mon mari s'était souvenu **de mon anniversaire** !

7. **Transformez les réponses à la forme négative.**

a. — Martin part mardi à Marseille.
— J'avais compris ça ! → _Je n'avais pas compris ça !_

b. — Ta femme ne savait pas que vous n'aviez plus d'argent ?
— Je lui en avais parlé. → _____

c. — On pourrait prendre le ferry pour aller en Corse ?
— J'y avais pensé. → _____

d. — Tu connaissais Lucas avant la soirée ?
— Je l'avais déjà croisé. → _____

e. — On est arrivé en retard à cause de la grève !
— On vous l'avait dit ? → _____

f. — Toute la maison a été détruite à cause de l'incendie.
— Vous aviez pris une assurance ? → _____

8. À l'oral, faites des phrases à partir des actions proposées.
Utilisez l'imparfait, le passé composé ou le plus-que-parfait.

Ex. : [Clément / réussir ses examens / parce que / réviser.]
→ – Clément a réussi ses examens parce qu'il avait révisé.

a. [La tempête / détruire de nombreux arbres à Orléans. / faire beaucoup de dégâts à Tours, une heure plus tôt / elle]

b. [Adrien / aller au Togo le mois dernier. / Il / ne jamais aller en Afrique, auparavant.]

c. [Mes parents / l'année dernière, vendre leur maison. / Mes grands-parents / faire construire la maison, en 1956.]

d. [Clara / ne pas pouvoir rentrer chez elle / parce que / perdre ses clés.]

e. [Jennifer / acheter une nouvelle robe / alors que / les soldes / ne pas encore commencer.]

f. [Nathalie et Eric / avoir un enfant / même si / ne pas encore se marier.]

g. [Amandine / vendre sa voiture. / Elle / l'acheter / cinq ans plus tôt.]

9. Écoutez et, oralement, répondez aux questions en utilisant le plus-que-parfait. 🎧 **PISTE 54**

Ex. : [perdre son chat] → – Parce qu'elle avait perdu son chat.

a. [trouver un nouveau travail]

b. [professeurs – annoncer une grève]

c. [neiger toute la nuit]

d. [il – ne jamais – parler en public avant]

e. [Emmy – ne pas encore – ranger sa chambre]

f. [quelqu'un – cambrioler la maison]

g. [il – me la prêter]

10. Transformez le texte au passé avec l'imparfait, le plus-que-parfait ou le passé composé.

Aujourd'hui, tout va mal ! Déjà, ce matin, j'arrive devant le collège : il pleut ! J'ai passé au moins une heure à me coiffer et me voilà avec les cheveux qui frisent et ma frange mal arrangée ! En plus, juste à ce moment-là, Hugo passe devant moi et me fait un grand sourire ! Il ne m'a jamais regardée comme ça avant ! Je me pose des questions ! Est-ce qu'il m'a regardée car il me trouve jolie ou parce que je suis mal coiffée ? Ensuite, la cloche sonne, on part en cours et là, le professeur de maths décide de nous donner une interrogation surprise car nous n'avons pas réussi notre dernier test et selon lui nous n'avons pas assez étudié ! Pfff, vivement les vacances !

Hier, tout allait mal !

11. **Conjuguez les verbes de ce conte africain en utilisant l'imparfait, le passé composé et le plus-que-parfait.**

Au commencement, le lion n' [être] <u>était</u> pas le roi des animaux, c'était Dankélé, un grand buffle noir de la savane. Tous les animaux [avoir] _____ peur de lui ! Dans le royaume de Dankélé, il n'y avait qu'une seule rivière et les animaux n' [avoir] _____ pas le droit d'y aller si Dankélé [ne pas passer] _____ le premier pour boire et se laver.

Un jour, la lionne mère n'avait pas pu attendre l'arrivée du roi car elle [devoir] _____ nourrir son lionceau qui [venir] _____ juste de naître. Elle [aller] _____ à la rivière et [donner] _____ de l'eau à son petit. Seulement Dankélé [arriver] _____ et [se fâcher] _____ si fort qu'il [tuer] _____ la lionne. Seul le petit lionceau [pouvoir] _____ s'échapper.

Pendant des années, le lionceau est resté caché, et [attendre] _____ de devenir grand et fort ! Alors qu'il [être] _____ devenu si fort et si puissant, il [sortir] _____ de sa cachette et [aller] _____ voir le roi Dankélé.

Il [lui demander] _____ où [être] _____ sa maman la lionne. Voyant que le roi [ne pas se souvenir] _____ de sa maman, le grand lion [décider] _____ de la venger et il [se jeter] _____ sur le roi Dankélé. Il [libérer] _____ tous les animaux de ce roi injuste et [devenir] _____ le roi des animaux.

12. **Remettez cette histoire dans l'ordre en numérotant les phrases.**

a. [ ] Ce jour-là, il a donc coché les dates de naissance de sa femme et de ses trois enfants.

b. [ ] Il l'avait cachée sous le matelas de la chambre à coucher.

c. [ ] Il s'était trompé d'un numéro !

d. [ ] Il avait toujours choisi les mêmes numéros.

e. [ ] En effet, le numéro 14 était sorti !

f. [ ] Le soir, en rentrant, il a cherché sa grille pour vérifier.

g. [ ] Quand il a regardé sa grille, il est devenu tout vert !

h. [1] M. Pignon avait l'habitude de jouer au loto depuis des dizaines d'années.

i. [ ] Pris de panique, il a couru au magasin pour acheter un nouveau billet.

j. [ ] Quand le présentateur a annoncé les numéros, M. Pignon n'était pas sûr de lui.

k. [ ] M. Pignon a mis quelques minutes à comprendre...

l. [ ] Il a bien pris soin de cocher les bons numéros.

m. [ ] Eh oui, il avait coché le mauvais numéro et ça a été la chance de sa vie !

n. [ ] Il avait coché le 14 au lieu du 15 pour la date de naissance de sa femme.

o. [ ] Il a finalement gagné au loto ce jour-là !

13. À l'oral, donnez une explication à chaque situation.
Utilisez le vocabulaire proposé et au minimum une fois le plus-que-parfait.

Ex. : Antoine a démissionné hier.
[travailler beaucoup – gagner un petit salaire – trouver un nouvel emploi)
→ – Antoine travaillait beaucoup mais il gagnait un petit salaire. Il a démissionné hier car il avait trouvé un nouvel emploi.

a. Georges a passé la nuit devant sa porte d'entrée.
[partir au travail – oublier ses clés – le serrurier – être en vacances]

b. Méline et Théo ont porté les mêmes vêtements pendant trois jours.
[partir en vacances – arriver à l'aéroport – perdre la valise]

c. Alexandra est arrivée en retard en cours.
[sortir tôt de la maison – les chauffeurs de bus – être en grève – venir à pied]

d. Le concert n'a pas eu lieu.
[installer la scène à l'extérieur – pleuvoir toute la soirée – le chanteur – annuler le concert]

e. On a cherché la voiture pendant quatre heures.
[garer la voiture – partir voir le match au stade – ne pas se souvenir]

f. M. Edmond est venu travailler en chaussons ce matin.
[être fatigué – ne pas entendre le réveil – partir vite de la maison]

g. Coralie était très fâchée contre son mari.
[être le jour de son anniversaire – attendre des fleurs ou un cadeau – son mari – oublier]

14. Rédigez le récit (environ 100 mots) de ce qui s'est passé
avant, entre, et après ces moments. Utilisez les trois temps du passé
(passé composé, plus-que-parfait et imparfait) et le vocabulaire proposé.

[se sentir seuls - se rencontrer - communiquer - bien se connaître - discuter -
avoir un rendez-vous - se plaire - se voir régulièrement - présenter ses amis - partager -
emménager - demander en mariage - organiser - faire la fête - faire un voyage de noces -
acheter une maison - avoir des enfants]

Anthony et Amandine se sentaient seuls chez eux, chacun devant son ordinateur...

PRENEZ LA PAROLE !

15. Racontez votre rencontre avec votre meilleur(e) ami(e) ou votre petit(e) ami(e). Utilisez
les trois temps du passé pour marquer les étapes de votre rencontre et de votre histoire
d'amour ou d'amitié.

Ex. : – J'ai rencontré ma meilleure amie à l'école, quand j avais 10 ans.

elle est restée, ils se sont parlé...

Je te les ai données tout à l'heure.

OBSERVEZ

PISTE 55

1 — *Je n'**ai** pas **trouvé** la réservation du gîte !*
— *Elle **est restée** sur la table du salon !*

2 — *Tu as vu les clés de la voiture ?*
— *Je te les **ai données** tout à l'heure !*

3 — *Quelle valise **as-tu descendue** ?*
— *La valise noire.*

4 — *Tu as demandé aux voisins de s'occuper du chat ?*
— *Oui, nous nous **sommes vus** ce matin.*

5 — *Tu as bien confirmé la réservation avec la propriétaire du gîte ?*
— *Oui, nous nous **sommes parlé** hier au téléphone !*

RÉFLÉCHISSEZ

1. Cochez. 1

Le participe passé *restée* est accordé ☐ au féminin ☐ au masculin ☐ au singulier ☐ au pluriel.
Le participe passé *trouvé* ☐ est accordé ☐ n'est pas accordé.
Le participe passé s'accorde quand il est précédé de ☐ *être* ☐ *avoir*.
Le participe passé s'accorde avec ☐ le sujet ☐ le complément.

2. Cochez. 2

Le pronom *les* remplace *les clés de la voiture*. ☐ vrai ☐ faux
Le pronom *les* est COD (complément d'objet direct) du verbe *donner*. ☐ vrai ☐ faux

4. Cochez. 3

La réponse *la valise noire* est ☐ le COD ☐ le COI (complément d'objet indirect) ☐ le sujet.

5. Cochez. 3

Le groupe de mots placé avant le verbe est ☐ masculin ☐ féminin.

6. Choisissez. 2 3

Avec l'auxiliaire *avoir*, on accorde le participe passé avec ☐ le sujet ☐ le COD ☐ le COI
s'il est placé ☐ avant ☐ après le participe passé.

7. Cochez. 4

Dans *nous nous sommes vus*, le complément *nous* est ☐ un COD ☐ un COI.
Dans *nous nous sommes parlé*, le complément est ☐ un COD ☐ un COI.

Avec les verbes pronominaux,
- quand le complément est un COD, ☐ on accorde ☐ on n'accorde pas le participe passé.
- quand le complément est un COI, ☐ on accorde ☐ on n'accorde pas le participe passé.

Comment accorder le participe passé avec des temps composés ?

- **En règle générale**

  On n'accorde pas le participe passé avec l'auxiliaire *avoir*.

  Je n'ai pas trouvé la réservation.

  On accorde le participe passé avec l'auxiliaire *être*.

  Elle est restée sur la table.

- **Cas particuliers**

  - **Avec l'auxiliaire *avoir***

    On accorde le participe passé avec le COD quand le COD est placé avant le participe passé.

    Je te les ai données. / Quelle valise as-tu descendue ?

  - **Avec les verbes pronominaux**

    Si le pronom est COD du verbe, on accorde le participe passé avec le pronom COD.

    Nous nous sommes vus.

    Si le pronom est COI du verbe, on n'accorde pas le participe passe.

    Nous nous sommes parlé. (parler **à** quelqu'un)

  Attention !

  Avec le pronom COD *en*, on n'accorde pas le participe passé : *Il en a mangé trois.*

  Certains verbes (*descendre, monter, rentrer, sortir, passer*) ont deux constructions :

  – avec l'auxiliaire *être* : *Elle est descendue.*

  – avec l'auxiliaire *avoir* + un COD : *Tu as descendu la valise. Quelle valise as-tu descendue ?*

  ➤ Grammaire contrastive anglais-français, page 215
  ➤ Tableau des conjugaisons, page 275

EXERCICES

1. Écoutez et soulignez les phrases que vous entendez.  **PISTE 56**

a. Il les a pris. / Il les a prises.

b. Vous m'avez séduite. / Vous m'avez séduit.

c. Nous nous sommes compris. / Nous nous sommes comprises.

d. Le film que tu as produit. / L'affiche que tu as produite.

e. Vous lui avez écrit. / Vous l'avez écrite.

f. Elles se sont mises à pleurer. / Ils se sont mis à pleurer.

g. On en a construit. / On les a construites.

h. Ils les ont passées. / Elles sont passées.

i. Lesquels avez-vous conduits ? / Lesquelles avez-vous conduites ?

2. Accordez les participes passés quand c'est nécessaire.

a. Elle s'est levé____ de bonne heure ce matin.

b. Vous avez rendu____ votre travail à temps ?

c. Ils sont passé____ vous dire merci.

d. Ils sont entré____ par la porte de service.

e. Elles se sont endormi____ tout de suite.

f. Ils ont annoncé____ leur déménagement.

g. Elles se sont préparé____ pendant des heures !

h. Elle est déjà revenu____ ?

3. **Transformez les phrases en utilisant des pronoms compléments.**
Pensez à accorder les participes passés.

a. J'ai invité mes amis. → Je les ai invités.

b. Je n'ai pas compris ton explication. →

c. Les enfants ont acheté des bonbons ! →

d. J'ai contacté Paul mais il ne répond pas ! →

e. J'ai payé les factures ! →

f. Nous avons menti à nos parents. →

g. On a acheté la maison de nos rêves ! →

h. Éric a pardonné à Clara. →

4. **Écrivez la suite des phrases au passé composé avec les éléments proposés**
et des pronoms relatifs.

a. [les photos – nous – prendre]
Regarde les photos que nous avons prises.

b. [l'assistante – nous – engager]
Je vous présente

c. [les chaussures – je – acheter]
Regarde

d. [la région – je – préférer]
La Corse est

e. [la blague – tu – faire]
Je n'aime pas du tout

f. [l'homme – je – épouser]
Je te présente

g. [l'émission – nous – regarder]
Tu te souviens de

h. [les tableaux – nous – exposer]
Admirez

i. [le gâteau – je – préparer]
Regarde

5. **Écoutez et répondez aux questions avec les éléments proposés, le passé composé**  PISTE 57
et des pronoms. Puis écrivez toutes vos réponses en faisant attention aux accords.

Ex. : [acheter à l'entrée du stade] → – Je les ai achetées à l'entrée du stade.

a. [écrire l'été dernier]

b. [trouver en solde]

c. [nettoyer ce matin]

d. [apprendre par cœur]

e. [faire pour toi]

f. [rencontrer à la fête des voisins]

g. [partir il y a cinq minutes]

6. Écrivez les questions au passé composé avec le pronom interrogatif *quel, quels, quelle,* ou *quelles.*

a. – <u>Quels films de Luc Besson as-tu préférés?</u>

  – J'ai préféré *Léon* et *Le 5ᵉ élément.*

b. – ....

  – J'ai acheté la petite robe grise.

c. – ....

  – Nous avons suivi la petite route qui longe la Loire.

d. – ....

  – Il a engagé les deux chanteuses qui avaient déjà fait des concerts.

e. – ....

  – Comme collègues, j'ai seulement invité Cindy et Erika à mon mariage.

f. – ....

  – Nous avons visité le Japon, la Corée et la Chine pendant notre voyage en Asie.

g. – ....

  – Ils ont loué la petite maison au bord de la plage.

7. Transformez les phrases au passé composé.

a. Elle reste longtemps sous la douche. → <u>Elle est restée longtemps sous la douche.</u>

b. Quelles informations envoyez-vous par courriel ?

→ ....

c. Ils montent les escaliers en courant.

→ ....

d. Vous vous regardez tendrement.

→ ....

e. Anne se blesse en faisant du ski.

→ ....

f. Nous nous écrivons régulièrement des lettres.

→ ....

8. Transformez le texte en changeant les personnages masculins en personnages féminins.

Mon meilleur ami s'appelle Antoine. Je l'ai rencontré il y a plus de 20 ans, lorsque nous sommes entrés au collège. Pendant notre jeunesse, nous avons partagé de bons moments et il est devenu un ami indispensable! Il y a deux ans, il m'a annoncé qu'il partait vivre au Chili pour son travail. Il m'a beaucoup manqué pendant ces deux années, mais nous nous sommes retrouvés cet été quand je suis allé le voir. Nous nous étions écrit des courriels pendant son absence, et lors de ce voyage, c'était comme si nous ne nous étions jamais séparés! Je me suis beaucoup amusé pendant ces vacances au Chili et j'étais heureux de retrouver mon ami que je n'avais pas vu depuis des années!

Ma meilleure amie s'appelle Katia ...

9. Complétez les mots croisés avec les participes passés des verbes proposés.

horizontal

1. [elles] [se parler]
2. [il] [se presser]
3. [ils] [descendre]
4. [elle] [se lever]
5. [ils] [se contacter]
6. [elles] [s'amuser]
7. [nous] [s'écrire]

vertical

8. [elles] [prendre]
9. [elles] [se détester]
10. [elles] [venir]
11. [vous] [mettre]
12. [ils] [plaire]
13. [ils] [rester]
14. [vous] [faire]

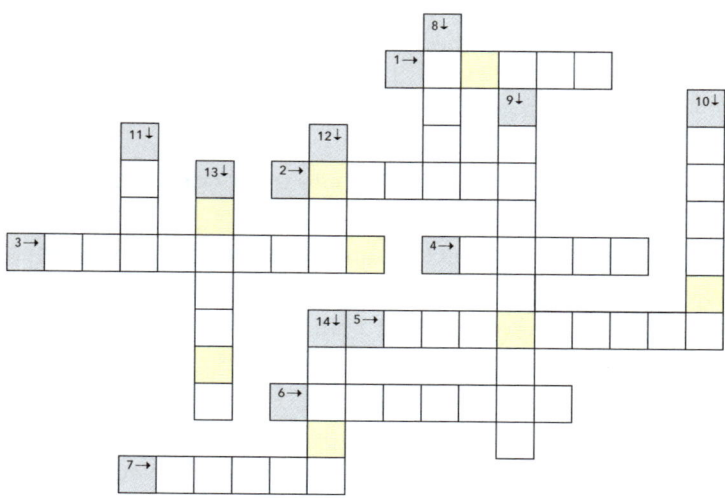

Associez les lettres des cases jaunes pour former un participe passé : ....

10. Soulignez la proposition correcte pour chaque verbe.

Ce matin, je suis [parti / <u>partie</u>] de bonne heure de la maison pour acheter des croissants. Quand je suis [arrivé / arrivée] à la boulangerie, il n'y avait qu'une seule cliente devant moi. Seulement, elle est [resté / restée] silencieuse devant la boulangère pendant au moins 5 minutes ! Lassée d'attendre, je me suis [décidé / décidée] à lui demander pourquoi elle n'avait pas encore [commandé / commandée] ce qu'elle voulait à la boulangère. Quand je lui ai [parlé / parlée], elle m'a [regardé / regardée] avec ses yeux grand ouverts et elle m'a dit en anglais que tout ce qu'elle voyait avait l'air très bon mais qu'elle ne savait pas comment ça s'appelait. Elle m'a [expliqué / expliquée] qu'elle était australienne et qu'elle était tout juste [arrivé / arrivée] en France. Je l'ai donc [aidé / aidée] à choisir entre un croissant, un pain au chocolat ou un chausson aux pommes. Elle les a finalement tous [acheté / achetés] car elle n'en avait jamais [goûté / goûtés] !

11. Complétez avec les participes passés proposés.

[passée – descendue – sortis – rentrée – passés – rentrés – descendus – sorties]

a. Madeline et son petit bébé sont .... de la maternité hier.
b. J'adore cette série qu'ils ont .... à la télévision pendant tout l'été.
c. Ils sont .... par la Belgique en rentrant de leurs vacances à Amsterdam.
d. – Où sont les chaises ? – Je les ai .... dehors pour manger sur la terrasse.
e. Camille n'est toujours pas .... de l'école ?
f. – Où sont les vélos ? – Céline les a .... dans le garage.
g. Et la valise, vous l'avez .... de la voiture ?
h. Vous êtes tous .... de la tour Montparnasse à pied ?

12. **Rédigez les phrases au passé composé avec les mots de liaisons et les connecteurs proposés.**

a. [Alice – se lever tôt – et – se préparer]
Alice s'est levée tôt et s'est préparée.

b. [Alice – partir à 8 h – et – arriver au bureau à 8 h 30]

c. [Alice et sa collègue – parler de la réunion – que – préparer]

d. [Alice – accueillir les clients – que – inviter à la réunion]

e. [Alice – animer la réunion – et – sa collègue – prendre des notes]

f. [Alice et sa collègue – se voir – et – parler de l'inauguration – que – Alice – organiser]

g. [Alice – prendre les notes de la réunion – et – relire les notes de la réunion]

h. [Alice – rentrer chez elle – et – se détendre devant un film]

13. **Écoutez et répondez oralement aux questions en utilisant le passé composé** **PISTE 58 et à partir des éléments proposés.**

Ex. : [je – les – écrire dans votre agenda] → – Je les ai écrites dans votre agenda.

a. [je – contacter – la chanteuse – que – vous – produire]
b. [je – les – conduire à l'Hôtel de la Gare]
c. [je – les – écrire en plusieurs langues]
d. [je – apporter – la chemise – que – vous – mettre sur mon bureau]
e. [je – donner – les factures – que – le fournisseur – émettre]
f. [ils – respecter – la décision – que – vous – prendre]
g. [je – la – remettre au client en main propre]

14. **Rédigez une note de service pour votre chef en utilisant vos réponses de l'exercice 13.**
Madame,
À propos des dates des prochaines réunions, je les ai notées dans votre agenda...

🗨 **PRENEZ LA PAROLE !**

15. **Vous êtes en réunion de travail et vous vous interrogez sur l'organisation de la venue de clients étrangers dans votre ville. Utilisez des pronoms compléments ou relatifs.**
Ex. : – Quelles visites avez-vous programmées pour leur séjour?
– Nous avons programmé les visites que nous avions déjà faites avec les autres clients.

elle a dit que le maire ne viendrait pas, elle m'a conseillé d'aller chez le boulanger...

Elle m'a dit que sa fille avait eu un petit garçon.

1 *Elle m'a raconté que son voisin ne **travaillait** plus depuis quelques semaines.*
2 *Elle m'a annoncé que sa fille **avait eu** un petit garçon.*
3 *Elle m'a dit que le maire ne **viendrait** pas à la fête de l'école !*
4 *Elle m'a conseillé d'**aller** chez le nouveau boulanger en face de l'église.*
5 *Elle a dit qu'il **fallait** que je **fasse** une coupe plus courte pour l'été.*
6 *Elle m'a raconté que son employée **avait eu** un accident la veille.*

CONCORDANCE DES TEMPS

RÉFLÉCHISSEZ

1. Écrivez. **1** **2** **3**

Numérotez les phrases lorsqu'elles correspondent à celles au discours direct du dialogue.

Le maire ne viendra pas à la fête de l'école. → phrase n° ....
Mon voisin ne travaillera plus dans quelques semaines. → phrase n° ....
Mon voisin ne travaille plus depuis quelques semaines. → phrase n° ....
Sa fille a eu un petit garçon. → phrase n° ....
La fille de la boulangère a une petite fille. → phrase n° ....
Le maire n'est pas venu à la fête de l'école. → phrase n° ....

2. Associez. **1** **2** **3**

Quand on parle au discours indirect au passé, il faut transformer :

le présent ○ ○ en plus-que-parfait.
le passé composé ○ ○ en imparfait.
le futur ○ ○ en conditionnel.

3. Écrivez. **4** **5**

Complétez les phrases du dialogue au présent :
Elle me conseille de ....
Elle dit qu'il ....

Répondez par *oui* ou *non* :
Le verbe à l'infinitif (*aller*) et le verbe au subjonctif (*fasse*) sont-ils identiques dans une phrase au passé et dans une phrase au présent ? ....

4. Cochez. **6**

Nous sommes mardi lorsque Mᵐᵉ Paul discute avec son mari de sa journée précédente :

- Mᵐᵉ Paul a vu la coiffeuse ☐ lundi ☐ mardi.
- L'employée a eu un accident ☐ dimanche ☐ lundi.
- ☐ *aujourd'hui* ☐ *hier* au discours direct se transforme en *la veille* quand on rapporte un discours au passé.

Comment transformer le discours direct présent au discours indirect passé ?

On utilise le discours indirect pour rapporter des paroles. On introduit ces paroles avec des verbes (dits verbes introducteurs) comme *dire que, demander si, ordonner de...*

- **Les temps et les modes**

  Quand le verbe qui introduit le discours indirect est au passé :

  – le présent se transforme en imparfait.

  Elle me raconte que son voisin ne travaille plus.

  → *Elle m'a raconté que son voisin ne travaillait plus.*

  – le passé composé se transforme en plus-que-parfait.

  Elle m'annonce que sa fille a eu un petit garçon.

  → *Elle m'a annoncé que sa fille avait eu un petit garçon.*

  – le futur se transforme en conditionnel.

  Elle me dit que le maire ne viendra pas.

  → *Elle m'a dit que le maire ne viendrait pas.*

  Attention ! Aucune transformation pour l'infinitif, le subjonctif, l'imparfait, le plus-que-parfait et le conditionnel :

  Elle me conseille d'aller chez le nouveau boulanger. → *Elle m'a conseillée d'aller chez le nouveau boulanger.*

  Elle dit qu'il faut que je fasse une coupe plus courte. → *Elle a dit qu'il fallait que je fasse une coupe plus courte.*

- **Les expressions de temps**

  Les indicateurs de temps changent lorsque le discours est au passé :

  demain → *le lendemain*   *hier* → *la veille*   *maintenant* → *à ce moment-là*

  Elle me raconte que son employée a eu un accident hier.

  → *Elle m'a raconté que son employée avait eu un accident la veille.*

➤ Le discours indirect, page 166

EXERCICES

1. Écoutez les phrases au discours indirect et cochez la case du temps qui correspond au temps du verbe introducteur. 🎧 PISTE 60

	a.	b.	c.	d.	e.	f.	g.	h.
présent	☐	☐	☐	☐	☐	☐	☐	☐
passé	☐	☐	☐	☐	☐	☐	☐	☐

2. Transformez les phrases en mettant les verbes introducteurs au passé composé.

a. Je vous demande si vous viendrez à la plage avec nous.

→ *Je vous ai demandé si vous viendriez à la plage avec nous.*

b. Elle te conseille de faire attention à tes affaires.

→ ....

c. Elle veut savoir ce que tu faisais quand elle t'a appelé.

→ ....

d. Vous me demandez à quelle heure je pars du bureau.

→ ....

e. Elles nous racontent qu'elles aimeraient devenir actrices.

→ ....

f. Il vous dit qu'il est indispensable que vous soyez à l'heure.

→ ....

3. Associez les éléments proposés.

a. Tu me demandes ce que
b. Elles nous ont demandé ce que
c. Je leur interdis de
d. Elle t'explique qu'
e. Je te demande si

1. tu as retrouvé les clés de la maison.
2. elle ne pourra pas finir son devoir.
3. j'ai prévu pour ton anniversaire.
4. nous achèterions comme souvenir.
5. regarder la télévision après manger.

a	
b	
c	
d	
e	

4. Écoutez les phrases au discours direct et, oralement, transformez-les 🎧 PISTE 61
au discours indirect.

Ex. : [Elle nous a proposé] → – Elle nous a proposé de passer à la maison si nous voulions.

a. [Il m'a indiqué]
b. [Ils nous ont demandé]
c. [Je t'ai demandé]
d. [Tu m'as dit]
e. [Il leur a demandé]
f. [Tu lui as demandé]

5. Associez les phrases au discours indirect à celles au discours direct.

a. Il nous a dit qu'il n'avait jamais rencontré ses voisins.
b. Il nous a dit qu'il ne rencontrait jamais ses voisins.
c. Nous vous proposons de venir à la maison si vous voulez.
d. Nous vous avions proposé de venir à la maison si vous vouliez.
e. Il m'a dit d'arriver avant qu'il soit trop tard.
f. Il m'a dit qu'il était arrivé avant qu'il soit trop tard.

a	
b	
c	
d	
e	
f	

1. Je n'ai jamais rencontré mes voisins.
2. Je ne rencontre jamais mes voisins.
3. Venez à la maison si vous voulez !
4. Je suis arrivé avant qu'il ne soit trop tard.
5. Arrive avant qu'il ne soit trop tard !

6. Écrivez les phrases au discours direct.

a. Je te demande si tu visiteras la ville demain.
Je te demande : « Tu visiteras la ville demain ? »

b. Je t'ai demandé si tu visiterais la ville le lendemain.
Je t'ai demandé : « _____ »

c. Je te demande ce que tu visiteras dans deux jours.
Je te demande : « _____ »

d. Je t'ai demandé ce que tu visiterais deux jours plus tard.
Je t'ai demandé : « _____ »

e. Je te demande ce que tu as visité hier.
Je te demande : « _____ »

f. Je t'ai demandé ce que tu avais visité la veille.
Je t'ai demandé : « _____ »

7. Complétez en conjuguant les verbes proposés.

Salut Olivier! Tu ne devineras jamais! Hier j'ai rencontré
Vincent! On ne s'était pas vus depuis des années! Je lui
ai demandé ce qu'il [faire] _____ pendant
tout ce temps, quel [être] _____ son travail,
s'il [avoir] _____ des projets. Il m'a dit qu'il
[se marier] _____ bientôt. Il m'a raconté qu'il
[rencontrer] _____ sa future femme lors
d'un voyage en Algérie. Il m'a expliqué qu'il [la rencontrer]
_____ quand il [passer] _____ ses vacances
avec des amis et qu'il [faire] _____ une randonnée dans le désert. Je lui ai demandé si
sa femme [habiter] _____ en France avec lui et il m'a expliqué qu'elle [le
rejoindre] _____ six mois après leur rencontre. Il m'a proposé de [venir]
_____ au mariage. Il a insisté et m'a dit que cela lui [faire] _____
plaisir que je [venir] _____ . Je lui ai dit que je [faire] _____ tout
mon possible pour y aller. Tu viendras avec moi?

8. À l'oral, transformez ces phrases au discours indirect.

Ex. : – Nous vous rappellerons dans deux jours.
→ – Ils nous ont affirmé qu'ils nous rappelleraient dans deux jours.

a. – Est-ce que vous avez croisé Oscar hier? → Je lui ai demandé…

b. – Nous ne pouvons pas ouvrir le magasin aujourd'hui. → Elles nous ont informés…

c. – Qu'est-ce que tu vas faire demain? → Il m'a demandé…

d. – Il y a 2 ans, je vivais en Chine pour mon travail. → Elle nous a raconté…

e. – J'en ai marre qu'il ne fasse pas d'efforts en ce moment! → Il nous a confié…

f. – Vous avez prévu de voir Paul cette semaine? → Ils nous ont demandé…

g. – Ne touchez pas à ce tableau → On nous a interdit…

9. Rédigez le récit de la conversation au discours indirect au passé
et avec les verbes proposés.

[demander – répondre – répliquer – ajouter – expliquer – avouer]

– Paulo, où est-ce que tu as mis ma robe bleue?

– Ta robe bleue? Mais je ne l'ai pas prise!

– Quoi! Je t'ai demandé hier de faire la lessive et il y avait ma robe bleue dans le bac à linge!

– La lessive! Tu veux que je fasse la lessive? Mais je n'ai pas le temps et puis, si tu veux une
robe propre, lave-la toi-même!

– Ah d'accord! À partir d'aujourd'hui, donc, je ne laverai que mes vêtements et je laisserai
tes chaussettes sales sous ton oreiller!

– Oh ma chérie, ne sois pas si susceptible! C'était une blague! Je l'ai lavée, ta robe, ce matin,
et je l'ai repassée et rangée dans l'armoire! Regarde!

– Ah oui! Excuse-moi, je ne l'avais pas vue! Merci mon chéri!

Mirta a demandé à Paulo où il avait mis sa robe bleue…

10. Reconstituez les phrases.

a. [les / Il / dit / nous / a / nous / dossiers / apporterait / qu'il]

b. [parler / choses-là / Je / conseillé / ne / t'ai / pas / de / ces / de]

c. [Vous / si / avez / le / leur / groupe / viendrait / demandé]

d. [l'avion / Je / que / confirmé / prendrions / t'avais / nous]

e. [disait / souvent / Elle / poste-là / voulait / quitter / ce / qu'elle / nous]

f. [lui / fier / lui / n'était / avoué / de / Il / qu'il / pas / a]

11. Rédigez le texte au passé.

Alors, Gérard, écoute, ce n'est pas compliqué ! Tu rencontres Marilyne et tu lui dis qu'elle est belle, que tu n'as jamais vu de femme aussi belle qu'elle ! C'est facile !

Après, tu lui demandes ce qu'elle est venue faire dans cette ville, tu lui proposes de sortir boire un verre avec elle, tu lui promets qu'elle passera une belle soirée...

Après, bon, elle refuse, donc tu lui dis qu'elle le regrettera, qu'elle ne trouvera jamais un homme aussi gentil et charmant que toi... Tu comprends, tu joues le rôle d'un homme qui vient d'avoir un coup de foudre ! Tu lui avoues que tu es tombé sous son charme à la minute où tu l'as vue...

Tu as rencontré Marilyne et tu lui as dit qu'elle était belle...

12. Écoutez et notez la conversation au discours indirect.  PISTE 62

a. Au début de l'entretien, le recruteur a demandé au candidat de parler de son expérience.

b. Le candidat a répondu ...

c. Il a ajouté ...

d. Le recruteur a voulu savoir ...

e. Le candidat a expliqué ...

f. Le recruteur a demandé ...

g. Le candidat a répondu ...

h. Le recruteur a demandé ...

i. Le candidat a raconté

j. Le recruteur a dit ...

13. Écoutez et, oralement, complétez les phrases.  PISTE 63

Ex. : – Monsieur, vous êtes en retard, nous vous avions pourtant indiqué que...
→ vous deviez vous présenter à 8 h devant le bureau de la directrice.

a. – Maintenant, il est trop tard, nous vous avions expliqué que...

b. – Je suis désolé mais nous vous avions prévenu que...

c. – Vous n'avez pas vos documents ? On vous avait pourtant demandé...

d. – Vous n'avez rien préparé ? Mais on vous avait dit...

e. – Oui, il faut revenir cet après-midi, on vous avait prévenu...

f. – Non pas de réponse aujourd'hui, on avait bien expliqué...

14. Rédigez les notes prises pendant une réunion.
Variez les verbes introducteurs *(dire, expliquer, demander, ajouter...).*

M. BROCHARD : quand les livraisons seront prêtes ?

MME ASLANIDI : production commencée le 15 mars mais problèmes avec un composant
électronique, donc retard de 20 jours – prêtes le 8 juillet

M. LECLERC : impossible, il faut terminer le 25 juin pour expédier le 30 juin au plus tard

MME ASLANIDI : comment faire ? nous n'avons pas de solutions

MME OUVRARD : contacter entreprise de sous-traitance

M. LECLERC : oui, mais augmentation des coûts de production – facture plus élevée

MME OUVRARD : prendre sur notre marge – ne pas facturer la différence au client

M. Brochard a demandé quand les livraisons seraient prêtes. Mme Aslanidi a expliqué que...

....

....

....

....

....

....

....

....

....

....

....

 **PRENEZ LA PAROLE !**

15. **Vous venez de passer un entretien d'embauche. Vous racontez à votre ami(e) comment ça s'est passé : ce qu'on vous a dit, ce qu'on vous a demandé, ce qu'on vous a expliqué et ce que vous avez répondu.**

Ex. : – Je te raconte mon entretien d'embauche ! On m'a d'abord demandé si j'étais
disponible tout de suite. J'ai répondu que je pouvais travailler dès le lendemain matin...

depuis que, cela fait… que, il y a… que

Cela fait déjà trois ans qu'ils ont quitté Nantes.

OBSERVEZ 🎧 PISTE 64

1 — Vous voyez souvent Simon et Justine
depuis qu'ils n'habitent plus à Nantes ?
— Oui, ils reviennent régulièrement
depuis qu'ils ont acheté une voiture.
2 — Et vous êtes allés leur rendre visite
depuis qu'ils habitent à Saint-Nazaire ?
— Oui, surtout **depuis qu**'ils ont construit leur terrasse !
3 — Et vous êtes allés vous baigner **depuis qu**'ils habitent près de la mer ?
— Non, nous n'avons pas encore pu aller à la plage **depuis qu**'Elliot est né !
4 — **Il y a** des mois que je ne les ai pas vus ! **Cela fait** longtemps que j'essaie d'aller les voir mais je n'ai pas le temps !
— Tu exagères ! **Cela fait** déjà trois ans qu'ils ont quitté Nantes !
5 — Moi, je leur ai téléphoné hier, **cela faisait** des semaines que j'essayais de les joindre !
Ils venaient de rentrer d'Espagne, **cela faisait** deux semaines qu'ils **étaient partis**.

RÉFLÉCHISSEZ

1. Associez. 1

vous voyez Simon et Justine ○
ils n'habitent plus à Nantes ○
ils reviennent régulièrement ○
ils ont acheté une voiture ○

○ c'est une action non terminée
○ c'est une action terminée

2. Associez. 2 3

vous êtes allés leur rendre visite ○
ils ont construit leur terrasse ○
vous êtes allés vous baigner ○
nous n'avons pas encore pu aller à la plage ○

○ action non réalisée dans le passé
○ action réalisée dans le passé

3. Complétez le schéma avec les propositions. 1 2 3

vous êtes allés leur rendre visite – vous voyez Simon et Justine – ils habitent près de la mer – nous n'avons pas pu aller à la plage – Elliot est né

_____
une action non terminée

_____
une action réalisée dans le passé

_____
une action non réalisée dans le passé

depuis que

_____
une action réalisée dans le passé

_____
une action non terminée

4. Cochez. 4 5

cela fait … que + présent devient cela faisait … que + ☐ passé composé ☐ imparfait.
il y a … que + présent devient il y avait … que + ☐ passé composé ☐ imparfait.
cela fait … que + passé composé devient cela faisait … que + ☐ présent ☐ plus-que-parfait.
il y a … que + passé composé devient il y avait … que + ☐ présent ☐ plus-que-parfait.

Quels temps utiliser avec les connecteurs temporels ?

- **Dans la proposition principale**
  - On utilise le présent, si on décrit une action non terminée :
  Vous voyez souvent Simon et Justine depuis qu'ils n'habitent plus à Nantes ?
  - On utilise le passé composé, si on exprime une action réalisée ou non dans le passé :
  Vous êtes allés leur rendre visite depuis qu'ils habitent à Saint-Nazaire ?

- **Dans la proposition dépendante construite avec *depuis que***
  - On utilise le présent, si on décrit une action non terminée ou une habitude :
  *Vous êtes allés leur rendre visite **depuis qu'ils habitent** à Saint-Nazaire ?*
  - On utilise le passé composé, si on exprime une action ponctuelle dans le passé :
  *Nous n'avons pas encore été à la plage **depuis qu'Elliot est né**.*

- **Avec *cela fait ... que* , *il y a... que***
  Ces deux expressions peuvent être suivies du présent ou du passé composé.
  - Le présent pour décrire une action non terminée :
  Cela fait longtemps / Il y a plusieurs mois que j'essaie d'aller les voir.
  - Le passé composé pour exprimer une action réalisée ou non dans le passé :
  Cela fait déjà 3 ans qu'ils ont quitté Nantes. / Il y a des mois que je ne les ai pas vus.

- **Si on transforme la phrase dans un contexte passé**
  cela fait ... que / il y a ... que devient *cela faisait ... que / il y avait ... que*
  Dans ce cas, il faut transformer les verbes qui suivent.
  - Si le verbe est au présent, il se met à l'imparfait :
  Cela faisait des semaines que j'essayais de les joindre.
  - Si le verbe est au passé composé, il se met au plus-que-parfait :
  Cela faisait deux semaines qu'ils étaient partis.

  Remarque À l'oral, *cela fait* devient *ça fait*.

EXERCICES

1. Écoutez et cochez les temps que vous entendez dans chaque phrase 🎧 **PISTE 65**
(1 pour la proposition principale, 2 pour la proposition dépendante).

	a		b		c		d		e		f		g		h	
	1	2	1	2	1	2	1	2	1	2	1	2	1	2	1	2
présent																
passé composé	X	X														
imparfait																
plus-que-parfait																

2. À l'oral, faites une seule phrase en utilisant *depuis que*.
  Ex. : Il habite au Canada. Il travaille pour une entreprise de Toronto.
  → Il habite au Canada depuis qu'il travaille pour une entreprise de Toronto.
  a. Paul est prudent. On a cambriolé son appartement.
  b. Céline voit beaucoup moins sa famille. Elle habite à Moscou avec son compagnon.
  c. Nous ne sommes jamais retournés dans ce restaurant. Ils ont engagé un nouveau chef.
  d. Elles ont acheté beaucoup de vêtements. Elles connaissent cette boutique bon marché.
  e. Ma sœur n'achète pas de jouets neufs. Elle connaît des sites de vente d'occasion.

3. Écoutez et, pour chaque phrase, cochez la case qui correspond à la situation  PISTE 66
temporelle de la proposition principale et de la proposition dépendante.

	a	b	c	d	e	f	g	h
Proposition principale								
action non terminée								
action réalisée dans le passé	✗							
Proposition dépendante								
action non terminée ou habitude								
action ponctuelle dans le passée	✗							

4. Complétez les phrases en conjuguant les verbes au présent ou au passé composé.
    a. Tu [faire] _____ deux erreurs depuis que tu as commencé l'exercice.
    b. Jean [avoir l'air] _____ beaucoup plus heureux depuis qu'il a changé de travail.
    c. Il [se perdre] _____ tout le temps depuis qu'il n'a plus son GPS.
    d. On [se perdre] _____ plusieurs fois depuis qu'on a commencé le jeu de piste.
    e. Ils [se voir] _____ tous les samedis depuis qu'ils se sont rencontrés à ta soirée.
    f. Tu [ne plus rien écouter] _____ depuis que tu as a changé de place.
    g. Je [ne pas changer] _____ de voiture depuis que j'ai acheté une moto
    en 2007.
    h. Les mesures de sécurité [être augmentées] _____ depuis qu'il y a eu
    l'accident.

5. Écrivez les phrases en utilisant *depuis que* (plusieurs possibilités).
    a. [Djilali / habiter en France / trouver un travail à Pau]
       Djilali habite en France depuis qu'il a trouvé un travail à Pau.
    b. [Elle / ne pas conduire / avoir un accident]

    c. [Tu / cuisiner bien / faire un stage de cuisine l'année dernière]

    d. [Je / acheter trois robes / perdre 5 kilos]

    e. [Ils / jouer souvent à la belote / bien connaître les règles]

    f. [Il / ne plus lui parler / se disputer avec elle]

    g. [Nous / venir dans ce restaurant souvent / il / ouvrir]

    h. [Ils / voter deux fois / avoir 18 ans]

6. Écoutez et transformez oralement les phrases en utilisant *cela fait que*.  PISTE 67
    Ex. : → — Cela fait 3 ans qu'il habite à Paris.

7. Reconstituez les phrases.

a. [à / qu'il / Genève / déménagé / depuis / en / a / Il / Suisse / habite]

b. [fait / plusieurs / Edith / y / séjours / à / a / Megève / chalet / depuis / a / qu'elle / acheté / un]

c. [Nous / pas / revu / avec lui / depuis que / Franck / nous / sommes / n'avons / partis / au ski]

d. [ce / aime / beaucoup / de l'équipe / de France / skieur / depuis / fait partie / J' / qu'il]

e. [ont / visites / eu / peu / Ils / depuis / qu'ils / à la montagne / de / habitent]

f. [changé / plusieurs / a / de skis / courses / depuis / qu'il / a / gagné / Il]

8. Transformez les phrases au passé.

a. Cela fait dix ans qu'ils habitent à Tours. → Cela faisait dix ans qu'ils habitaient à Tours.

b. Cela fait deux mois que l'entreprise est fermée.

→ ....

c. Cela fait dix ans que j'ai commencé à travailler.

→ ....

d. Cela fait plusieurs heures qu'il est venu pour te voir.

→ ....

e. Cela fait déjà plusieurs soirs qu'ils mettent la musique trop forte.

→ ....

f. Cela fait plusieurs semaines qu'il n'est pas venu nous rendre visite.

→ ....

g. Cela fait des siècles qu'on ne s'est pas vus !

→ ....

h. Cela fait longtemps qu'on n'est pas allés danser !

→ ....

i. Cela fait une heure que je lui ai envoyé le message.

→ ....

9. Complétez les phrases en conjuguant les verbes aux temps qui conviennent.

a. Nous dépensons moins d'argent depuis que nous [habiter] .... à la campagne.

b. Il a perdu beaucoup d'amis depuis qu'il [devenir] .... une célébrité.

c. Il n'a plus rien confié à Celia depuis qu'elle le [trahir] ....

d. Cela fait des mois que je [ne pas voir] .... Jessica.

e. Nous n'avons pas beaucoup voyagé depuis que nous [habiter] .... au Canada.

f. Cela fait des mois que nous [ne plus dormir] .... à cause des voisins.

g. Cela faisait des semaines qu'ils [partir] .... au Chili quand nous les y avons rejoints.

h. Vous ne lisez plus les horoscopes depuis qu'on vous [dire] .... que c'était de l'arnaque.

CONNECTEURS TEMPORELS

10. **À l'oral, répondez aux questions.**

Ex. : — Vous vivez à Paris depuis combien de temps ? [dix ans – nous]
→ — Cela fait dix ans que nous vivons à Paris.

a. — Quand avez-vous rencontré votre futur mari ?
[trois ans – je]

b. — Depuis combien de temps n'avez-vous pas travaillé ?
[six mois – je]

c. — Depuis combien de temps sommes-nous perdus ?
[deux heures – nous]

d. — Depuis combien de temps n'êtes-vous pas allé chez le coiffeur ?
[plus d'un an – je]

e. — Quand se sont-ils séparés ?
[quelques semaines – ils]

f. — Quand as-tu changé de voiture ?
[un mois – je]

g. — Depuis quand travaillent-ils ensemble ?
[quelques années – ils]

11. **Transformez les phrases en utilisant** *cela fait ... que / cela faisait ... que / il y a ... que / il y avait ... que.*

a. Federico est arrivé il y a six mois. → Cela fait six mois que Federico est arrivé.

b. Il rêvait de travailler à Londres depuis des années.
→ ....

c. Steve cherchait un associé pour sa pizzeria depuis longtemps.
→ ....

d. Steve et Federico ont commencé à travailler ensemble il y a trois mois.
→ ....

e. Federico a créé la pizza London-Roma il y a deux semaines.
→ ....

f. Les clients n'arrêtent pas de la commander depuis des jours.
→ ....

g. Steve n'avait pas vendu autant de pizzas depuis des années.
→ ....

12. **Écoutez et répondez oralement aux questions en utilisant** 🎧 **PISTE 68**
depuis, il y a / il y avait **ou** *cela fait / cela faisait.*

Ex. : [j'ai commencé mes études]
→ Je suis en France depuis que j'ai commencé mes études.

a. [deux ans]   **d.** [trois ou quatre mois]   **g.** [six semaines]

b. [plusieurs années]   **e.** [je suis inscrit à l'école de langue]   **h.** [six mois]

c. [longtemps]   **f.** [trois mois]   **i.** [longtemps]

13. Rédigez un texte (environ 100 mots) à partir des réponses de l'exercice 12.
Utilisez *depuis que* ou *cela fait que / cela faisait que.*

Cela fait deux ans que je suis inscrite à l'université en France.

14. Transformez le texte au passé.

Me voilà en France ! Cela fait des semaines que je prépare mon séjour. Cela fait des mois que j'apprends le français et que je fais des exercices pour améliorer ma prononciation. Aujourd'hui, je peux enfin parler avec de vrais francophones ! J'arrive dans la résidence universitaire mais le gardien me dit qu'il n'y a pas de place ! Je lui affirme que pourtant, ça fait des mois que 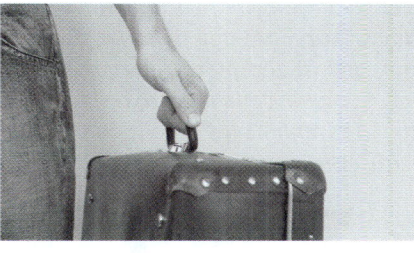 j'ai réservé ma chambre pour le 31 septembre ! Et là, il se moque de moi en me disant que le 31 septembre, ça n'existe pas et me demande si ça fait longtemps que je n'ai pas dormi ! Je lui réponds qu'effectivement, ça fait plusieurs jours que j'ai quitté ma maison et que ça fait plusieurs heures que je rêve de poser mes valises pour me reposer ! Il me propose alors la chambre 7 mais il me prévient que ça fait des semaines que personne n'y a dormi à cause des travaux dans la rue juste en-dessous ! »

Me voilà en France ! Cela faisait des semaines que je préparais mon séjour...

....

....

....

....

....

....

....

....

....

....

....

....

....

PRENEZ LA PAROLE !

15. Vous vivez dans un pays étranger. Vous racontez à votre ami(e) comment vous vivez, ce que vous avez fait, ce que vous n'avez pas fait depuis que vous êtes arrivé(e).
Utilisez *depuis que / cela fait que / cela faisait que / il y a... que / il y avait... que.*

Ex. : — Cela fait trois mois que j'habite Toulouse. J'ai rencontré beaucoup d'amis depuis que j'étudie le français...

que vous fassiez, qu'elles se soient blessées...

Il est regrettable que Nina ne puisse pas danser.

OBSERVEZ  PISTE 69

1 — Je suis content que vous **fassiez** partie de notre groupe. Il est regrettable que Nina **ne puisse pas** danser. Paula, il faudrait que tu la **remplaces** et je suis sûr, Ana, que tu accepteras de remplacer Alicia. Vous voulez que je vous **montre** les pas ? J'aimerais que nous **reprenions** les répétitions ce soir et que tous les chanteurs **viennent** aussi.

2 — C'est dommage que Nina et Alicia **se soient blessées.**
— Oui, mais ça me fait plaisir qu'il nous **ait choisies** pour les remplacer.
— Moi aussi, j'aimerais danser ici toute l'année et j'aimerais que Paco **soit** mon chorégraphe.

RÉFLÉCHISSEZ

1. Cochez. 1 2
On utilise le subjonctif après des expressions qui expriment :
☐ les sentiments (*je suis content que...*) ☐ la nécessité (*il faudrait que...*)
☐ la certitude (*je suis sûr que ...*) ☐ la volonté (*j'aimerais que...*)

2. Écrivez. 2
Dans *J'aimerais danser ici toute l'année et j'aimerais que Paco soit mon chorégraphe.*
Quel est le sujet de *aimer* ? ....
Quel est le sujet de *danser*? ....
Quel est le sujet de *être*? ....

3. Cochez. 2
Quand les sujets sont identiques, le deuxième verbe est ☐ à l'infinitif ☐ au subjonctif.
Quand les sujets sont différents, le deuxième verbe est ☐ à l'infinitif ☐ au subjonctif.

4. Associez. 1 2
Quand la 2ᵉ action est terminée, ○ ○ on utilise le subjonctif présent.
Quand la 2ᵉ action n'est pas terminée, ○ ○ on utilise le subjonctif passé.

5. Écrivez. 1
Retrouvez les terminaisons des verbes au subjonctif présent.
que je → *e*.......... que nous → ....
que tu → .... que vous → ....
qu'il / elle / on → .... qu'ils / elles → ....

6. Cochez. 2
À quel temps conjugue-t-on les auxiliaires *avoir* et *être* au subjonctif passé ?
☐ présent de l'indicatif ☐ subjonctif présent
Le participe passé s'accorde au subjonctif passé comme au passé composé. ☐ oui ☐ non

SUBJONCTIF

Quand utiliser et comment former
le subjonctif présent et le subjonctif passé ?

- **Les emplois du subjonctif**

  On utilise le subjonctif après certains verbes qui expriment :
  – la volonté : *je veux que, je souhaiterais que, j'aimerais que…*
  – les sentiments : *je suis content(e) que, je regrette que, c'est dommage que, j'ai peur que…*
  – le doute : *je ne pense pas que, je ne crois pas que, je ne trouve pas que, je doute que…*
  – la nécessité : *il faut que, il est nécessaire que…*
  – le but : *pour que, afin que…*

  Attention ! Si le sujet du verbe introducteur est le même que le sujet du verbe introduit, on utilise l'infinitif :
  J'aimerais danser ici toute l'année. (Les sujets de *aimer* et de *danser* sont identiques.)
  J'aimerais que Paco soit mon chorégraphe. (Les sujets de *aimer* et de *être* sont différents.)

- **Subjonctif présent ou subjonctif passé ?**

  - On utilise le subjonctif présent quand l'action n'est pas terminée.

  C'est dommage que Nina et Alicia se blessent régulièrement. (L'action *se blesser* n'est pas terminée.)

  - On utilise le subjonctif passé quand l'action est terminée.

  C'est dommage que Nina et Alicia se soient blessées. (L'action *se blesser* est terminée.)

- **La conjugaison du subjonctif présent**

  - Pour *je, tu, il / elle / on* et *ils /elles* :

  On enlève la terminaison de la 3e personne du pluriel du présent de l'indicatif (*ils*) et on ajoute
  les terminaisons du subjonctif.
  ils viennent (présent de l'indicatif)
  → *que je vienne, que tu viennes, qu'il vienne, qu'ils viennent* (subjonctif présent)

  - Pour *nous* et *vous* :

  On enlève la terminaison de la 1re personne du pluriel du présent de l'indicatif (*nous*) et on ajoute
  les terminaisons du subjonctif.
  nous venons (présent de l'indicatif)
  → *que nous venions, que vous veniez* (subjonctif présent)

montrer	finir	venir
que je montre	que je finisse	que je vienne
que tu montres	que tu finisses	que tu viennes
qu'il /elle / on montre	qu'il /elle / on finisse	qu'il /elle/ on vienne
que nous montrions	que nous finissions	que nous venions
que vous montriez	que vous finissiez	que vous veniez
qu'ils / elles montrent	qu'ils / elles finissent	qu'ils / elles viennent

- **Les verbes irréguliers au subjonctif présent**

  avoir → *que j'aie…, que nous ayons…*   *savoir* → *que je sache…, que nous sachions…*
  être → *que je sois…, que nous soyons…*   *pouvoir* → *que je puisse…, que nous puissions…*
  faire → *que je fasse…, que nous fassions…*   *vouloir* → *que je veuille…, que nous voulions…*
  aller → *que j'aille…, que nous allions…*   *pleuvoir* → *qu'il pleuve*

- **La conjugaison du subjonctif passé**

  On utilise les auxiliaires *être* ou *avoir* conjugués au subjonctif présent + le participe passé.
  Ça me fait plaisir qu'il nous ait choisies pour les remplacer.
  C'est dommage que Nina et Alicia ne soient pas venues.

➤ L'infinitif ou le subjonctif, page 110
➤ Tableau des conjugaisons, verbes *être* et *avoir*, page 275
➤ Grammaire contrastive anglais-français, page 216

1. Écoutez et, pour chaque phrase, cochez la case du mode que vous entendez 🎧 PISTE 70
après les expressions suivies de *que*.

	a.	b.	c.	d.	e.	f.	g.	h.
indicatif	☐	☐	☐	☐	☐	☐	☐	☐
subjonctif	☐	☐	☐	☐	☐	☐	☐	☐

2. Conjuguez les verbes à l'indicatif présent puis au subjonctif présent.

infinitif	indicatif présent	subjonctif présent
a. boire	ils boivent	que tu boives
b. rentrer	nous _____	que vous _____
c. se perdre	ils _____	qu'elles _____
d. écrire	ils _____	qu'il _____
e. prendre	nous _____	que vous _____
f. construire	ils _____	que je _____
g. oublier	nous _____	que nous _____
h. remplir	nous _____	que vous _____
i. réfléchir	ils _____	que tu _____
j. vendre	ils _____	qu'on _____
k. rire	nous _____	que nous _____

3. Complétez la grille en conjuguant les verbes au subjonctif présent.

a. pouvoir – tu   **1.** aller – je
b. avoir – je   **2.** être – elles
c. devoir – on   **3.** savoir – nous
d. faire – il   **4.** pleuvoir – il

Associez les lettres des cases jaunes pour former un verbe au subjonctif :

_____

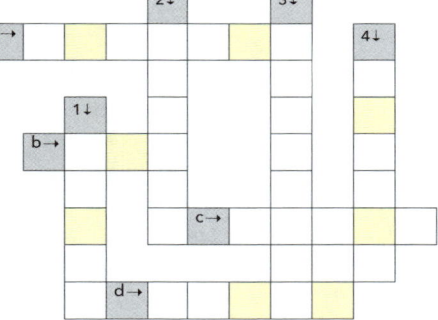

4. Conjuguez les verbes au subjonctif présent.

a. Il faut que vous [remplir] _____ le chèque à l'ordre de M. Levasseur.

b. Il déteste que nous le [déranger] _____ pendant les réunions.

c. C'est dommage qu'ils [ne pas pouvoir] _____ partir en vacances.

d. Nous exigeons que vous lui [présenter] _____ des excuses.

e. Je n'aime pas que tu me [dire] _____ ce que je dois faire.

f. Je doute qu'il [réussir] _____ à finir son travail avant ce soir.

g. Il est nécessaire que le gouvernement [aider] _____ les pays les plus défavorisés.

h. Je voudrais que tu [acheter] _____ un gâteau pour l'anniversaire de Fei.

SUBJONCTIF

5. À l'oral, transformez les phrases en utilisant le subjonctif.

Ex. : Elle ne peut pas venir. C'est dommage ! → — C'est dommage qu'elle ne puisse pas venir.

a. Barbara vient à ton mariage. C'est super !

b. Ma belle-mère veut faire le plan de table. Ça m'énerve !

c. Vous allez partir à Cuba pour votre voyage de noces. C'est formidable !

d. Elsa ne connaît personne. Ça me gêne !

e. On trouve une solution en cas de pluie. Il est urgent !

f. Emma porte une robe de mariée blanche. Ça me surprend !

6. Reconstituez les phrases.

a. [tu / il / son / ne / pas / faut / que / acceptes / invitation]
→ ....

b. [parte / c' / dommage / qu' / on / est / ne / pas / vacances / en]
→ ....

c. [ne / soit / pense / qu' / elle / je / pas / blessée]
→ ....

d. [ne / tu / est / tristes / que / on / veuilles / plus / voir / nous]
→ ....

e. [pour / comprenne / lui / je / expliqué / ai / qu' / elle]
→ ....

f. [aides / me / plaisir / ça / fait / tu / que / m']
→ ....

g. [soit / pas / qu' / ne / on / croit / elle / heureuse]
→ ....

7. Transformez les phrases.

a. Je souhaite [elle vient me voir]. → Je souhaite qu'elle vienne me voir.

b. Il veut [il va au cinéma].
→ ....

c. Elles voudraient [on prend l'avion].
→ ....

d. Il aimerait [je m'inscris avec lui au club de sport].
→ ....

e. On souhaiterait [on vous invite au restaurant].
→ ....

f. Mon patron veut [je fais des heures supplémentaires].
→ ....

g. Il voudrait [j'envoie les invitations rapidement].
→ ....

h. Je voudrais [je prends un rendez-vous].
→ ....

8. **Conjuguez les verbes au subjonctif passé.**

    a. Je suis content que nous [gagner] _____ .

    b. On regrette que Julie [ne pas rester] _____ plus longtemps.

    c. Je regrette que Sam et Tom [ne pas venir] _____ me rendre visite.

    d. Ce n'est pas sûr qu'elles [sortir] _____ ce soir-là.

    e. Je ne suis pas surprise que vous [obtenir] _____ une récompense.

    f. Il est possible que vous [ne pas entendre] _____ le téléphone sonner.

    g. C'est dommage que Franck [ne pas s'amuser] _____ hier soir.

    h. On est furieux qu'il [ne pas aider] _____ Sarah à déménager.

9. **Faites des phrases avec les expressions proposées. Utilisez le subjonctif passé.**

    a. [ça m'a surpris – des passants – danser sur notre musique]

    → Ça m'a surpris que des passants aient dansé sur notre musique.

    b. [je suis content – les spectacteurs – applaudir]

    → _____

    c. [je regrette – il – pleuvoir – en début de soirée]

    → _____

    d. [les organisateurs voudraient – on – enlever le matériel avant demain]

    → _____

    e. [je doute – on – réussir à ranger le matériel avant]

    → _____

    f. [ça m'étonne – Marion – ne pas venir nous voir]

    → _____

10. **À l'oral, exprimez vos sentiments face aux différentes situations et avec les expressions proposées.**

    Ex. : Votre sœur va se marier. → – Je suis contente que ma sœur se marie.

    [je suis triste – je suis content(e) – je suis déçu(e) – je suis étonné(e) – ça m'énerve – j'ai peur]

    a. Votre petit(e) ami(e) va partir six mois à l'étranger pour ses études.

    b. Votre fils a cassé votre ordinateur.

    c. Votre mère ne vous a pas téléphoné depuis deux semaines.

    d. Votre fille n'a pas obtenu son baccalauréat.

    e. Votre fils s'est perdu.

11. **Soulignez la réponse qui convient.**

    a. Je crois qu'il [pourra / puisse] vous donner de bons conseils.

    b. On est certain que vous [trouverez / trouviez] la bonne réponse.

    c. Je ne crois pas que tu [connaisses / connais] mon mari.

    d. Il est probable que le cours [sera / soit] annulé.

    e. Je suis sûr qu'elle [deviendra / devient] une excellente traductrice.

    f. Je doute qu'il [faut / faille] obliger les enfants à porter un uniforme à l'école.

    g. Je ne pense pas qu'il [fera / fasse] beau le week-end prochain.

    h. Je n'ai pas l'impression que vous [avez / ayez] compris ce que j'attends de vous.

SUBJONCTIF

12. Conjuguez les verbes à l'indicatif, au subjonctif ou écrivez-les à l'infinitif.

Salut Marine,
J'espère que tu [aller] _____ bien et que toute ta famille aussi.
Je voudrais que tu me [rendre] _____ un service. Demain, il faut que
je [aller] _____ chercher des clients à l'aéroport mais je ne pense pas
[être] _____ à l'heure pour aller chercher Léo à l'école. Il paraît que
tu [prendre] _____ quelques jours de vacances. Tu pourrais t'occuper de
Léo? Il aimerait bien [venir] _____ chez toi.
Au fait, merci pour le cadeau de Léo! Ça lui a fait plaisir que tu [penser]
_____ à son anniversaire.
Tiens-moi au courant.
Bises,
Tania

13. Conjuguez les verbes à l'indicatif, au subjonctif ou écrivez-les à l'infinitif
(plusieurs possibilités).

L'inspecteur Pigeonneau arrive très vite sur les lieux du vol, au château Do.
Le propriétaire du château est certain que le voleur [être] _____
le jardinier mais l'inspecteur Pigeonneau doute que le vieux jardinier
[pouvoir] _____ entrer par une fenêtre située au premier étage.
L'enquête se dirige alors vers la nounou des enfants. Le propriétaire
pense qu'elle [prendre] _____ les bijoux après leur dispute.
Mais l'inspecteur ne croit pas qu'elle [commettre] _____ ce vol
parce qu'elle [s'occuper] _____ des enfants à cette heure-là.
L'inspecteur décide donc d'espionner le propriétaire afin de [découvrir] _____ de
nouveaux indices. Il surprend alors une conversation entre le propriétaire du château et sa
femme. Il apprend que le propriétaire [devoir] _____ une grosse somme d'argent
aux impôts. L'inspecteur est alors persuadé que le propriétaire [inventer] _____
toute cette histoire pour récupérer l'argent des bijoux.

14. Rédigez un texte (environ 100 mots) pour raconter l'arrivée et le séjour
de John dans le pays de son ami Ahmed.

[être content – regretter – c'est dommage – vouloir – aimer – être surpris – falloir – souhaiter
rendre visite – ne pas venir – ne pas rester – visiter – trouver un hébergement – apprendre –
goûter les spécialités]

Je suis content que tu viennes me rendre visite...

 **PRENEZ LA PAROLE !**

15. Par deux, imaginez la conversation avec votre ami(e) français(e) qui est venu(e) vous
rendre visite dans votre pays. Utilisez un maximum d'expressions suivies du subjonctif.

Ex. : – J'aimerais bien que tu me fasses goûter des spécialités locales.
        – D'accord, il faudrait qu'on aille dans la vieille ville. Je connais un bon restaurant.

faire, avoir dîné, qu'elle vienne...

J'aimerais qu'il nous apporte une balançoire et en faire tous les jours.

1 — *Maman, je peux **faire** de la balançoire ?*
— *Oui, tu as le temps avant de **prendre** le goûter.*
2 — *Chloé, j'aimerais que le Père Noël nous **apporte** une balançoire. J'aimerais en **faire** tous les jours, pas toi ?*
— *Oh oui, et je voudrais **avoir** une piscine aussi ! Et je voudrais qu'il y **ait** un toboggan !*
3 — *Oh ! Regarde, ta copine Emma arrive !*
— *Oh je suis contente qu'elle **vienne** au parc ! On va **pouvoir jouer** ensemble !*
4 — *Ça m'énerve que Suzie **prenne** toujours ma place sur la balançoire !*
— *Bon, et moi, ça m'énerve de **faire** la police ! Tu peux **aller** sur le toboggan !*
5 — *Bon les filles, vous êtes contentes d'**être allées** au parc ?*
— *Oh oui ! Et après **avoir dîné**, on reviendra ?*

RÉFLÉCHISSEZ

1. Cochez. 1
Quand deux actions dans la même phrase ont le même sujet, pour le deuxième verbe,
on emploie ☐ l'infinitif ☐ l'indicatif ☐ le subjonctif.

Pour lier deux actions qui ont le même sujet, on peut employer :
☐ une construction avec *que* ☐ un infinitif indirect (avec une préposition) ☐ un infinitif direct.

2. Cochez. 2 3
Avec deux sujets différents, *j'aimerais / je voudrais / je suis contente* sont suivis d'un verbe
☐ à l'indicatif ☐ au subjonctif.
Avec le même sujet, *j'aimerais / je voudrais* sont suivis d'un verbe
☐ au subjonctif ☐ à l'infinitif.

3. Cochez. 2 3 4
Entre le verbe principal et l'infinitif, on peut utiliser ☐ *de* ☐ *que*.

4. Cochez. 5
Pour chaque phrase, cochez l'action qui a eu lieu avant l'autre.
- ☐ *Vous êtes contentes* ☐ *d'être allées au parc?*
- ☐ *Et après avoir dîné,* ☐ *on reviendra ?*

Quelle forme utilise-t-on pour parler d'une action antérieure à une autre action ?
☐ l'infinitif présent (*aller*) ☐ l'infinitif passé (*être allées*)

5. Cochez.
Dans une phrase construite avec un verbe du type *vouloir que* ☐ on peut ☐ on ne peut pas répéter
le même sujet pour les deux verbes.

INFINITIF / SUBJONCTIF

Comment choisir entre infinitif, infinitif passé et subjonctif?

- **L'infinitif**
  Quand deux actions dans la même phrase ont le même sujet, on emploie l'infinitif pour le deuxième verbe :

  • Après un verbe comme *vouloir, savoir, devoir, pouvoir, penser, aimer…*
  Tu peux aller sur le toboggan.

  • Après une préposition comme *pour, sans, avant de, après, à…*
  Tu as le temps avant de prendre le goûter.

  • Après la préposition *de* pour les expressions comme *avoir besoin, avoir envie, ça m'énerve, ça me plaît, je suis content, il est difficile* et pour quelques verbes comme *accepter de, refuser de, décider de…*
  Ça m'énerve de faire la police.

  Attention ! Pour ces verbes, avec le même sujet, on peut utiliser l'indicatif ou le subjonctif :
  Je pense que je pourrai venir. ou *Je pense pouvoir venir.*

- **L'infinitif passé**

  • **Quand deux actions qui ont le même sujet ne se passent pas en même temps**, on emploie l'infinitif passé pour l'action qui est antérieure à l'action principale.
  Après avoir dîné, on reviendra ?

  • Pour former l'infinitif passé, on utilise les auxiliaires *être* ou *avoir* à l'infinitif et le participe passé. Le participe passé s'accorde à l'infinitif passé comme pour le passé composé.
  Vous êtes contentes d'être allées au parc ?

- **L'infinitif et la négation**
  Quand on emploie un verbe à l'infinitif, *ne* et *pas / plus / jamais* se placent ensemble avant le verbe
  Je suis déçu de ne pas retourner au parc.
  Attention ! Quand on utilise des pronoms compléments, ils se placent directement devant le verbe à l'infinitif, après les mots négatifs : *Tu ne pourras pas y retourner.*

- **Le subjonctif**
  Quand deux actions dans la même phrase ont des sujets différents, pour le deuxième verbe, on emploie *que* + le subjonctif :

  • Pour les verbes du type *vouloir* (*souhaiter, désirer, aimer…*) :
  Je voudrais qu'il y ait un toboggan.

  • Pour les expressions comme *avoir besoin, avoir envie, ça m'énerve, ça me plaît, je suis content, il est difficile.* . :
  Ça m'énerve que Suzie prenne toujours ma place.
  Je suis contente qu'elle vienne au parc.

  • Après certaines prépositions : *sans que, pour que, afin que…* :
  Laisse ta place sur la balançoire pour que ta sœur puisse en faire.

➤ Ordre et place des pronoms, page 48
➤ Le subjonctif, page 104

EXERCICES

1. **Écoutez et, pour chaque phrase, cochez la case qui convient.** 🎧 PISTE 72

	a.	b.	c.	d.	e.	f.	g.	h.
même sujet	☐	☐	☐	☐	☐	☐	☐	☐
deux sujets différents	☐	☐	☐	☐	☐	☐	☐	☐

2. **Associez les propositions pour former des phrases (plusieurs possibilités).**

a. Nous espérons que

b. Nous espérons

c. Elle souhaite que

d. Elle souhaite

e. J'ai besoin que

f. J'ai besoin

g. Ça leur fait plaisir de

h. Ça leur fait plaisir que

1. passer un bon voyage.

2. vous avez passé un bon voyage.

3. nous profitions de notre séjour.

4. profiter de son séjour.

5. d'être à l'heure.

6. tu sois à l'heure.

7. vous preniez du temps pour vous.

8. prendre du temps pour eux.

a	b	c	d	e	f	g	h

3. **Écrivez une seule phrase (deux réponses sont parfois possibles).**

a. Je veux. Tu arrives à l'heure.

b. Elles pensent. Elles obtiendront leur diplôme.

c. Ça m'inquiète. Il ne rappelle pas.

d. Ils ont besoin. Vous les aidez.

e. J'ai envie. Je cuisine un bon petit plat.

f. J'espère. Je vous reverrai bientôt.

4. **Transformez les phrases suivantes en utilisant l'infinitif quand c'est possible.**

a. Vous pensez que vous viendrez nous aider?

→ Vous pensez venir nous aider?

b. Tu es sûr que tu sais conduire une moto?

→

c. Je suis désolé que vous ne puissiez pas venir.

→

d. Nous avons besoin que vous nous aidiez pour le déménagement.

→

e. Il espère qu'il aura une réponse rapidement.

→

f. Tu nous avais promis que tu nous aiderais.

→

g. Ça m'énerve qu'il ne réponde pas au téléphone !

→

INFINITIF / SUBJONCTIF

5. **Associez les propositions pour former des phrases.**

a. Nous passerons vous dire au revoir avant

b. Il est parti vivre en Afrique après

c. Vous ne pouvez pas entrer sans

d. Vous devez faire vite avant

e. On ne l'a plus jamais revu après

f. Je vais parler lentement pour

1. qu'ils comprennent.

2. qu'on vous ait donné l'autorisation.

3. que le magasin ferme.

4. de rentrer chez nous.

5. qu'il a donné sa démission.

6. avoir fini ses études.

a	b	c	d	e	f

6. **Récrivez les phrases en utilisant l'indicatif, l'infinitif ou le subjonctif.**  **Ajoutez** *de* **ou** *que* **quand c'est nécessaire (parfois deux réponses sont possibles).**

a. Vous êtes sûr [vous / pouvoir] transporter ce meuble tout seul ?

Vous êtes sûr de pouvoir / que vous pouvez transporter ce meuble tout seul ?

b. Nous espérons [nous / pouvoir] arriver à temps pour le concert.

c. Je suis content [je / rester] à la maison ce week-end.

d. Elles ont besoin [nous / donner] notre avis sur leur travail.

e. Ça m'ennuie [je / devoir] travailler tard ce soir.

f. Nous devons rentrer avant [la nuit / tomber].

7. **À l'oral, transformez les phrases en utilisant le même sujet (le premier) pour les deux actions.**

Ex. : – Nous sommes heureux que vous rencontriez Paul et Marta.

→ – Nous sommes heureux de rencontrer Paul et Marta

a. – Nous espérons que tu voyageras à Casablanca bientôt.

b. – Ça me fait plaisir qu'elles soient là.

c. – Elles sont contentes qu'ils soient allés au concert.

d. – Je voudrais que nous prenions rendez-vous avec le directeur.

e. – Nous pensons qu'elle visitera le château de Chambord le week-end prochain.

8. **Reconstituez les phrases.**

a. [es / ton / heureuse / ami / avoir / revu / Tu / d' / vieil / ?]

b. [qu' / m' / plaisir / anniversaire. / pu / il / a / mon / venir / Ça / fait / ait / à]

c. [Ça / ne / dérangée / ne / a / pas / qu' / venue / Émilie / soit / t' / pas / ?]

d. [t' / pensait / vexée / . / avoir / Elle]

e. [m' / qu' / mes / oublie / Ça / toujours / énerve / elle / anniversaires / !]

f. [rappelé. / Je / sûre / lui / de / suis / avoir / pourtant]

9. Écrivez une seule phrase.

a. Nous sommes éliminés du championnat. Nous sommes déçus.

<u>Nous sommes déçus d'être éliminés du championnat.</u>

b. Il a encore perdu ses clés. Ça l'énerve.

c. Vous allez faire un beau voyage. Vous le souhaitez.

d. Nous n'avons pas trouvé de billets pour le concert. Nous sommes tristes.

e. Je fais toujours des erreurs. Ça m'agace.

f. J'ai passé une bonne soirée avec vous. Ça me fait plaisir.

g. Ils sont restés tout seuls pendant deux heures. Ils sont tristes.

10. À l'oral, transformez les phrases à la forme négative.

Ex. : – Je suis content d'avoir vu Mᵐᵉ Henriette !

➔ – Je suis content de ne pas avoir vu Mᵐᵉ Henriette !

a. – Ça me plaît d'avoir passé du temps avec elle !

b. – Ça me fait plaisir d'avoir goûté sa soupe de légumes !

c. – Je suis heureux de lui avoir parlé de mes problèmes !

d. – Ça me plaît de connaître les potins du village !

e. – Je suis enchanté d'avoir gardé son chien pendant sa sieste !

f. – Je suis sûr de la revoir bientôt !

11. Complétez avec les verbes à l'infinitif ou conjugués au présent de l'indicatif ou du subjonctif. Ajoutez *de* ou *que* quand c'est nécessaire.

Mon amour,

je suis triste [je / ne plus avoir] <u>de ne plus avoir</u> de nouvelles de toi depuis 3 semaines !

J'ai besoin [tu / répondre] _____ à mes messages ! Peut-être que cela te

dérange [je / t'appeler] _____ trois fois par jour, mais j'ai envie [je / entendre]

_____ ta voix ! Que veux-tu [je / faire] _____ pour [tu / m'aimer]

_____ toute la vie ? Pourquoi tu ne réponds pas ? Je suis sûr [je / te donner]

_____ mon numéro l'autre jour.

12. À l'oral, faites de nouvelles phrases avec les expressions de sentiment proposées.

Ex. : Mes amis sont venus me chercher à mon travail.
→ – Je suis surprise que mes amis soient venus me chercher à mon travail.

[être surpris – être content – être fatigué – être déçu – ça me fait plaisir – ça m'étonne – ça m'énerve – ça me choque]

a. J'ai travaillé tous les jours jusqu'à 21 h.
b. J'avais prévu d'aller au cinéma.
c. J'ai finalement dîné dans un restaurant chic.
d. Le serveur ne s'est pas montré très aimable.
e. Je ne suis pas allée au cinéma après le restaurant.
f. J'ai passé la soirée en discothèque pour mon anniversaire.
g. Je n'ai pas revu le beau garçon aux yeux bleus de la dernière fois.

13. Écoutez et, à l'oral, réagissez aux nouvelles en utilisant l'expression proposée. 🎧 PISTE 73

Ex. : [Ça me surprend]
→ – Ça me surprend qu'Arthur ait invité cinquante personnes pour son anniversaire.

a. [Il devait être content]
b. [Ça ne m'étonne pas]
c. [Ils étaient fiers]
d. [Ils étaient déçus]
e. [C'est logique]
f. [C'est normal]
g. [Ça ne me surprend pas]
h. [Il était heureux]
i. [Il est pressé]

14. Rédigez une lettre de remerciement (environ 100 mots) à vos amis qui sont venus à votre fête d'anniversaire. Utilisez les verbes et les expressions proposées.

[je suis content – je suis heureux – je suis surpris – je suis déçu – ça me fait plaisir – ça me rend heureux – ça ne m'étonne pas – j'ai envie de – j'ai besoin de]
[venir à la fête – offrir des cadeaux – s'amuser – ne pas pouvoir venir – avoir des amis comme vous – remercier – être près de moi – faire une belle surprise – avoir les meilleurs amis du monde]

Mes amis, je suis content(e) que vous soyez venus à ma fête d'anniversaire...

 **PRENEZ LA PAROLE !**

15. C'est votre dernier jour de travail. Vos collègues ont organisé une fête surprise pour vous. Vous prenez la parole pour les remercier.

Ex. : – Chers collègues, je suis vraiment heureux d'être avec vous ce soir !

entrez, ne fais pas, installez-vous...

Ne fais pas de sport. Allons-y !

OBSERVEZ 🎧 PISTE 74

Entrez dans le cabinet et installez-vous.

*Enzo, tu t'es cassé la cheville. Donc **ne fais pas** de sport pendant un mois et surtout **repose-toi**. **Prends** des comprimés seulement si tu as des douleurs.*

*Enzo, on doit aller à la pharmacie. **Allons-y** vite avant la fermeture !*

*Papa, **ne m'attends pas** !*

IMPÉRATIF

RÉFLÉCHISSEZ

1. Écrivez.

Retrouvez la conjugaison des verbes à l'impératif.

présent de l'indicatif	impératif
vous entrez	→ ....
tu te reposes	→ ....-toi
vous vous installez	→ ....-vous
tu ne fais pas	→ ne .... pas
nous y allons	→ ....-y
tu ne m'attends pas	→ ne m'.................... pas
tu prends	→ ....

2. Cochez.

Quelles sont les personnes utilisées à l'impératif ?

☐ *je* ☐ *tu* ☐ *il* ☐ *elle* ☐ *on* ☐ *nous* ☐ *vous* ☐ *ils* ☐ *elles*

3. Cochez.

On utilise l'impératif pour ☐ poser une question ☐ donner un ordre, une instruction.

À l'impératif, on écrit le pronom sujet (*tu, nous, vous*). ☐ vrai ☐ faux

Dans les phrases affirmatives (*repose-toi...*), on écrit le pronom complément (*toi, vous, la...*)
☐ avant le verbe ☐ après le verbe.

Dans les phrases négatives (*ne m'attends pas*), on écrit le pronom complément (*me / m', te / t'...*)
☐ avant le verbe ☐ après le verbe.

Quand utiliser et comment former l'impératif ?

- **Les emplois**

  On emploie l'impératif pour donner une instruction, un conseil ou un ordre.

  Pour les ordres, on met un *!* à la fin de la phrase.

  Entrez !

  Attention ! À l'oral, pensez bien à distinguer le ton entre l'ordre et le conseil ou l'instruction.

- **La conjugaison**

  L'impératif n'existe que pour trois personnes (*tu, nous, vous*).

  Les conjugaisons sont les mêmes que celles du présent de l'indicatif.

	impératif affirmatif	impératif négatif
choisir	*choisis* *choisissons* *choisissez*	*ne choisis pas* *ne choisissons pas* *ne choisissez pas*
prendre	*prends* *prenons* *prenez*	*ne prends pas* *ne prenons pas* *ne prenez pas*
entrer	*entre** *entrons* *entrez*	*n'entre pas* *n'entrons pas* *n'entrez pas*
se reposer	*repose*-toi* *reposons-nous* *reposez-vous*	*ne te repose pas* *ne nous reposons pas* *ne vous reposez pas*

  * Attention ! Pour les verbes en *-er* et le verbe *aller*, il n'y a pas de *-s* final.

- **Les exceptions**

  être → *sois, soyons, soyez*

  avoir → *aie, ayons, ayez*

  savoir → *sache, sachons, sachez*

  *vouloir** → *veuillez*

  * Ce verbe se conjugue seulement avec *vous*.

- **Les pronoms**

impératif affirmatif	impératif négatif
Prenez-la.	*Ne la prenez pas.*
Téléphone-lui.	*Ne lui téléphone pas.*
*Vas-y.**	*N'y va pas.*
*Parles-en.**	*N'en parle pas.*

  * Attention ! On ajoute un *s* aux verbes en *-er* et au verbe *aller* à la 2e personne du singulier quand ils sont suivis des pronoms *en* ou *y*.

➤ Ordre et place des pronoms, page 48

EXERCICES

1. Écoutez et cochez le mode (indicatif ou impératif) utilisé dans chaque phrase. 🎧 PISTE 75

	a.	b.	c.	d.	e.	f.	g.	h.
indicatif	☐	☐	☐	☐	☐	☐	☐	☐
impératif	☐	☐	☐	☐	☐	☐	☐	☐

2. **Conjuguez les verbes à l'impératif.**

a. Pour lutter contre le stress, [faire] .... du sport plusieurs fois par semaine, [prendre] .... du temps pour vous, [penser] .... à vous-même, [choisir] .... un travail qui vous plaît et [manger] .... du chocolat noir !

b. Pour venir chez moi, quand tu es devant le château, [prendre] .... la deuxième rue à droite. Puis, [continuer] .... tout droit jusqu'à l'avenue des Roses. Au rond-point, [prendre] .... la première à droite et ma maison est sur ta droite. [Faire] .... attention sur la route.

c. Les enfants, nous sommes tous fatigués. [Dire] .... au revoir à tout le monde, [prendre] .... nos affaires et [rentrer] .... à la maison.

3. **Transformez les phrases à l'impératif aux personnes indiquées.**

a. Tu te lèves. [vous] → <u>Levez-vous !</u>

b. Vous vous reposez. [nous] → ....

c. Nous nous promenons. [tu] → ....

d. Vous vous amusez. [tu] → ....

e. Tu te dépêches. [nous] → ....

f. Vous vous souvenez. [tu] → ....

g. Nous nous réveillons. [vous] → ....

h. Tu t'habilles. [vous] → ....

IMPÉRATIF

4. **Complétez la grille en conjuguant les verbes à l'impératif.**

a. [se reposer – tu]   **1.** [vouloir – vous]
b. [avoir – tu]   **2.** [savoir – vous]
c. [dire – tu]   **3.** [dire – vous]
d. [entrer – vous]   **4.** [dormir – tu]
e. [venir – vous]   **5.** [partir – nous]
f. [être – nous]

Associez les lettres des cases jaunes pour former un verbe à l'impératif :

....

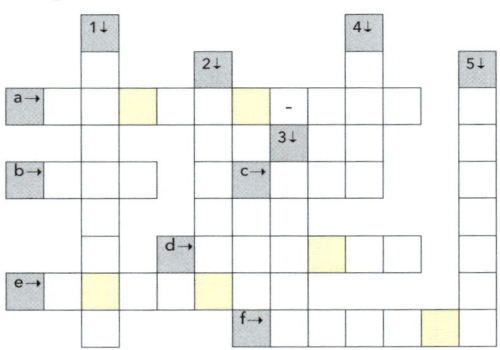

5. **Conjuguez les verbes à l'impératif.**

a. Emma, [ne pas manger] .... de bonbons ! On va bientôt dîner.

b. S'il vous plaît, [ne pas fumer] .... à l'intérieur du restaurant !

c. Pavel, [ne pas se coucher] .... trop tard ! Demain, tu te lèves tôt.

d. Messieurs, [ne pas se promener] .... sur ce chemin privé !

e. Nous ne sommes pas pressés. [Ne pas partir] .... si tôt !

f. Mme Legrand, [ne pas venir] .... chez moi tous les jours !

g. Tim, [ne pas s'approcher] ...., tu vas tomber !

h. Les enfants, [ne pas faire] .... de bêtises ! Je reviens dans une heure.

6. Transformez les phrases à l'impératif.  PISTE 76
Puis, écoutez les réponses et répétez-les en faisant attention aux liaisons.

    a. Tu en achètes. → _Achètes-en._

    b. Vous lui téléphonez. → ....

    c. Tu y vas ce soir ? → ....

    d. Tu lui offres des fleurs ? → ....

    e. Nous les remercions. → ....

    f. Tu en manges ? → ....

    g. Vous leur parlez. → ....

    h. Tu lui dis bonjour. → ....

7. Reconstituez les phrases.

    a. [prends / n' / en / ! / pas] ....

    b. [pas / lui / ne / parlez / !] ....

    c. [vous / inquiétez / ! / pas / ne] ....

    d. [ne / pas / ! / offrez / lui / ça] ....

    e. [les / ne / ! / pas / oublie] ....

    f. [achetons / ! / pas / l' / ne] ....

    g. [! / t' / ne / énerve / pas] ....

8. Rédigez un courriel avec les verbes proposés
(votre ami(e) vous demande des conseils pour séduire un homme ou une femme).

[l'inviter dans un bon restaurant – avoir confiance en toi – le / la surprendre – lui offrir des fleurs –
bien s'habiller – se mettre en valeur – avoir de l'humour – lui faire des compliments – s'intéresser
à lui / elle – rester naturel(le) – ne pas être trop insistant(e) – lui écrire des lettres romantiques]
Invite-le / Invite-la dans un bon restaurant...

9. À l'oral, transformez le texte à l'impératif.

Ex. : – Les enfants, approchez-vous…

Les enfants, vous vous approchez et vous m'écoutez.
Dans le musée, vous ne devez pas toucher les tableaux.
Vous ne devez pas prendre de photos. Il ne faut pas
faire de bruit, vous ne devez pas courir et vous ne
devez pas vous assoir par terre. Vous devez me suivre
dans toutes les salles et vous ne devez pas vous perdre.

PRENEZ LA PAROLE !

**10. Vous allez au cinéma avec votre fils ou votre fille. Avant de rentrer dans la salle,
vous lui donnez des recommandations en utilisant les mots proposés.**

[parler – s'asseoir – regarder – faire du bruit – crier – être attentif – déranger]
Ex. : – Lucas, ne parle pas trop fort dans la salle.

en courant, ayant gagné...

Repérez bien les joueurs de l'équipe en entrant sur le terrain.

OBSERVEZ  PISTE 77

1 *Pour commencer, vous ferez trois tours de terrain **en courant**.*
2 ***En vous échauffant** bien, vous aurez moins de risques de vous blesser pendant le match.*
3 *Repérez bien les joueurs de l'autre équipe **en entrant** sur le terrain.*
4 ***Ne sachant pas** qui va attaquer, votre adversaire ne peut pas anticiper pour réceptionner le ballon.*
5 *On va essayer une tactique **modifiant** les échanges de balles.*
6 *Le championnat **s'étant terminé** hier, vous avez droit maintenant à deux mois de vacances.*
7 ***Ayant gagné** tous nos matchs, nous sommes les premiers du championnat, félicitations !*

RÉFLÉCHISSEZ

1. Cochez. 1 3
Le gérondif *en courant* est utilisé pour répondre à la question :
☐ comment ? (la manière)   ☐ pourquoi ? (la cause)   ☐ quand ? (le moment)

On utilise le gérondif *en entrant sur le terrain* pour exprimer une action qui se passe :
☐ au même moment que la première action (*repérez*)   ☐ après la première action (*repérez*).

2. Cochez la solution qui correspond au texte. 4
L'adversaire ne peut pas anticiper :
☐ car il ne sait pas qui va attaquer. (cause)   ☐ donc il ne sait pas qui va attaquer. (conséquence)

3. Comparez et cochez. 5
On va essayer une tactique qui modifie les échanges de balles.
Une proposition relative avec *qui* peut être remplacée par un participe présent.   ☐ vrai   ☐ faux

4. Associez. 1 4 5
en courant ○
en vous échauffant ○   ○ participe présent
ne sachant pas ○   ○ gérondif

5. Observez et cochez. 1
nous courons → en courant
Pour former le participe présent et le gérondif, on utilise la forme du verbe avec ☐ *nous* ☐ *vous* conjugué
☐ au présent ☐ à l'imparfait, et on remplace la terminaison par ☐ *ent* ☐ *ant*.

6. Cochez. 6 7
Pour chaque phrase, cochez l'action qui a eu lieu avant l'autre.
☐ *Le championnat s'étant terminé hier,* ☐ *vous avez droit à deux mois de vacances.*
☐ *Ayant gagné tous nos matchs,* ☐ *nous avons terminé les premiers du championnat !*

7. Cochez. 6 7
Quand on veut exprimer une action antérieure à une autre action, on peut utiliser ☐ le participe présent (*terminant / gagnant*) ☐ la forme composée du participe présent (*s'étant terminé / ayant gagné*).

La forme composée du participe présent associe l'auxiliaire ☐ *être* ☐ *avoir* au participe présent avec
☐ l'infinitif du verbe ☐ le participe passé du verbe.

PARTICIPE PRÉSENT
ET GÉRONDIF

Comment former et utiliser le participe présent et le gérondif ?

- **Emplois du gérondif**

  - Pour exprimer la manière :
  Vous ferez trois tours de terrain en courant.

  - Pour remplacer une hypothèse :
  En vous échauffant bien, vous ne risquerez pas de vous blesser
  (= Si vous vous échauffez, vous ne risquerez pas…)

  - Pour exprimer deux actions qui se passent en même temps :
  Tu dois regarder le ballon en le lançant.
  (= Tu dois regarder le ballon au moment où / quand tu le lances.)

  Attention ! Quand on utilise le gérondif, il faut garder le même sujet pour les deux verbes.

- **Emplois du participe présent**

  - Pour exprimer la cause :
  Ne sachant pas qui va attaquer, ils ne vont pas anticiper.
  (= Ils ne vont pas anticiper, car ils ne savent pas qui va attaquer)

  Attention ! Si le sujet du participe présent n'est pas exprimé dans la phrase, le sujet du verbe conjugué est aussi le sujet du participe présent : *Ne sachant pas qui va attaquer, ils ne vont pas anticiper.* (= Ils ne savent pas qui va attaquer, donc ils ne vont pas anticiper.)

  - Pour remplacer une proposition relative avec *qui* :
  On va essayer une tactique modifiant les échanges de balles.
  (= On va essayer une tactique qui modifie les échanges de balles.)

- **Formation du gérondif et du participe présent**

  - **Le gérondif** est un participe présent précédé de la préposition *en* :
  lançant → *en lançant*

  - Pour former le **participe présent**, on utilise la forme du verbe conjugué avec *nous* au présent de l'indicatif et on remplace sa terminaison par *–ant* :
  nous lançons → *lançant*

  Attention ! Il y a des exceptions :
  être → *étant*
  avoir → *ayant*
  savoir → *sachant*

  - **Les formes composées** du participe présent et du gérondif associent l'auxiliaire *être* ou l'auxiliaire *avoir* au participe présent avec le participe passé du verbe :
  (en) gagnant → *(en) ayant gagné*
  (en) partant → *(en) étant partis*

➤ Grammaire contrastive espagnol-français, page 222

EXERCICES

1. Écoutez et, pour chaque phrase, cochez la case qui correspond. 🎧 PISTE 78

	a.	b.	c.	d.	e.	f.	g.	h.
gérondif	☐	☐	☐	☐	☐	☐	☐	☐
participe présent	☐	☐	☐	☐	☐	☐	☐	☐

2. **Écrivez une seule phrase en utilisant le gérondif.**

a. Manu a obtenu son diplôme. Il a fait des efforts.

Manu a obtenu son diplôme en faisant des efforts.

b. Les enfants apprennent. Ils s'amusent.

c. Les touristes ont trouvé l'hôtel. Ils ont demandé aux passants.

d. Marion se sent bien. Elle travaille avec des enfants.

e. Mylène se promène. Elle siffle.

f. Les candidats stressent. Ils attendent leur tour.

g. Benoît est devenu riche. Il a gagné au loto.

h. Valentin nous a dit bonjour. Il est passé devant chez nous.

3. **Lisez les questions, écoutez et, oralement, répondez en utilisant**  PISTE 79
les informations entendues et le gérondif.

Ex. : – Comment as-tu trouvé un vélo bon marché ?
→ – J'ai trouvé mon vélo en l'achetant sur un site d'occasion.

a. – Quand a-t-il appelé ses amis ?　　　　**d.** – Quand paie-t-on l'addition ?
b. – Comment as-tu appris la nouvelle ?　　**e.** – Comment s'est-il fait mal au poignet ?
c. – Comment as-tu fait ce joli bracelet ?　**f.** – Quand écoutes-tu de la musique ?

4. **À l'oral, transformez les phrases au gérondif.**

Ex. : – **J'ai couru pour être à l'heure et** je me suis fait mal au pied !
→ – Je me suis fait mal au pied en courant pour être à l'heure !

a. – **Je t'ai attendu et** je t'ai laissé au moins 10 messages sur ton répondeur !
b. – **Si tu t'achetais une montre**, tu ne serais plus en retard.
c. – **Si on se dépêche**, on réussira peut-être à voir la séance de 18 h !
d. – **Quand tu prendras les billets**, achète aussi du pop-corn.
e. – Je vais payer les billets **et je vais utiliser mes réductions**.
f. – Chut ! Il ne faut pas faire de bruit **quand vous vous asseyez dans la salle** !
g. – **Si on était arrivés à l'heure**, on n'aurait pas manqué le début du film !

5. Écrivez une seule phrase en utilisant le participe présent.

a. Katia est arrivée en retard. Katia n'avait pas trouvé l'adresse de l'appartement.
N'ayant pas trouvé l'adresse de l'appartement, Katia est arrivée en retard.

b. Katia a attendu pendant deux heures. Le propriétaire n'était pas arrivé.

c. Katia était bien installée. L'appartement était très agréable.

d. Katia a pu découvrir la ville. Le propriétaire lui a indiqué les lieux à visiter.

e. Katia a parlé avec les voisins. Katia savait parler anglais.

f. Katia retournera certainement à Londres. Katia garde un très bon souvenir de son séjour.

6. Complétez en conjuguant les verbes proposés au participe présent ou au gérondif.

a. Sébastien et David aiment voyager [se déplacer] .... uniquement à vélo.

b. Elle avait les larmes aux yeux [écouter] .... son histoire.

c. [Ne pas savoir] .... changer une roue, elle a dû téléphoner à un garagiste.

d. Amélie est une jeune fille [avoir] .... un fort caractère.

e. [Téléphoner] .... au théâtre, tu pourras certainement réserver le spectacle.

f. [Se perdre] .... plusieurs fois, Annabelle a acheté un GPS.

g. Mon frère s'est cassé la jambe [faire] .... du ski nautique.

h. [Chercher] .... mieux, tu trouverais certainement une meilleure idée !

7. Récrivez le courriel en utilisant le gérondif et le participe présent.

Bonjour Madame,

Voici quelques informations pour votre séjour chez nous :
– comme nous serons déjà partis, nous vous laisserons les clés sous le pot de fleurs ;
– notre voisine est très gentille, elle a proposé de vous donner des légumes de son jardin ;
– si vous allez visiter le village, vous trouverez des commerces d'alimentation ;
– si vous prenez les vélos, le village est à 5 minutes ;
– comme la région est viticole, vous pouvez rencontrer des viticulteurs et goûter leurs vins ;
– si vous prenez le train dans la commune voisine, vous serez à Nantes en 15 minutes ;
– la ville de Nantes propose des visites insolites, elle attire de nombreux touristes ;
– quand vous partirez, laissez les clés de la maison à la voisine ou sous le pot de fleurs.

Bon séjour à vous.

Étant déjà partis, nous vous laisserons les clés...

 **PRENEZ LA PAROLE !**

8. Vous échangez votre maison pour les vacances. Vous téléphonez et donnez quelques conseils et recommandations. Utilisez le gérondif et le participe présent.

Ex. : – Envoyez-nous un message en arrivant pour nous dire si tout va bien.
– La maison étant ancienne, elle reste fraîche même l'après-midi.

on aurait retrouvé, tu ne m'aurais pas autorisé…

Tu aurais pu me téléphoner. Elle serait rentrée dans le lycée.

 OBSERVEZ **PISTE 80**

1

— *Marco, **tu n'aurais pas dû** sortir sans me prévenir. **Tu aurais pu** me téléphoner ou me laisser un message sur mon portable.*
— *Oui, je sais mais si je t'avais prévenu, **tu ne m'aurais pas autorisé** à sortir.*
— *Bon, on en reparlera avec ta mère.*

2

— *Apparemment **on aurait retrouvé** la personne qui a commis les vols dans ton lycée.*
— *Oui, on dit qu'**elle serait rentrée** dans le lycée en l'absence des surveillants.*

RÉFLÉCHISSEZ

1. Cochez. 1

Tu n'aurais pas dû sortir signifie :
☐ *Il n'est pas content car son fils est sorti.*
☐ *Son fils n'est pas sorti.*

Tu aurais pu me téléphoner signifie :
☐ *Il n'est pas content car son fils ne lui a pas téléphoné.*
☐ *Son fils n'a pas pu lui téléphoner.*

Ces deux phrases expriment ☐ un reproche ☐ une information non confirmée ☐ une hypothèse.

2. Associez. 1

si je t'avais prévenu est ○

    ○ une action réalisée dans le passé.
    ○ une action non réalisée dans le passé.

tu ne m'aurais pas autorisé est ○

    ○ une action encore possible.
    ○ une action impossible.

3. Cochez. 2

Dans ces deux phrases, les informations sont ☐ certaines ☐ non confirmées.

4. Cochez. 1 2

Au conditionnel passé, à quel temps conjugue-t-on l'auxiliaire *avoir* ou *être*?
☐ présent de l'indicatif ☐ conditionnel présent ☐ imparfait
Au conditionnel passé, le participe passé s'accorde comme au passé composé? ☐ oui ☐ non

5. Associez. 1

Où place-t-on *ne* et *pas*?

ne ○

    ○ avant l'auxiliaire
    ○ après l'auxiliaire

pas ○

    ○ avant le participe passé
    ○ après le participe passé

CONDITIONNEL PASSÉ

Comment former et utiliser le conditionnel passé ?

- **Les emplois**

On utilise le conditionnel passé pour exprimer :
- le reproche : *Tu aurais pu me téléphoner.*
- le regret : *J'aurais aimé être acteur. ; J'aurais aimé qu'ils me préviennent*.*
- une information non confirmée : *On aurait retrouvé la personne.*
- une hypothèse non réalisée dans le passé : *Si je t'avais prévenu tu ne m'aurais pas autorisé à sortir.*

* Remarque Lorsque les sujets sont différents, on utilise le subjonctif présent après l'expression du regret.

- **La conjugaison**

On utilise les auxiliaires *être* ou *avoir* conjugués au conditionnel présent et le participe passé du verbe.
Le participe passé s'accorde comme pour le passé composé.
Tu aurais pu me téléphoner.
Elle serait rentrée dans le lycée.
On suit la même construction (place des mots négatifs, des pronoms, des adverbes) que pour le passé composé.
Tu n'aurais pas dû sortir.
Il aurait pu me le dire plus tôt.

➤ Le passé composé, page 74
➤ Le subjonctif, page 104

EXERCICES

1. Écoutez et cochez le temps utilisé dans chaque phrase. 🎧 **PISTE 81**

	a.	b.	c.	d.	e.	f.	g.	h.
conditionnel présent	☐	☐	☐	☐	☐	☐	☐	☐
conditionnel passé	☐	☐	☐	☐	☐	☐	☐	☐

2. Associez.

a. Noam et Maël ○	○ **1.** aurais voulu me marier plus jeune.
b. J' ○	○ **2.** auraient dû nous téléphoner.
c. Vous ○	○ **3.** auriez souhaité venir avec nous ?
d. Une fillette ○	○ **4.** aurait retrouvé 10 000 € dans un placard.
e. Tu ○	○ **5.** aurions aimé vous revoir.
f. Nous ○	○ **6.** aurais pu me prévenir.

3. Conjuguez les verbes au conditionnel passé.

a. Si elle avait gagné plus d'argent, elle [partir] .... en vacances.

b. Si tu avais obtenu ton baccalauréat, je t' [acheter] .... un cadeau.

c. Si vous aviez réussi, nous [ne pas avoir] .... tous ces problèmes.

d. Si on avait téléphoné, il [ne pas se déplacer] .... pour rien.

e. Si elle lui avait dit la vérité, il [réagir] .... plus tôt.

f. S'il avait fermé la fenêtre, l'eau [ne pas rentrer] .... dans la maison.

g. Si tu étais ponctuel, le patron t' [récompenser] ....

h. Si le train n'avait pas été en retard, Maria [arriver] .... à l'heure.

4. Écrivez des phrases au conditionnel passé.

   a. [un chien – sauver une petite fille de la noyade]
   b. [une actrice – perdre sa jupe lors du festival de Cannes]
   c. [une jeune femme – gagner un million d'euros au casino]
   d. [un prince français – se marier à Las Végas avec une actrice mexicaine]
   e. [une célèbre chanteuse américaine – adopter des jumeaux]
   f. [un homme – grimper en haut de la tour Eiffel sans sécurité]

5. Écoutez et cochez selon le sens des conditionnels passés de chaque phrase. 🎧 PISTE 82

	a.	b.	c.	d.	e.	f.	g.	h.
regret	☐	☐	☐	☐	☐	☐	☐	☐
reproche	☐	☐	☐	☐	☐	☐	☐	☐
information non confirmée	☐	☐	☐	☐	☐	☐	☐	☐
hypothèse non réalisée dans le passé	☐	☐	☐	☐	☐	☐	☐	☐

6. Rédigez des phrases pour exprimer une hypothèse non réalisée dans le passé en associant les éléments proposés dans chaque liste.

[le bus]   [me faire une réduction]   [ne pas démissionner]
[le vendeur]   [arriver à l'heure]   [ne pas arriver en retard au bureau]
[le touriste]   [réserver un hôtel]   [acheter cet appareil]
[mon fils]   [payer son employé plus cher]   [ne pas l'attendre une heure devant son lycée]
[le patron]   [prévenir de son retard]   [ne pas se retrouver sans logement]

   a. Si le bus était arrivé à l'heure, je ne serais pas arrivé en retard au bureau.
   b. ....
   ....
   c. ....
   ....
   d. ....
   ....
   e. ....
   ....

7. Rédigez des reproches avec les verbes proposés.

   a. Ana ne m'a pas transféré ton message. [devoir]
   Ana aurait dû me transférer ton message.
   b. Felipe ne m'a pas téléphoné. [pouvoir]
   c. Gillian n'est pas venue à mon mariage. [pouvoir]
   d. Mes fils ne m'ont pas dit qu'ils invitaient leurs amis. [pouvoir]
   e. Marta n'a pas assez étudié pour son examen. [devoir]
   f. Éthan ne s'est pas excusé pour son retard. [pouvoir]
   g. Gabin ne m'a pas remercié. [pouvoir]
   h. M. Bujot ne m'a pas envoyé son dossier. [devoir]

8. Transformez les souhaits en regrets.

a. On aimerait partir en vacances en Russie. → On aurait aimé partir en vacances en Russie.

b. Dana voudrait m'accompagner à Londres.

→ ....

c. J'aimerais que mes enfants fassent plus attention à l'environnement.

→ ....

d. Cela me plairait de savoir jouer du piano.

→ ....

e. Il adorerait obtenir un stage dans une agence de voyage.

→ ....

f. Ils préféreraient qu'on fête Noël en famille.

→ ....

9. À l'oral, faites des phrases avec les mots proposés.

a. La chanteuse exprime ses regrets.

[aimer – enregistrer plusieurs albums]

[vouloir – faire une tournée internationale]

[aimer – être plus connue]

[souhaiter – faire partie d'un groupe]

Ex. : – J'aurais aimé enregistrer plusieurs albums.

b. Un client fait des reproches à un vendeur par téléphone.

[pouvoir – téléphoner plus tôt]

[devoir – prévenir que le livre était en rupture de stock]

[devoir – conseiller un autre livre]

[pouvoir – faire une réduction sur un livre d'occasion]

10. Écrivez un courriel (environ 70 mots) à un(e) ami(e) qui n'est pas venu(e) à votre fête d'anniversaire et qui ne vous a pas prévenu(e). Exprimez vos regrets et vos reproches.

J'aurais vraiment aimé que tu viennes...

PRENEZ LA PAROLE !

11. Votre colocataire a organisé une fête sans vous prévenir et il n'a pas rangé l'appartement après le départ de ses invités. Par deux, imaginez la conversation. Vous exprimez vos reproches et vos regrets. Utilisez les mots proposés.

[ranger – faire le ménage – faire la vaisselle – vider les poubelles – prévenir les voisins]

Ex. : – Tu aurais pu ranger l'appartement.

préparer, téléphoner à, s'occuper de...

Je veux passer un coup de téléphone. Tu as téléphoné à l'agence ?

RÉFLÉCHISSEZ

Associez.

❶ Ces verbes sont accompagnés d'un complément (nom ou pronom), mais se construisent différemment :

Ils ont bien reçu le chèque. ○	○ verbe + complément (COD)
Tu as téléphoné à l'agence. ○	○ verbe + *à* + complément (COI)
Tu leur as demandé l'adresse exacte. ○	○ verbe + *de* + complément (COI)
Je me suis occupé de tout. ○	○ verbe + deux compléments (COD et COI)

❷❸❹ Ces verbes sont suivis d'un infinitif, mais se construisent différemment :

J'ai oublié de mettre notre nom. ○	○ verbe + *de* + infinitif
Je veux passer un coup de téléphone. ○	○ verbe + infinitif
Tu peux m'aider à faire les bagages ? ○	○ verbe + COD + *à* + infinitif
Je dirai à Paul de confirmer l'heure. ○	○ verbe + COI + *de* + infinitif
Je vais commencer à mettre les bagages. ○	○ verbe + *à* + infinitif
Je te remercie de surveiller notre maison. ○	○ verbe + COD + *de* + infinitif

Quelle construction pour un verbe accompagné d'un complément ou d'un infinitif ?

- **Verbes accompagnés d'un complément (nom, groupe nominal ou pronom)**

• Le verbe peut être accompagné d'un **complément direct** (COD, c'est-à-dire : verbe + quelqu'un ou quelque chose) : *acheter, adorer, aimer, chercher, connaître, écouter, etc.*
Ils ont bien reçu le chèque.

• Le verbe peut être accompagné d'**un complément indirect (COI) avec une préposition** (les plus fréquentes sont *à* et *de*) :
– avec *à* (*parler à, participer à, penser à, répondre à, téléphoner à, tenir à, etc.*)
Tu as téléphoné à l'agence ?
– avec *de* (*avoir besoin de, manquer de, parler de, se souvenir de, s'occuper de, etc.*)
Je me suis occupé de tout.

• Le verbe peut être accompagné de **deux compléments (COD ou COI)** :
acheter, offrir, etc. quelque chose à quelqu'un.
Tu leur as demandé l'adresse exacte ?

Attention ! N'oubliez pas la contraction possible des prépositions avec l'article qui suit :
de + le = du : *Je m'occupe du problème.*
de + les = des : *Elle se souvient des enfants.*
à + le = au : *Tu as pensé au cadeau ?*
à + les = aux : *Je téléphone aux amis de Sonia.*

- **Verbes suivis d'un infinitif**

• **La construction peut être directe**, c'est-à-dire verbe + infinitif : *aller, descendre, venir, aimer, détester, préférer, devoir, espérer, penser, pouvoir, vouloir, savoir, souhaiter, etc.*
Je veux passer un coup de téléphone.

• **La construction peut être indirecte**, c'est-à-dire avec une préposition (les plus fréquentes sont *à* et *de*) :
– verbe + *à* + infinitif : *arriver à, apprendre à, aider à, s'amuser à, commencer à, etc.*
Je vais commencer à mettre les bagages.
– verbe + complément (COD) + *à* + infinitif : *aider à, encourager à, inviter à, etc.*
Tu peux m'aider à faire les bagages ?
– verbe + *de* + infinitif : *accepter de, avoir besoin de, choisir de, continuer de, conseiller de, etc.*
J'ai oublié de mettre notre nom.
– verbe + complément (COD) + *de* + infinitif : *féliciter de, remercier de, etc.*
Je te remercie de surveiller notre maison.
– verbe + *à* + complément (COI) + *de* + infinitif : *conseiller à, demander à, dire à, promettre à, etc.*
Je dirai à Paul de confirmer l'heure.

➤ Liste des verbes avec prépositions, page 282

EXERCICES

1. Écoutez et cochez si vous entendez après le verbe un complément direct, indirect avec *à* ou indirect avec *de* (plusieurs possibilités). 🎧 PISTE 34

	a.	b.	c.	d.	e.	f.	g.	h.	i.
direct	☐	☐	☐	☐	☐	☐	☐	☐	☐
indirect avec *à*	☒	☐	☐	☐	☐	☐	☐	☐	☐
indirect avec *de*	☒	☐	☐	☐	☐	☐	☐	☐	☐

2. Soulignez la préposition qui convient (Ø = pas de préposition).

a. On a participé [à / Ø] une formation de secourisme.

b. Margot, c'est toi qui as cassé [Ø / de] mon vase ?

c. Vous avez besoin [à / de] mon aide ?

d. M. Citron s'est excusé [à / de] son absence.

e. Yang s'est aperçu [Ø / de] son erreur.

f. Est-ce que tu as rempli [de / Ø] le formulaire d'inscription ?

3. Complétez les phrases avec les prépositions *à* ou *de* si cela est nécessaire.

a. As-tu répondu _____ son courriel ?

b. On s'habitue _____ notre nouvelle vie.

c. Je cherche _____ un nouveau travail.

d. Tu te souviens _____ notre rencontre ?

e. Tu peux relire _____ mon texte ?

f. As-tu peur _____ lui ?

g. Il ne se rend pas compte _____ son attitude.

h. Vous vous intéressez _____ la politique ?

4. Associez.

a. Il m'a aidé   o   o à déménager.

    Il m'a promis   o   o conduire.

    Il peut   o   o de faire des efforts.

b. J'ai arrêté   o   o de fumer.

    J'ai commencé   o   o à travailler.

    J'aimerais   o   o maigrir.

c. Elle a oublié   o   o à parler.

    Elle veut   o   o de m'aider.

    Elle commence   o   o étudier.

d. On a décidé   o   o faire des courses.

    On est descendus o   o de vous écouter.

    On tient   o   o à vous aider.

5. À l'oral, répondez aux questions avec les mots proposés.

Ex. : – Qu'est-ce que je peux vous promettre ? [arrêter le chant]
→ – Vous pouvez me promettre d'arrêter le chant.

a. – De quoi est-ce que je manque ?
[talent]

b. – Qu'est-ce que je dois faire ?
[changer de métier]

c. – Qu'est-ce que vous me conseillez ?
[chercher un nouveau travail]

d. – De quoi ai-je besoin ?
[changer de voix]

e. – Qu'est-ce que vous me proposez ?
[vous donner de l'argent pour arrêter de chanter]

f. – Qu'est-ce que je dois faire ?
[prendre des cours de chant]

6. **Complétez avec les prépositions *à* ou *de* si cela est nécessaire.**

Dépêchez-vous _____ vous assoir, le spectacle va commencer ! Je souhaiterais _____ vous remercier pour votre présence. Nous n'envisagions pas _____ nous produire devant tant de personnes ! Tout l'argent collecté ce soir servira _____ financer une association qui permettra aux personnes âgées _____ avoir de meilleures conditions de vie. Un autre grand merci est à adresser à tous ceux qui nous ont aidés _____ préparer ce spectacle. Je suis sûr que nous ne regretterons pas _____ avoir mis autant d'énergie à sa préparation.

7. **Associez.**

a. On a demandé ○   ○ Laurence à étudier plus.
    On a encouragé ○   ○ à Laurence d'étudier plus.

b. J'ai conseillé ○   ○ Lola d'avoir changé de travail.
    J'ai félicité ○   ○ à Lola de changer de travail.

c. Il a déconseillé ○   ○ à Marta de partir au Liban.
    Il a aidé ○   ○ Marta à partir au Liban.

d. J'ai obligé ○   ○ aux employés de venir à 8 h.
    J'ai promis ○   ○ les employés à venir à 8 h.

8. **Rédigez, pour le site internet de votre école de langue, des conseils pour les futurs étudiants (70 mots environ).**

[demander – trouver – s'inscrire – s'occuper – conseiller – commencer]

Vous pouvez demander une liste de logements à louer…

9. **Complétez les phrases avec les prépositions *à* ou *de* si cela est nécessaire.**

Vous rêvez _____ passer _____ un week-end loin de votre quotidien !

Nous nous occupons _____ tout et nous vous proposons _____ vivre _____ un week-end inoubliable dans un igloo. Vous allez adorer _____ la rencontre avec des esquimaux venus tout spécialement du pôle Nord pour vous. Ils vous apprendront _____ cuisiner et _____ vous servir _____ leurs ustensiles. De plus, ils vous aideront _____ construire _____ votre igloo pour la nuit. Nous vous proposerons _____ aussi une petite balade nocturne en traineau et vous accéderez _____ une île connue pour son charme et sa tranquillité. N'oubliez pas _____ apporter à vos hôtes un petit cadeau pour les remercier de leur accueil. Vous vous souviendrez à jamais _____ ce week-end dépaysant et glaçant !

PRENEZ LA PAROLE !

10. **Vous avez décidé de passer un week-end insolite. Vous discutez du type de séjour, du lieu et des activités, etc. Utilisez un maximum de constructions différentes.**

    Ex. : – Je rêve de passer un week-end dans une cabane perchée sur un arbre.

hier, derrière, trop, bien, rapidement…

Je suis très content. C'était vraiment bien.

① *Je suis **très** content d'être allé **hier** au théâtre parce que c'était **vraiment** bien.*

② *Je vais **rarement** au théâtre mais j'ai **bien** aimé cette pièce. J'ai envie d'y retourner **bientôt**.*

③ *Les comédiens ont joué **merveilleusement** bien !*

④ *Les spectateurs ont **vivement** applaudi.*

⑤ *Le temps a passé **rapidement**.*

⑥ *Par contre, j'étais **mal** placé. J'étais assis **derrière** une personne **trop** grande.*

RÉFLÉCHISSEZ

1. Cochez.

Un adverbe ☐ s'accorde (au masculin ou au féminin, au singulier ou au pluriel) avec un nom.

☐ est invariable (il ne s'accorde jamais).

2. Associez. ① ②

*Je suis très **content**.* ○   ○ Le mot en gras est un verbe.

*C'était vraiment **bien**.* ○   ○ Le mot en gras est un adjectif.

*J'ai bien **aimé**.* ○   ○ Le mot en gras est un adverbe.

3. Soulignez le ou les adverbes. ① ② ⑥

Je suis très content d'être allé hier au théâtre.   *J'ai envie d'y retourner bientôt.*

J'étais assis derrière.   *J'étais mal placé.*

Je vais rarement au théâtre.   *Une personne trop grande.*

4. Cochez. ① ②

Où les adverbes se placent-ils dans les phrases suivantes ?

Je suis très content.   *Je vais rarement au théâtre.*

☐ devant l'adjectif   ☐ avant le verbe

☐ après l'adjectif   ☐ après le verbe

C'était vraiment bien.   *J'ai bien aimé.*

☐ devant un autre adverbe   ☐ après le participe passé

☐ après un autre adverbe   ☐ entre l'auxiliaire et le participe passé

5. Écrivez. ③ ④ ⑤

Retrouvez les adverbes dans le dialogue :

adjectif masculin	adjectif féminin	adverbe
merveilleux	*merveilleuse*	....
vif	*vive*	....
rapide	*rapide*	....

6. Cochez. ③ ④ ⑤

L'adverbe en *-ment* se forme à partir de ☐ l'adjectif au masculin ☐ l'adjectif au féminin.

Le sens et la place des adverbes

Un adverbe est un mot invariable qui modifie le sens d'un verbe, d'un adjectif, d'un autre adverbe ou d'une phrase.

J'ai bien aimé. / Je suis très content. / C'était vraiment bien. / Heureusement, elle a une bonne assurance.

- **Le sens de quelques adverbes**
  - La manière : *vraiment, bien, mal, vite ... + les adverbes en –ment*
  - Le temps : *maintenant, hier, aujourd'hui, demain, tôt, tard, aussitôt, autrefois…*
  - La fréquence : *toujours, souvent, jamais, parfois, rarement, quelquefois…*
  - L'intensité, la quantité : *très, beaucoup, trop, peu, un peu, assez…*
  - Le lieu : *près, loin, ici, là, devant, derrière, dessus, dessous, dedans, dehors…*

- **Particularités**

  - **très** modifie un adjectif ou un adverbe.
  Je me sens très fatiguée. / Je me sens très bien.
  On utilise *très* avec *faire attention, avoir faim / mal / peur / envie.*
  J'ai très soif.
  On n'utilise jamais *très* avec *excellent, magnifique, horrible, délicieux, superbe, affreux.*
  Ce tableau est (Ø) magnifique.

  - **beaucoup** modifie un verbe ou un adverbe.
  Elle étudie beaucoup ?

  - **trop** entraîne une conséquence négative.
  J'étais assis devant une personne trop grande.
  Mais dans le langage familier, il peut entraîner une conséquence positive.
  C'était trop bien.

- **La formation des adverbes en –ment**

  - En général, on forme l'adverbe en –*ment* à partir de l'adjectif au féminin.
  vif → vive → vivement
  merveilleux → merveilleuse → merveilleusement

  - Pour les adjectifs en –*ant*, on ajoute le suffixe –*amment*.
  abondant → abondamment

  - Pour les adjectifs en –*ent*, on ajoute le suffixe –*emment*.
  différent → différemment

  - Pour les adjectifs qui terminent par *i, é* et *u*, on forme l'adverbe en –*ment* à partir de l'adjectif au masculin.
  aisé → aisément

  Exceptions *gentil → gentiment   précis → précisément   bref → brièvement*

- **La place des adverbes**

  - Devant un adjectif ou un autre adverbe.
  Je suis très content. / C'était vraiment bien.

  - Après un verbe à un temps simple (présent, imparfait, futur simple. etc.).
  Je vais rarement au théâtre.

  - Entre l'auxiliaire et le participe passé (au passé composé, au plus-que-parfait, etc.) ou avant l'infinitif (passé récent, futur proche). *
  J'ai bien aimé. / Il va souvent dormir chez nous ?

✱ Attention !
Les adverbes de lieu se placent après le participe passé ou avant l'infinitif : *Il est parti dehors. Il vient de partir dehors.*
Lorsque les adverbes sont des mots longs ou lorsque ce sont des adverbes de lieu, ils se placent après le participe passé ou après l'infinitif : *J'ai aimé passionnément. / Toi aussi, tu vas aimer passionnément cette histoire. / Il est parti dehors. / Il vient de partir dehors.*

1. Écoutez et écrivez l'adverbe que vous entendez dans chaque phrase. 🎧 PISTE 86

a. ....   d. ....   g. ....

b. ....   e. ....   h. ....

c. ....   f. ....   i. ....

2. Soulignez l'adverbe qui convient.

a. C'est un livre [beaucoup / très] agréable à lire.

b. Vous avez [trop / très] travaillé. Il faut vous reposer un peu.

c. On a [beaucoup / très] trop mangé ce midi.

d. J'ai vraiment [beaucoup / très] envie de vous voir.

e. Le nouvel employé est [beaucoup / très] compétent.

f. Ils ont [très / beaucoup] aimé ton repas.

g. Il fait vraiment [trop / beaucoup] chaud dans ton appartement.

h. Tu parles [trop / très] bien français.

3. Complétez avec *très, trop* ou *beaucoup* (plusieurs possibilités).

a. Merci beaucoup pour votre cadeau. C'est vraiment .... gentil.

b. Je veux partir d'ici. Il fait .... froid.

c. Ce manteau te va .... bien. Tu devrais l'acheter.

d. On va .... marcher : prenez de bonnes chaussures.

e. Tes crêpes sont vraiment .... bonnes. Tu peux m'en faire d'autres ?

f. J'ai .... aimé ton discours. Il était .... drôle.

g. Tu parles .... vite, on ne comprend rien !

h. J'ai .... envie d'avoir ce poste.

4. Complétez la grille en transformant les adjectifs en adverbe.

a. [sérieux]

b. [joli]

c. [lent]

d. [fort]

e. [entier]

1. [réel]

2. [gentil]

Associez les lettres des cases jaunes
pour créer un mot : ....

5. **Remplacez l'adjectif proposé par un adverbe.**

a. J'aime bien mon prof d'anglais parce qu'il explique [calme] ....

b. Ana parle [courant] .... quatre langues.

c. Si tu veux maigrir, il faut que tu manges plus [lent] ....

d. Je te prête ma voiture seulement si tu me promets de conduire [prudent] ....

e. Tu es allé [récent] .... au théâtre ?

f. On est [confortable] .... assis à la terrasse d'un café.

g. Vous pouvez m'expliquer [concret] .... ce que vous voulez.

6. **Transformez les phrases aux temps indiqués.**

a. Vous travaillez assez ? [passé composé]

→ ....

b. Jules, tu dors assez ? [passé composé]

→ ....

c. Aurélie parle bien allemand. [futur proche]

→ ....

d. Il étudie là-bas pendant un an. [futur proche]

→ ....

e. On se retrouve souvent chez Iman. [futur proche]

→ ....

f. Mon grand-père monte lentement les escaliers. [passé composé]

→ ....

7. **Rédigez des phrases avec les mots proposés.**

a. [les paysages – étaient magnifiques – absolument]
Les paysages étaient absolument magnifiques.

b. [les spectateurs – attendent la suite – impatiemment]

c. [le film – évoquait les relations familiales – extrêmement – bien]

d. [l'actrice principale – a été ravie de recevoir la Palme d'or – vraiment]

e. [le réalisateur – s'est montré touché – très]

f. [les critiques – ont jugé le film – merveilleusement – bien]

g. [le second rôle – a été applaudi – unanimement]

••• **PRENEZ LA PAROLE !**

8. **Vous êtes allé(e) avec votre ami(e) au cinéma et vous discutez du film. Vous parlez de la mise en scène, du scénario, des acteurs, de la musique, etc. Utilisez un maximum d'adverbes.**

Ex. : – Comment as-tu trouvé le film ?
– Il était vraiment très bien.

28

plus, autant, le meilleur, le moins grand...

Chambord est le plus grand. Ils ont tous autant de visiteurs ?

OBSERVEZ  PISTE 87

La vallée de la Loire concentre un grand nombre de châteaux.

*Pour attirer les touristes, chacun doit être **le meilleur** ou présenter un aspect **plus remarquable** que les autres : Chambord est **le plus grand**, Cheverny est **le mieux meublé**, Villandry possède **les plus beaux jardins**, Serrant abrite la bibliothèque **la plus complète**... Ce sont Chenonceau et Chambord qui accueillent **le plus de visiteurs**. Ils ne reçoivent pas **autant de visiteurs** que le grand Versailles : ils sont **moins riches** et ne sont pas **aussi célèbres** que Versailles, et surtout ils sont **plus loin** de Paris.*

*Tous doivent **investir plus** pour offrir **un meilleur accueil**. Le chantier qui **presse le plus** est celui de l'accessibilité, celle des handicapés en particulier. Dans ce chantier comme dans d'autres, les gagnants sont ceux qui réussissent à **s'adapter le plus vite** et qui **répondent mieux** aux désirs des touristes.*

RÉFLÉCHISSEZ

1. Écrivez.
Classez les mots *visiteurs, investir, remarquable, riches, célèbres, loin.*
adjectifs : ....
adverbe : .... nom : .... verbe : ....
Retrouvez les mots qui correspondent aux types de comparaisons (+, – ou =).
[+] plus de *visiteurs*　　　[–] .... *visiteurs*　　　[=] .... *visiteurs*
[+] *investir* ....　　　[–] *investir* moins　　　[=] *investir* autant

2. Associez.
un meilleur accueil ○　　　○ bien
ils répondent mieux ○　　　○ bon

3. Associez.
chacun est le meilleur ○　　　○ bien
le mieux meublé ○　　　○ bon

4. Écrivez.
Classez les mots *grand, visiteurs, vite, presse, beaux, complète.*
adjectifs : ....
adverbe : .... nom : .... verbe : ....
Retrouvez les mots qui marquent une supériorité (+).
[+] le .... *grand*　　　[+] le .... *visiteurs*
[+] le .... *vite*　　　[+] *presse* ....
Complétez avec *le plus, la plus, les plus.*
les plus .... *chères*　　　............. *grand*
.... *complète*　　　............. *beaux*

COMPARATIF ET SUPERLATIF

Comment exprimer une comparaison, une supériorité, une infériorité ?

• **La comparaison**

	+	**−**	**=**
adjectif	*plus* + adjectif (+ *que*) *plus remarquable*	*moins* + adjectif (+ *que*) *moins riches*	*aussi* + adjectif (+ *que*) *aussi célèbres*
adverbe	*plus* + adverbe (+ *que*) *plus loin*	*moins* + adverbe (+ *que*) *moins loin*	*aussi* + adverbe (+ *que*) *aussi loin*

	+	**−**	**=**
nom	*plus* + *de* + nom (+ *que de*) *plus de visiteurs*	*moins* + *de* + nom (+ *que de*) *moins de visiteurs*	*autant* + *de* + nom (+ *que de*) *autant de visiteurs*
verbe	verbe − *plus* (+ *que*) *investir plus*	verbe + *moins* (+ *que*) *investir moins*	verbe + *autant* (+ *que*) *investir autant*

Attention ! *bon* devient *meilleur(e)(s)* ; *bien* devient *mieux* : *un meilleur accueil / Ils répondent mieux.*

• **La supériorité ou l'infériorité**

	+	**−**
adjectif	*le, la, les plus* + adjectif *le plus grand / la plus complète* *les plus beaux / les plus chères*	*le, la, les moins* + adjectif *le moins grand / la moins complète* *les moins beaux / les moins chères*
adverbe	*le plus* + adverbe *le plus vite*	*le moins* + adverbe *le moins vite*

Attention !
– *bon* devient *le, la, les meilleur(e)(s)* ; *bien* devient *le mieux* : *Chacun doit être le meilleur. / le mieux meublé*
– Si l'adjectif est placé après le nom, il faut répéter l'article défini avant l'adjectif : *Serrant abrite la bibliothèque* **la** *plus complète.*
– Quand il est exprimé, le complément du superlatif est introduit par *de* : *Chambord est le plus grand **des** châteaux de la Loire.*
– L'article *(le, la, les)* peut être remplacé par un pronom possessif :
Sidonie est la meilleure amie d'Aglaé. → *Sidonie est **sa** meilleure amie.*

	+	**−**
nom	*le plus de* + nom *le plus de visiteurs*	*le moins de* + nom *le moins de visiteurs*
verbe	verbe + *le plus* *presse le plus*	verbe + *le moins* *presse le moins*

➤ Grammaire contrastive espagnol-français, page 220

EXERCICES

1. Écoutez et indiquez le type de comparaison pour chaque phrase. 🎧 **PISTE 88**

	a.	b.	c.	d.	e.	f.	g.	h.	i.	j.	k.	l.
plus, plus de	☐	☐	☐	☐	☐	☐	☐	☐	☐	☐	☐	☐
moins, moins de	☐	☐	☐	☐	☐	☐	☐	☐	☐	☐	☐	☐
aussi, autant, autant de	☐	☐	☐	☐	☐	☐	☐	☐	☐	☐	☐	☐
le / la / les plus (de)	☐	☐	☐	☐	☐	☐	☐	☐	☐	☐	☐	☐
le / la / les moins (de)	☐	☐	☐	☐	☐	☐	☐	☐	☐	☐	☐	☐

2. Faites des comparaisons avec les éléments proposés.

a. [Nice est une ville – agréable – Compiègne.] [+]
Nice est une ville plus agréable que Compiègne.

b. [Elle n'est pas – belle – ma femme.] [=]

c. [Je vois Clara – souvent – Vincent.] [–]

d. [Tu crois qu'elle est – heureuse – toi ?] [+]

e. [Gabrielle est – sympathique – Mary.] [=]

f. [Vivre à Tokyo coûte – cher – à Paris.] [+]

3. Complétez les phrases avec *mieux* ou *meilleur(e)(s)*.

a. On voyage _____ en première classe.
b. Nous avons maintenant de _____ conditions de travail.
c. Le médecin l'a vue ce matin, elle va _____ .
d. Elle est partie à Londres avec sa _____ amie.
e. Ah, d'accord ! Je comprends _____ maintenant !
f. Les fruits de mon jardin sont _____ que ceux du supermarché.

4. À l'oral, faites des comparaisons avec les éléments proposés.

Ex. : [Il y a – habitants à Dakar – à Québec.] [+]
→ – Il y a plus d'habitants à Dakar qu'à Québec.
a. [Elle gagne – argent – moi.] [+]
b. [J'ai – problèmes – avant.] [–]
c. [Mathias fait – sport – Jessica.] [=]
d. [On a eu – pluie – l'année dernière.] [+]
e. [Les entreprises n'ont pas – commandes – en 2012.] [=]
f. [Les familles ont maintenant – enfants – au XIXᵉ siècle.] [–]

5. Rédigez des phrases en comparant les éléments proposés

Audrey	Mathilde	
[2 heures par semaine]	[35 heures par semaine]	[travailler]
[tous les week-ends]	[une fois par mois]	[danser]
[20 à 30 minutes par jour]	[5 à 10 minutes par jour]	[marcher]
[toujours]	[toujours]	[sourire]
[deux voyages par an]	[trois à quatre voyages par an]	[voyager]
[trois à quatre fois par mois]	[une fois par mois]	[aller au restaurant]
[tous les week-ends]	[tous les week-ends]	[utiliser les réseaux sociaux]

Audrey travaille moins que Mathilde.

6. À l'oral, comparez les villes en utilisant les mots proposés.

Tunis

Moscou

[riche – touristique – grande – exotique – connue – belle – vieille – animée]

[les habitants – les monuments touristiques – le métro – le climat – les espaces verts]

Ex. : – Moscou est plus grande que Tunis.

7. Complétez les phrases avec *le, la, les plus*.

a. Le dentifrice Beldent, pour avoir les dents _____ saines.

b. Onigo, les prix _____ bas pour les voyages _____ exotiques !

c. Samson, le téléphone _____ performant pour les appels _____ efficaces !

d. La lessive Magik, pour avoir les vêtements _____ blancs et _____ propres !

e. La nouvelle Macra, _____ écologique et _____ économique des voitures !

f. Pizza Zazi, les pizzas _____ fraîches et _____ taliennes !

8. Placez l'adjectif avec *le, la, les plus* avant ou après le nom en gras.

a. [le plus confortable] Je vais prendre le **lit**…
     Je vais prendre le lit le plus confortable.

b. [les plus belles] Prenez les **fleurs**…

c. [la plus stressée] Maéva est la **fille**…

d. [le plus difficile] C'est l'**exercice**…

e. [le plus grand] Mon **rêve** est c'aller au Brésil.

f. [la plus écologique] La BMC i3 est la **voiture**…

9. Écrivez des phrases qui expriment la supériorité ou l'infériorité.

a. [C'est entre 7 h et 8 h qu'il y a / le + / les personnes / dans le métro /.]
     C'est entre 7 h et 8 h qu'il y a le plus de personnes dans le métro.

b. [C'est / le – / aimable / le commerçant / de la rue /.]

c. [Il faut que tu viennes / le + / vite / possible /.]

d. [Qui sont les personnes que tu / le – / aimes /?]

e. [Prenez-la / le + / délicatement / que vous pouvez /.]

f. [Les étudiants sont les personnes qui / le + / déménagent /.]

10. Complétez les phrases avec *le mieux, le meilleur, la meilleure, les meilleurs* ou *les meilleures*.

a. La Turquie est _____ pays que j'aie visité.

b. Vladimir parle bien espagnol mais c'est Mira qui le parle _____ .

c. Il connaît _____ restaurants de la ville.

d. Quelle est _____ façon d'apprendre une langue ?

e. Pour moi, Lionel Messi est _____ joueur de football actuellement.

f. Je crois que _____ chose à faire est de tout lui dire.

g. Sangmin et Debora sont _____ étudiantes de la classe.

h. Notre université est parmi _____ universités françaises.

i. Qui connaît _____ la ville ?

11. Transformez les phrases en plaçant l'adjectif après le nom.

a. Le Pont-Neuf est le plus vieux des ponts de Paris.

→ Le Pont-Neuf est le pont de Paris le plus vieux.

b. La baleine est le plus grand des animaux.

→ ....

c. Qui est la meilleure des candidates ?

→ ....

d. On est allés dans le meilleur des hôtels.

→ ....

e. Le plus jeune des étudiants a 17 ans.

→ ....

f. Les Suisses sont les plus riches des Européens.

→ ....

g. Il s'est marié avec la plus jolie et la plus douce des Coréennes.

→ ....

12. Récrivez le texte avec des superlatifs de supériorité et les mots proposés.

Trouvez la date [favorable]. Réservez la salle [beau] et pensez à la décoration [prodigieux]. Invitez vos amis [bon]. Préparez des plats [merveilleux]. Achetez des gâteaux [délicieux] et des jus de fruits [exotique]. Animez la fête avec des activités [amusant]. Trouvez les musiques [entraînant]. Mélangez le tout et vous aurez la fête [réussi].

Trouvez la date la plus favorable...

13. À l'oral, présentez la supériorité ou l'infériorité.

Ex. : [Marta : 3 000 € par mois – Julien : 2 100 € par mois – gagner] [+]
→ – C'est Marta qui gagne le plus.

a. [Mathieu : 20 livres par an – Adrien : 3 livres par an – lire] [–]

b. [Clara : 8 heures par nuit – Debora : 6 heures par nuit – dormir] [–]

c. [Zahiya : Chine, Chili, Laos, Togo, Pérou – Léo : Canada – voyager] [+]

d. [Amidou : 2 heures par mois – Najim : 23 heures par mois – téléphoner] [–]

e. [William : 22 heures par semaine – Amélie : 37 heures par semaine – travailler] [+]

14. **Écoutez et, oralement, transformez les questions en utilisant le superlatif**  PISTE 89
de supériorité et l'adjectif proposé.

Ex. : [cher] → – Quels sont tes souhaits les plus chers ?

a. [beau]
b. [bon]
c. [grand]
d. [gros]
e. [romantique]
f. [fou]

15. **Comparez les deux villes. Utilisez les mots proposés.**

Ex. : grand → – Aix-en-Provence est plus grande qu'Amiens. Amiens est la ville la plus petite.

	Amiens	Aix-en-Provence
Superficie	49,5 km²	186,1 km²
Nombre d'habitants	environ 135 000	environ 135 000
Situation	à 115 km de Paris	à 639 km de Paris
Température	janvier 3,5° – juillet 18,5°	janvier 5,5° – juillet 25,5°
Soleil	650 heures de soleil en été	1 000 heures de soleil en été
Chômage	18 %	12,5 %
Enseignement supérieur	26 000 étudiants	35 500 étudiants
Création de l'université	en 1969	en 1409
Prix d'une maison	1 900 euros par m²	3 900 euros par m²

a. habitants   **c.** chaud   **e.** chômeurs   **g.** vieux
b. loin   **d.** soleil   **f.** étudiants   **h.** cher

16. **Rédigez, pour votre blog, un texte de présentation (environ 60 mots)**
de votre école ou de votre université.

L'Université de Madurai est la plus grande université au sud du Tamil Nadu. Elle compte moins
d'étudiants que l'Université de Madras mais…

 **PRENEZ LA PAROLE !**

17. **Racontez à des amis français le séjour que vous avez fait à Tahiti.**
Utilisez les mots proposés et un maximum de comparatifs et de superlatifs.

[le climat – la ville de Papeete – les montagnes – les plages – l'eau de l'océan – les poissons –
les gens – la nourriture – les fruits exotiques – accueillir aimablement – vivre tranquillement –
rester longtemps – travailler – se reposer]

Ex. : – Tahiti est la plus belle île du monde…

c'est… qui, c'est… que

C'est Lucas qui est parti au Mexique. C'est au Brésil qu'il est allé en 2014.

❶ *Lucas est parti au Mexique.* → *C'est Lucas **qui** est parti au Mexique.*
Il va rencontrer nos clients mexicains. → *C'est lui **qui** va rencontrer nos clients mexicains.*
On a donné le dossier à Lucas. → *C'est à Lucas **qu'**on a donné le dossier.*
Lucas avait besoin de repos. → *C'est de repos **que** Lucas avait besoin.*
Il est allé au Brésil en 2014. → *C'est au Brésil **qu'**il est allé en 2014.*
On l'a choisi parce qu'il parle espagnol. → *C'est parce qu'il parle espagnol **qu'**on l'a choisi.*
❷ *C'est le directeur qui me l'a dit.* → *Ce **sont** ses collègues **qui** me l'ont dit.*
C'est le directeur que j'ai rencontré. → *Ce **sont** ses collègues **que** j'ai rencontrés.*
C'est avec le directeur qu'il est parti. → *C'est avec ses collègues **qu'**il est parti.*
C'est au directeur qu'il a écrit. → *C'est à ses collègues **qu'**il a écrit.*

RÉFLÉCHISSEZ

1. Cochez. ❶
Quand utilise-t-on *c'est… qui* et *c'est… que*?
☐ Quand on veut donner plus d'importance à un élément de la phrase.
☐ Quand on veut donner plus d'importance au verbe de la phrase.
☐ Quand on veut donner plus d'importance au moment où a lieu l'évènement.

2. Associez. ❶ ❷
On utilise *qui* ○　　○ quand on donne plus d'importance au sujet du verbe.
On utilise *que* ○　　○ quand on donne plus d'importance au complément du verbe.

3. Écrivez.
Remettez les éléments des phrases dans l'ordre :
Lucas – est parti au Mexique – qui – c'est _____
au Brésil – que – c'est – il est allé _____

Quelle transformation notez-vous dans la 2e phrase? _____

Complétez avec l'élément à mettre en relief + le reste de la phrase :
C'est + _____ *+ qui ou que +* _____

Quand utilise-t-on *ce sont* à la place de *c'est*? _____

Comment mettre en relief un élément d'une phrase?

La mise en relief sert à donner plus d'importance à un élément.

- **Mise en relief d'un nom (ou groupe nominal) sujet**
  c'est + nom + *qui*
  C'est Thomas qui a téléphoné.

- **Mise en relief d'un nom (ou groupe nominal) complément**
  c'est + nom + *que*
  C'est le directeur que j'ai rencontré.

- **Mise en relief d'un pronom**
  c'est + pronom tonique (*moi, toi, lui, elles…*) + *qui / que*
  C'est toi qui as payé ?

- **Mise en relief d'un élément avec préposition**
  c'est + préposition (*de, à, chez, pour…*) + nom + *que*
  C'est de ton aide que j'ai besoin.

- **Mise en relief d'un groupe verbal**
  c'est + groupe verbal + *que*
  C'est parce qu'il parle espagnol qu'on l'a choisi.

Attention ! On utilise *ce sont* à la place de *c'est* si l'élément mis en relief est au pluriel et si cet élément est sujet ou complément direct (s'il n'est pas accompagné d'une préposition) :
Ce sont ses parents que je voudrais rencontrer.
Ce sont ses collègues qui me l'ont dit

▶ Les pronoms, page 40
▶ Grammaire contrastive espagnol-français, page 223

EXERCICES

1. Écoutez et cochez les phrases où il y a une mise en relief. 🎧 PISTE 91

a.	b.	c.	d.	e.	f.	g.	h.	i.	j.
☐	☐	☐	☐	☐	☐	☐	☐	☐	☐

2. Soulignez le pronom qui convient.

   a. C'est toi [qui / que] as pris les clés ?

   b. C'est à Bordeaux [qui / que] on aimerait aller.

   c. C'est à 20 h [qui / que] arriveront nos amis.

   d. C'est du café [qui / que] vous buvez ?

   e. C'est Mme Crotat [qui / que] a gagné le gros lot.

   f. C'est ce mot [qui / que] je ne comprends pas.

3. À l'oral, complétez les dialogues en mettant en relief l'élément de la première réplique.

   Ex. : — Je t'ai apporté un gâteau.
      — Un cadeau ?
      → — Non, c'est un gâteau que je t'ai apporté.

   a. — Je la verrai vendredi.
      — Mercredi ?

   b. — Valérie est allée à Bari.
      — À Paris ?

   c. — Anneline va venir demain soir.
      — Annelise ?

   d. — Je l'ai payé 5 €.
      — 100 euros ?

   e. — Vous avez rendez-vous avec Mme Chupin.
      — Mme Chopin ?

   f. — Le train part de la voie 13.
      — Voie 16 ?

4. Complétez avec un pronom tonique (*moi, toi, lui…*).

   a. [je] C'est _____ qui ai payé.

   b. [elle] C'est _____ qui a écrit la lettre.

   c. [tu] C'est _____ que je veux voir.

   d. [vous] C'est _____ qui avez garé votre voiture devant l'entrée ?

   e. [je] C'est _____ qui suis allé au Brésil.

   f. [ils] Ce sont _____ qui ont gagné.

5. Transformez les phrases en remplaçant les mots en gras.

   a. C'est **son père** qui m'a téléphoné. [ses parents]

   → Ce sont ses parents qui m'ont téléphoné.

   b. C'est **ma fille** qui va être contente. [mes enfants]

   → _____

   c. C'est pour **lui** que je suis venu. [eux]

   → _____

   d. C'est **mon estomac** qui me fait mal. [mes yeux]

   → _____

   e. C'est **cette BD** que je voudrais acheter. [ces livres]

   → _____

   f. C'est **ce verbe** qui me pose problème. [ces mots]

   → _____

6. Transformez les phrases en mettant en valeur les éléments en gras.

   a. Il est parti **au Botswana**.

   → C'est au Botswana qu'il est parti.

   b. Tu arrives à **cette heure-là** ?

   → _____

   c. Il a commis **une erreur**.

   → _____

   d. Mathilde cherche à acheter **une maison**.

   → _____

   e. J'aurais besoin **d'une bonne douche**.

   → _____

   f. Il est devenu président **en 2007**.

   → _____

7. Associez.

   a. C'est Bruxelles   **1.** qu'ils ont dormi.

   b. C'est chez Marianne   **2.** qu'elle a besoin.

   c. C'est de toi   **3.** que j'ai compris que je l'aimais.

   d. C'est grâce à vous   **4.** que nous avons réussi.

   e. C'est toi   **5.** que j'aimerais visiter.

   f. C'est quand je l'ai vu   **6.** qui as rencontré le directeur.

a	
b	
c	
d	
e	
f	

MISE EN RELIEF

8. **Répondez oralement aux questions. Utilisez la mise en relief.**

Ex. : — Dans quelle ville française voudriez-vous habiter ?
→ — C'est à Bordeaux que j'aimerais habiter.

a. Qui est la personne la plus âgée dans votre famille ?

b. Avec quel ami pourriez-vous partir en vacances ?

c. Quelle autre langue voudriez-vous apprendre ?

d. Qui est votre acteur préféré ?

e. Qu'est-ce que vous aimez dans les villes françaises ?

f. Dans quel pays francophone voudriez-vous aller ?

9. **Récrivez les phrases en utilisant la mise en relief.**

a. Je ne comprends pas **la raison de son départ.**
C'est la raison de son départ que je ne comprends pas.

b. Il n'a pas pu venir **parce qu'il était malade.**

c. On paiera le reste **seulement quand les travaux seront terminés.**

d. On est partis là-bas **pour se reposer.**

e. **Trouver un autre travail** est difficile.

f. Je fais tout ça **pour qu'elle réussisse.**

10. **Écoutez et répondez aux questions** 🎧 PISTE 92
en mettant en relief l'élément représenté par l'image.

Ex. : — C'est la verte que je veux.

11. **Rédigez une lettre (100 mots environ) à votre directeur pour expliquer**
les raisons de l'échec d'un accord commercial entre votre entreprise qui
cherche à vendre ses produits et une société brésilienne. Utilisez la mise en relief.

— C'est, en partie, parce que nous avons communiqué en anglais avec nos clients
que nous n'avons pas pu établir cet accord...

 **PRENEZ LA PAROLE !**

12. **Vous partez pour un long week-end avec des amis. Donnez des informations**
sur ce voyage. Utilisez la mise en relief.

Ex. : — C'est mon amie Sarah qui a acheté les billets. C'est à Lyon que nous allons partir.

a été inventé, étaient envoyées...

Le téléphone a été inventé en 1876.

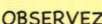 **OBSERVEZ**  **PISTE 93**

1 — Mamie, regarde ! Le téléphone **a été inventé** en 1876, ça fait longtemps !
— Et qui a inventé le téléphone ?
— Hmm, j'ai trouvé ! C'est Graham Bell qui a inventé le téléphone !

2 — Mamie, tu envoyais des messages à tes amies sur Internet quand tu étais petite ?
— Non ! On écrivait des lettres, elles **étaient distribuées par** le facteur !

3 — Et il était de quelle couleur ton téléphone portable ?
— On n'avait pas de téléphone portable. Le téléphone **était installé** dans le salon pour toute la famille.

4 — Mais vous aviez bien des ordinateurs quand même !
— Non, pour nous amuser, nous allions dans le jardin, la maison **était entourée de** plantes, **d'**arbres et **de** nombreuses choses à découvrir !

RÉFLÉCHISSEZ

1. Écrivez. 1
Complétez avec *sujet, verbe, COD (complément d'objet direct), complément d'agent.*
voix active :
Graham Bell [_____] *a inventé* [_____] *le téléphone* [_____].
voix passive :
Le téléphone [_____] *a été inventé* [_____] *par Graham Bell* [complément d'agent].

2. Cochez. 1
Pour transformer une phrase à la forme passive, on utilise :
☐ l'auxiliaire *être* ☐ l'auxiliaire *avoir* + ☐ le participe passé du verbe ☐ l'infinitif du verbe.

3. Comparez et cochez. 2
Le facteur distribuait les lettres. / Les lettres étaient distribuées par le facteur.
Quand on transforme un verbe de la forme active à la forme passive :
– ☐ on modifie ☐ on garde le temps du verbe actif pour conjuguer l'auxiliaire *être* ;
– ☐ on accorde ☐ on n'accorde pas le participe passé avec le sujet.
Quelle est la préposition utilisée pour le complément d'agent ? ☐ *de* ☐ *par*

4. Écrivez et cochez. 4
Dans *la maison était entourée de plantes,*
– le sujet est : _____
– le complément d'agent est : _____
Quelle est la préposition utilisée pour le complément d'agent ? ☐ *de* ☐ *par*

5. Comparez et cochez. 3
On avait un téléphone dans le salon. / Le téléphone était installé dans le salon.
Quand le sujet du verbe à la forme active est un pronom, le complément d'agent n'est pas exprimé à la forme passive. ☐ vrai ☐ faux

FORME PASSIVE

Comment former et utiliser la forme passive?

- **L'emploi**

  On emploie la forme passive pour donner de l'importance au COD (complément d'objet direct) du verbe.

  On a inventé le téléphone en 1876. → *Le téléphone a été inventé en 1876.*

- **De la forme active à la forme passive**

forme active		forme passive
le sujet	devient	le complément d'agent* (précédé de *par* ou *de*)
le COD	devient	le sujet
le verbe	se transforme en	*être* + le participe passé du verbe

  ✻ Le complément d'agent est celui qui fait l'action.

  Graham Bell a inventé le téléphone.
  Le téléphone a été inventé par Graham Bell.

- **Le verbe**

  On conjugue l'auxiliaire *être* de la forme passive au même temps que le verbe de la forme active.
  Le participe passé s'accorde avec le sujet.

  Le facteur distribuait les lettres. → *Les lettres étaient distribuées par le facteur.*

- **Les prépositions *par* et *de***

  Pour introduire le complément d'agent, on utilise en général la préposition *par*.
  Les lettres étaient distribuées par le facteur.
  Pour certains verbes comme *aimer, détester, adorer, entourer, accompagner, décevoir, couvrir, suivre* (au sens figuré)..., on utilise la préposition *de* pour introduire le complément d'agent.
  Notre maison était entourée de plantes.

- **Le complément d'agent**

  Quand le sujet du verbe à la forme active est un pronom, on supprime le complément d'agent
  (celui qui fait l'action sur le sujet) à la forme passive.
  On avait installé le téléphone. → *Le téléphone avait été installé.*
  Ils écrivaient des lettres. → *Des lettres étaient écrites.*

EXERCICES

1. **Écoutez et, pour chaque phrase, notez si elle est à la forme active ou à la forme passive.**   🎧 PISTE 94

	a.	b.	c.	d.	e.	f.	g.	h.
forme active	☐	☐	☐	☐	☐	☐	☐	☐
forme passive	☐	☐	☐	☐	☐	☐	☐	☐

2. **Associez les phrases passives aux phrases actives qui leur correspondent.**

a. Il est vendu en plusieurs couleurs. ○
b. Il sera vendu en plusieurs couleurs. ○
c. Elle a été construite en une journée. ○
d. Elle sera construite en une journée. ○
e. Ils étaient déçus des résultats. ○
f. Ils ne doivent pas être déçus ○
   des résultats.

○ 1. On le vend en plusieurs couleurs.
○ 2. On le vendra en plusieurs couleurs.
○ 3. On la construira en une journée.
○ 4. On l'a construite en une journée.
○ 5. Les résultats ne doivent pas les décevoir.
○ 6. Les résultats les décevaient.

3. Reconstituez les formes verbales à la forme passive et écrivez-les au niveau des temps qui leur correspondent (plusieurs possibilités).

[seraient / étaient / a / est / sois / sera / avions / être / été / prises / construits / choisi / attendue / vue / reconnu / surpris / élu]

a. au présent : il _est choisi / reconnu_   **e.** au conditionnel : elles _____

b. à l'imparfait : ils _____   **f.** au futur : elle _____

c. au passé composé : elle _____   **g.** à l'infinitif : _____

d. au plus-que-parfait : nous _____   **h.** au subjonctif : tu _____

4. Transformez les phrases à la forme passive.

a. Les gendarmes ont poursuivi le chauffard.

→   _Le chauffard a été poursuivi par les gendarmes._

b. Les habitants éliront le maire dimanche prochain.

→ _____

c. Les artistes interprètent ses grands succès pour ses 40 ans de carrière.

→ _____

d. Notre voisin surveillait notre maison pendant les vacances.

→ _____

e. Manu avait invité tous ses amis pour son anniversaire.

→ _____

f. Il faut que vous rendiez votre devoir lundi au plus tard.

→ _____

5. Écoutez et, oralement, répondez aux questions en utilisant la forme passive 🎧 PISTE 95 et en respectant le temps de la question.

Ex. : [oui – sélectionner par une agence de recrutement]

    → – Oui, ils avaient été sélectionnés par une agence de recrutement.

a. [oui – prendre au Canada]   **d.** [oui – livrer avant vendredi]

b. [non – garder par les grands-parents]   **e.** [non – ouvrir dans quinze jours]

c. [non – voler]   **f.** [non – donner à la bourse aux vêtements]

6. À l'oral, transformez les phrases à la forme passive.

Ex. : [On a volé ma voiture !] → – Ma voiture a été volée !

a. [Quelqu'un a abîmé ma voiture !]

b. [Ils ont cassé le rétroviseur !]

c. [Oh, et ils ont rayé la portière !]

d. [On a cassé la porte aussi !]

e. [Quelqu'un a volé l'autoradio !]

f. [Ils n'ont pas volé ma veste.]

g. [J'ai peur qu'ils n'aient laissé aucune empreinte !]

h. [On n'a pas retrouvé le témoin !]

FORME PASSIVE

7. **Soulignez les propositions qui conviennent.**

  a. Aujourd'hui, le ciel est couvert [de nuages / par des nuages.]

  b. Elle a été critiquée [par ses collègues / de ses collègues.]

  c. L'ordinateur sera réparé [du technicien / par le technicien.]

  d. Elle est suivie [par un passant / d'un passant.]

  e. Le village est entouré [par des montagnes / de montagnes.]

  f. Nous sommes déçus [par sa réaction / de sa réaction.]

  g. La conférence sera suivie [par un cocktail / d'un cocktail.]

8. **Récrivez les phrases à la forme passive.**

  a. La neige couvre les sommets en hiver.

  Les sommets sont couverts de neige en hiver.

  b. Sa décision nous avait surpris.

  c. Les ministres accompagneront le président.

  d. Des vignes entouraient le village.

  e. Son histoire m'a bouleversé.

  f. Vingt-huit pays composent l'Union européenne.

9. **Rédigez une description de la tour Eiffel (environ 80 mots).**
Utilisez les éléments proposés.

[Gustave Eiffel – des touristes – des ouvriers – des sportifs – des cinéastes – des politiciens – imaginer – dessiner – construire – visiter – prendre en photo – célébrer – rénover – escalader – filmer]

La tour Eiffel a été imaginée...

PRENEZ LA PAROLE !

10. **Présentez oralement un monument de votre pays en utilisant la voix passive.**

  Ex. : – Dans mon pays, la cathédrale La Sagrada Familia a été imaginée par Gaudi mais
  sa construction n'était pas terminée quand il est mort.

qui est-ce qui ? où ? est-il prêt ?...

On a les résultats ? Les documents sont-ils prêts ?

— *On a les résultats du mois d'avril ?*
— *Non, pas encore.*
— **Pourquoi** *on ne les a pas ?*
***Qui est-ce qui** s'occupe de ça ?*
— *C'est Jérôme. On a pris du retard
à cause des jours fériés.*
— *Et **pourquoi** Jérôme n'est-il pas
ici aujourd'hui ? **Où est-il** ?*
— *Il est à Florianopolis pour régler
les problèmes d'importation.*
— *Il revient **quand** ? **À quelle heure est-ce
qu'**on peut se voir, lundi ?*
— *Le temps que je fasse le point avec lui...
on peut dire 10 h.*
— *10 h 30. Je note. Les documents du dossier
Herrero **sont-ils** prêts ? Le service juridique
a-t-il vu le contrat ?*
— *Oui, oui, tout est prêt.*
— *Bon, **est-ce qu'**on a autre chose à voir ?
Avons-nous tout réglé ?*
— *Non. **Qu'est-ce qu'**on fait pour le dossier M. ?*
— *J'attends le rapport du service financier,
je verrai ça plus tard.*

RÉFLÉCHISSEZ

1. Associez.

Avec un mot interrogatif (*où, quand...*), on peut construire les questions de trois manières différentes.

intonation + ? ○	○ *Où est-il ?*
est-ce que + sujet + verbe + ? ○	○ *Pourquoi on ne les a pas ?*
inversion sujet-verbe + ? ○	○ *À quelle heure est-ce qu'on peut se voir ?*

2. Soulignez.

Dans chaque phrase, quel est le sujet du verbe ?

Pourquoi Jérôme n'est-il pas ici ?   *Où est-il ?*
Les documents sont-ils prêts ?   *Le service juridique a-t-il vu le contrat ?*

3. Cochez.

Dans une question avec inversion sujet-verbe, quand un nom (*Jérôme, les documents...*) est le sujet du verbe :

– Le nom ☐ est placé après le verbe.
  ☐ reste avant le verbe.

– Le nom ☐ est supprimé et remplacé par un pronom.
  ☐ est répété par un pronom placé après le verbe.

– Si le verbe se termine par une voyelle, ☐ on ajoute un *s* à la fin du verbe.
  ☐ on ajoute –*t*– entre le verbe et le pronom.

INTERROGATION

Comment formuler une question ?

- **La réponse à la question est *oui*, *non* ou *si***

est-ce que (à l'oral surtout)	*inversion sujet-verbe* (à l'écrit surtout)	*intonation montante* (en français familier)
est-ce que + sujet + verbe +? *Est-ce qu'on a autre chose à voir ?*	verbe + – + sujet +? *Avons-nous tout réglé ?* *Les documents sont-ils prêts ?*	sujet + verbe +? *On a les résultats ?*

- **La réponse à la question ne peut pas être *oui*, *non* ou *si***
  - Questions avec ***qu'est-ce qui*, *qui est-ce que*...**

	qui ou *qu'* + est-ce **que** – sujet + verbe +?	*qui* ou *qu'* + est-ce **qui** + verbe +?
La réponse est une chose.	*Qu'est-ce qu'on fait ?*	*Qu'est-ce qui se passe?*
La réponse est une personne.	*Qui est-ce que tu as vu ?*	*Qui est-ce qui s'occupe de ça ?*

  - Questions avec **d'autres mots interrogatifs** (*où, quand, pourquoi, combien, quel jour, à quelle heure, lesquels...*)

+ *est-ce que* (à l'oral surtout)	**+ *inversion sujet-verbe*** (à l'écrit surtout)	**+ *intonation montante*** (en français familier)
Où est-ce qu'il est ?	*Où est-il ?*	*Il est où ?*
Quand est-ce qu'il revient ?	*Quand revient-il ?*	*Il revient quand ?*
Pourquoi est-ce qu'on ne les a pas ?	*Pourquoi ne les a-t-on pas ?*	*Pourquoi on ne les a pas ?*
À quelle heure est-ce qu'on peut se voir ?	*À quelle heure peut-on se voir ?*	*On peut se voir à quelle heure ?*

Remarques

• Pour les questions avec *qu'est-ce que* et *est-ce que*, quand le sujet est un nom et que la question porte sur le complément d'un verbe court, on inverse souvent le verbe et le sujet :
Qu'est-ce qu'a dit la directrice ? / Combien d'enfants est-ce qu'ont Hassan et Clarisse ?

• Pour les questions avec inversion sujet-verbe, quand un nom est le sujet du verbe dans la question, un pronom placé après le verbe reprend le nom :
Les documents sont-ils prêts ? / Pourquoi Jérôme n'est-il pas ici ?

• Quand le verbe se termine par une voyelle, on ajoute *-t-* entre le verbe et le sujet :
Le service juridique a-t-il vu le contrat ?

Prononciation Si le verbe se termine par un *-d*, le *d* se prononce « *t* » : *Quand attend-elle notre réponse ?*

EXERCICES

1. Écoutez et, pour chaque phrase, cochez la forme interrogative que vous entendez. 🎧 PISTE 97

	a.	b.	c.	d.	e.	f.	g.	h.
avec *est-ce que*	☐	☐	☐	☐	☐	☐	☐	☐
inversion sujet-verbe	☐	☐	☐	☐	☐	☐	☐	☐
intonation seulement	☐	☐	☐	☐	☐	☐	☐	☐

2. **Associez la question et la réponse.**

a. Quand êtes-vous allé vivre en Russie ?

b. Quelles villes avez-vous préférées ?

c. Où avez-vous rencontré Anja, votre femme ?

d. Comment avez-vous trouvé les Moscovites ?

e. Combien d'enfants avez-vous ?

f. Depuis quand êtes-vous rentré en France ?

g. Pourquoi êtes-vous rentré en France ?

1. Au bureau.

2. Quatre, trois filles et un fils.

3. En 1990.

4. Depuis 5 ans.

5. Parce que j'ai été licencié.

6. Saint-Pétersbourg et Moscou.

7. Très sympas et accueillants.

a	b	c	d	e	f	g

3. **Complétez avec les pronoms interrogatifs qui conviennent.**

a. – .... est-ce que vous parlez ?

– Du directeur !

b. – .... est-il en retard ?

– Parce qu'il ne s'est pas réveillé ce matin.

c. – .... temps n'as-tu pas mangé ?

– Depuis 2 jours.

d. – .... me téléphonez-vous ?

– D'une cabine téléphonique de La Havane.

e. – .... partez-vous ?

– À 8 h 30.

f. – .... a-t-elle acheté ce cadeau ?

– Pour sa mère, c'est son anniversaire aujourd'hui.

4. **Transformez les questions en utilisant *est-ce que*.**

a. Tu les connais ?

→ ....

b. Le train part à quelle heure ?

→ ....

c. Tu veux acheter quoi dans ce magasin ?

→ ....

d. Ça fait longtemps qu'il a ce problème ?

→ ....

e. Mᵐᵉ Dupré revient quand du Burundi ?

→ ....

f. Vous avez payé combien pour votre billet ?

→ ....

5. Écrivez les questions avec un mot interrogatif + *est-ce que*
(inversez le sujet et le verbe si besoin).

a. – ....
– Il a rapporté l'ordinateur **parce qu'il ne marche pas**.

b. – ....
– L'avion pour Atlanta part **à 18 h 15**.

c. – ....
– Les pommes sont **à 2,50 €**.

d. – ....
– Le drapeau de la Pologne est **blanc et rouge**.

e. – ....
– Les invitations pour l'exposition partent **demain matin**.

f. – ....
– On a réservé les salles **212 et 214**.

g. – ....
– Son grand-père a **91 ans**.

6. Associez la question et la réponse.

a. Qui est-ce qui vient du Brésil ? ○   ○ Mme Ferreira.
   Qu'est-ce qui vient de Côte d'Ivoire ? ○   ○ Le cacao.

b. Qui est-ce que vous avez vu à Madrid ? ○   ○ Une entreprise de transport.
   Qu'est-ce que vous avez vu à Madrid ? ○   ○ Le directeur de l'entreprise.

c. Qu'est-ce qui contrôle la température ? ○   ○ Le responsable de la production.
   Qui est-ce qui contrôle la température ? ○   ○ Un ordinateur.

d. Qu'est-ce qu'Amina a reçu ce matin ? ○   ○ Une lettre de la banque.
   Qui est-ce qu'Amina a reçu ce matin ? ○   ○ Un employé de la banque.

7. Complétez les phrases avec *qui est-ce qui, qu'est-ce qui, qui est-ce que* ou *qu'est-ce que*.

a. – .... t'a téléphoné ?
– C'est Maren.

b. – .... vous regardez ?
– Un reportage sur le Gabon.

c. – .... on va rencontrer demain ?
– Normalement, c'est M. Townsend.

d. – .... lui est arrivé ?
– Elle a été gravement malade.

e. – .... emmène Lucie à l'aéroport ?
– Je ne sais pas. Moi, je ne peux pas.

f. – .... achètent les touristes habituellement ?
– Oh, des cartes postales, des tasses…

g. – .... ont répondu les employés ?
– Qu'ils n'étaient pas d'accord, qu'ils refusaient !

8. Reconstituez les phrases.

a. [Pourquoi / - / attend / Pablo / il / dehors / ?]

b. [Où / partir / Sidonie / va / - / t / - / elle / ?]

c. [Depuis / le chat / disparu / - / t / - / a / il / combien de temps / ?]

d. [À / les draps / température / peuvent / quelle / - / être lavés / ils / ?]

e. [Combien / les mariés / inviter / - / de personnes / ils / pensent / ?]

f. [À / - / ils / heure / quelle / affichés / les résultats / seront / ?]

9. Écrivez les questions en utilisant l'inversion sujet-verbe à partir des mots et des temps proposés.

a. [tu – écrire à Mary] [passé composé]
   As-tu écrit à Mary ?

b. [vous – être chez vous samedi] [futur simple]

c. [elle – vouloir nous accompagner] [futur simple]

d. [on – pouvoir s'installer ici] [présent]

e. [je – pouvoir vous être utile] [présent]

f. [elles – aller à Lille] [passé composé]

10. Écrivez les questions sur les éléments en gras, en utilisant l'inversion sujet-verbe.

a. – Combien d'employés l'entreprise a-t-elle ?
   – L'entreprise a **quarante employés**.

b. –
   – La société est installée **au sud-est de Brest**.

c. –
   – Jean-Luc part **cinq semaines** en Bolivie.

d. –
   – Ce numéro correspond **au pays d'où vient le produit**.

e. –
   – Le maçon a estimé le montant des travaux à **20 000 €**.

f. –
   – Le billet de 100 € est **vert**.

11. Écoutez les réponses et, oralement, posez des questions à partir des éléments  PISTE 98
proposés. Utilisez l'inversion sujet-verbe.

Ex. : [Claire travaille à Nice] → – Depuis quand Claire travaille-t-elle à Nice ?

a. [Amélie va passer la nuit]

b. [Le chauffeur attend à la gare]

c. [La voisine vend sa maison]

d. [M. Rahmani attend Assia]

e. [Le directeur a rendez-vous]

f. [M. et Mme Zani ne sont pas chez eux]

g. [L'avion arrive]

h. [Les meubles seront livrés]

12. Rédigez 8 questions qui portent sur la phrase proposée. Utilisez l'inversion sujet-verbe.

Samedi, Thomas va offrir douze roses rouges à Wafa.

Quand Thomas va-t-il offrir douze roses rouges à Wafa ?

13. Rédigez 10 questions pour le responsable de l'entreprise à laquelle vous allez
acheter des produits industriels.

[le lieu de la production - les normes de production -
la qualité des produits - les matériaux utilisés pour
la production - la part recyclable des produits - les
couleurs - le prix - la date de la livraison - le moyen de
transport - les démarches pour l'importation - la garantie -
le moyen de paiement]

– Où vos produits sont-ils fabriqués ?

 **PRENEZ LA PAROLE !**

14. Un de vos amis veut fêter son anniversaire. Quelles questions doit-il se poser pour
l'organisation de cette fête ?

Ex. : – Quel jour la fête peut-elle avoir lieu ?

ne... rien, ne... plus, ne... personne...

Tu n'iras ni chez Léo ni à l'entraînement !

1 — *Oh ce n'est **pas** possible ! Vous n'avez **toujours pas** rangé votre chambre ! Vous **ne** jouerez **plus** aux jeux vidéo tant que cette chambre **ne** sera **pas** rangée !*
2 — *Maman, je dois aller chez Léo !*
— *Tu **ne** vas aller **nulle part** et tu **ne** vas voir **personne** ! Tu n'iras **ni** chez Léo **ni** à l'entraînement de football !*
3 — *Mais je **ne** manque **jamais** un entraînement ! Je **ne** vais **rien** comprendre de la tactique décidée pour le match de dimanche ! Le coach a dit que **personne ne** devait être absent !*
4 — *Mais, **rien** n'est fait ! Tu n'as **pas** plié **ni** rangé ton linge ! Tu **ne** fais vraiment **que** les choses qui t'intéressent !*

1. Associez. 1

ne... pas ○   ○ indique un changement.
ne... plus ○   ○ indique une négation simple.

2. Associez. 2 3 4

ne... rien   ○   ○ est la négation de *quelqu'un*.
ne... personne ○   ○ est la négation de *quelque part*.
ne... nulle part ○   ○ est la négation de *quelque chose*.

3. Associez. 1 2 3

négation   affirmation
ne...toujours pas ○
ne... pas encore ○   ○ *toujours*
ne... jamais   ○   ○ *déjà*

4. Cochez. 4

La phrase *Tu ne fais vraiment que les choses qui t'intéressent !* signifie
☐ *Tu ne fais plus les choses qui t'intéressent.*
☐ *Tu fais seulement les choses qui t'intéressent.*
C'est une phrase négative. ☐ vrai   ☐ faux

5. Cochez. 2 4

La phrase *Tu n'iras ni chez Léo ni à l'entraînement de football !* veut dire exactement :
☐ *Tu n'iras pas chez Léo mais tu iras à l'entraînement de football.*
☐ *Tu n'iras pas chez Léo et tu n'iras pas à l'entraînement de football.*

La phrase *Tu n'as pas plié ni rangé ton linge !* veut dire exactement :
☐ *Tu as plié ton linge mais tu ne l'as pas rangé.*
☐ *Tu n'as pas plié ton linge et tu ne l'as pas rangé.*

Comment exprimer la négation?

- **L'emploi**

  - La négation simple : **ne... pas**
  Ce n'est pas possible !

  - La négation de *encore* et *toujours* (pour indiquer un changement de situation) : **ne... plus**
  Vous ne jouerez plus aux jeux vidéo !

  - La négation de *toujours* : **ne... jamais**
  Je ne manque jamais un entraînement.

  - La négation de *déjà* : **ne... pas encore** ou **ne... toujours pas**
  Vous n'avez toujours pas rangé !

  - La négation de *quelque part* : **ne... nulle part**
  Tu ne vas aller nulle part !

  - La négation de *quelque chose* (ou de *tout*): **ne... rien**
  Je ne vais rien comprendre.

  - La négation de *quelqu'un* (ou de *tout le monde*) : **ne... personne**
  Tu ne vas voir personne.

- **La place dans la phrase**
  L'élément **ne** se place avant le verbe ou l'auxiliaire (*avoir* ou *être*).

  - **personne** et **rien**
  – peuvent être sujets du verbe ; la construction est *personne / rien + ne +* le verbe :
  Rien n'est fait. / Personne ne doit être absent.
  – peuvent être compléments du verbe ; la construction est *sujet + ne +* le verbe *+ personne / rien* :
  Je ne comprends rien. / Tu ne vois personne.

  - **pas, plus, rien, jamais, pas encore, toujours pas**
  – au passé composé, se placent après l'auxiliaire (*avoir* ou *être*) :
  Nous n'avons pas encore terminé.
  – au passé récent et au futur proche, se placent après le verbe conjugué et avant l'infinitif :
  Je ne vais rien prendre.
  – aux autres temps (présent, impératif, futur…), se placent après le verbe :
  Ce n'est pas possible.

  - **personne** et **nulle part**
  – au passé composé, se placent après le participe passé du verbe : *Tu n'as vu personne.*
  – au passé récent et au futur proche, se placent après l'infinitif : *Tu ne vas voir personne.*
  – aux autres temps et modes, se placent après le verbe : *Tu ne vois personne.*

  Attention ! La négation se place toujours avant l'adverbe : *Tu n'as pas bien compris ? / Ta chambre n'est pas bien rangée.*

- **Pour exprimer une double négation**

  - On peut utiliser les mots négatifs **ne... ni... ni...** lorsque les mots sur lesquels portent les deux négations sont de même nature et de même fonction.
  Tu n'iras ni chez Léo ni à l'entraînement de football.

  Attention !
  On n'utilise généralement pas les articles *du, de la, des* après ces mots négatifs : *Tu n'auras ni argent ni jeux vidéo !*

  - On peut également utiliser **ne ... pas ... ni** (sauf si la négation porte sur le sujet du verbe) :
  Tu n'iras pas chez Léo ni à l'entraînement de football ! / Tu n'as pas plié ni rangé ton linge.

  Attention ! On utilise l'article contracté *de* après *pas* et *ni* : *Tu n'auras pas d'argent ni de jeux vidéo !*
  On utilise *ne... que* pour remplacer l'adverbe *seulement*. Ce n'est pas une construction négative :
  Tu ne fais que les choses qui t'intéressent. = Tu fais seulement les choses qui t'intéressent.

➤ Les pronoms indéfinis, page 66
➤ L'emploi des articles, pages 14 et 18

EXERCICES

1. Écoutez et notez le numéro de chaque phrase à côté du mot négatif 🎧 PISTE 100
que vous entendez.

a. ne... pas ☐   **e.** ne... nulle part ☐

b. ne.. ni... ni ☐   **f.** personne ne... ☐

c. ne... jamais ☐   **g.** ne... plus ☐

d. ne... pas encore ☐   **h.** ne... rien ☐

2. Associez les éléments proposés.

a. M. André n' ○   ○ **1.** avez pris que deux baguettes ?

b. Vous n' ○   ○ **2.** a jamais pris le train.

c. Personne ne ○   ○ **3.** est décidé.

d. Rien n' ○   ○ **4.** va pouvoir venir.

e. Nous n'en ○   ○ **5.** avons parlé à personne.

f. Il ne ○   ○ **6.** travaille plus depuis trois mois.

3. Transformez les phrases à la forme négative (plusieurs possibilités).

a. Nous retournerons à Berlin l'été prochain.

→ ....

b. Nous allons toujours au cinéma le dimanche soir.

→ ....

c. Tu vois encore Yuri ?

→ ....

d. Vous habitez toujours à Angers ?

→ ....

e. Ils ont déjà vendu leur maison.

→ ....

f. J'ai déjà visité la Chine.

→ ....

g. Elle est encore amoureuse d'Anthony.

→ ....

4. À l'oral, répondez aux questions à la forme négative (plusieurs possibilités).

Ex. : – Vous parlez toujours à vos voisins ?

→ – Non, nous ne parlons plus à nos voisins.

a. – Vous habitez toujours à Nice ?

b. – Vous avez déjà terminé vos études ?

c. – Vous parlez français entre vous ?

d. – Vous avez trouvé un travail ?

e. – Vous allez déménager bientôt ?

f. – Vous avez déjà vécu avec des Français ?

g. – Vous voulez toujours partir à Paris ?

h. – Vous savez déjà dans quelle université
vous allez étudier ?

5. **Écrivez les phrases au présent puis au passé composé.**

a. [Rien – être parfait] Rien n'est parfait. / Rien n'a été parfait.

b. [Personne – voir – le voleur]

c. [Tu – comprendre – rien]

d. [Elle – aller – nulle part]

e. [Vous – connaître – personne]

f. [Rien – être indiqué]

6. **Écoutez et, à l'oral, répondez négativement aux questions.** 🎧 PISTE 101

Ex. : – Non, je n'ai rencontré personne à la fête.

7. **Reconstituez les phrases.**

a. [nulle / voyage / ne / part / Il]

b. [n' / Personne / courriel / répondu / au / a]

c. [jamais / Vous / avez / dire / n' / su / quoi]

d. [as / n' / pas / Tu / terminé / encore / ?]

e. [Elle / pas / a / toujours / résultats / obtenu / ses / n']

f. [nous / Ils / chez / ne / vont / vouloir / plus / venir]

g. [comprendre / va / rien / Personne / ne]

h. [Nous / chinois / russe / parlons / ni / ni / ne]

8. **À l'oral, faites des phrases avec ne... que.**

Ex. : [Mes parents – voyager – en Grèce] [passé composé]
→ – Mes parents n'ont voyagé qu'en Grèce.

a. [Valentin – parler – à son collègue] [présent]
b. [Arturo – venir – à 10 h] [futur simple]
c. [Je – acheter – deux pizzas] [passé composé]
d. [Les voisins – partir – deux semaines] [passé composé]
e. [On – se reposer – le dimanche] [imparfait]
f. [Ils – venir – pour toi] [passé composé]

9. **Transformez les phrases avec les mots proposés.**

[ne... plus – ne... que – ne... jamais – ne... personne – ne... rien – rien ne...]

a. Nous habitons toujours dans la rue des Lilas.

→ ....

b. Il a remercié tout le monde pendant son discours.

→ ....

c. Tu as tout lu ?

→ ....

d. Tout est parfait !

→ ....

e. Vous êtes toujours en retard !

→ ....

f. Il travaille seulement le matin.

→ ....

10. **Transformez les phrases avec *ne... pas... ni* ou *ne... ni... ni* (plusieurs possibilités).**

a. Il a acheté un livre et des chocolats pour mon anniversaire.

→ *Il n'a pas acheté de livre ni de chocolats pour mon anniversaire.*

b. Il sera là à 10 h et à 15 h pour les réunions.

→ ....

c. Elle fait confiance à ses amis et à sa famille.

→ ....

d. Mon frère et mon cousin vont venir me rendre visite pendant les vacances.

→ ....

e. Elle est acceptée à Marseille et à Lyon pour ses études.

→ ....

f. Il joue de la guitare et du piano.

→ ....

11. **Complétez le texte avec les mots proposés (plusieurs possibilités).**

[ne – pas – plus – pas encore – toujours pas – que – ni... ni – jamais]

– M. Ribout ! Ça .... va .... du tout ! Vous .... m'avez
.... rendu le dossier sur l'affaire Crépon !

– Je suis désolé, je .... le trouve .... !

– Comment ça ? Vous .... savez .... où il est ? Je ....
ai .... vu un employé aussi désorganisé
que vous !

– Je l'ai cherché partout ! Il .... est .... dans mon
bureau .... chez moi !

– Bon, vous .... avez .... 24 heures pour le retrouver ! Après ça, je vous licencie !

– Monsieur, ce n'est pas possible, il .... y a .... pour vous que je peux travailler !

– Ah ça ! Ça .... m'étonne .... !

12. **Récrivez le texte en mettant les verbes en gras à la forme négative.**

À la Une aujourd'hui !

Hier soir, le maire de la ville **est arrivé** à l'heure pour l'ouverture de la fête annuelle du lac. Les habitants **l'attendaient toujours** pour commencer la fête. Il **a fait** un discours et **a annoncé** le départ du feu d'artifice. Les habitants **avaient déjà préparé** la scène pour le bal qui devait suivre. La soirée **a été** un succès ! **Tout le monde s'amusait et dansait** !

Ils organiseront encore cette fête du lac l'année prochaine !

Hier soir, le maire de la ville n'est pas arrivé à l'heure pour l'ouverture de la fête annuelle du lac.

13. **Rédigez les notes du flash info (environ 75 mots) à partir des éléments proposés.**

[ne – pas – plus – pas encore – toujours pas – que – ni… n – nulle part – jamais]

[le président – annoncer une nouvelle loi]

[la grève – se terminer]

[les impôts et les taxes – augmenter]

[les habitants – pouvoir conduire dans le centre ville]

[l'équipe nationale de football – gagner]

[le soleil – briller]

Le président n'a toujours pas annoncé de nouvelle loi pour réduire les problèmes économiques du pays.

PRENEZ LA PAROLE !

14. **Vous êtes journaliste à la télévision et vous présentez les nouvelles du jour. Chaque nouvelle doit être présentée à la forme négative.**

Ex. : – Aujourd'hui, le président de la République ne s'est pas exprimé à la télévision. Il n'a parlé qu'aux journalistes de la presse. Il n'a pas donné d'informations sur son voyage en Asie ni sur les problèmes économiques du pays.

si je gagne, si tu as joué, si je gagnais...

Si je gagnais au loto, je ferais le tour du monde.

OBSERVEZ 🎧 PISTE 102

① *— Aujourd'hui, c'est vendredi 13. Tu veux jouer au loto?*
*— Bien sûr et **si je gagne, je t'inviterai** au restaurant.*
*— Super! **Téléphone-moi si tu gagnes** au loto ce soir.*
② *— Bonjour, je voudrais jouer au loto.*
— Mais vous avez quel âge?
— 17 ans.
*— Alors non, **on peut** jouer aux jeux d'argent seulement si on a plus de 18 ans.*
③ *— **Si tu as joué, tu peux** gagner!*
④ *— Qu'est-ce que **tu ferais si tu gagnais** une grosse somme au loto?*
*— **Si je gagnais** au loto, **je ferais** le tour du monde.*
⑤ *— Tu as déjà gagné une grosse somme au loto?*
*— Ben non, **si j'avais gagné** au loto, **je ne travaillerais pas** aujourd'hui!*
*— Oui c'est sûr, moi aussi, **si j'avais gagné, j'aurais arrêté** de travailler.*

RÉFLÉCHISSEZ

1. Cochez et écrivez. ① ② ③
Les actions *gagner au loto* et *jouer* ☐ sont réelles ☐ sont imaginaires.
Les résultats *inviter, téléphoner* et *pouvoir* ☐ sont possibles ☐ sont impossibles.

Juste après *si*, les temps utilisés sont ☐ le présent ☐ le passé composé ☐ l'impératif.
Dans l'autre partie de ces phrases, quels sont les temps utilisés?
je t'inviterai → ....
on peut / tu peux → ....
téléphone-moi → ....

2. Cochez. ④
L'action *gagner au loto* ☐ est réelle ☐ est imaginaire.
Le résultat *faire le tour du monde* ☐ est possible ☐ est impossible.

Juste après *si*, le temps utilisé est ☐ le présent ☐ l'imparfait ☐ le plus-que-parfait.
Dans l'autre partie de cette phrase, le temps utilisé est ☐ l'imparfait ☐ le présent ☐ le conditionnel présent.

3. Cochez. ⑤
L'action *gagner au loto* ☐ est réelle ☐ est imaginaire dans le passé.

Le résultat *je ne travaillerais pas* ☐ est possible ☐ est impossible.
Le résultat se déroule ☐ dans le présent ☐ dans le passé.

Le résultat *j'aurais arrêté de travailler* ☐ est possible ☐ est impossible.
Le résultat se déroule ☐ dans le présent ☐ dans le passé.

Juste après *si*, le temps utilisé est ☐ l'imparfait ☐ le conditionnel présent ☐ le plus-que-parfait.
Dans l'autre partie de ces phrases, les temps utilisés sont:
☐ le conditionnel passé ☐ le plus-que-parfait ☐ le conditionnel présent.

Comment exprimer la condition et l'hypothèse ?

La condition indique qu'un fait est indispensable pour qu'un autre fait se réalise.
Si je gagne au loto, je t'inviterai au restaurant.

L'hypothèse indique qu'un fait est imaginé. Sa conséquence est donc éventuelle.
Si je gagnais au loto, je ferais le tour du monde.

- **L'expression de la condition**

  - **Quand la condition présente une action réelle et son résultat possible**
  Si + présent de l'indicatif + présent / futur / impératif
  On peut jouer à des jeux d'argent si on a plus de 18 ans.
  Si je gagne au loto, je t'inviterai au restaurant.
  Si tu gagnes au loto, téléphone-moi.

  - **Quand la condition présente une action réelle dans le passé et son résultat possible**
  Si + passé composé + présent / futur / impératif
  Si tu as joué, tu peux gagner.
  Si tu n'as pas joué, tu ne gagneras pas.
  Si tu n'as pas encore joué, vas-y maintenant !

- **L'expression de l'hypothèse**

  - **Quand l'hypothèse est une action imaginaire et son résultat impossible**
  Si + imparfait + conditionnel présent
  Si je gagnais au loto, je ferais le tour du monde.

  - **Quand l'hypothèse est une action imaginaire dans le passé et son résultat impossible**
  Si + plus-que-parfait + conditionnel présent
  Si j'avais gagné au loto, je ne travaillerais pas aujourd'hui.
  Si + plus-que-parfait + conditionnel passé
  Si j'avais gagné au loto, j'aurais arrêté de travailler.

Attention ! *Si* devient *s'* devant *il* et *ils* : *Ils nous préviendront s'ils gagnent au loto.*

➤ Grammaire contrastive espagnol-français, page 223

EXERCICES

1. Écoutez et cochez pour chaque phrase, la case qui convient. 🎧 PISTE 103

	a.	b.	c.	d.	e.	f.	g.	h.	i.
L'action est réelle et son résultat est possible.	☐	☐	☐	☐	☐	☐	☐	☐	☐
L'action est imaginaire et son résultat est impossible	☐	☐	☐	☐	☐	☐	☐	☐	☐
L'action est imaginaire dans le passé et son résultat est impossible.	☐	☐	☐	☐	☐	☐	☐	☐	☐

2. **Soulignez la proposition qui convient.**

   a. S'ils [ne viennent pas / ne sont pas venus], je pars.

   b. Si tu [vois / as vu] Julie, dis-lui bonjour de ma part.

   c. Si on lui [vole / a volé] sa carte d'identité hier, elle doit aller au commissariat.

   d. Si tu [me téléphones / m'as téléphoné] à midi, je serai là.

   e. Tu rencontreras de nouvelles personnes, si tu [es sorti / sors] plus souvent.

   f. Si elle [a dansé / danse] toute la nuit, elle doit encore dormir.

   g. Si tu [as compris / comprends] ce que je t'ai expliqué hier, tu pourras faire l'exercice.

3. **Écrivez les phrases avec *si* + présent de l'indicatif.**

   a. [tu – réussir ton examen – on – t'acheter une voiture] [futur simple]
   Si tu réussis ton examen, on t'achètera une voiture.

   b. [tu – être prêt – on – y aller] [présent]

   c. [le train – être en retard – tu – nous téléphoner] [impératif]

   d. [je – ne pas être là à 20 h – tu – ne pas m'attendre] [impératif]

   e. [vous – vouloir sortir – je – vous conseiller d'aller dans le quartier latin] [présent]

   f. [vous – avoir des problèmes de garde d'enfants – je – pouvoir vous aider] [présent]

   g. [l'informaticien – ne pas trouver la panne – je – acheter un nouvel ordinateur] [futur simple]

4. **À l'oral, donnez des conseils à cette étudiante.**
   Utilisez *si* + présent + impératif et les mots proposés.
   [prendre des cours particuliers – étudier avec des amis – demander
   de l'aide aux enseignants – partir en séjour linguistique en Angleterre –
   regarder des films en anglais – rencontrer des anglophones – lire des
   romans en anglais – écouter des chansons en anglais]

   Ex. : – Si tu veux progresser, prends des cours particuliers.

5. **Continuez les phrases avec les mots proposés et au futur simple.**
   [trouver un travail – la remercier – aller quelques jours à l'hôtel – visiter les grands
   monuments – aller dans le désert – recommencer une année d'études – te prévenir –
   faire des balades à dos de dromadaire – prendre un taxi – faire une croisière sur la Seine –
   retourner vivre chez mes parents – lui offrir des fleurs]

   a. Si Krista m'invite à dîner, je la remercierai et je lui offrirai des fleurs.

   b. Si je n'obtiens pas mon diplôme, _____

   c. Si j'ai des vacances, _____

   d. Si j'arrive en retard, _____

   e. Si Mélina vient me rendre visite à Paris, _____

   f. Si je ne trouve pas de logement à Marseille, _____

6. À l'oral, associez les éléments proposés en utilisant *si* + imparfait + conditionnel présent.

Ex. : – Si j'étais une fleur, je serais une rose.

a. [je – être une fleur]
b. [elle – avoir moins peur]
c. [il – chanter bien]
d. [on – déménager]
e. [vous – m'accompagner]
f. [ils – avoir le temps]

1. [elle – faire du saut à l'élastique]
2. [on – s'installer dans un village de Provence]
3. [ils – apprendre le russe]
4. [je – être une rose]
5. [il – avoir des fans]
6. [ça – me faire plaisir]

7. Rédigez les phrases avec les mots proposés.
Utilisez *si* + plus-que-parfait + conditionnel présent /passé.

a. [tu – me prévenir – je – t'aider – le week-end dernier]
Si tu m'avais prévenu, je t'aurais aidé le week-end dernier.

b. [elle – m'expliquer la situation – je – ne pas lui faire de reproches – en ce moment]
c. [vous – me téléphoner plus tôt – je – vous proposer un rendez-vous – hier]
d. [mes parents – me dire la vérité quand j'étais jeune – je – me sentir mieux – aujourd'hui]
e. [il – ne pas pleuvoir – nous – se promener au bord du lac – avant-hier]
f. [il – réussir ses examens – il – être en vacances – maintenant]

8. Conjuguez les verbes.

– Ah ! Tu fais de la danse. Ah, si tu me l'avais dit, je [s'inscrire] _____ .
– Ne t'inquiète pas. Si tu veux t'inscrire, il [rester] _____ de la place.
Par contre, si veux venir à la même heure que moi, [venir] _____ à 9 h.
Si tu n'es pas disponible, tu [pouvoir] _____ aussi t'inscrire par courriel.
Si tu veux, je t'[envoyer] _____ l'adresse demain par sms.
– Ah merci, c'est sympa. Et, est-ce qu'il faut apporter quelque chose au premier cours ?
– Si j'étais toi, j' [apporter] _____ des pansements pour les pieds !

9. Rédigez un texte (environ 30 mots) pour chaque situation. Utilisez les mots proposés.

a. [espagnol(e) – être brun(e) – habiter en Espagne – prendre des cours de flamenco – danser bien – parler bien espagnol]
b. [japonais(e) – manger souvent des sushis – connaître les caractères japonais – porter un kimono – aimer les mangas]
c. [canadien(ne) – parler plusieurs langues – aimer les grands espaces – profiter de la neige – visiter Montréal]

Si j'étais espagnol(e), je serais brun(e) aux yeux marron. Si j'avais habité en Espagne, j'aurais pris des cours de flamenco...

PRENEZ LA PAROLE !

10. À tour de rôle, imaginez des hypothèses auxquelles l'autre doit donner une suite.

Ex. : – Si tu gagnais une grosse somme au loto, que ferais-tu ?
– Je m'achèterais une maison. Et toi, si tu vivais sur une île déserte ?

elle dit que, elle demande si, elle demande de...

Elle te demande qui t'emmène à la mer.

1 — **Elle dit que** son fils Victorien va étudier à Londres et qu'elle ira le voir à Noël.

2 — **Elle te demande qui** t'emmène à la mer le week-end prochain.

3 — **Je te demande si** André est venu te rendre visite dernièrement.

4 — **On veut savoir ce que** tu veux faire pour fêter tes 20 ans.

5 — **On te propose d'**aller boire un café dans le jardin car il fait bon dehors.

6 — **Je te dis de** ne pas faire trop d'efforts si tu es fatigué !

RÉFLÉCHISSEZ

1. Écrivez et cochez. **1**

Comparez la phrase du dialogue avec celle-ci :

Elle dit : « Mon fils Victorien va étudier à Londres et j'irai le voir à Noël. »

Au discours indirect, quel mot est ajouté entre le verbe introducteur (*elle dit*) et la phrase qui était prononcée du discours direct ? ....

Quels éléments sont modifiés quand on transforme la phrase au discours indirect ?

☐ l'ordre des mots ☐ le pronom sujet
☐ les pronoms compléments ☐ les temps des verbes ☐ les possessifs

2. Cochez. **2** **3** **4**

Les phrases transformées au discours indirect correspondent à

☐ des questions ☐ des ordres ☐ des déclarations.

3. Écrivez. **2** **3** **4**

Retrouvez le début des questions au discours direct :

« .... t'emmène à la mer le week-end prochain ? »

« .... André est venu te rendre visite dernièrement ? »

« .... tu veux faire pour fêter tes 20 ans ? »

4. Associez. **2** **3** **4**

discours direct | discours indirect

est-ce que ○ | ○ ce que
qu'est-ce que ○ | ○ qui
qui ○ | ○ si

5. Cochez. **5**

Quelle phrase au discours direct correspond à celle du dialogue ?

☐ « Nous allons boire un café dans le jardin ? »

☐ « Allons boire un café dans le jardin ! »

6. Cochez. **5**

Un verbe qui est à l'impératif au discours direct est au discours indirect à :

☐ l'impératif (*allons !*) ☐ l'infinitif (*aller*) ☐ l'indicatif (*nous allons*).

Quel mot lie le verbe introducteur et la phrase initiale ? ☐ *que* ☐ *de*

Comment transformer un dialogue au discours indirect ?

- **Pour les phrases déclaratives**

  On place **que** après le verbe introducteur et on répète la phrase d'origine.

  Mon fils va étudier à Londres et j'irai le voir à Noël.

  → *Elle dit que son fils va étudier à Londres et qu'elle ira le voir à Noël.*

  Attention ! Il faut respecter le changement de sujet en modifiant les pronoms sujets (*j'irai* → *elle ira*), les pronoms compléments (*qui t'emmène* → *elle lui demande qui l'emmène*) et les expressions de la possession (*mon fils* → *son fils*).

- **Pour les phrases interrogatives**

  - **Pour les questions fermées** (qui ont uniquement une réponse affirmative ou négative),

    on place **si** après le verbe introducteur et on répète la question d'origine.

    Est-ce qu'André est venu te rendre visite ?

    → *Je te demande si André est venu te rendre visite.*

  - **Pour les questions ouvertes** (qui ont une réponse développée),

    on place le mot interrogatif après le verbe introducteur et on répète la question d'origine.

    Avec qui tu partiras le week-end prochain ?

    → *Elle te demande avec qui tu partiras le week-end prochain.*

  - **Pour les questions ouvertes avec *qu'est-ce que* ou *qu'est-ce qui*,**

    on place **ce que** ou **ce qui** après le verbe introducteur et on répète la question d'origine.

    Qu'est-ce que tu veux faire pour fêter tes 20 ans ?

    → *On veut savoir ce que tu veux faire pour fêter tes 20 ans.*

- **Pour les phrases qui expriment un ordre**

  On place **de** après le verbe introducteur et on met le verbe qui suit à l'infinitif, sans répéter le sujet.

  Allons boire un café dans le jardin ! → *On te propose d'aller boire un café dans le jardin.*

  Attention ! On regroupe les mots négatifs avant le verbe à l'infinitif :

  Ne fais pas trop d'efforts ! → *Je te dis de ne pas faire trop d'efforts.*

  Rappel Quand il y a un pronom complément, il se place toujours avant le verbe à l'infinitif :

  Tu dois lui demander son avis. → *Je te conseille de lui demander son avis.*

➤ L'ordre et la place des pronoms, page 48
➤ La concordance des temps, page 92

EXERCICES

1. Écoutez et, pour chaque phrase, notez si elle est au discours direct ou indirect. 🎧 PISTE 105

	a.	b.	c.	d.	e.	f.	g.	h.
discours direct	☐	☐	☐	☐	☐	☐	☐	☐
discours indirect	☐	☐	☐	☐	☐	☐	☐	☐

2. Associez les verbes introducteurs aux phrases proposées.

- **a.** Elle dit que ○
- **b.** Elle demande qui ○
- **c.** Nous demandons de ○
- **d.** Elle demande si ○
- **e.** Elle demande ce qui ○
- **f.** Elle demande ce que ○
- **g.** Elle interdit de ○

- ○ **1.** a cassé la vitre de la salle de classe.
- ○ **2.** elle a perdu son chat.
- ○ **3.** parler à voix haute dans le musée.
- ○ **4.** s'est passé hier.
- ○ **5.** nous avons passé un bon séjour en Espagne.
- ○ **6.** ne pas parler à voix haute dans le musée.
- ○ **7.** nous avons pensé de son spectacle de danse.

3. Écoutez et notez le numéro de chaque phrase au discours direct PISTE 106
à côté de celle au discours indirect.

a. Elle te dit de ne pas faire de bêtises.   phrase n° ....

b. Il te dit qu'il a fait une bêtise.   phrase n° ....

c. Elle te demande si tu as fait une bêtise.   phrase n° ....

d. Elle te demande ce qu'il t'a fait.   phrase n° ....

e. Il te demande ce que tu as fait.   phrase n° ....

f. Il te demande qui t'a fait ça.   phrase n° ....

g. Il te demande pourquoi tu as fait cette bêtise.   phrase n° ....

4. Transformez les phrases en respectant la modification du pronom.

a. Il déclare qu'on lui a volé la montre que son père lui avait achetée.
→ Tu déclares qu'on t'a volé la montre que ton père t'avait achetée.

b. Il lui dit qu'il partira avec sa femme après leur mariage.
→ Je vous dis que…

c. Il me dit qu'il m'aime mais qu'il doit me quitter à cause de la distance.
→ Il lui dit que…

d. Je te dis que je n'ai pas pris ton portefeuille et que je ne sais pas où tu l'as mis !
→ Il me dit que…

e. Je vous affirme que je ne vous ai jamais menti au sujet de mon passé professionnel !
→ Il nous affirme que…

f. Elle nous répond qu'elle est arrivée en retard à cause de sa voiture qui était en panne.
→ Vous nous répondez que…

5. Associez les deux parties de phrase en conservant les mêmes pronoms et compléments.

a. Elle lui demande	**1.** ce qui lui a plu.
b. Vous nous demandez	**2.** quand vous partirez au Canada.
c. Il lui demande	**3.** s'il veut partir avec elle en voyage.
d. Il vous demande	**4.** que je n'ai pas voulu la blesser.
e. Je lui dis	**5.** de ne pas parler de ta vie privée.
f. On leur dit	**6.** de faire attention à leurs affaires.
g. Je te dis	**7.** ce que nous avons fait à Noël.
h. On m'interdit	**8.** de donner mon avis.

a	
b	
c	
d	
e	
f	
g	
h	

6. À l'oral, transformez les phrases au discours indirect.

Ex. : Elle te dit : « Je ne peux pas t'aider pour ton déménagement. »
→ – Elle te dit qu'elle ne peut pas t'aider pour ton déménagement.

a. Il nous affirme : « Vous ne m'avez jamais confié ce dossier ! »

b. Tu me réponds : « Je n'ai pas fait exprès de casser ta voiture ! »

c. Vous déclarez : « J'ai déjà vu cet homme avant aujourd'hui ! »

d. Tu nous dis : « Je me suis bien occupé de mon petit frère ! »

e. Vous m'affirmez : « Nous ne savions pas que vous nous donniez un test aujourd'hui ! »

f. Tu m'assures : « Je t'ai laissé un message sur ton bureau ! »

DISCOURS INDIRECT

7. Associez les phrases au discours indirect aux questions directes qui leur correspondent.

a. Je te demande qui va organiser ton mariage.

b. Nous te demandons ce que tu vas organiser pour ton mariage.

c. Il te demande qui tu as revu.

d. Il te demande ce qui a été revu.

e. On se demande qui a décidé finalement.

f. On se demande ce qu'ils ont décidé finalement.

g. Elle veut savoir si vous avez perdu cette clé.

h. Je vous demande qui a perdu cette clé.

1. Qu'est-ce qu'ils ont décidé finalement?

2. Qui a décidé finalement?

3. Qu'est-ce qui a été revu?

4. Qui est-ce que tu as revu?

5. Qui est-ce qui a perdu cette clé?

6. Est-ce que vous avez perdu cette clé?

7. Que vas-tu organiser pour ton mariage?

8. Qui va organiser ton mariage?

a	b	c	d	e	f	g	h

8. À l'oral, transformez les questions au discours indirect.

Ex. : – Vous pouvez me montrer vos papiers s'il vous plaît?

→ – Le policier lui demande si elle peut lui montrer ses papiers.

a. – Quand avez-vous obtenu votre permis de conduire?

b. – Qu'est-ce que vous faisiez avec votre téléphone à la main?

c. – Pourquoi vous rouliez si vite dans le centre ville?

d. – Qu'est-ce qui s'est passé avec votre phare avant gauche?

e. – Est-ce que votre ceinture de sécurité est cassée?

f. – Comment pouvez-vous vous maquiller en conduisant?

g. – Combien de points vous avez sur votre permis de conduire?

9. Transformez les phrases au discours direct avec le mot interrogatif qui convient (qu'est-ce que, qu'est-ce qui, qui est-ce que, qui est-ce qui, est-ce que).

a. Je te demande ce que tu as acheté. → .... tu as acheté?

b. Il veut savoir si tu as lu cet article. → .... tu as lu cet article?

c. Elle te demande ce qu'il t'a dit. → .... il t'a dit?

d. On veut savoir ce qui s'est passé. → .... s'est passé?

e. Je te demande qui vous avez invité. → .... vous avez invité?

f. Ils demandent s'ils peuvent entrer. → .... nous pouvons entrer?

g. Je veux savoir qui a cassé ce vase. → .... a cassé ce vase?

h. Nous vous demandons si elles sont arrivées. → .... elles sont arrivées?

10. **Écoutez les ordres et, oralement, transformez-les au discours indirect.**  PISTE 107

Ex. : – [Il demande aux enfants] de bien s'occuper de leur petit frère.

a. – [Il dit aux enfants] **d.** – [Il leur conseille] **g.** – [Il leur demande]

b. – [Il leur interdit] **e.** – [Il leur dit] **h.** – [Il leur demande]

c. – [Il leur ordonne] **f.** – [Il leur interdit] **i.** – [Il leur ordonne]

11. **Transformez les phrases au discours indirect.**

a. Claire demande à Bertrand : « Passe me prendre à mon bureau à 12 h 30. »

→ Claire demande à Bertrand de passer la prendre à son bureau à 12 h 30.

b. Bertrand lui dit : « Oh, ne m'attends pas à midi pour déjeuner ! »

→ ....

c. Bertrand lui demande : « S'il te plaît, prends mon costume au pressing pour moi ! »

→ ....

d. Elle lui dit : « D'accord, mais va chercher les enfants à l'école en fin d'après-midi ! »

→ ....

e. Elle lui conseille : « N'arrive pas en retard à l'école ! »

→ ....

f. Bertrand lui demande : « Fais les courses pour le dîner alors ! »

→ ....

g. Claire lui dit : « D'accord, mais c'est toi qui t'occupes du dîner ! »

→ ....

h. Bertrand lui propose : « Préparons-le ensemble plutôt ! »

→ ....

12. **Rédigez au discours indirect les obligations et les interdictions indiquées.**

Inscrivez-vous par courriel une semaine avant et indiquez-nous vos coordonnées, votre expérience et vos contrats précédents. Envoyez-nous également la scène que vous souhaitez nous présenter. Le jour du casting, ne soyez pas en retard, venez habillé en tenue de scène et venez vous présenter à l'accueil.

Notez bien le numéro que nous vous donnerons et annoncez-le au jury quand c'est à votre tour. Si vous ne pouvez plus venir, prévenez-nous par téléphone.

Après le casting, ne nous téléphonez pas pour obtenir la réponse, attendez notre courriel.

L'agence de casting nous demande de nous inscrire par courriel...

13. **À l'oral, reconstituez les phrases.**

a. [vous / vous / si / d'aide / avez / demande / besoin / Je]

b. [qu'ils / expliques / Tu / absence / doivent / leur / justifier / leur]

c. [pas /lui / me / n'a / dit / pu / cadeau / Elle / donner / son / qu'elle]

d. [de / On / répéter / interdit / le / nous / a]

e. [nous / s'est / notre / qui / passé / Il / à / fête / demande / ce]

f. [carte / veux / où / mis / savoir / vous / ma / Je / bancaire / avez]

14. **Récrivez cette conversation au discours indirect avec les verbes** 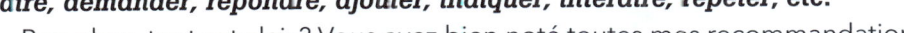 *dire, demander, répondre, ajouter, indiquer, interdire, répéter,* **etc.**

– Bon alors, tout est clair ? Vous avez bien noté toutes mes recommandations ?

– Oui maman, on a pris les numéros d'urgence, la trousse de secours et l'adresse du médecin le plus proche de notre camping.

– Bien, appelez-nous dès que vous arrivez !

– Oui, nous vous téléphonerons. Arrête de t'inquiéter !

– Est-ce que vous avez pris le produit anti-venin ?

– Oui ! Pourquoi tu es si stressée ? Nous ne partons que trois jours à la plage !

– Je sais ! Mais faites bien attention à vous !

– D'accord, d'accord. Et qu'est-ce que tu veux comme souvenir de l'Île de Ré ?

– Ne m'achetez pas de souvenir ! Je veux seulement vous revoir sains et saufs dans trois jours !

Adeline demande à ses enfants si tout était clair et s'ils ont bien noté ses recommandations.

15. **À l'oral, transformez les phrases au discours indirect avec *ils nous disent, ils demandent.***

Ex. : Est-ce que vous avez pris votre passeport ?

→ – Ils nous demandent si nous avons pris notre passeport.

a. Ne faites pas trop de bruit dans le camping le soir !

b. Faites attention à vos affaires !

c. J'ai préparé un repas que j'ai mis dans votre sac.

d. Donnez-moi des nouvelles régulièrement !

e. Qu'est-ce que vous allez faire comme activités ?

f. Votre tante n'habite pas loin, elle ira vous rendre visite.

g. Qui est-ce que vous connaissez là-bas ?

 **PRENEZ LA PAROLE !**

16. **Vous [A] et votre ami(e) [B] téléphonez à votre colocataire [C]. Vous transmettez les questions de C à A et les réactions de B à C. Jouez la conversation à trois et échangez les rôles.**

Ex. : [C] – Vous êtes bien installés ?

[A] – Elle nous demande si nous sommes bien installés.

[B] – Oui, le camping est très agréable et il fait beau.

[A] – Il dit que le camping est agréable et qu'il fait beau.

[C] – …

grâce à, donc, afin de...

À cause de la neige, mon train a été annulé.

OBSERVEZ  PISTE 108

*Je devais partir à Londres **afin de** passer un entretien d'embauche. Mais **à cause de** la neige, mon train a été annulé. J'ai **donc** décidé de prendre un avion et **grâce à** mon père, j'ai pu arriver à temps à l'aéroport. **Comme** je n'avais pas encore acheté mon billet, j'ai fait la queue à un guichet mais je n'ai pas entendu l'annonce qui disait: « Il y a **tellement de** neige que les avions ne peuvent pas décoller. **Par conséquent**, tous les vols sont annulés ; **c'est pourquoi** nous vous demandons de bien vouloir patienter. Il faudra plusieurs heures **pour que** le trafic aérien revienne à la normale. » Quand je suis arrivé devant l'hôtesse, elle m'a regardé bizarrement et m'a dit : « **Puisque** tous les vols sont annulés, vous ne pouvez pas acheter de billet ! »*

RÉFLÉCHISSEZ

1. Associez.

afin de passer un entretien ○

à cause de la neige ○   ○ introduit la cause (= une explication)

par conséquent, tous les vols sont annulés ○   ○ introduit la conséquence (= un résultat)

pour que le trafic aérien revienne à la normale ○   ○ introduit le but (= un objectif)

puisque tous les vols sont annulés ○

2. Cochez.

On utilise *puisque, comme* avant   ☐ un verbe ☐ un adjectif ☐ un nom.

On utilise *à cause de, grâce à* avant   ☐ un verbe ☐ un adjectif ☐ un nom.

à cause de introduit une cause   ☐ positive ☐ négative.

grâce à introduit une cause   ☐ positive ☐ négative.

3. Cochez.

On utilise *donc, c'est pourquoi, par conséquent* devant ☐ un verbe ☐ un adjectif ☐ un nom.

On utilise *tellement de* devant ☐ un verbe ☐ un adjectif ☐ un nom.

4. Cochez.

Je devais partir à Londres afin de passer un entretien d'embauche.

Les sujets sont ☐ identiques ☐ différents.

Après *afin de*, on utilise ☐ l'infinitif ☐ l'indicatif ☐ le subjonctif.

Il faudra plusieurs heures pour que le trafic aérien revienne à la normale.

Les sujets sont ☐ identiques ☐ différents.

Après *pour que*, on utilise ☐ l'infinitif ☐ l'indicatif ☐ le subjonctif.

Quels articulateurs logiques pour exprimer la cause, la conséquence et le but ?

- **La cause** (explique une situation)

  • Une cause (positive ou négative) :
  parce que + sujet + verbe à l'indicatif
  Je ne suis pas parti parce qu'il neigeait.
  car* + sujet + verbe à l'indicatif
  J'ai pleuré car j'ai raté mon entretien.

  * *car* ne peut pas se placer en début de phrase et est surtout utilisé à l'écrit.
  en raison de + groupe nominal
  En raison de la neige, je ne suis pas parti.

  • Une cause positive :
  grâce à + groupe nominal ou pronom
  Grâce à mon père, j'ai pu arriver à temps.
  Grâce à lui, j'ai pu arriver à temps.

  • Une cause négative :
  à cause de + groupe nominal ou pronom
  Mon train est annulé à cause de la neige.
  Je suis arrivé en retard à cause de toi.

  • Une cause évidente :
  puisque + sujet + verbe à l'indicatif
  Puisque les vols sont annulés,
  vous ne pouvez pas acheter de billet.

  • Pour insister sur la cause :
  comme* + sujet + verbe à l'indicatif
  Comme je n'avais pas acheté mon billet,
  j'ai fait la queue à un guichet.

  * *comme* est placé en début de phrase.

- **La conséquence** (indique un résultat)

  • Une conséquence simple :
  donc / alors
  J'ai donc décidé de prendre un avion.
  Alors j'ai décidé de rentrer.
  par conséquent / en conséquence*
  Par conséquent, tous les vols sont annulés.
  En conséquence, le magasin sera fermé.

  * *en conséquence* est surtout utilisé dans le langage administratif.
  c'est pourquoi
  Tous les vols sont annulés ; c'est pourquoi
  nous vous demandons de patienter

  • Pour indiquer une conséquence avec une notion d'intensité :
  tellement / si + ***que*** avec un adjectif ou un adverbe :
  Je suis parti si vite que j'ai oublié mon sac.
  Je suis parti tellement vite que j'ai oublié...
  tant de / tellement de + ***que*** avec un nom :
  Il y a tant de neige que les avions ne décollent pas.
  Il y a tellement de neige que les avions...
  tellement / tant + ***que*** avec un verbe :
  Il neige tant que les avions ne décollent pas.
  Il neige tellement que les avions...

  Remarque Aux temps composés, on peut écrire *donc, alors, tellement, tant* entre l'auxiliaire et le participe passé :
  J'ai donc décidé de prendre un avion.

- **Le but** (exprime un objectif)
  pour / afin de + infinitif, lorsque les sujets sont identiques :
  Il est venu pour m'aider. / Il téléphone afin de me rendre service.
  pour que / afin que + subjonctif, lorsque les sujets sont différents :
  Il vient pour que je sois à l'heure. / Il téléphone afin que je puisse partir.

➤ Le subjonctif, page 204

EXERCICES

1. Écoutez puis notez l'articulateur logique et ce qu'il exprime : C (la cause), CQ (la conséquence), B (le but). PISTE 139

a. comme (C)   e. ____   i. ____   m. ____
b. ____   f. ____   j. ____   n. ____
c. ____   g. ____   k. ____   o. ____
d. ____   h. ____   l. ____

2. Associez (plusieurs possibilités).

a. J'ai trouvé un logement

b. On lui a donné de l'argent

c. Il était tellement content

d. Mon ordinateur est en panne

e. Il a été bloqué une journée à Bali

f. Il est venu en France

g. Nathan n'est pas venu

1. pour apprendre une nouvelle langue.

2. grâce à toi.

3. qu'il m'a embrassé.

4. parce qu'il est malade.

5. donc je vais en acheter un nouveau.

6. à cause d'une tempête.

7. afin qu'il s'achète de nouveaux vêtements.

a	b	c	d	e	f	g

3. Soulignez la proposition qui convient.

a. Elle a appris le russe [grâce à / puisque / parce que] ses parents.

b. Malheureusement, je n'irai pas travailler [à cause de / car / grâce à] la neige.

c. Ne viens pas me voir [grâce à / car / en raison de] je suis malade.

d. [Comme / Grâce à / Car] Marc, nous avons pu ouvrir le magasin à temps.

e. [Parce que / En raison de / Comme] tu connais bien le dossier de M. White, je te le laisse.

f. On va faire nos courses de Noël demain [parce que / comme / en raison] il y aura moins de monde.

g. [Puisque / Comme / En raison de] une panne informatique, notre service est fermé jusqu'à demain.

h. [À cause de / Parce que / Puisque] tu sors, est-ce que tu peux aller chercher les enfants à la crèche ?

4. Écrivez les phrases avec *grâce à, à cause de* et *parce que*.

a. [je sais coudre – ma mère]
   Je sais coudre grâce à ma mère.

b. [le bus ne passera pas – la neige]

c. [je vais pouvoir réaliser mon rêve – toi]

d. [il a créé une association – les dons des gens]

e. [on a déménagé – nos voisins étaient trop bruyants]

f. [nous sommes bloqués chez nous – le mauvais temps]

g. [je suis arrivé en retard – ma voiture est tombée en panne]

h. [je ne viendrai pas demain – mes enfants viennent me rendre visite]

CAUSE, CONSÉQUENCE, BUT

5. Reconstituez les phrases.

a. [tu / connaître / puisque / tu / es / française / dois / Zazie]

....

b. [l' / a / raison / d'/ évacué / immeuble / incendie / été / en / un]

....

c. [a / fermée / grève / rue / en / d' / une / raison / été / la / principale]

....

d. [s'est /elle / peut / pas / parce / qu' / elle / ne / sortir / la / cassé / jambe]

....

e. [mes / j' / perdu / dû / téléphoner / serrurier / comme / ai / clés / j' / ai / au]

....

f. [pourras / me / faire / bien / le / comme / tu / connais / Mexique / tu / visiter]

....

g. [ont / sauvés / grâce / à / des / pompiers / intervention / ils / été / l' / rapide]

....

h. [chez / de / ton / rendez-vous / le / à / ai / cause / retard / j'/ mon / dû / annuler / dentiste]

....

6. À l'oral, faites des phrases en associant les causes et les conséquences proposées (plusieurs possibilités).

Causes

a. Les gens ont pris conscience des problèmes environnementaux.
b. Le tramway se développe dans les villes.
c. L'eau est une ressource limitée.
d. Le pétrole pollue l'atmosphère.
e. Les rivières sont polluées.
f. On trie les déchets.

Conséquences

1. On préserve la planète
2. Il faut économiser l'eau au quotidien.
3. Il faut développer des énergies vertes.
4. Il y a moins de pollution dans les villes.
5. Le parti écologique remporte de plus en plus de voix.
6. Certaines espèces de poissons sont en voie de disparition.

Ex. : – Comme les rivières sont polluées, certaines espèces de poissons sont en voie de disparition. / Les rivières sont polluées donc certaines espèces de poissons sont en voie de disparition.

7. **Transformez les phrases en utilisant les mots proposés.**

a. Nous n'utilisons pas d'aérosols parce que nous ne voulons pas polluer l'air. [donc]

→ Nous ne voulons pas polluer l'air donc nous n'utilisons pas d'aérosols.

b. Comme tu as 18 ans, tu peux voter. [alors]

→ _____

c. Je suis parti parce qu'à 19 h il n'était toujours pas arrivé. [alors]

→ _____

d. Ils sont fatigués parce qu'ils se sont couchés très tard. [c'est pourquoi]

→ _____

e. Comme tu es très occupé, je ne vais pas te déranger plus longtemps. [donc]

→ _____

f. Je suis bilingue car mon père est canadien et ma mère turque. [par conséquent]

→ _____

g. Le gouvernement va augmenter la prime au logement car les loyers ont fortement augmenté. [en conséquence]

→ _____

8. **Complétez avec *tellement (de)... que, si... que, tant (de)... que* (plusieurs possibilités).**

a. Il a mangé _____ vite _____ il a mal au ventre.

b. Vous avez _____ livres _____ je ne sais pas lequel choisir.

c. Pascaline est _____ gentille _____ tout le monde l'aime.

d. Il fait _____ chaud _____ tous les habitants sont sur la plage.

e. On a _____ travail _____ on doit embaucher un nouveau salarié.

f. Il a été _____ désagréable avec moi _____ je refuse de lui parler.

g. Elle a _____ étudié _____ elle ne pouvait pas échouer à son examen.

h. Laurence s'est _____ investie pour aider ses collègues _____ elle a été élue pour représenter les salariés.

9. **Complétez avec des expressions du but (plusieurs possibilités).**

a. Resto Noir

Venez dîner dans l'obscurité totale et laissez-vous guider par des non-voyants. Ce concept a été créé _____ vous viviez une expérience unique et _____ tous vos sens soient en éveil. Notre équipe sera là _____ vous conseiller et _____ vous orienter à l'intérieur du restaurant.

b. Resto Air

_____ vos plats prennent tout leur envol, laissez-vous séduire par notre restaurant situé à 100 mètres au-dessus du sol. Une équipe de professionnels est présente dans la montgolfière _____ assurer votre sécurité et _____ vous offrir un dîner extraordinaire !

10. **Écrivez une seule phrase avec *afin de* ou *afin que*.**

   a. Les habitants réclament une nouvelle ligne de tramway. Ils pourront circuler plus facilement dans la ville.

   Les habitants réclament une nouvelle ligne de tramway afin de circuler plus facilement dans la ville.

   b. J'ai téléphoné au médecin. Il me donne des conseils.

   c. Lola fait des économies. Elle veut offrir un voyage à ses enfants.

   d. J'ai augmenté le volume de la télévision. Tout le monde va entendre.

   e. Nous allons contacter les anciens élèves. Ils assistent à la remise des diplômes.

   f. Nous partons quelques jours à la montagne. Nous voulons respirer un air pur.

   g. J'ai réglé ta facture d'eau avant le 15 septembre. Tu n'auras aucun problème.

11. **Complétez avec *pour, pour que, comme, grâce à, parce que, tellement*.**

   Nous sommes trois ingénieurs et nous avons décidé de créer un site internet .... les jeunes prennent conscience des dangers de l'alcool. .... le nombre d'accidents de la route augmente chaque année, nous avons eu une idée : créer un site où des personnes volontaires s'inscriraient .... emmener 3 ou 4 personnes. .... ces capitaines de soirées, vous pourrez rentrer chez vous en toute sécurité. Vous vous sentirez .... soulagés de ne pas prendre le volant que vous passerez une très bonne soirée. Pour vous, c'est la solution rêvée .... passer une bonne soirée .... vous n'aurez pas besoin de compter le nombre de verres que vous prendrez.

12. **Rédigez pour votre blog un texte (environ 80 mots) de présentation de l'association avec des connecteurs de cause, de conséquence et de but.**

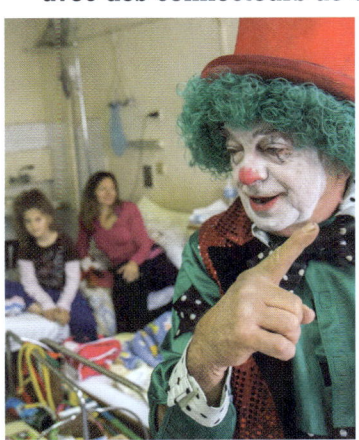

[Association Hôpi'Clowns : Des clowns viennent dans les hôpitaux une fois par semaine – Les parents et l'équipe médicale ont la possibilité de participer aux interventions des clowns.]
[**Causes** : conditions de vie difficile pour les enfants – souffrance des enfants]
[**Conséquences** : rire des enfants – meilleur moral des enfants]
[**Buts** : améliorer la qualité de vie des enfants hospitalisés – redonner le sourire aux enfants – moments de détente pour les parents, l'équipe médicale et les enfants – montrer que le rire peut aussi être à l'intérieur de l'hôpital]

L'association Hôpi'Clowns a été créée pour améliorer la qualité de vie des enfants hospitalisés...

 **PRENEZ LA PAROLE !**

13. **Votre ami(e) aimerait être bénévole. Il/Elle vous pose des questions et vous lui présentez votre association. Utilisez les articulateurs de cause, conséquence et but.**

   Ex. : – J'aimerais bien faire partie d'une association. Quel est l'objectif de la tienne ?

par contre, bien que, à la place de, quand même…

Nous espérons quand même que vous continuerez à nous accorder votre confiance.

OBSERVEZ  PISTE 110

*Comme vous le savez, notre entreprise a rencontré de graves problèmes techniques le mois dernier et **même si** la production a vite redémarré, le retard accumulé n'a pu être totalement comblé **alors que** les équipes ont travaillé jour et nuit.*

***Contrairement à** nos prévisions, nous ne pourrons pas vous livrer la totalité des commandes prévue pour le 30 mars. **Par contre**, nous pouvons livrer la 1re moitié le 20 mars et la 2e partie le 10 avril. Les équipes devront **cependant** travailler de nuit jusqu'à fin mai.*

***Bien que** nous ayons conscience que cette solution n'est pas commercialement idéale, elle semble être la meilleure. **Nous avons beau** augmenter la production, elle ne peut se faire au détriment de la qualité. Nous sommes ouverts à toute autre proposition **à la place de** celle-ci. Nous espérons **quand même** que vous continuerez à nous accorder votre confiance.*

RÉFLÉCHISSEZ

1. Cochez.

On utilise *contrairement à* avant ☐ un verbe ☐ un groupe nominal ou un pronom.
On utilise *à la place de* avant ☐ un verbe ☐ un groupe nominal ou un pronom.

Cependant et *par contre* se placent ☐ en début ☐ en milieu ☐ en fin de phrase.

Après *bien que*, on utilise ☐ l'infinitif ☐ l'indicatif ☐ le subjonctif.
Après *même si*, on utilise ☐ l'infinitif ☐ l'indicatif ☐ le subjonctif.
Après *alors que*, on utilise ☐ l'infinitif ☐ l'indicatif ☐ le subjonctif.

Quand même se place ☐ avant le verbe ☐ après le verbe.

2. Écrivez.

Retrouvez dans le dialogue la phrase équivalente à celle-ci :
Même si nous augmentons la production, elle ne peut se faire au détriment de la société.

....

....

3. Cochez.

Après *avoir beau*, on utilise ☐ l'infinitif ☐ l'indicatif ☐ le subjonctif.

Quels articulateurs logiques pour l'opposition et la concession ?

- **L'opposition**

  L'opposition souligne une contradiction.

  - **au contraire, à l'opposé, en revanche, par contre, alors que, tandis que** + proposition

  Par contre, nous pouvons livrer la 1ʳᵉ moitié le 20 mars et la 2ᵉ partie le 10 avril.

  Le retard accumulé n'a pu être totalement comblé alors que les équipes ont travaillé jour et nuit.

  - **au lieu de, à la place de** + verbe à l'infinitif

  Nous vous avons livré 50 caisses de fruits au lieu de vous en livrer 60.

  - **au contraire de, au lieu de, à la place de, contrairement à** + groupe nominal / pronom

  Contrairement à nos prévisions, nous ne pourrons pas vous livrer la totalité des commandes.

  Nous sommes ouverts à toute autre proposition à la place de celle-ci.

- **La concession**

  La concession introduit une idée contraire à celle prévue par les circonstances.

  - **mais, pourtant, cependant** + phrase

  Les équipes devront cependant travailler de nuit jusqu'à fin mai.

  - **quand même**＊ + proposition

  Nous espérons quand même que vous continuerez à nous accorder votre confiance.

  - **bien que** + verbe au subjonctif

  Bien que nous ayons conscience que cette solution n'est pas idéale, elle semble être la meilleure.

  - **même si** + verbe à l'indicatif

  Même si la production a vite redémarré, le retard accumulé n'a pu être totalement comblé.

  - **malgré** + groupe nominal

  Malgré nos problèmes, nous allons tout faire pour vous livrer à temps.

  - **avoir beau** + verbe à l'infinitif

  Nous avons beau augmenter la production, elle ne peut se faire au détriment de la qualité.

  ＊ Se place toujours après le verbe.

EXERCICES

1. **Écoutez et notez l'articulateur logique que vous entendez.** 🎧 PISTE 111

a. ....   d. ....   g. ....

b. ....   e. ....   h. ....

c. ....   f. ....   i. ....

2. **Soulignez la proposition qui convient.**

a. [Contrairement à / Au lieu de] toi, je ne lis jamais le journal.

b. Elsa est anglaise [à la place de / tandis que] Kassijan est croate.

c. Je ne suis pas allé lui rendre visite [à la place de / alors que] je lui avais promis.

d. Il travaille tous les jours [alors que / contrairement à] sa femme travaille à mi-temps

e. Mira fait des études scientifiques [au lieu de / tandis que] son frère fait des études littéraires.

f. Elle ne peut pas vous répondre maintenant. [Au lieu de / En revanche], vous pouvez lui laisser un message.

3. Associez.

a. Tu devrais travailler plus au lieu de ○   ○ toi, je travaille dur.

Je travaille tous les samedis alors qu' ○   ○ sortir tous les soirs.

Contrairement à ○   ○ il ne travaille qu'un samedi sur deux.

b. Elle écoute de la musique tandis qu' ○   ○ la salsa.

Elle préfère écouter du rap à la place de ○   ○ elle devrait faire ses devoirs.

Au contraire de ○   ○ sa sœur, elle écoute du rap.

c. Tu pourrais m'aider au lieu de ○   ○ son amie, il ne bavarde pas.

Je vais t'aider, par contre ○   ○ bavarder.

Au contraire de ○   ○ tu dois arrêter de bavarder.

4. Reliez les phrases à l'aide des mots proposés (plusieurs possibilités).

a. Je vais prendre un thé. Je ne vais pas prendre un café. [à la place de]

Je vais prendre un thé à la place d'un café.

b. Le magasin était vide. J'ai attendu trente minutes à la caisse. [tandis que]

c. Martin est solitaire. Clara adore faire de nouvelles rencontres. [au contraire]

d. Marine voyage cinq fois par an. Azélice ne part jamais en vacances. [par contre]

e. Mon fils déteste les légumes. Il adore les bonbons et les gâteaux. [en revanche]

f. Mon frère adore les sports d'hiver. Ma sœur déteste les sports d'hiver. [alors que]

g. Nous partons en Turquie. Nous n'allons pas en Tunisie comme prévu. [au lieu de]

5. À l'oral, exprimez ce qui oppose ce couple en utilisant les éléments proposés (plusieurs possibilités).

Ex. : – Il déteste faire les boutiques alors qu'elle adore la mode.

CONNECTEURS LOGIQUES

[par contre / au lieu de / au contraire / à l'opposé / alors que / tandis que / en revanche]

LUI

[détester faire les boutiques]

[fumer]

[faire beaucoup de sport]

[adorer aller au cinéma]

[aimer la cuisine thaï]

[partir en vacances à la montagne]

ELLE

[adorer la mode]

[ne pas fumer]

[détester le sport]

[préférer regarder un film à la télé]

[aimer la cuisine italienne]

[partir en vacances à la mer]

OPPOSITION ET CONCESSION

6. Associez (plusieurs possibilités).

a. Il a été malade. Cependant,

b. Il aura beaucoup de travail mais

c. Il ira travailler bien qu'

d. Il ira au bureau même s'

e. Il ira travailler malgré

f. Il a beau travailler énormément,

1. il viendra quand même à notre fête.

2. il n'arrive pas à faire des économies.

3. la fatigue.

4. il ait de la fièvre.

5. il est un peu malade.

6. il est allé travailler.

a	b	c	d	e	f

7. Soulignez la proposition qui convient.

a. Le soleil brille [bien que / malgré / mais] il fait un peu frais.

b. [Malgré / Pourtant / Mais] la neige, les bus circuleront toute la journée.

c. J'espère [quand même / malgré / même si] qu'il sera là à ton anniversaire.

d. Ma télévision ne fonctionne pas [malgré / pourtant / bien que] elle est neuve.

e. Tu peux te tenir correctement à table [bien que / même si / mais] tu es fatigué.

f. [Par contre / Bien que / Malgré] je l'aime, il y a des jours où je ne le supporte pas.

g. Tu peux venir chez nous [même si / bien que / cependant] tu ne restes que quelques minutes.

h. J'aime bien faire du volley [par contre / bien que / même si] je déteste faire de la gymnastique.

8. Reconstituez les phrases.

a. [a / terminé / à / malgré / fatigue / la / Il / temps / .]

b. [Il / , / beau / a / y / faire / il / efforts / des / arrive / n' / pas / .]

c. [exigent / Il / est / quand / mais / je / apprécie / l' / même / .]

d. [Je / même / fais / ai / douleurs / sport / du / si / j' / quelques / .]

e. [malgré / Je / ai / lui / donné / chance / une / autre / attitude / son / .]

f. [doit / payer / peut / Elle / trente / venir / . / elle / Cependant / euros / .]

g. [mais / robe / cher / Cette / coûtait / je / achetée / même /quand / ai / l' /.]

h. [il / son / Bien / qu' / il / connu / ait / difficultés / des / a / surmonté / handicap / .]

9. **Écrivez une seule phrase avec les mots proposés.**

a. Tu as des facilités. Tu dois étudier plus. [même si]

Même si tu as des facilités, tu dois étudier plus.

b. On les a aidés. On ne les aime pas. [mais – quand même]

c. Il fait froid. On va au Canada. [malgré]

d. Votre discours était long. Il était intéressant et clair. [cependant]

e. Je te donne 20 €. Je t'ai déjà donné ton argent de poche. [même si]

f. On doit quitter l'hôtel à 9 h. On m'avait dit 11 h au téléphone. [pourtant]

g. Sofia va accepter la proposition de Dounia. Sofia n'est pas d'accord. [bien que]

h. Louane est toujours de bonne humeur. Elle a des problèmes familiaux. [malgré]

10. **Transformez les phrases en utilisant *avoir beau*.**

a. Elle peut se lever même si elle est malade.
→

b. Il a neigé toute la nuit mais les routes sont dégagées.
→

c. Le taxi coûte cher. Pourtant, je le prends tous les jours.
→

d. Bien que la vie soit chère à New-York, je vais m'y installer.
→

e. Même si Lola ne travaille pas, elle dépense beaucoup d'argent.
→

f. J'ai vécu vingt ans au bord de la mer. Cependant, je ne sais pas nager.
→

g. Bien qu'elle ait eu 30 ans le mois dernier, elle n'est toujours pas responsable.
→

11. **Complétez avec les articulateurs proposés.**

[malgré – contrairement à – alors que – quand même – bien que – au lieu de]

Les Français conduisent de petites voitures _____ ils ont de grandes autoroutes !
Ils pensent qu'ils ont la meilleure cuisine du monde _____ leur cuisine préférée
soit la cuisine italienne ! _____ nous, ils mangent des escargots ! _____
leurs cinq semaines de congés par an, ils demandent encore plus de vacances ! Et quand ils
partent à l'étranger, _____ profiter du paysage, ils aiment bien râler ! Ah, ils sont
fous ces Français, mais on les aime bien _____ !

12. **Rédigez un texte (environ 100 mots) où vous comparez et opposez**
les habitudes françaises et japonaises.

France

[manger avec une fourchette et un couteau]

[garder ses chaussures dans la maison]

[faire la bise ou se serrer la main pour saluer]

[ouvrir le cadeau devant la personne qui l'a offert]

[pouvoir fumer dans la rue]

[offrir souvent un bouquet de fleurs ou une bouteille de vin]

Japon

[manger avec des baguettes]

[se déchausser à l'entrée]

[s'incliner pour dire bonjour]

[ouvrir le cadeau seul]

[ne pas fumer dans la rue sauf dans les endroits prévus]

[offrir souvent de la nourriture lorsque l'on est invité]

Au Japon, on mange avec des baguettes alors qu'en France,
on mange avec une fourchette et un couteau.

13. **À l'oral, comparez et opposez deux époques en utilisant les mots proposés.**

Ex. : – Avant les femmes n'avaient pas le droit de vote alors que maintenant elles peuvent voter.

Il y a 100 ans

[ne pas avoir le droit de vote – travailler plus de 40 heures par semaine – marcher beaucoup –
laver le linge à la main – ne pas avoir de cours le jeudi]

Maintenant

[voter – travailler 35 heures – utiliser les voitures – utiliser le lave-linge – ne pas avoir
de cours le mercredi – surfer sur Internet]

 **PRENEZ LA PAROLE !**

14. **Vous avez 80 ans. Racontez à votre petit-fils les changements qui se sont produits
au fil des années. Utilisez un maximum d'articulateurs d'opposition et de concession.**

Ex. : – Avant, on écrivait des lettres pour inviter des amis alors que maintenant les jeunes
envoient des messages sur les réseaux sociaux.

dès que, avant que, tant que...

J'ai rencontré ta mère après avoir terminé mes études.

❶ — *Nous habitions à la campagne **lorsque** nous nous sommes connus.*
***Pendant que** ton grand-père faisait son service militaire, nous étions séparés. **Après qu'**il a terminé son service, nous sommes partis vivre à Paris.*
❷ — *J'ai rencontré ta mère **après** avoir terminé mes études. Nous nous sommes croisés **alors** que nous cherchions un appartement tous les deux !*
***Dès que** je l'ai vue, j'ai eu le coup de foudre !*
❸ — *Et toi Lili ? **Quand** penses-tu vivre avec Miguel ?*
— ***Tant qu'**il travaille au Chili, nous ne pouvons pas vivre ensemble. Il doit y rester **jusqu'à ce que** son contrat s'arrête.*
— *Tu vas aller le voir **avant qu'**il rentre en France ?*
— *Oui, je vais y aller **avant de** reprendre mes cours. Il me manque beaucoup **depuis qu'**il est reparti !*

RÉFLÉCHISSEZ

1. Lisez et cochez. ❶

Nous habitions à la campagne lorsque nous nous sommes connus.
Pendant que ton grand-père faisait son service militaire, nous étions séparés.
☐ L'action au passé composé s'est passée après l'action à l'imparfait.
☐ Les actions se sont passées au même moment.

2. Cochez. ❶ ❷

Il a terminé son service.	se passe	☐ avant	☐ après	*Nous sommes partis vivre à Paris.*
J'ai rencontré ta mère.	se passe	☐ avant	☐ après	*J'ai terminé mes études.*
J'ai eu le coup de foudre.	se passe	☐ avant	☐ après	*Je l'ai vue.*

3. Répondez et écrivez. ❸
Numérotez les actions dans l'ordre chronologique :
Elle va aller voir son petit ami. → ....
Il va rentrer en France. → ....
Elle va reprendre les cours. → ....
Quel connecteur est utilisé pour lier ces actions ? ....

4. Cochez. ❸

– L'action principale (*il doit y rester*)
  ☐ commence ☐ se termine quand l'action secondaire (*son contrat se termine*) a lieu.
– L'action principale (*nous ne pouvons pas vivre ensemble*)
  ☐ a lieu ☐ se termine quand l'action secondaire (*il travaille au Chili*) se termine.
– L'action principale (*il me manque beaucoup*) ☐ n'est pas terminée ☐ est terminée.
– L'action secondaire (*il est parti*) ☐ marque le début ☐ la fin de l'action principale.

5. Cochez. ❷ ❸
Quand les deux actions ont le même sujet,
on utilise ☐ *avant que / après que* ☐ *avant de / après* + l'infinitif.
Avec *après que*, on utilise ☐ le subjonctif ☐ l'indicatif.
Avec *avant que*, on utilise ☐ le subjonctif ☐ l'infinitif.

Quels indicateurs temporels utiliser pour lier deux actions ou situations ?

- **Actions simultanées**

  On utilise **pendant que, lorsque, alors que** quand les deux actions ou situations se passent en même temps.
  Nous habitions à la campagne lorsque nous nous sommes connus.
  Nous nous sommes croisés alors que nous cherchions un appartement.

- **Action principale postérieure**

  On utilise **après, après que, dès que** quand l'action principale se passe après l'action secondaire
  J'ai rencontré ta mère après avoir terminé mes études. Dès que je l'ai vue, j'ai eu un coup de foudre.

- **Action principale antérieure**

  • On utilise **avant de, avant que**＊ quand l'action principale se passe avant l'action secondaire.
  Tu vas aller le voir avant qu'il rentre ? / Je vais y aller avant de reprendre mes cours.

  • On utilise **jusqu'à ce que**＊ quand l'action principale se termine au moment où l'action secondaire a lieu.
  Il doit y rester jusqu'à ce que son contrat s'arrête.

  • On utilise **tant que** quand l'action principale se termine en même temps que la situation secondaire.
  Tant qu'il travaille au Chili, nous ne pouvons pas vivre ensemble.

- **Action principale = début de l'action secondaire**

  On utilise **depuis que** quand l'action principale marque le début de l'action secondaire.
  Il me manque beaucoup depuis qu'il est parti !

- **Les verbes**

  • les deux actions ont le même sujet : le verbe est à l'infinitif
  J'ai rencontré ta mère après avoir terminé mes études. / Je vais y aller avant de reprendre mes cours.

  • les deux actions ont deux sujets différents : le verbe est à l'indicatif＊
  Dès que je l'ai vue, j'ai eu un coup de foudre.

  ＊ Avec *avant que, jusqu'à ce que*, on utilise le subjonctif :
  Tu vas aller le voir avant qu'il rentre ? / Il doit y rester jusqu'à ce que son contrat s'arrête.

Attention ! Avec *après, après que*, on utilise un temps composé : *J'ai rencontré ta mère après avoir terminé mes études.*

> ➤ Les connecteurs temporels, page 98

EXERCICES

1. **Écoutez et notez le numéro de la phrase pour chaque indicateur temporel.** 🎧 PISTE 113

après que ☐   pendant que ☐   après ☐   jusqu'à ce que ☐
tant que ☐   avant de ☐   avant que ☐   lorsque ☐

2. **Indiquez quelle action s'est passée en premier (1), en deuxième (2) ou si les deux actions sont simultanées (=).**
   a. Finis tes devoirs [1] avant de sortir jouer dehors [2] !
   b. Les enfants iront dormir [___] avant que le film soit fini [___].
   c. Dès que nous aurons eu la réponse [___], nous te préviendrons [___].
   d. Je ne connaissais pas Jacques [___] jusqu'à ce que tu me le présentes [___].
   e. Après avoir cherché des heures [___], nous avons enfin trouvé la bonne route [___] !
   f. Je travaillais dans une boutique [___] quand on m'a proposé le poste de gérant [___].

3. Soulignez l'indicateur temporel qui convient.

   a. Tu viendras nous voir [après / avant de] déménager ?

   b. J'ai revu Andréa [alors que / dès que] je voyageais en Italie.

   c. Je te téléphonerai [après / après que] être rentré de vacances.

   d. Nous vivions à Megève [quand / après que] nous étions enfants.

   e. Il sera rassuré [tant que / dès que] il aura les résultats de ses examens.

   f. Nous l'avons soutenue [jusqu'à ce que / pendant que] elle aille mieux.

   g. Je ne te pardonnerai pas [pendant que / tant que] tu ne te seras pas excusé.

   h. Marie travaillait à Bruxelles [pendant que / après que] son mari était en poste à Lille.

4. Associez pour former les phrases (plusieurs possibilités).

   a. Elle n'a rien dit   **1.** avant de quitter la scène.

   b. Je pourrai garder les enfants   **2.** pendant qu'elle travaillera.

   c. Nous continuons l'exercice   **3.** après avoir terminé ses études aux États-Unis.

   d. Elle retournera en France   **4.** après qu'elle vous a menti.

   e. Vous ne pouvez plus la croire   **5.** jusqu'à ce qu'elle nous dise d'arrêter.

   f. Ne lui dites rien   **6.** avant qu'elle arrive.

   g. Elle a remercié tout le monde   **7.** tant qu'elle n'était pas sûre de son succès.

   h. Elle est venue travailler   **8.** quand elle était malade.

a	b	c	d	e	f	g	h

5. Écoutez et répondez oralement en utilisant les éléments proposés. 🎧 PISTE 114

   Ex. : [oui / planter / la tente / avant de]

   → – Oui, nous avons fait les courses avant de planter la tente.

   a. [oui / nos enfants / revenir de leur camp de vacances / jusqu'à ce que]

   b. [oui / faire la balade à vélo / pendant que]

   c. [oui / ne pas pleuvoir / tant que]

   d. [rentrer chez nous / après]

   e. [oui / quitter le camping / avant de]

6. Reconstituez les phrases.

   a. [attention / tu / conduis / Fais / lorsque / !]

   b. [revus / Vous / après / êtes / études / vous / avoir / terminé / vos / ?]

   c. [son / ce / . / régime / qu' / Elle / jusqu'à / été / on / soit / en / continue]

   d. [Je / n' / que / pas / . / être / de / aurai / temps / reviennes / terminer / le / avant / tu]

   e. [ferons / . / beau / barbecues / des / dans / Nous / jardin / tant qu' / il / le / fera]

INDICATEURS TEMPORELS

7. **Répondez oralement aux questions à partir des éléments proposés.**

Ex. : – Qu'est-ce que vous avez fait après vos études ?
[obtenir mon diplôme – partir faire le tour du monde – après]
→ – Après avoir obtenu mon diplôme, je suis parti faire le tour du monde.

a. – Quand avez-vous décidé de travailler dans l'humanitaire ?
[travailler dans un hôpital en Afrique – pendant que]

b. – Quand êtes-vous allé en Afrique ?
[partir vivre au Vietnam – avant de]

c. – Vous comptez rester longtemps au Vietnam ?
[mes enfants – grandir – jusqu'à ce que]

d. – Que ferez-vous à votre retour en France ?
[chercher un travail – ma femme – prendre des cours de français – lorsque]

e. – Vous souhaiteriez repartir dans un autre pays ?
[nous – prendre une décision – vivre quelques années en France – après]

8. **Rédigez un texte (environ 75 mots) à la première personne sur le parcours**  **d'un étudiant de français, à partir des éléments proposés.**

[découvrir la France et la Suisse – visiter l'Europe – rentrer dans son pays – vouloir apprendre le français – revenir en Europe – suivre des cours – parler français couramment – communiquer facilement avec des Français – se sentir à l'aise – chercher un travail – suivre une formation – rentrer dans son pays]

Pendant que je visitais l'Europe, j'ai découvert la France et la Suisse...

....

....

....

....

....

....

....

....

....

....

....

....

PRENEZ LA PAROLE !

9. **Imaginez la conversation entre plusieurs étudiants qui parlent de leur passé et de leur avenir. Utilisez les indicateurs temporels.**

Ex. : – Tu comptes rester longtemps en France ?
– J'y resterai jusqu'à ce que j'aie terminé mes études. Et toi ? Qu'est-ce que tu comptes faire après ?

Bilans

LES NOMS, LES DÉTERMINANTS, LES ADJECTIFS

1. **Complétez la grille en mettant les mots proposés au pluriel.** ... / 5

a. [caillou]   **d.** [œil]

b. [monsieur]   **e.** [journal]

c. [travail]

2. **Complétez avec les mots proposés et faites les accords nécessaires.** ... / 5

a. [sèche-linge]
Il y a - 25 % sur tous les ....

b. [demi-journée]
La formation dure trois ....

c. [grand-parent]
Mes .... sont nés vers 1950.

d. [café-crème]
On va prendre deux ....

e. [aller-retour]
Je voudrais trois .... pour Lille.

3. **Soulignez l'article qui convient.** ... / 5

a. On a vu [de / des] jolies choses.

b. Il y a [du / le] monde dans les magasins !

c. Vous avez [de la / la] chance !

d. J'adore [du / le] théâtre.

e. Vous avez [des / les] amis en Suisse ?

4. **Complétez avec le, la, les, un, une, des, de, du, de la.** ... / 5

J'ai rencontré .... jeune fille merveilleuse. C'est .... artiste. Elle joue .... piano, elle écrit .... poèmes, elle fait .... peinture. Elle a .... longs cheveux bruns et .... yeux verts adorables. Je la vois régulièrement, parfois .... week-end, parfois pendant .... vacances. C'est aussi .... femme de mon frère !

5. **Cochez la réponse qui convient.** ... / 5
(Ø = pas d'article)

a. Andréa est ... dentiste.
☐ une   ☐ Ø

b. M. Lee est ... grand industriel.
☐ un   ☐ Ø

c. Meï est ... artiste qui expose aujourd'hui.
☐ l'   ☐ Ø

d. Elle est ... vendeuse dans une boutique.
☐ la   ☐ Ø

e. Ce sont ... agriculteurs.
☐ des   ☐ Ø

6. **Complétez avec du, de la, de ou des.** ... / 5

a. Le chat .... voisins est entré chez moi.

b. Tu veux une tasse .... thé ?

c. J'ai demandé l'adresse à un chauffeur .... taxi.

d. Mets les fruits sur la table .... cuisine.

e. Quel est le numéro de téléphone .... mairie ?

7. Associez. ... / 5

a. Tout   **1.** enfants pleuraient.

b. Plusieurs   **2.** fille recevra un cadeau.

c. Aucune   **3.** personne n'a été blessée.

d. Toutes   **4.** client peut avoir une carte de fidélité.

e. Chaque   **5.** les candidates passeront un entretien.

a	b	c	d	e

8. Soulignez le mot qui convient. ... / 5

a. Tu peux venir [tout / n'importe quel / aucun] jour.

b. On n'a eu [chaque / certains / aucun] problème.

c. Je voudrais lire [plusieurs / tous / certains] ces livres.

d. [Toute / Aucune / Certaines] question a sa solution.

e. Je l'ai rencontré [toutes les / plusieurs / aucune] fois.

9. Ajoutez les adjectifs proposés aux noms en gras. ... / 5

a. Je serai à une **rencontre**
[internationale / autre / scientifique]

b. On a vu un **film**
[documentaire / africain / beau]

c. Nous importons les **créations**
[japonaises / dernières / technologiques]

d. Il lui a offert des **fleurs**
[parfumées / jolies / jaunes]

e. Il y a beaucoup de **routes**
[communales / petites / dangereuses]

10. Complétez avec l'adjectif proposé et faites les accords nécessaires. ... / 5

a. [orange]
J'adore tes lunettes ....

b. [bleu marine]
Je déteste les vêtements ....

c. [rouge]
Elle a de jolies chaussures ....

d. [marron]
Il a les yeux ....

e. [vert clair]
On va mettre des rideaux ....

11. Cochez la réponse qui convient. ... / 5

a. Tu as vu le bébé de Fatima.
☐ Oui, c'est adorable.
☐ Oui, il est adorable.

b. Paloma nous a envoyé une jolie carte.
☐ Oh, c'est adorable.
☐ Oh, il est adorable.

c. Comment s'est produit l'accident ?
☐ C'est difficile à expliquer.
☐ Il est difficile à expliquer.

d. Youssouf ne parle pas très bien français.
☐ Oui, c'est difficile à comprendre.
☐ Oui, il est difficile à comprendre.

e. Il m'a dit que je travaillais bien.
☐ C'est agréable à entendre.
☐ Il est agréable à entendre.

12. Soulignez la préposition qui convient. ... / 5

a. – Elle est idiote, Noémie, ou quoi ?
– Oh, ce n'est pas gentil [à / de] dire ça.

b. – Alors, tu as aimé l'exposition ?
– C'est vraiment intéressant [à / de] voir.

c. – Tu vas comment à Nice, en avion ?
– C'est cher [à / de] prendre l'avion, non ?

d. – Je pourrai avoir ma voiture demain ?
– Oui, c'est rapide [à / de] réparer.

e. – On doit absolument limiter la pollution.
– Oui, c'est important [à / de] comprendre ça.

TOTAL

.... / 60

LES PRONOMS (1)

1. Complétez avec des pronoms compléments. ... / 5

a. – Tu connais Paul ?
– Oui, je _____ ai déjà rencontré.

b. – Vous pensez à notre rendez-vous ?
– Oui, je vais _____ penser.

c. – Margot est au courant pour la soirée ?
– Je _____ ai dit hier.

d. – Vous avez déjà goûté des kouign-amanns ?
– Oui, nous _____ avons mangé plusieurs fois.

e. – Ils vous ont annoncé leur licenciement ?
– Oui, nous nous _____ étions préparés.

2. Soulignez le pronom complément qui convient. ... / 5

a. Nous [le / lui] raccompagnerons à la gare.

b. Elsa [les / en] a besoin pour ses recherches.

c. Nous allons [y / en] penser calmement.

d. Elle [le / la] a achetée hier.

e. Vous [leur / y] assisterez toute la journée ?

3. Répondez aux questions en utilisant un pronom. ... / 5

a. – Tu as vu mes lunettes ?
– Oui, _____ .

b. – Tu as compris l'explication ?
– Non, _____ .

c. – Ils vont aller à Paris ?
– Oui, _____ .

d. – Je dois acheter du pain ?
– Oui, _____ .

e. – Tu penses toujours à Théo ?
– Non, _____ .

4. Associez les réponses qui correspondent aux questions. ... / 5

a. Tu as acheté mes magazines ?

b. Tu as acheté de jolis vêtements ?

c. Tu as acheté ce qu'on avait prévu ?

d. Tu as acheté ça à ta sœur ?

e. Tu as acheté ce livre à ta sœur ?

1. Oui, je lui ai acheté ça.

2. Oui, je le lui ai acheté.

3. Oui, j'en ai acheté plusieurs.

4. Oui, je l'ai acheté.

5. Non, je ne les ai pas achetés.

a	b	c	d	e

5. Cochez le groupe nominal qui correspond au pronom. ... / 5

a. Elle ne s'en souvient pas.
☐ de ce que tu lui as dit   ☐ de son ami

b. Nous les avons achetés à la boulangerie.
☐ des croissants   ☐ les croissants

c. Je ne le pense pas.
☐ à mon avenir   ☐ que c'est une solution

d. Il leur manque beaucoup.
☐ à ses amis   ☐ à ses cadeaux

e. Ils ne s'y intéressent pas.
☐ à ce que vous dites   ☐ à leurs collègues

6. Répondez aux questions en utilisant un pronom. ... / 5

a. – Tu as compris ce qu'il fallait faire ?
– Non, _____ .

b. – Vous allez penser à récupérer vos affaires ?
– Oui, _____ .

c. – Ils ont envie de partir en voyage ?
– Oui, _____ .

d. – Tu penses que c'est une solution ?
– Non, _____ .

e. – Elles s'attendaient à ce qu'elle réagisse ainsi ?
– Non, _____ .

7. Soulignez le pronom qui convient. ... / 5

a. Elle ne [lui / le] a pas donné ce qu'elle demandait.

b. Tu dois [en / lui] rendre ce livre dont elle a besoin.

c. Prête- [moi / me] ta voiture, la mienne est au garage.

d. C'est le professeur dont je [t'/ l'] ai parlé.

e. Ça me fait plaisir que tu [en / y] penses.

8. Reconstituez les phrases. ... / 5

a. [a / ne / en / jamais / nous / parlé / Elle]

b. [Vous / le / dire / lui / devez]

c. [de / Je / souviens / ne / pas / me / lui]

d. [y / de / passez / trop / pas / temps / N']

e. [en / leur / donner / Nous / allons]

9. Récrivez les phrases avec les pronoms à la place qui convient. ... / 5

a. J'ai acheté. [en - leur]

b. Je ne veux pas raconter. [lui - le]

c. Nous allons nous habituer. [y]

d. J'étais habitué. [y - me]

e. Je ne vais pas accepter. [les]

10. Transformez les phrases en utilisant deux pronoms compléments. . / 5

a. Nous voulons offrir des chocolats à Marion.
→ ....

b. Tu as invité tes amis à la soirée ?
→ ....

c. Elle a parlé de son voyage à ses amis.
→ ....

d. Tu vas expliquer ton problème à tes parents.
→ ....

e. On va inviter Mme Girard à changer de comportement.
→ ....

11. Répondez en remplaçant les compléments par des pronoms. ... / 5

a. – J'achète trois croissants ?
– Oui, prends ....

b. – Vous pouvez prendre mon sac une minute ?
– Oui, donnez ....

c. – Je crois qu'Anna ne comprend pas quel est le problème.
– Alors, explique ....

d. – Vous n'avez pas encore rencontré mon mari.
– C'est vrai. Présentez ....

e. – Les documents pour nos clients sont prêts.
– Très bien. Envoyez ....

12. Completez avec les pronoms qui conviennent. .... / 5

Cette année, je .... suis inscrit au marathon des Sables. C'était la première fois que j'............ participais. C'est une course qui a lieu dans le désert et les participants doivent .... courir pendant plusieurs jours. Je .... étais préparé pendant plusieurs mois. Au départ, j'avais peur de ne pas .... arriver mais finalement j'ai réussi à .... terminer ! C'est un véritable exploit et j'............ suis fier ! J'............ garderai un merveilleux souvenir et je pense .... refaire l'année prochaine ! J'espère terminer plus rapidement que cette année !

TOTAL
.... / 60

LES PRONOMS (2)

1. Associez. ... / 5

a. La région où

b. La femme qui

c. L'appartement dont

d. Le jour où

e. Le musée que

a	
b	
c	
d	
e	

1. je t'avais parlé a été vendu.

2. nous avons vu est extraordinaire.

3. on est installés est très verte.

4. t'a parlé est la directrice.

5. tu partiras, je serai très triste.

2. Cochez la réponse qui convient. ... / 5

a. 2005 est l'année ... on s'est mariés.

☐ qui   ☐ que   ☐ dont   ☐ où

b. C'est un logiciel ... je suis très contente.

☐ qui   ☐ que   ☐ dont   ☐ où

c. L'appartement ... l'on occupe est bruyant.

☐ qui   ☐ que   ☐ dont   ☐ où

d. Je suis jaloux de ces gens ... voyagent.

☐ qui   ☐ que   ☐ dont   ☐ où

e. J'aimerais connaître la ville ... tu travailles.

☐ qui   ☐ que   ☐ dont   ☐ où

3. Transformez les phrases en une seule ... / 5
avec qui, que, où, dont.

a. Tu connais la région ? Il habite la région.
→ Tu connais ....

b. Il a trouvé la maison. Je rêvais de la maison.
→ Il a trouvé ....

c. Le film est sorti en 2013. On a vu le film.
→ Le film ....

d. Je n'aime pas le disque. Tu m'as offert le disque.
→ Je n'aime pas ....

e. La boutique se trouve près de la poste. Elle veut aller dans la boutique.
→ La boutique ....
....

4. Complétez avec lequel, laquelle, ... / 5
lesquels ou lesquelles.

a. La société pour .... il travaille s'est beaucoup développée.

b. Quelles sont les villes par .... tu vas passer ?

c. L'appartement dans .... elle habite est froid.

d. Le camion avec .... je viendrai peut porter 1,5 tonne.

e. Quels sont les pays sur .... on a de l'influence ?

5. Soulignez le pronom qui convient. ... / 5

a. Les personnes [qui / de qui / chez qui] nous sommes allés étaient très accueillantes.

b. La ville près [laquelle / à laquelle / de laquelle] on habite est très petite.

c. Le cadeau [lequel / auquel / duquel] on a pensé va beaucoup lui plaire.

d. Quelles sont les raisons pour [lesquelles / auxquelles / desquelles] vous êtes candidat ?

e. Vous avez posé des questions [lesquelles / auxquelles / desquelles] j'aimerais répondre.

6. Transformez les phrases en une seule ... / 5
avec un pronom composé.

a. Quels sont les films ? Tu t'intéresses aux films.
→ Quels sont .... ?

b. Je ne connais pas les personnes. Je vais voyager avec les personnes.
→ Je ne connais pas ....
....

c. Tu vois la boutique ? Il y a un arrêt de bus près de la boutique.
→ Tu vois ....
.... ?

d. On a besoin d'un système. On pourra facilement communiquer grâce au système.
→ On a besoin ....
....

e. J'ai bien reçu la lettre. Vous m'informez de votre décision par cette lettre.
→ J'ai bien reçu ....
....

7. Remplacez les mots en gras par *ça, ce, ceci.* .../ 5

a. Je peux lire **le texte** qu'elle a écrit.

....

b. Tu as apporté des macarons ? J'adore **les macarons** !

....

c. C'est un joli cadeau ! **Ce cadeau** me plaît beaucoup.

....

d. Merci de noter **cette information** : la réunion est reportée au 15 mars.

....

e. Ils vont se marier ? Qui t'a dit **qu'ils allaient** se marier ?

....

8. Complétez les phrases avec *ce* **ou** *ça.* .../ 5

a. S'il vous plaît, ...est combien, les fraises ?

b. Hum, ...est embêtant, cette histoire !

c. Tu sais .... que tu vas faire après ?

d. Mais pourquoi .... ne marche pas ?

e. Alors, ... t'a plu ?

9. Cochez la réponse qui convient. .../ 5

a. Vos clients parlent ... français ?

☐ tout   ☐ tous   ☐ toutes

b. Alice va ... préparer pour la réunion.

☐ tout   ☐ tous   ☐ toutes

c. ... est prêt pour demain ?

☐ Tout   ☐ Tous   ☐ Toutes

d. Elles vont ... pouvoir partir.

☐ tout   ☐ tous   ☐ toutes

e. Je me suis occupé des lettres, je les ai ... envoyées.

☐ tout   ☐ tous   ☐ toutes

10. Répondez négativement aux questions. ... / 5

a. – Tu veux boire quelque chose ?

– ....

b. – Il connaît quelqu'un à Lyon ?

– ....

c. – Quelqu'un lui a téléphoné ?

– ....

d. – Quelque chose te dérange ?

– ....

e. – Il y a quelque chose de bizarre ?

– ....

11. Soulignez le mot qui convient. .. / 5

a. – Tu connais des chansons de Stromae ?
   – J'en connais [d'autres / plusieurs].

b. – Tu vas rencontrer tous tes amis au Japon ?
   – Je vais en voir [certains / chacun].

c. – Ces stylos ne marchent pas.
   – Il faut en acheter [d'autres / quelques-uns].

d. – On a plein de pommes dans le jardin.
   – Ah ! Tu pourrais m'en donner [d'autres / quelques-unes] ?

e. – Je dois m'inscrire moi aussi ?
   – Oui, les règles sont [chacunes / les mêmes] pour tous.

12. Remplacez les mots proposés par un pronom possessif. ... / 5

a. C'est le passeport de votre femme. Où est
[votre passeport] .... ?

b. Tu me donnes ton numéro ? Je te donne
[mon numéro] ....

c. Je vais à la gare acheter mon billet, je peux acheter
[ton billet] ....

d. J'ai mes problèmes et ils ont [leurs problèmes]
.... !

e. Si ta tablette ne marche pas, Marion te prêtera
[sa tablette] ....

TOTAL

.... / 60

LES TEMPS : FORMATION, ACCORDS, EMPLOIS

1. Soulignez l'auxiliaire qui convient. ... / 5

a. Nous [avons / sommes] arrivés hier.

b. On [a / est] marché pendant trois heures.

c. Ils [ont / sont] sortis plus tôt.

d. Vous [avez / êtes] monté à pied ?

e. Tu [as / es] tourné à gauche ?

2. Rédigez les phrases avec les éléments proposés. ... / 5

a. [rester chez elles - elles] [passé composé]

b. [pouvoir répondre - tu] [imparfait]

c. [devoir sortir - vous] [plus-que-parfait]

d. [avoir froid- tu] [plus-que-parfait]

e. [être malade- tu] [passé composé]

3. Transformez au passé composé. ... / 5

a. Elle va à Strasbourg et elle dort sur place.

→ ....

b. Nous lui disons la vérité : elle ne comprend pas.

→ ....

c. Il passe me voir et il reste dîner.

→ ....

d. Ils reçoivent du courrier et le lisent.

→ ....

e. Elles partent tôt et rentrent tard.

→ ....

4. Conjuguez les verbes au plus-que-parfait. ... / 5

a. Je t'ai déjà rendu les livres que tu m' [prêter]
....

b. Tu as lu les nouvelles que cet auteur [écrire]
.... ?

c. Cette femme m'était familière ! Je l' [déjà voir]
....

d. Quels films vous [choisir] ....
pour la soirée DVD ?

e. Je connaissais bien cet homme, nous [se parler]
.... plusieurs fois.

5. Complétez la grille avec les participes passés des verbes. ... / 5

a. [inscrire]   **d.** [sortir]

b. [prendre]   **e.** [tenir]

c. [mettre]

6. Complétez avec les participes passés proposés. ... / 5

[passé - passée - passés - passées]

– Où a-t-elle .... ses vacances ?

– Elle les a .... à Nice.

– Et elle est .... par Montpellier ?

– Oui, Antoine et elle y sont ....

– Mais ils n'y ont .... qu'une heure.

7. Accordez le participe passé si besoin. ... / 5

a. Elle n'est jamais passé........ par cette route.

b. Les enfants sont rentré........ à l'heure du goûter.

c. J'ai trouvé les CD que tu m'avais demandé........ .

d. Elle nous a raconté........ qu'elle avait passé de bonnes vacances.

e. Et Isa ? Pourquoi ne l'avait-elle pas invité........ à son mariage ?

8. Répondez au passé composé. ... / 5

a. – Tu as parlé à Maria ?
– Oui je [la - appeler].

....

b. – À qui est cette voiture ?
– C'est la nôtre, nous [la - acheter].

.... hier.

c. – Vous avez acheté des bougies ?
– Non, nous [ne pas - en - trouver].

....

d. – Vous avez réussi vos examens ?
– Oui, on [les - réviser].

....

e. – C'est l'anniversaire de Julie ?
– Oui, tu [ne pas - lui - souhaiter] ?

.... ?

9. Transformez les phrases au passé. ... / 5

a. Comme il fait beau, nous partons à la plage.

→ ....

b. Quand je suis triste, je mange du chocolat.

→ ....

c. Je te rends le livre que tu m'as prêté.

→ ....

d. Elle lit son livre et quelqu'un sonne à la porte.

→ ....

e. Je trouve que c'est difficile.

→ ....

10. Soulignez les formes qui conviennent. ... / 5

a. Tu le [savais / as su], on te [l'avait dit / disait] la veille !

b. Il [était parti / est parti] alors que le film [n'a pas été / n'était pas] terminé.

c. Tu [retrouvais / as retrouvé] mon téléphone ! Je l'[avais perdu / perdais] !

d. Elle [n'avait pas su / ne savait pas] qu'ils [ont gagné / avaient gagné] au loto.

e. Il [est devenu / devenait] comédien car il [a eu / avait] beaucoup de talent !

11. Conjuguez les verbes aux temps du passé ... / 5 (un passé composé par phrase).

a. Il [ne pas savoir] .... qu'elle [partir] .... en Chine.

b. Ils [se rencontrer] .... quand ils [être] .... étudiants.

c. Tu [recevoir] .... les colis que je [t'envoyer] .... ?

d. Ils [rester] .... un jour de plus car leur avion [ne pas décoller] ....

e. Comme elle [se sentir] .... fatiguée, il [la raccompagner] .... chez elle.

12. Reconstituez les phrases. ... / 5

a. [était / tu / l' / heureuse / appelée / Elle / quand / as]

....

....

b. [tu / Je / t' / prêté / tâchée / as / veste / ma / et / l' / avais]

....

....

c. [ai / que / perdu / la / offerte / mon / bague / mari / m' / l' / avait]

....

....

d. [ils / étaient / travail / avaient / contents / les / félicités / Ils / pour / car / leur]

....

....

e. [m' / Elle / ne / a / jamais / qu' / au / les / Maroc / vacances / elle / passées / raconté / a]

....

....

TOTAL

.... / 60

LES MODES (1)

1. Complétez la grille en conjuguant ... / 5
les verbes au subjonctif présent.

1. [vous - savoir]

2. [je - aller]

3. [ils - pouvoir]

4. [on - faire]

5. [il - vouloir]

2. Conjuguez les verbes ... / 5
au subjonctif présent.

a. Il faut que vous [signer] _____ en bas
à gauche.

b. Je suis triste qu'ils [ne pas pouvoir]
_____ venir.

c. Elle doute qu'il [réussir] _____ ses examens.

d. Il est nécessaire que tu lui [dire] _____
ce que tu penses.

e. Je voudrais qu'ils [comprendre] _____ .

3. Transformez les phrases en remplaçant ... / 5
pour par *pour que vous.*

a. J'ai réservé un bon hôtel **pour** bien dormir.

→ _____

b. On fera une réunion **pour** présenter le projet.

→ _____

c. Il faut tout lire **pour** pouvoir comprendre.

→ _____

d. On lui a demandé son numéro **pour** la contacter.

→ _____

e. On passera vous voir **pour** connaître les résultats.

→ _____

4. Soulignez la forme qui convient. ... / 5

a. Je pense que Gaël le [fera / fasse].

b. Je ne crois pas que [c'est / ce soit] vrai.

c. Je trouve qu'elle [a / ait] raison.

d. Je suis déçu qu'il [faut / faille] partir.

e. Je ne suis pas sûr que [c'est / ce soit] plus cher.

5. Transformez les phrases en utilisant ... / 5
le subjonctif présent.

a. Clara saura nager.

→ Ce serait bien que _____ .

b. Lisa est fâchée.

→ C'est dommage que _____ .

c. Tu viens me voir.

→ Ça me ferait plaisir que _____ .

d. Il pleut tout le temps.

→ Ça m'énerve que _____ .

e. On ira au Brésil.

→ Il est possible que _____ .

6. Conjuguez les verbes au subjonctif passé. ... / 5

a. Ça m'énerve qu'il [partir] _____ sans
m'avertir.

b. Il est possible qu'ils [vendre] _____
tous les billets.

c. Je suis furieux qu'elle [annuler] _____
le voyage.

d. Il regrette beaucoup qu'elle [ne pas - aller]
_____ à Nice.

e. C'est dommage que je [ne pas - pouvoir]
_____ vous voir.

7. Cochez la réponse qui convient. ... / 4

a. Je suis content qu'il .... hier.
☐ vienne   ☐ soit venu

b. Il faut que vous … au directeur.
☐ demandiez   ☐ ayez demandé

c. Elle aimerait qu'on … dîner au restaurant.
☐ aille   ☐ soit allés

d. C'est le plus beau spectacle que je …
☐ voie jamais.   ☐ aie jamais vu.

8. Associez. ... / 4

a. On espère que

b. Il pense

c. Elle souhaiterait que

d. Ça m'a fait plaisir

1. repartir bientôt.

2. de vous revoir.

3. ça ira mieux.

4. vous lui écriviez.

a	b	c	d

9. Complétez les phrases avec *de* ou Ø ... / 6
(Ø = pas de préposition).

a. Ça m'ennuie _____ devoir vous dire ça.

b. Vous souhaitez _____ partir à quelle heure ?

c. Elle espère _____ trouver un travail rapidement.

d. Je suis ravi _____ avoir fait votre connaissance.

e. Il est content _____ avoir pu participer à la réunion.

f. Je pense _____ rentrer vers 20 h.

10. Transformez les phrases pour mettre le verbe en gras à l'infinitif. ... / 5

a. Je voudrais que tu **écrives** à Lydia.

→ _____

b. Elle est contente que nous **partions** ?

→ _____

c. On a besoin que tu **empruntes** 10 000 €.

→ _____

d. J'espère qu'on **ira** au Japon.

→ _____

e. Tu es sûr que tu **connais** la réponse ?

→ _____

11. Cochez la réponse qui convient. ... / 5

a. Il est allé dormir après
☐ déjeuner
☐ avoir déjeuné.

b. Je veux la voir avant
☐ partir.
☐ qu'elle parte.

c. Relis ton message avant
☐ l'envoyer.
☐ de l'envoyer.

d. Je travaille pour
☐ payer mes études.
☐ que je paie mes études.

e. On ne l'a pas revu après
☐ déménager.
☐ qu'il a déménagé.

12. Transformez les phrases avec les éléments proposés. ... / 6

a. [Nous ne serons pas en retard.]

→ J'espère _____

b. [Tu lui écris une lettre.]

→ Elle a besoin _____

c. [Elle part en Australie.]

→ Elle est heureuse _____

d. [Je n'ai pas de nouvelles.]

→ Ça m'inquiète _____

e. [Il est d'accord.]

→ Je suis surpris _____

f. [Je l'ai rencontré.]

→ Je suis ravi _____

TOTAL

.... / 60

LES MODES (2)

1. Soulignez la réponse qui convient. ... / 5

a. Monsieur, [suis / suivez]-moi !

b. S'il te plaît Lynn, [dis / dites]-lui merci !

c. Ne [sois / soyons] pas inquiets !

d. Sofia, [prends / prenez] ton sac !

e. Madame, [parlez / parle] plus fort !

2. Conjuguez les verbes à l'impératif. ... / 5

a. Sonia, [se lever] .... ! Veux-tu ?

b. [Aller] ....-y ! Nous sommes fatigués.

c. Monsieur, [vouloir] .... m'excuser !

d. S'il te plaît, Joyce, [dire] .... le-moi !

e. Max et Tom, [s'assoir] .... !

3. Transformez à l'impératif affirmatif ou négatif. ... / 5

a. N'y retourne pas, attends !

→ ....

b. Ne lui parlez pas tout de suite !

→ ....

c. Dépêchez-vous !

→ ....

d. N'en achète pas !

→ ....

e. Offrons-leur ce tableau !

→ ....

4. Reconstituez les phrases. ... / 5

a. [l' / écoutez / ! / pas / ne]

....

b. [ne / parle / lui / ! / pas]

....

c. [y / ! / n' / va / pas]

....

d. [prenez / pas / n' / en / !]

....

e. [pas / ! / ne / leur / répondez]

....

5. Associez. ... / 5

a. Elles ⚬   ⚬ **1.** aurait dû t'écouter.

b. On ⚬   ⚬ **2.** aurions aimé partir.

c. Vous ⚬   ⚬ **3.** auriez pu venir.

d. Nous ⚬   ⚬ **4.** seraient parties hier.

e. Tu ⚬   ⚬ **5.** serais tombé dans la rue.

6. Conjuguez les verbes au conditionnel passé. ... / 5

Selon les témoins, la femme [profiter] .... de l'absence du propriétaire pour s'introduire chez lui. Ils disent qu'elle [entrer] .... par la fenêtre de la chambre et qu'elle [prendre] .... plusieurs objets de valeur. Selon nos sources, les policiers [arriver] .... quelques minutes plus tard et l' [emmener] .... au commissariat.

7. Transformez les souhaits en regrets avec le conditionnel passé. ... / 5

a. On aimerait réussir notre examen.

→ ....

b. Je voudrais être célèbre.

→ ....

c. Ils souhaiteraient faire le tour de France.

→ ....

d. Il faudrait partir à 18 h.

→ ....

e. Nous pourrions vous aider.

→ ....

8. Exprimez des reproches avec les verbes proposés au conditionnel passé. ... / 5

a. Lisa ne m'a pas téléphoné. [devoir]

....

b. Tu n'as pas fait le ménage. [pouvoir]

....

c. Vous ne m'avez pas répondu. [pouvoir]

....

d. Ils n'ont pas respecté les règles. [devoir]

....

e. Tu n'as pas fini ton assiette. [devoir]

....

9. Entourez dans la grille le participe présent des cinq verbes. ... / 5

a. lire
b. être
c. venir
d. savoir
e. prendre

V	I	E	N	A	N	P	_
E	A	V	S	V	I	R	I
N	É	T	A	N	T	E	₹
A	A	N	C	E	A	N	A
N	N	T	H	V	N	A	₩
L	I	S	A	N	T	N	T
N	V	E	N	A	N	T	E
T	S	A	T	I	E	N	T

10. Transformez les phrases en utilisant un participé présent. ... / 5

a. On cherche une maison qui a quatre chambres.

→ ....

b. Il a été embauché car il parle russe.

→ ....

c. On voudrait une voiture qui consomme peu.

→ ....

d. Je n'ai pas de lait. Je ne ferai pas de crêpes.

→ ....

e. Je serai absente parce que j'ai mal à la tête.

→ ....

11. Cochez la réponse qui convient. ... / 5

a. … retraité, je peux garder mes petits-enfants.

☐ Étant

☐ En étant

b. Il téléphone … .

☐ marchant

☐ en marchant

c. … bien Max, je ne peux pas le croire.

☐ Connaissant

☐ En connaissant

d. Karl … en vacances, il ne peut pas venir.

☐ partant

☐ en partant

e. Tu m'as fait peur … .

☐ criant

☐ en criant

12. Transformez les phrases en utilisant un gérondif. ... / 5

a. Si on travaille plus, on gagnera plus d'argent.

→ ....

b. Tu iras mieux si tu manges plus équilibré.

→ ....

c. Vous verrez Lara si vous allez au marché.

→ ....

d. S'il prend des cours, il va progresser.

→ ....

e. Si tu t'entraînes, tu pourras faire le marathon.

→ ....

TOTAL

.... / 60

LES ADVERBES

1. Remplacez les expressions en gras par un adverbe. ... / 5

a. Elle a travaillé **de manière efficace**.

....

b. Je lui écris **de façon régulière**.

....

c. Vous marchez **de manière lente**.

....

d. Il m'a parlé **avec un air sérieux**.

....

e. Il part en Inde **de façon définitive**.

....

2. Complétez avec l'adverbe correspondant à l'adjectif proposé. ... / 5

a. Ana parle grec [courant] ....

b. Mange [doux] .... !

c. Tu peux m'expliquer [concret] .... ?

d. Marc s'est énervé [brusque] ....

e. Tu es allé [récent] .... au cinéma ?

3. Complétez avec les mots proposés. ... / 5

a. Pour réussir un bon gâteau, il faut…
[suivre la recette – méticuleux]

....

b. Pour réussir un examen, il faut…
[étudier - efficace]

....

c. Pour trouver un travail, il faut…
[chercher - quotidien]

....

d. Pour faire un bon voyage, il faut…
[se renseigner – précis]

....

e. Pour être en forme, il faut…
[faire du sport – fréquent]

....

4. Soulignez l'adverbe qui convient. ... / 5

a. Luc est [beaucoup / très] cultivé.

b. On a fait un repas [beaucoup / trop] copieux.

c. Il a [très / beaucoup] étudié pour le test.

d. Inès parle [très / beaucoup] bien italien.

e. Tu travailles [beaucoup / très] trop.

5. Récrivez les phrases en plaçant l'adverbe proposé. ... / 5

a. Vous ne courez pas vite. [assez]

....

b. On ne la voit pas. [souvent]

....

c. Vous avez trop mangé. [beaucoup]

....

d. Elle fait des erreurs. [toujours]

....

e. Vous avez travaillé. [bien]

....

6. Reconstituez les phrases. ... / 5

a. [ont / dehors / dîné / ils]

....

b. [parle / mal / très / chinois / il]

....

c. [beaucoup / trop / marches / tu / vite]

....

d. [tôt / trop / est / pour / te / il / lever]

....

e. [roman / très / ce / intéressant / est]

....

....

7. Transformez les phrases aux temps indiqués. ... / 5

a. Il habite là-bas. [futur proche]

→ ....

....

b. Il se repose dehors. [passé composé]

→ ....

....

c. On aime bien ce film. [passé composé]

→ ....

....

d. Il a mal à la tête. [futur proche]

→ ....

....

e. Je dors mal. [passé composé]

→ ....

....

8. Associez. ... / 5

a. Tes enfants sont

b. Elle a

c. Ton gâteau est

d. Nina est

1. meilleur que le mien.

2. autant de travail que moi.

3. moins qu'eux.

4. plus bruyants que les miens.

5. aussi grande que son frère.

a	
b	
c	
d	
e	

9. Faites des comparaisons avec les éléments proposés. ... / 5

a. [Laure est – grande – Maël] [+]

....

....

b. [Il y a – touristes – l'année dernière] [-]

....

....

c. [Il est – drôle – son père] [=]

....

....

....

d. [On a - d sponibilités – vous] [+]

....

....

e. [Maria a – amis – Louise] [=]

....

....

10. Cochez la proposition qui convient. ... / 5

a. Quelle est votre … pâtisserie ?

☐ mieux ☐ meilleure

b. Elle est … indépendante que toi.

☐ autant de ☐ aussi

c. Ne regarde pas … la télévision !

☐ aussi ☐ autant

d. Ces glaces sont … que celles-ci.

☐ meilleures ☐ autant

e. C'est son … roman.

☐ mieux ☐ meilleur

11. Complétez les phrases avec _mieux_ ou _meilleur(e)(s)_. ... / 5

a. Les légumes sont .... au marché.

b. Il parle .... français qu'avant.

c. Le .... joueur de l'équipe est blessé.

d. Tu as passé une .... journée qu'hier ?

e. Vous allez .... aujourd'hui ?

12. Complétez avec un comparatif ou un superlatif. ... / 5

Saint-Malo est [+ / belle] ....
ville de la Bretagne. La ville est [= / animée]
.... l'été que les grandes
stations balnéaires du Sud de la France. Contrairement
à ce qu'on pourrait croire, il y a [+ / soleil]
.... ici qu'à Paris. Vous
pourrez faire des balades dans les ruelles ou bien
bronzer sur la plage de Bon Secours qui est [+ / grande]
.... de la ville. Si vous voulez
goûter une spécialité, faites un tour à la crêperie des
Angles ! Elle propose [+ / bonne] ....
crêpes au caramel au beurre salé de la ville.

TOTAL

.... / 60

L'INTERROGATION, LA NÉGATION, LA VOIX PASSIVE

1. Associez. ... / 5

a. J'ai visité l'Alcazar. ○   ○ 1. Avec qui ?

b. Je suis allé Place d'Espagne. ○   ○ 2. Quoi ?

c. Je l'ai visité avec Tom. ○   ○ 3. Quand ?

d. J'y suis allé en train. ○   ○ 4. Comment ?

e. Je l'ai visité en mai. ○   ○ 5. Où ?

2. Transformez les questions avec l'inversion sujet-verbe. ... / 5

a. Est-ce que tu as fini ton travail ?

→ ....

b. Où est-ce qu'ils se sont rencontrés ?

→ ....

c. Avec qui est-ce que tu vas voyager ?

→ ....

d. Quand est-ce que vous pouvez venir ?

→ ....

e. Qu'est-ce que vous faites ?

→ ....

3. Écrivez les questions sur les mots en gras avec l'inversion sujet-verbe. ... / 5

a. – .... ?

– Arturo n'est pas venu à cause de la neige.

b. – .... ?

– Julie a rencontré M. Viard à Dakar.

c. – .... ?

– Mme Hirsch a payé 250 €.

d. – .... ?

– Clara va venir en avion.

e. – .... ?

– Lydia a composée le 01 40 45 63 93.

4. Complétez avec qui et que (qu'). (plusieurs possibilités) ... / 5

a. .... est-ce .... a éteint la lumière ?

b. .... est-ce .... t'énerve à ce point ?

c. .... est-ce .... vous comptez faire ?

d. .... est-ce .... vous avez invité ?

e. .... est-ce .... tu choisis ?

5. Transformez à la forme négative. ... / 5

a. Je prends toujours un café le matin. [ne... jamais]

→ ....

b. Vous habitez toujours à Paris ? [ne... plus]

→ ....

c. Elle nous a remerciés pour notre aide. [ne... pas]

→ ....

d. Vous avez déjà pris le ferry ? [ne... jamais]

→ ....

e. Elle pense toujours partir en Italie ? [ne... plus]

→ ....

6. Répondez en utilisant rien et personne. ... / 5

a. – Quelqu'un a frappé à la porte ?

– ....

b. – Tu as vu quelqu'un ?

– ....

c. – Vous avez vu quelque chose ?

– ....

d. – Quelque chose a changé ?

– ....

e. – Tu veux manger quelque chose ?

– ....

7. Rédigez les phrases avec les éléments proposés. ... / 5

a. [vous - aimer - chanter - danser]
[présent] [ne... pas... ni] ....

b. [elle - acheter - fruits - légumes]
[passé composé] [ne... ni... ni] ....

c. [je - le raconter - à Paul - à Martha]
[futur] [ne... ni... ni] ....

d. [tu - trouver - ton sac - tes lunettes]
[passé composé] [ne... pas... ni] ....

e. [mes amis - ma famille - oublier ma fête]
[passé composé] [ne... ni... ni] ....

8. Complétez avec les verbes à la voix passive et aux temps indiqués. ... / 5

a. Ils [bloquer] [passé composé] .... à cause de la tempête.

b. Il [désigner] [présent] .... par le comité.

c. Elle [adorer] [imparfait] .... de son public.

d. Elle [sélectionner] [futur] .... par un jury ?

e. Elles [guider] [passé composé] .... par Michiko.

9. Transformez à la voix passive. ... / 5

a. On a choisi Ariane comme déléguée.
→ ....

b. La neige a couvert la campagne en une nuit.
→ ....

c. On va annoncer la nouvelle à la radio.
→ ....

d. Les enfants applaudissent le clown.
→ ....

e. Ce film a déçu les spectateurs.
→ ....

10. Répondez à la voix passive avec les éléments proposés. ... / 5

a. – Vous avez reçu le journal ce matin ?
[livrer] [passé composé]
– Oui, ...

b. – Michel est le nouveau maire de la ville ?
[ne... pas - élire] [passé composé]
– Non, ...

c. – Je peux passer prendre ma voiture ce soir ?
[ne... pas - réparer] [futur]
– Non, ...

d. – Les sorties scolaires seront autorisées ?
[la décision - prendre] [passé composé]
– Oui, ...

e. – Ils tourneront le film à Paris ?
[tourner à Sydney] [futur]
– Non, ...

11. Transformez à la forme négative. ... / 5

a. Nous avons déjà été contactés par le directeur.
→ ....

b. Elle est respectée de ses étudiants.
→ ....

c. Ils sont toujours déçus par ses déclarations.
→ ....

d. Vous serez surpris de sa réaction.
→ ....

e. Elles ont été applaudies par l'assemblée.
→ ....

12. Écrivez les questions sur les mots en gras avec l'inversion sujet-verbe. ... / 5

a. – ....
.... ?
– Ils n'ont pas été choisis **à cause de leur âge**.

b. – ....
.... ?
– Tu seras aidé **pendant l'entretien**.

c. – ....
.... ?
– **Non**, vous ne serez pas payé avant la fin du mois.

d. – ....
.... ?
– Le coupable a été jugé **au tribunal d'Annecy**.

e. – ....
.... ?
– **Si**, nous avons été surpris par son annonce !

TOTAL
.... / 60

LE DISCOURS INDIRECT ET LA CONCORDANCE DES TEMPS

1. Transformez à la forme indirecte. ... / 5

a. « Vous nous avez manqué. »

→ Elle leur dit _____ .

b. « Je t'aiderai si tu veux. »

→ Il me dit _____ .

c. « Je cherche mon dossier ! »

→ Tu m'expliques _____ .

d. « Votre réunion sera à 9 h. »

→ Elle m'annonce _____ .

e. « Nous te la confions ! »

→ Nous lui précisons _____ .

2. Retrouvez la forme directe des questions. ... / 5

a. Elle me demande comment j'ai réussi.

Elle me demande : « _____ »

b. Je lui demande pourquoi il est parti.

Je lui demande : « _____ »

c. Nous lui demandons où il va.

Nous lui demandons : « _____ »

d. Je lui demande à qui elle a prêté sa moto.

Je lui demande : « _____ »

e. Ils nous demandent quand nous serons libres.

Ils nous demandent : « _____ »

3. Associez. ... / 5

a. Qu'est-ce que tu as fait ?

b. Qui est-ce que tu as vu ?

c. Qui est-ce qui a vu ce film ?

d. Qu'est-ce qu'il t'a fait ?

e. Qu'est-ce qui a été vu ?

1. Je te demande qui tu as vu.

2. Je te demande ce qu'il t'a fait.

3. Je te demande ce qui a été vu.

4. Je te demande ce que tu as fait.

5. Je te demande qui a vu ce film.

a	
b	
c	
d	
e	

4. Cochez la forme indirecte qui convient. ... / 5

a. « Pourquoi lui as-tu dit ? »
☐ Elle lui a demandé s'il pourrait lui dire.
☐ Elle lui a demandé pourquoi il lui avait dit.

b. « Pourras-tu lui dire ? »
☐ Elle lui demande ce qu'il pourra lui dire.
☐ Elle lui demande s'il pourra lui dire.

c. « Je ne lui dirai pas. »
☐ Elle lui a dit de ne pas lui dire.
☐ Elle lui a dit qu'elle ne lui dirait pas.

d « Ne lui dis pas ! »
☐ Elle lui a demandé s'il lui dirait.
☐ Elle lui a demandé de ne pas lui dire.

e. « Qu'est-ce que tu lui diras ? »
☐ Elle lui demande ce qu'il lui dira.
☐ Elle lui demande s'il lui dira.

5. Transformez au discours indirect. ... / 5

a. « Ne sois pas en retard ! »

→ Il te demande _____ .

b. « Prenez vos affaires ! »

→ Je leur dis _____ .

c. « Faites attention ! »

→ Je lui ordonne _____ .

d. « Ne lui dis rien ! »

→ Vous lui conseillez _____ .

e. « Tiens-toi droit ! »

→ Elle lui dit _____ .

6. Associez. ... / 5

a. Elle lui demande quand il sera là.

b. Elle lui demande s'il sera là.

c. Elle lui demande qui sera là.

d. Elle lui demande d'être là.

e. Elle lui dit qu'il sera là.

1. « Qui sera là ? »

2. « Il sera là. »

3. « Quand seras-tu là ? »

4. « Sois là ! »

5. « Seras-tu là ? »

a	
b	
c	
d	
e	

7. Cochez la proposition qui convient. ... / 5

a. Il nous a demandé…
☐ que nous ne disions rien.
☐ de ne rien dire.

d. On m'a dit…
☐ que j'avais réussi.
☐ d'avoir réussi

b. Il nous a demandé…
☐ s'il pouvait venir.
☐ de pouvoir venir.

e. Je te demande…
☐ que tu sois à l'heure
☐ d'être à l'heure.

c. Il nous a dit…
☐ qu'il voulait prendre des vacances.
☐ de vouloir prendre des vacances

8. Soulignez la proposition qui convient. ... / 5

a. Elle m'a dit qu'elle [viendrait / viendra] nous voir.

b. Tu lui as demandé s'il [avait terminé / a terminé].

c. Nous avons avoué que nous ne [savions / savons] pas.

d. Je lui ai demandé ce qui [se passait / s'est passé].

e. Vous lui avez demandé quand il [rentre / rentrerait].

9. Complétez en utilisant une seule fois chaque mot proposé. ... / 5

[la veille - aujourd'hui - le lendemain - demain - hier]

a. Elle m'a raconté qu'elle le verrait ....

b. Je vous ordonne de terminer ce travail ....

c. Ils nous ont prévenus qu'ils etaient arrivés
....

d. Tu me dis que tu l'as vu .... ?

e. Je te promets que je t'aiderai ....

10. Retrouvez la forme directe. ... / 5

a. Je vous avais demandé de ne pas être en retard.

....

b. Il veut savoir si vous avez passé un bon séjour.

....

c. Tu lui demandes ce qu'elle pense de ton projet.

....

d. Ils m'ont demandé de garder leurs filles.

....

e. Elles ont dit qu'elles chanteraient à la soirée.

....

11. Reconstituez les phrases. ... / 5

a. [Je / trop / ai / ne / dit / pas / de / loin / aller / lui]

....
....

b. [Il / j' / demandé / si / a / avais / ses / compris / explications / m']

....
....

c. [Tu / pas / dit / avais / que / m' / idée / ce / était / une / n' / bonne]

....
....

d. [nous / a / qu' / le / annoncé / Elle / marierait / elle / lendemain / se]

....
....

e. [qu' / nous / a / pris / il / avait / veille / sa / Il / annoncé / la / décision]

....
....

12. Transformez au passé. ... / 5

a. Tu lui expliques que tu ne participeras pas à sa soirée.

→ ....

b. Elle leur avoue qu'elle a cassé leur voiture.

→ ....

c. Je te dis de ne pas faire de bruit.

→ ....

d. Ils nous demandent si nous parlons français.

→ ....

e. Il te demande ce que tu as choisi comme dessert.

→ ....

TOTAL

.... /60

LES CONNECTEURS POUR LES PHRASES COMPLEXES

1. Associez. ... / 5

a. Il part à Londres

b. Elle est si heureuse

c. Je suis en retard

d. Comme j'ai froid,

e. Il étudie tellement

a	
b	
c	
d	
e	

1. qu'il va réussir.

2. je vais rester ici.

3. qu'elle crie de joie.

4. à cause de toi.

5. pour voir son neveu.

2. Soulignez la réponse qui convient. ... / 5

a. Je vais à la piscine [pour / car] nager.

b. [Comme / Donc] il pleut, on reste chez nous.

c. On fait tout ça [car / afin que] tu ailles mieux.

d. [Puisque / Alors] tu es fatigué, repose-toi.

e. Il a pris des médicaments [donc / pour] guérir.

3. Cochez la proposition qui convient. ... / 5

a. Le bus ne circule pas ... un accident.

☐ donc ☐ à cause de ☐ afin de

b. Il n'était pas là, ... je suis parti.

☐ pour que ☐ puisque ☐ alors

c. Il travaille ... aider sa famille.

☐ car ☐ pour ☐ par conséquent

d. ... il est malade, il sera absent.

☐ C'est pourquoi ☐ Comme ☐ Afin que

e. On va à Metz ... voir nos amis.

☐ parce que ☐ en conséquence ☐ pour

4. Écrivez des phrases avec les mots proposés. ... / 5

a. [il est fatigué - il dort mal - comme]

....

....

b. [je sais conduire - Fabien - grâce à]

....

....

c. [tu vas au Maroc - tu parleras arabe - puisque]

....

....

d. [le métro est fermé - une grève - en raison de]

....

....

e. [mon fils pleure - il a faim - parce que]

....

....

5. Complétez avec *si... que, tant (de)... que*. ... / 5

a. Il a .... chaud .... il reste à l'ombre.

b. J'ai .... marché .... j'ai des courbatures.

c. On a .... choses ..... on va en donner.

d. Il crie .... fort .... on l'entend partout.

e. Il mange .... il a souvent mal au ventre.

6. Transformez les phrases en utilisant *avoir beau*. ... / 5

a. Liz habite à Saint-Lary mais elle ne skie pas.

→ ....

b. Même s'il pleut, il se baigne.

→ ....

c. Il aime les sushis mais il n'en a pas mangé.

→ ....

d. J'ai mon permis mais je n'ai pas de voiture.

→ ....

e. Bien qu'il mange beaucoup, il ne grossit pas.

→ ....

7. Associez. ... / 5

a. J'ai beau essayer,

b. Elle m'a répondu bien qu'

c. Je vais à Paris même si

d. Il m'a embauché malgré

e. Il ne fait pas de judo mais

a	
b	
c	
d	
e	

1. mon manque d'expérience.

2. je n'y arrive pas.

3. tu n'es pas là.

4. il joue au foot.

5. elle soit en vacances.

8. Cochez la proposition qui convient. ... / 5

a. … lui, je fais des efforts.

☐ Contrairement à ☐ Au contraire ☐ Alors que

b. Tu fais du sport … tu es blessé.

☐ alors que ☐ à la place de ☐ à l'opposé

c. Elle est blonde … sa fille est rousse.

☐ au contraire ☐ au lieu de ☐ tandis que

d. Aide-moi … me regarder travailler !

☐ tandis que ☐ au lieu de ☐ alors que

e. J'ai pris ce sac … celui-ci.

☐ alors que ☐ en revanche ☐ à la place de

9. Reliez les phrases à l'aide des mots proposés (plusieurs possibilités). ... / 5

a. Tim est fils unique. Matt a deux frères.
[par contre]

....

....

b. Liam est sportif. Julia déteste le sport.
[au contraire]

....

....

c. Je l'ai payé 20 euros. Je ne l'ai pas payé 30 euros.
[à la place de]

....

....

d. Elena est grande. Lou est petite.
[alors que]

....

....

e. On part dimanche. On ne part pas samedi.
[au lieu de]

....

....

10. Soulignez la proposition qui convient. .. / 5

a. Passe me voir [avant de / après] partir !

b. Il téléphonera [après que / après] être rentré.

c. Viens [tant que / dès que] tu rentres !

d. J'y étais [pendant que / avant de] tu y étais.

e. Tu vas mieux [après / depuis que] tu vis ici.

11. Reconstituez les phrases. ... / 5

a. [arrivé / que / Téléphone-moi / dès / tu / es]

....

b. [cinéma / dîner / avant / Viens / d' / au / aller]

....

c. [terminé / le / travail / après / partira / On / avoir]

....

d. [t' / je / discutais / Tu / avec / lorsque / ai / Lea / vu]

....

e. [pas / n' / tant / Il / rester / doit / ici / qu' / il / a / fini]

....

12. Complétez avec *pendant que, dès que, avant de, après que, jusqu'à ce que* (plusieurs possibilités) ... / 5

.... j'ai vu Santiago, j'ai su que ma vie allait changer. .... le connaître, je n'avais jamais rencontré d'artiste. Lui, il écrivait des poèmes .... moi, j'étudiais le droit. Nous passions tout notre temps ensemble, ... il parte, un jour, sans rien dire. .... il est parti, j'ai arrêté mes études et je me suis mise à écrire aussi.

TOTAL

.... /60

Grammaire contrastive

Direct and Indirect Object Pronouns

— Tu as vu le message du directeur ? — Oui, je le lis et lui réponds.
— Have you seen the manager's email ? — Yes, I'll read it and reply to him.

1. What is it?

Object pronouns are words that replace the object of a verb (the person or thing that is the object of the action). If the object directly follows the verb, you will use a direct pronoun. If there is a preposition (e.g.: *à* or *de*) before the object, you will use an indirect pronoun.

2. How is it in English?

Direct and indirect pronouns take the same form in English (me, you, him/her/it, us, them). They are positioned after the verb. This is different in French.

Example: I see **him**.
→ Je **le** vois. (direct pronoun)
I speak **to him**.
→ Je **lui** parle. (indirect pronoun)

3. How does it work in French?

• **Direct and indirect pronouns are the same in 1ˢᵗ and 2ⁿᵈ person (*me [m'], te [t'], nous* et *vous*):**
— Il me voit. — *He sees me.* (direct pronoun)
— Il me parle. — *He speaks to me.* (indirect pronoun)
Note: *me* and *te* change to *m'* and *t'* in front of a vowel or mute *h*.

• **Object pronouns differ accordingly in 3ʳᵈ person (*le, la, les – lui, leur*)**
Note: It is important to know if the French verb used has a direct or an indirect structure (i.e. a preposition or not) in order to distinguish between direct and indirect pronouns.

Direct pronouns

They are distributed according to the gender and number of the person or thing they are replacing. The same pronoun is used for people or things.

	masculine	feminine
singular	*le* (him / it)	*la* (her / it)
plural	*les* (them)	

— Je vois Marc / le bus. → *Je le vois.*   *— I see him / it.*
— Je vois Chantal / la banque. → *Je la vois.*   *— I see her / it.*
— Je vois les gens / les voitures. → *Je les vois.*   *— I see them.*
Note: *Le* and *la* change to *l'* in front of a verb starting with a vowel:
— Tu organises le voyage ? → *Tu l'organises ?*   *— Are you organising it ?*
— J'aime la neige. → *Je l'aime.*   *— I love it.*

Indirect pronouns

They can only replace a person or animal (animate nouns).
There is no gender distinction, only singular and plural.

• ***Lui* replaces a masculine or feminine singular animate noun:**
— Je parle à ma mère. → *Je lui parle.*   *— I am speaking to her.*
• ***Leur* replaces a plural animate noun:**
— J'écris à mes parents. → *Je leur écris.*   *— I am writing to them.*

Watch out ! Verb structure can differ in English and in French: an indirect verb in French can be direct in English and vice-versa. The verb structure needs to be learnt when you learn the verb:
— téléphoner à quelqu'un (indirect structure)   *— to phone someone (direct structure)*
— attendre quelqu'un (direct structure)   *— to wait for someone (indirect structure)*

EXERCISE

Complete the following dialogue using the correct pronoun.

— Tu as vu les parents ?
— Non, je ne _____ ai pas vus.
— Tu _____ as téléphoné ?
— Non, je préfère _____ envoyer un email.
— Et Chantal, tu _____ appelles quand ?
— Je ne sais pas. Que _____ conseilles-tu ?
— Je _____ conseille de _____ contacter au plus tôt et de _____ demander pardon pour ton retard.
— D'accord, je vais _____ excuser et _____ donner mes raisons.
— Très bien, nous attendons donc ton feu vert. Quand comptes-tu _____ inviter ?
— Quand je rentrerai, je _____ contacterai.

The Pronoun *en*

— Tu manges de la viande? — Oui, j'en mange.
— Do you eat meat? — Yes, I do (eat some).

1. What is it?

The pronoun *en* is widely used in French and replaces partitive articles, adverbs of quantity, numbers and verbs followed by *de*. As with all other French pronouns, it is positioned before the conjugated verb in simple or compound tenses.

2. How is it in English?

En is equivalent to several words such as "of it", "some", "one", etc. It is often omitted in English but it is compulsory in French.

Example: - Do you want crisps? - Yes, I do / Yes, I want **some**. → - Vous voulez **des chips** ? - Oui, j'**en** veux.

3. How does it work in French?

- *En* stands in the place of a noun preceded by a partitive article (*du, de la*) or a quantifier (quantities and numbers):
  - *— Je mange du pain.* → *J'en mange.*
  - *— I eat bread.* → *I eat some.*
  - *— Il boit beaucoup de bière.* → *Il en boit beaucoup.*
  - *— He drinks a lot of beer.* → *He drinks a lot (of it).*
  - *— J'ai acheté deux tickets.* → *J'en ai acheté deux.*
  - *— I bought two tickets.* → *I bought two (of them).*
- *En* stands in the place of a phrase introduced by *de*:
  - *— Tu as parlé de ce problème ? —Oui, j'en ai parlé.*
  - *— Have you talked about this issue? — Yes, I have talked about it.*
  - *— As-tu besoin de la voiture ?* → *En as-tu besoin ?*
  - *— Do you need the car?* → *Do you need it?*

The Pronoun *y*

— Tu vas à Paris ce week-end ? — Oui, j'y vais.
— Are you going to Paris over the week-end? — Yes, I am (going there).

1. What is it?

The pronoun *y* stands in the place of a previously mentioned place, a phrase introduced by *dans, à, sur, chez* and other words indicating places and directions or a verb with the structure: *à* + noun (which does not refer to a person).

2. How is it in English?

The pronoun *y* is often omitted in English but it is compulsory in French.

Example: Are you going to the store? - Yes, I am going (there).
→ Est-ce que tu vas **au supermarché** ? - Oui, j'**y** vais.

3. How does it work in French?

- *Y* stands in the place of a place or direction:
  - *— J'habite dans cette ville.* → *J'y habite.* — *I live in this town.* → *I live there.*
  - *— Tu vas au cinéma ?* → *Tu y vas ?* — *Are you going to the cinéma?* → *Are you going (there)?*
- *Y* stands in the place of the phrase *à* + noun (not referring to a person) for a small number of verbs with this specific structure:
  - *— Tu t'intéresses à la politique ?* → *Tu t'y intéresses ?*
  - *— Are you interested in politics?* → *Are you interested (in it)?*
  - *— Tu as pensé à ce problème ?* → *Y as-tu pensé ?*
  - *— Have you thought about this problem?* → *Have you thought about it?*

Watch out! If the verbs mentioned above (and very few others) are followed by a noun indicating a person. You will use *à lui, à elle*.
  - *— Tu t'intéresses à George ?* → *Tu t'intéresses à lui ?*
  - *— Are you interested in George?* → *Are you interested (in him)?*
  - *— Tu as pensé à ta mère ?* → *As-tu pensé à elle ?*
  - *— Have you thought of your mother ?* → *Have you thought of her?*

All other verbs with the structure *à* + person will be replaced by the indirect object pronoun:
  - *— Tu as écris a ta mère ?* → *Tu lui as écris ?*
  - *— Did you write to your mother?* → *Did you write to her?*

Note: When you have two verbs in a row and the second verb is at the infinitive, *en* and *y* are positioned in front of the infinitive:
  - *— Je vais y aller.* — *I'm going to go there.*
  - *— Il doit en acheter.* — *He has to buy some of it.*

EXERCISE

Complete the following dialogue using the correct pronoun *en* or *y*.
- — Ta présentation, tu _____ as réfléchi ?
- — Non, je n'_____ ai pas encore pensé. Tu as des idées ?
- — Non, je n'_____ ai pas, mais je vais m'_____ occuper dès que je peux.
- — Merci, je vais aussi _____ parler à mon chef. Il doit s'_____ intéresser.

The Imperfect and Past Perfect Tenses

— J'ai visité l'expo Matisse, c'était superbe !
— I visited the Matisse exhibition, it was superb!

1. What is it?

The imperfect and past perfect tenses are frequently used and can be found in the same sentence. Knowing when to use both tenses correctly is extremely important to relate events in the past.

2. How is it in English?

English past tenses do not match French past tenses. They cannot be translated literally.

Example: I was watching this film./ I used to watch this film./I would watch this film.
→ Je regardais ce film.
I have seen this film./I saw this film./I did see this film.
→ J'ai vu ce film.

As you can see the English language has many more ways to express past tenses than the French and includes a progressive or continuous aspect which will be found in the *imparfait* in French.

3. How does it work in French?

Both tenses refer to the past. The *imparfait* tends to describe situations while the *passé composé* is geared towards specific actions.

imparfait versus passé composé uses	
imparfait	*passé composé*
habitual, repetitive, number not specified	single event or specified numbers of time
— J'allais à Paris tous les étés. *— I used to go to Paris every summer.*	*— Je suis allé à Paris trois fois.* *— I went to Paris three times.*
continuity	**interruption**
— Je dormais quand... *— I was sleeping when...*	*... l'arlarme a sonné.* *... the alarm rang.*
background description	**main information**
— Il faisait beau, les gens se promenaient. *— The weather was fine, people were walking.*	*— L'orage a éclaté.* *— The storm broke out.*

Tip: It may be helpful to remember that both tenses can be compared to a theatre performance: the *imparfait* being like the backdrop or scenery, setting the scene and the mood while the *passé composé* is used to describe what is going on in the front stage, what the actors are performing.

Note: The *passé composé* is the tense most widely used in contemporary French both in writing and in speech.

EXERCISES

1. Complete the following dialogue using the correct tense: *passé composé* or *imparfait*.
– Tes vacances, c'[être] _____ bien ?
– Oui, pas mal, il [faire] _____ beau sauf le dernier jour où il [pleuvoir] _____.
– Qu'est-ce que tu [faire] _____ ?
– Nous [visiter] _____ la Bucovine. Les gens [être] _____ très accueillants.
– On [se promener] _____ dans les Carpates. On [savoir] _____ qu'il y [avoir]
_____ des ours, mais heureusement, on n'en [pas rencontrer] _____ !

2. Choose the correct ending to the following sentences and underline it.
Example: Quand le chef d'orchestre est entré, [nous avons applaudi / nous applaudissions].
a. Le premier jour des vacances, [je tombais malade / je suis tombé malade].
b. Quand je suis arrivée à Malte, [il a fait beau / il faisait beau].
c. Elle était en réunion quand la police lui [téléphonait / a téléphoné].
d. J'ai commencé à apprendre le français quand [j'ai eu 15 ans / j'avais 15 ans].
e. Quand l'ambulance est arrivée, [il était allongé / il s'est allongé] sur la route.
f. À la fin du concert, [nous partions / nous sommes partis] immédiatement.

▶ Leçon 18

Past Participle Agreement

Les livres que j'ai achetés ont disparu !
The books I bought have vanished!

1. What is it?

Past participles are the words which are mainly found in a compound tense after the auxiliary or conjugated verb. In English, they end in "-ed" or "-en". In French, they usually end in either: *-é, -i* or *-u*.

2. How is it in English?

English past participles do not agree. This is not the case in French.
Example: I have seen some photos.
→ J'ai vu des photos.
The photos I have seen.
→ Les **photos** que j'ai vu**es**.
As you can see, the past participle "seen" does not change in English. It remains the same while the past participle *vues* agrees with the word *photos* which is feminine and plural in the second example.

3. How does it work in French?

When using a sentence at the *passé composé*, you need to know whether to agree the past participle or not. Knowing the rules is important especially when writing.

agreement or no agreement?	
no agreement	**agreement**
avoir verbs with direct object	
• If direct object positioned after the verb: — Tu as acheté la nouvelle Smart ? — Have you bought the new Smart car?	• If direct object positioned before the verb: (agreement with the object) — Oui, je l'ai achetée. — Yes, I bought it.
avoir verbs with indirect object	
• No agreement with indirect objects whatever position in sentence: — Tu as parlé à ta mère ? — Have you talked to your mother? — Tu lui as parlé ? — Have you talked to her?	
	être verbs
	• Agreement in gender and number with the subject: — Elles sont allées au cinéma. — They went to the cinema.
pronominal verbs with indirect object	**pronominal verbs with direct object**
• No agreement with indirect objects: — Ils se sont parlé ce matin. (parler à quelqu'un) — They spoke to one another this morning.	• Agreement in gender and number with the subject: — Ils se sont vus à la fête. (voir quelqu'un) — They saw one another at the party.

Tip: When writing a sentence using the *passé composé* with *avoir* and a direct object, at the moment of writing the past participle, pause and ask yourself if you have yet written the direct object or not. If not, no agreement, if yes: agreement.

EXERCISES

1. Complete the following dialogue using the passé composé and making the necessary agreements.
– Tu as [voir] _____ cette émission à la télé ?
– Oui, je l'ai [regarder] _____
– Tu as [aimer] _____ ?
– Bof !, les filles qu'ils ont [interviewer] _____ n'étaient pas très représentatives.
– Ah bon ! j'ai [trouver] _____ ça très intéressant : ces femmes qui sont [partir] _____
à l'étranger et ont tout [quitter] _____ pour nourrir leur famille.
– Ma sœur a [pleurer] _____, tellement ces images l'ont [toucher] _____.

2. Complete the following poem using the passé composé and making the necessary agreements.
Humeur d'automne
Hier, la pluie est [tomber] _____
Les fleurs que j'ai [planter] _____ ont [faner] _____
Les enfants sont [rentrer] _____
Les oiseaux ont [migrer] _____
J'ai [fermer] _____ les volets
L'automne est [arriver] _____ !

The Subjunctive

J'aimerais que ce soit facile !
I wish it were that easy!

1. What is it?

The subjunctive is not a tense like the present or the past tense, but a mode or mood (= the way we see things or relate to reality) which exists in both English and French. It is a way of looking "subjectively" at things and not "objectively" like the indicative mood.

2. How is it in English?

The subjunctive is only noticeable with certain forms (particularly he, she, it) and is used after some expressions (it is + adjective) and verbs such as: to insist (that), to recommend (that), etc.

Examples: It is imperative that you **be** on time. ("are" becomes "be")
→ Il faut que vous **soyez** à l'heure.
They insisted that everyone **come**. ("comes" becomes "come")
→ Ils ont demandé que tout le monde **vienne.**

Note: The subjunctive is not used very much in English and always in a formal context but it is commonly used in both speech and writing in French.

3. How does it work in French?

Formation

• **For regular verbs, take the third person of the plural of the present tense (*ils / elles*), take the *-ent* off and add the subjunctive endings. They are: *-e, -es, -ions, -iez, -ent.***

finir (to finish)	
Ils/elles <u>finiss</u>ent	Que je / il / elle / on finiss**e**.
	Que tu finiss**es**.
	Que nous finiss**ions**.
	Que vous finiss**iez**.
	Qu'ils / elles finiss**ent**.

— *Il faut que je finisse ce travail.* — *I have to finish this task.*
— *Il faut que nous finissions ce projet.* — *We have to finish this project.*

Tip: You may have noticed that the endings for *je, tu, il, elle, ils, elles* are the endings of the present tense of the indicative mode.

• **There are some irregular verbs which need to be learnt but for the vast majority of verbs, you can safely apply the above rule.**

The main irregular verbs are: *avoir, être, aller, faire, pouvoir, savoir, vouloir.*
Avoir: *aie, aies, ait, ayons, ayez, aient*
Être : *sois, sois, soit, soyons, soyez, soient*

— *Il est nécessaire que vous ayez un visa.* — *It is necessary that you have a visa.*
— *Il a demandé que nous soyons à l'heure.* — *He requested that we be on time.*

Note: To see all irregular forms, please refer to the tables at the end of the book (p. 275)

Use

• **The subjunctive is used to express a wish, a suggestion or a command you project on the facts:**
— *Je veux que tu viennes.* — *I want you to come.*

• **You also find it when expressing doubt, uncertainty or with some negative statements:**
— *Je ne crois pas qu'elle soit là.* — *I don't think she is in.*

• **Or after some conjunctions and some fixed expressions:**
— *Il vaut mieux qu'il parte.* — *It is better that he leaves.*
— *Avant que j'oublie...* — *Before I forget...*
— *Je reste jusqu'à ce qu'ils arrivent.* — *I'll wait until they arrive.*

EXERCISE

Are the following verbs and expressions followed by the indicative or the subjunctive mode? Tick the correct answer.

Verbs and expressions	qu'il part (indicative)	qu'il parte (subjunctive)
Example: J'aimerais…		✓
Je souhaite…		
Je remarque…		
Il faut….		
Je vois…		
Je doute…		
Je sais…		
Il est evident…		
Je ne crois pas…		

The conditional: concept and use

I would like to talk to the manager.
Je voudrais parler au directeur.

1. What is it?

The conditional present or past is used to describe events which are not factual but wished for, imagined, unreal or under certain conditions. It is not a tense but a mode (a way of expressing events). It can be at the present or at the past tense.

2. How is it in English?

The formation of the conditional is different: you use the modal verb "would" and add the main verb.

Example: - What would you like?
- I'd like a coffee please.
→ - Que voudriez-vous ?
- Je voudrais un café, svp.

The conditional is used in English to express an idea of repetition in the past while in French you would use the imperfect.

Example: She would get up every morning at 7am.
→ Elle se levait tous les matins à 7h.

3. How does it work in French?

Formation

As in the case of the future, the word "would" does not exist in French and you will notice the conditional by its endings which are always the same for all verbs.

- **To form a verb in the conditional present, you use the full form of the verb (*regarder, finir, répondre*) and add the following endings: *-ais -ait -ions -iez -aient.***

  – Je / Tu regarderais.   – I / You would look.
  – Il / Elle / On regarderait.   – He / She would look.
  – Nous regarderions.   – We would look.
  – Vous regarderiez.   – You would look.
  – Ils / Elles regarderaient.   – They would look.

  Note: As you can see these endings are the same as those of the imperfect tense.

- **The formation of irregular verbs is exactly the same as the ones in the future:**

  – aller : j'irais   – to go: i would go
  – être : je serais   – to be: i would be
  – avoir : j'aurais   – to have: i would have
  – faire : je ferais   – to do: i would do

Use

The conditional is commonly used to express a polite request, a wish or when giving advice.

- **Polite request:**
  – Je voudrais un café, svp.   – I would like a coffee please.
  – Pourrais-tu me donner de l'argent ?   – Could you give me some money?

- **Expressing a wish or desire:**
  – Je voudrais faire le tour du monde.   – I would love to travel round the world.
  – J'aimerais y aller mais je ne peux pas.   – I'd love to go but I can't.

- **Giving advice:**
  – Tu devrais t'arrêter de fumer.   – You should stop smoking.
  – Tu ferais mieux de partir.   – You'd better go.

Watch out ! The expression "if you would like" is ok in English but not in French as the word *si* cannot be followed by the conditional. It will be translated by the indicative: *Si vous voulez.*

EXERCISE

Complete the following dialogue by putting the verbs in the conditional present.
Example: Qu'est-ce ce que vous [aimer] _____ visiter ? → Qu'est-ce que vous aimeriez visiter ?
Dans une agence de voyages
— Où [vouloir] _____-vous aller ?
— Nous [aimer] _____ aller en Inde.
— Le Kérala, ça vous [plaire] _____ ? Il [devoir] _____ faire beau et chaud.
— [être] _____-vous intéressés par une croisière ?
— Non, nous [préférer] _____ visiter une ville historique.
— Un circuit des villes du sud, ça vous [convenir] _____ ?
— Oui, ce [être] _____ bien !
— Quelle période [envisager] _____-vous ?
— Nous [pouvoir] _____ partir au printemps.

El pronombre *en*

*— Il reste du pain ? — Oui, il **en** reste un peu.*
— ¿Queda pan? — Sí, queda un poco.

1. ¿De qué se trata?

Se trata de un pronombre que puede sustituir en francés un complemento que exprese una cantidad *(un, deux..., beaucoup de, assez de...)* o que esté introducido por la preposición *de*, o por un artículo partitivo *(du, de la)*.

2. ¿Cómo es en español?

En español, *en* no tiene equivalente. Se utiliza otro tipo de pronombre o no se traduce, por lo que tendemos a olvidarlo.

Ejemplos: – ¿Queda pan?
- Sí, queda un poco. / No, no queda.
→ - Il reste **du pain** ?
- Oui, il **en** reste un peu. /
Non, il n'**en** reste pas.

- ¿Vienes del trabajo?
- Sí, vengo de allí.
→ - Tu reviens **du travail** ?
- Oui, j'**en** reviens.

3. ¿Cómo es en francés?

El pronombre *en* se ubica delante del verbo (o del auxiliar en el caso de un tiempo compuesto) del que depende el complemento.

• **El pronombre *en* sustituye a un sustantivo precedido por una cantidad, determinada o no, o por un artículo que no sea *le, la, les*:**

• En el caso de *le, la, les* se utiliza el mismo pronombre que en español.

    *— Tu as acheté **les** journaux ?*   *— ¿Has comprado **los** periódicos?*
    *— Oui, je **les** ai achetés.*   *— Sí, **los** he comprado.*

• En cualquier otro caso se utiliza *en*:

    *— Tu as acheté **des** journaux ?*   *— ¿Has comprado periódicos?*
    *— Oui, j'**en** ai acheté.*   *— Sí, he comprado.*

    *— As-tu acheté des **tomates** ?*   *— ¿Compraste tomates?*
    *— Oui, j'**en** ai acheté. (des tomates)*   *— Sí, compré.*

    *— Combien de **tomates** as-tu acheté ?*   *— ¿Cuántos tomates compraste?*
    *— J'**en** ai acheté trois. (tomates)*   *— Compré tres.*
    *— J'**en** ai acheté un kilo. (de tomates)*   *— Compré un kilo.*
    *— J'**en** ai acheté beaucoup. (de tomates)*   *— Compré muchos.*
    *— Je n'**en** ai pas acheté. (de tomates)*   *— No compré.*

• **El pronombre *en* sustituye a un complemento introducido por la preposición *de*.**

Por ello, hay que conocer los verbos que se utilizan con esta preposición: *venir de, parler de, avoir envie de, avoir besoin de, parler de, rêver de, se souvenir de, s'empêcher de, se plaindre de, se vanter de....*

    *— Tu as besoin **de la voiture** ?*   *— ¿Necesitas el coche?*
    *— Oui, j'**en** ai besoin.*   *— Sí, lo necesito.*

    *— Tu rêves **d'avoir une grande maison** ?*   *— Sueñas con tener una casa grande ?*
    *— Oui, j'**en** rêve.*   *— Sí, sueño con ello.*

¡Ojo! Si *de* introduce una persona, se utiliza un pronombre tónico:
*— Je parle **de mon fils** à tout le monde. → Je parle **de lui** à tout le monde.*
— Le hablo de mi hijo a todo el mundo. → Le hablo de él a todo el mundo.

EJERCICIOS

1. Transformar las frases siguientes utilizando el pronombre *en* para sustituir las palabras subrayadas.

Ejemplo: Il a envie <u>de regarder un film</u>. → Il en a envie.

a. Je rêve <u>d'aller à Venise</u>.
b. Nous faisons plus <u>de sport</u> qu'avant.
c. Julien a mis <u>du sel</u> dans les pâtes.
d. Je veux m'acheter une paire <u>de chaussures neuves</u>.
e. Il reste <u>du pain</u> pour demain.
f. Maud va bientôt faire <u>du yoga</u>.
g. Il y a trop <u>de chiffres</u> dans ce document.
h. Ce jeu est incomplet, il manque deux <u>cartes</u>.

2. Contestar a cada pregunta con *oui* y con *non*.

Ejemplo: Tu manges de la viande ? Oui, j'en mange. / Non je n'en mange pas.

a. Tu fais du vélo ?
b. Vous voulez du riz ?
c. Ils reviennent du marché ?
d. Vous avez pris beaucoup de cours de danse ?
e. Tu as acheté 6 œufs ?
f. Tu te souviens du mari de Josiane ?
g. Vous avez besoin de prendre des vacances ?
h. Pour la recette, il faut 100 grammes de sucre ?

El pronombre y

J'y suis, j'y reste.
Aquí estoy, y aquí me quedo.

1. ¿De qué se trata?

Se trata de un pronombre sin equivalente unívoco en español, que puede sustituir en francés un complemento de lugar o un complemento precedido por la preposición *à*.

2. ¿Cómo es en español?

En español, *y* se puede traducir por "allí" para un lugar, o "en ello" para una cosa, pero a menudo no se traduce.

Ejemplo:
– ¿Vas a París?
– Sí, voy.
→ – Tu vas **à Paris** ?
– Oui, j'**y** vais.

3. ¿Cómo es en francés?

Como *en*, el pronombre *y* se ubica delante del verbo (o del auxiliar en el caso de un tiempo compuesto) del que depende el complemento.

• **Y sustituye a un complemento de lugar:**
– Tu habites **à Lille** ?   – ¿Vives **en Lille**?
– Oui, j'**y** habite depuis 3 ans.   – Sí vivo **allí** desde hace 3 años.

¡Ojo! En español se puede decir solamente "voy" mientras que en francés no se puede decir *je vais* sin decir adónde. Para no tener que repetir adónde se va, se utiliza el pronombre *y*.
– Tu vas **à Tudela** ?   – ¿Vas a Tudela?
– Oui j'**y** vais.   – Sí voy.

– Ton frère va **à Marseille** ?   – ¿Tu hermano se va a Marsella?
– Oui et j'**y** vais avec lui.   – Sí y voy con él.

• **Y sustituye a un complemento introducido por la preposición à:**
Por ello, hay que conocer los verbos que se utilizan con esta preposición: *croire à, penser à, réfléchir à, assister à, participer à, renoncer à, passer au temps à, s'inscrire à, tenir à, être favorable à, s'habituer à, avoir affaire à*, etc
– Tu penses **aux vacances** ?   – ¿Piensas en las vacaciones?
– Oui, j'**y** pense.   – Sí, pienso **en ello**.
– Non, je n'**y** pense pas.   – No, no pienso **en ello**.

– Tu vas participer **au marathon** ?   – ¿Vas a participar en el maratón?
– Oui, je vais **y** participer.   – Sí, voy a participar.
– Non, je ne vais pas **y** participer.   – No, no voy a participar.

¡Ojo! Si *à* introduce una persona, generalmente con los verbos de comunicación (*expliquer à, parler à, téléphoner à, dire à, s'adresser à*, etc.), se utiliza un pronombre tonico.
– Tu as téléphoné **à tes parents** ?   – ¿Has llamado **a tus padres**?
– Oui, je **leur** ai téléphoné.   – Sí, les he llamado.

EJERCICIOS

1. Reformular las frases siguientes utilizando y.

Ejemplo: Marceline va <u>en Suisse</u>. → Marceline y va.
a. Dominique ne s'est pas encore inscrite <u>au cours d'informatique</u>.
b. Nous avons prévu de participer <u>au congrès économique</u>.
c. Tu as l'intention de rester longtemps <u>à New York</u> ?
d. Tu passes tout ton temps <u>à faire le ménage</u> !
e. Tu crois <u>à cette histoire d'augmentation du salaire minimum</u> ?
f. Olivier passe l'été <u>à la montagne</u>.
g. Tous les enfants ont assisté <u>au spectacle</u>.

2. Sustituir el pronombre y en las frases siguientes.

Ejemplo: On y voit beaucoup d'arbres. → dans la forêt
a. On y va pour voir un film sur grand écran.
b. On y va pour manger ou dîner sans avoir à cuisiner.
c. On peut y voir des expositions et des collections d'œuvres d'art.
d. On y va quand on est malade.
e. On s'y baigne en été.
f. Il ne faut pas y aller si on a peur du vide.
g. On y va pour trouver du poisson.

El orden de los pronombres

Je le lui ai donné.
Se lo he dado.

1. ¿De qué se trata?

Se trata de saber en qué orden se colocan los pronombres *le, la, les, lui, leur, en* e *y* cuando hay dos en la misma frase.

2. ¿Cómo es en español?

El pronombre complemento de objeto indirecto (COI) va siempre antes del pronombre complemento de objeto directo (COD).
Ejemplo: Nos lo ha dicho.
→ Il **nous l'**a dit.

3. ¿Cómo es en francés?

- **Los pronombres siempre se colocan antes del verbo que esté conjugado o no:**
  — *Je peux le leur dire.* — *Puedo decírselo.*
- **El pronombre reflexivo se ubica siempre antes de los otros pronombres:**
  — *Ils s'y sont inscrits.* — *Se han apuntado.*
- **Los pronombres *en* e *y* van justo antes del verbo (se colocan siempre después de los otros pronombres):**
  — *Je lui en ai parlé.* — *Se lo he comentado.*
- **Con una negación los pronombres se colocan entre *ne* y el verbo:**
  — *Je ne le leur ai pas dit.* — *No se lo he dicho.*
- **En el imperativo afirmativo los pronombres van detrás del verbo y se coloca un guión entre el verbo y los pronombres.**
  — *Dis-le-moi. / Ne me le dis pas.* — *Dímelo. / No me lo digas.*
- **Con los pronombres COI *me, te, se nous, vous.* = COI + COD**
  — *Il nous l'a apporté.* — *Nos lo ha traído.*
- **Con los pronombres COI de la tercera persona: *lui* y *leur* = COD + COI**
  — *Je le lui ai apporté.* — *Se lo he traído.*

EJERCICIO

Poner en orden las palabras para formar oraciones.
Ejemplo: [pas – lui – Je – le – expliqué – ai – ne] → Je ne le lui ai pas expliqué.
a. [seul – cuisiné – me – je – suis – le – tout]
b. [fois – le – répète – lui – plusieurs]
c. [l' – faut – la – rentrée – y – avant – il – inscrire]
d. [lui – vous – prendrez – en]
e. [a – il – lui – rappelé – le]

El superlativo relativo

C'est l'acteur le mieux payé du monde.
Es el actor mejor pagado del mundo.

1. ¿De qué se trata?

El superlativo expresa un alto grado de superioridad o inferioridad de algo o alguien con respecto a otras cosas o gente.

2. ¿Cómo es en español?

El grado superlativo del adjetivo o adverbio se construye con un adverbio de comparación ("más" o "menos") y "de" o "que":
Ejemplo: Es el chico más simpático **del** barrio. → C'est **le garçon le plus** sympathique **du** quartier.

3. ¿Cómo es en francés?

En francés funciona igual que en español, con la diferencia de que si el adjetivo va después del nombre se repite el artículo definido (*le, la, les*) antes de ***plus*** o ***moins***.
— *C'est le plus intelligent de l'école.* — *Es el más listo de la escuela.*

— *C'est le garçon le plus intelligent de l'école.*
— *Es el chico más listo de la escuela.*

¡Ojo! Hay que fijarse en utilizar el pronombre relativo correcto ***qui*** o ***que*** y también en el orden de los elementos, que en francés no puede cambiar.
— *C'est le livre qui a eu le plus de succès.*
— *Es el libro que más éxito ha tenido. (= Es el libro que ha tenido más éxito.)*

EJERCICIO

Completar las frases con un superlativo de superioridad.
Ejemplo: Mon père est un homme petit. [de la famille] → Mon père est l'homme le plus petit de la famille.
a. C'est un endroit où il y a beaucoup d'embouteillages. [dans la ville]
b. Cette fille a les cheveux longs. [de la classe]
c. C'est une fille drôle. [que j'ai rencontré]
d. Michael Jackson est un chanteur connu. [dans le monde]
e. Gérald est un médecin expérimenté. [de la région]

Los pronombres relativos

C'est un film que nous avons vu et qui nous a plu.
Es una película que vimos y que nos gustó.

1. ¿De qué se trata?

Los pronombres relativos *(qui, que, où y dont)* permiten conectar dos frases o dos verbos que tienen algo en común: un sujeto o un complemento.

2. ¿Cómo es en español?

En español se utiliza principalmente el pronombre "que" para traducir los pronombres *qui, que* y *où*. Por eso hay que fijarse bien en qué caso se utiliza cada uno de ellos.

El pronombre *dont* se puede traducir por "cuyo(os,a,as) o "del / de la(s) / de lo(s) cual(es) / que" según el caso.

3. ¿Cómo es en francés?

qui sustituye a un **sujeto**.	Je connais l'homme **qui** est venu.
que sustituye a un **complemento de objeto directo**.	Récupère le sac **que** j'ai oublie hier.
où sustituye a un **complemento** de **lugar** o de **tiempo**.	Le jour **où** tu feras tes exercices, tu progresseras.
dont sustituye a un **complemento precedido por** *de*.	C'est le logiciel **dont** j'ai besoin.

• **Los pronombres relativos *qui* y *que***
Si el verbo que viene después del pronombre no tiene sujeto se utiliza *qui*.
– *Je veux contacter les candidats qui ont envoyé leur CV.*
– *Quiero contactar con los candidatos que enviaron su currículum.*

– *Je veux contacter les candidats que tu as sélectionnés.*
– *Quiero contactar con los candidatos que has seleccionado.*

¡Ojo! *Que* se apostrofa delante de una vocal o "h" muda mientras que *qui* nunca se apostrofa.

• **El pronombre relativo *où* sustituye a un complemento de lugar o de tiempo.**
• Un complemento de tiempo (también puede traducirse por "cuando"):
– *Tu te souviens de la fois où tu as gagné à la loterie ?*
– *¿Recuerdas la vez que / cuando ganaste a la lotería?*
• Un complemento de lugar (también puede traducirse por "dónde"):
– *L'endroit où il est arrivé, était désert.*
– *El lugar al que / donde llegó estaba desierto.*

• **El pronombre relativo *dont* (cuyo)**
El pronombre *dont* puede sustituir a un complemento del nombre. En este caso se traduce por "cuyo, cuyos, cuya, cuyas".
– *J'ai parlé avec la voisine dont le chien a mangé mes plantes.*
(= *Le chien de la voisine a mangé mes plantes et j'ai parlé avec la voisine.*)
– *He hablado con la vecina cuyo perro se comió mis plantas.*

• **El pronombre relativo *dont* (del que).**
El pronombre *dont* puede sustituir a un complemento precedido por *"de"*.
En este caso se traduce por "del que / cual , de lo(s) que / cual(es), de la(s) que / cual(es)".
En francés existen ciertas expresiones y verbos que van seguidos de la preposición "de" con los cuales se utiliza a menudo el pronombre *dont*:
• Expresiones con adjetivos: *être content de, être fier de, être satisfait de…*
– *J'ai présenté au concours une œuvre dont je suis fier.*
(= *Je suis fier de l'œuvre que j'ai présentée au concours.*)
– *He presentado al concurso una obra de la cual / que estoy orgulloso.*
• Verbos: *parler de, avoir besoin de, rêver de, se souvenir de, profiter de…*
– *J'ai apporté les dossiers dont je voudrais te parler.*
(= *Je voudrais te parler des dossiers que j'ai apportés.*)
– *He traído los informes de los cuales me gustaría hablar contigo.*

EJERCICIO

Unir las dos frases con *qui, que, où* o *dont* como en el ejemplo.

Ejemplo: Mon père nous a fait un cadeau. Ce cadeau *nous a fait très plaisir.*
→ Mon père nous a fait un cadeau **qui** nous a fait très plaisir.
a. J'ai retrouvé les livres de grammaire. J'ai besoin de livres de grammaire.
b. On se retrouve au marché. Le marché est au même endroit que l'année dernière.
c. Elsa a récupéré le costume de pirate. Elsa avait oublié le costume de pirate.
d. Il aime beaucoup la ville de Lille. Il a étudié dans la ville de Lille.
e. J'ai croisé mon professeur de physique. J'ai très peur de mon professeur de physique.
f. Je dois te rendre l'album de Tardi. Tu m'as prêté cet album de Tardi.

El gerundio

Je conduis en écoutant la radio.
Mientras conduzco escucho la radio.

1. ¿De qué se trata?

El gerundio es una forma verbal invariable. Se utiliza generalmente como un adverbio. Vamos a ver los casos en los cuales el gerundio español no se traduce por un gerundio en francés.

2. ¿Cómo es en español?

La terminación regular del gerundio es "-ando" para los verbos de la 1ª conjugación o "-iendo / -yendo" para los de la 2ª y la 3ª. Puede expresar:

• **una acción que se desarrolla con "estar" + gerundio (se traduce en francés por el presente continuo *être en train de*).**
Ejemplo: Estoy **caminando**.
→ Je suis **en train de marcher**.

• **una acción con una cierta duración.**
Ejemplo: Sigo **utilizando** tus herramientas. → J'utilise **encore / toujours** tes outils.

• **una acción en progresión.**
Ejemplo: La calidad va **empeorando** cada vez más.
→ La qualité est **de plus en plus mauvaise**.

3. ¿Cómo es en francés?

El gerundio en francés es el conjunto de la preposición *en* y del *participe présent*. Para formar el *participe présent* se añade la terminación *-ant* a la raíz de la primera persona del plural del presente del indicativo (*nous*).
marcher → marchons → marchant,
réfléchir → réfléchissons → réfléchissant,
prendre → prenons → prenant
Verbos irregulares: *avoir → ayant, être → étant, savoir → sachant*

El *participe présent* nos permite:

• **dar una información sobre algo o alguien:** en este caso no se traduce por un gerundio en español.
— *Les personnes n'ayant pas de ticket ne pourront pas voir le film.*
(= *Les personnes qui n'ont pas de ticket ne pourront pas voir le film.*)
— *Las personas que no tienen entrada no podrán ver la película.*

• **expresar una causa:** el español también puede utilizar el gerundio en este caso pero es una fórmula cada vez menos utilizada.
— *Le train ayant du retard, nous avons attendu dans la gare.*
(= *Nous avons attendu dans la gare parce que le train avait du retard.*)
— *Como el tren venía con retraso, esperamos en la estación.*

El gerundio francés (*en + participe présent*) permite expresar:

• **la simultaneidad** (en este caso, los dos verbos tienen el mismo sujeto):
— *J'écoute de la musique en prenant ma douche.*
(= *J'écoute de la musique pendant que je prends ma douche*).
— *Escucho música mientras me ducho.*

• **la manera:**
— *J'ai trouvé un travail en envoyant beaucoup de CV.*
— *Encontré un trabajo enviando muchos currículum.*

• **la condición:**
— *C'est en cherchant qu'on trouve.* (= *Si on cherche on trouve.*)
— *Buscando se encuentra algo.*

EJERCICIO

1. Poner los verbos entre paréntesis en gerundio o en *participe présent*.
a. Il n'a pas fermé la porte [partir] _____ .
b. J'ai besoin d'une baby-sitter [avoir] _____ de l'expérience avec les jumeaux.
c. Juliette se relaxe [faire] _____ le ménage.
d. [savoir] _____ qu'Hugo préférait les livres, je n'aurais pas acheté un jeu vidéo.
e. [voir] _____ la situation, il est parti très vite.
f. Il s'est cassé le bras [jouer] _____ au foot.
g. Les candidats [avoir] _____ un 10 à l'écrit pourront passer l'oral.

2. Traducir al francés las frases siguientes.
a. Está estudiando cada vez más.
b. Va a la escuela caminando.
c. No puedo contestar al teléfono, estoy cocinando.
d. Julián aprendió su poema mientras limpiaba los cristales.
e. Las personas que tengan dificultades, pueden preguntarme.
f. Se comunicaba haciendo señas.

La hipótesis con la oración condicional

On pourrait aller à la plage s'il faisait beau.
Podríamos ir a la playa si el tiempo fuera bueno.

1. ¿De qué se trata?

Hablaremos de las oraciones condicionales (con "si") cuyo verbo principal está en condicional.

Ejemplo: Haría muchas cosas **si tuviese** dinero. → **Je ferais** beaucoup de choses **si j'avais** de l'argent.

2. ¿Cómo es en español?

verbo principal	si	verbo de la condición / hipótesis
condicional presente *Me iría de vacaciones*	si	pretérito imperfecto del subjuntivo *tuviese tiempo.*
condicional pasado *Me hubiera ido de vacaciones*	si	pluscuamperfecto del subjuntivo *hubiese tenido tiempo.*

3. ¿Cómo es en francés?

En francés las frases con *si* funcionan igual que en español, pero se utiliza el modo indicativo en vez del subjuntivo:

verbo principal	si	verbo de la condición / hipótesis
condicional presente *Je partirais en vacances*	si	imperfecto de indicativo *j'avais le temps.*
condicional pasado *Je serais parti en vacances*	si	pluscuamperfecto de indicativo *j'avais eu le temps.*

EJERCICIO

Unir los dos miembros de cada frase.

a. Si j'avais eu une voiture,   O

b. S'il restait de la place au club de vacances, O

c. Si les enfants dormaient,   O

d. Si les cours l'avaient intéressé,   O

e. S'il avait fait beau dimanche,   O

O 1. il y aurait assisté.

O 2. nous pourrions voir un film

O 3. nous aurions fait un pique-nique.

O 4. je serais allée à la mer.

O 5. je partirais en vacances.

La enfatización con pronombres relativos

C'est le chocolat que je préfère.
Es el chocolate lo que yo prefiero.

1. ¿De qué se trata?

Vamos a tratar una estructura que permite resaltar un elemento de la frase.

2. ¿Cómo es en español?

Hay varias formas de enfatizar, entre ellas **"lo que"**.

Ejemplo: Es el helado **lo que** me gusta. → **C'est** la glace **que** j'aime.

3. ¿Cómo es en francés?

Para enfatizar se usa *c'est / ce sont... que / qui* según el caso.

- **Que sustituye a un COD:**
  – *C'est ça que je veux pour Noël.*   – Es eso **lo que** quiero para Navidad

- **Qui sustituye a un sujeto:**
  – *C'est jouer au foot qui m'intéresse.*   – Es jugar al fútbol **lo que** me interesa.

¡Ojo! Si el elemento que se quiere enfatizar está en plural se utiliza *ce sont*

– *Ce sont les enfants qui ont raison.*   – Son los niños los que tienen razón.

EJERCICIO

Completar las frases con *c'est, ce sont, qui o que*.

a. _____ mon frère _____ est venu hier.

b. _____ des études de médecine _____ j'aurais voulu faire.

c. _____ les exercices _____ sont trop difficiles !

d. _____ ce groupe _____ j'ai vu en concert.

Corrigés

1. singulier / pluriel des noms

.... pages 11, 12, 13

1 PISTE 3

Transcription :

a. Que disent les journaux aujourd'hui ?

b. Sébastien est un grand sentimental.

c. J'ai vérifié mais je ne trouve pas les mêmes totaux.

d. Elle a participé à un super festival.

e. Ils possèdent de très beaux chevaux.

f. J'adore les petits canaux anglais.

g. Erwan s'intéresse beaucoup aux animaux.

h. Alors, est-ce que vous êtes allés au bal ?

i. Nous avons de plus en plus besoin de métal.

singulier : b, d, h, i
pluriel : a, c, e, f, g

2

a. vœux **b.** neveux **c.** choux **d.** bijoux **e.** pneus **f.** clous
g. jeux

3

a. une vis **b.** un mois **c.** un pays **d.** un bus **e.** un prix
f. un nez **g.** un repas **h.** un cas

4

mot à créer : vœux

5

nom + nom : un bateau-mouche, un chien-guide
adjectif + nom : un rond-point, une belle-mère
verbe + verbe ou verbe + nom : un lave-vaisselle,
un laissez-passer
nom + préposition + nom : un face-à-face,
un hors-d'œuvre

a. ronds-points **b.** lave-vaisselle **c.** bateaux-mouches
d. chiens-guides **e.** belles-mères **f.** face-à-face
g. hors-d'œuvre **h.** laissez-passer

6

Au centre de la photo, on voit **mes grands-pères** et **mes grands-mères**. Là, à droite, mes deux sœurs et **mes beaux-frères**. À gauche, mes deux frères et **mes belles-sœurs**. Ma femme est ici, et là, ce sont **mes beaux-parents**. Et devant, ce sont les enfants. Mes parents sont très fiers de tous **leurs petits-enfants**.

7

a. trois demi-journées **b.** deux demi-litres
c. des sèche-cheveux **d.** plusieurs sèche-linge
e. des coupe-papier **f.** les coupe-ongles

8 PISTE 4

Transcription :

a. New-York est vraiment la ville des gratte-ciel.

b. Je ne sais jamais où tu ranges les ouvre-boîtes !

c. Des hommes-grenouilles ont exploré le fond du lac.

d. Les enfants vont avoir besoin de taille-crayons pour l'école.

e. Mon mari aime bien manger des choux-fleurs pour le dîner.

f. Il faudrait changer les essuie-mains qui sont dans les toilettes.

a. des gratte-ciel **b.** les ouvre-boîtes
c. Des hommes-grenouilles **d.** de taille-crayons
e. des choux-fleurs **f.** les essuie-mains

9

Proposition de réponse :

J'aimerais passer tous mes week-ends à Paris. Samedi, j'ai donné rendez-vous à une amie et, en deux demi-journées, nous avons vu une demi-douzaine de sites touristiques. Nous avons admiré des chefs-d'œuvre dans deux musées, nous avons acheté des porte-clés en forme de tour Eiffel et de petits porte-bonheur parisiens. Sur un quai de la Seine, nous avons regardé passer les bateaux-mouches chargés de touristes qui mettaient les monuments dans leurs appareils-photos. Nous avons bu deux ou trois cafés-crème sur une terrasse ensoleillée. Samedi soir, nous avons hésité entre deux dîners-spectacles mais nous sommes finalement allés dans un petit restaurant pour un tête-à-tête romantique.

2. emploi des articles (1)

....pages 15, 16, 17

1  PISTE 6

Transcription :

a. Vous voulez de l'eau minérale ou gazeuse ?

b. Vous avez d'autres questions ?

c. Je te sers un café ?

d. Nous avons du soleil aujourd'hui !

e. Je suis libre le matin si tu veux.

f. Vous n'avez pas de voiture ?

g. Tu peux ouvrir la fenêtre ?

h. Je peux vous faire un chèque ?

un, une, des: c, h
de, d': b, f
le, l', la, les: e, g
du, de l', de la: a, d

a. des musées intéressants - le Musée d'Orsay - le Louvre
b. le thé - un jus de fruit **c.** Le vent **d.** des vacances -
une belle neige **e.** un pied - le marathon **f.** un mercredi -
le mercredi - un samedi **g.** la tête - un comprimé
h. La philosophie - une science

a. Le chocolat - le moral **b.** De la neige **c.** du temps - des
amis **d.** de la passion - du courage **e.** le soleil - du monde
f. le projet - le temps **g.** des vignobles - le champagne

4

L'échange - un nouveau moyen - les vacances - de l'argent -
Le concept - le site - des informations - la maison - le site -
des surprises - des rencontres - des vacances

5

des semaines - le mois - le temps - un nouveau fiancé -
un gentil garçon - un homme - du sport - de la guitare - le
théâtre - une fête - le samedi - la jambe - la semaine - la
soirée - de la patience

6

a. un gros gâteau **b.** de jolies villes **c.** un vieux château **d.** un
grand sourire **e.** des plats excellents / d'excellents plats **f.**
une petite maison **g.** de bonnes vacances **h.** d'autres services

7

a. Elle ne connaît pas les règles de politesse. **b.** Je ne
prends pas de sucre. **c.** Tu n'as pas de mémoire. **d.** Vous ne
prenez pas le train pour aller travailler ? **e.** Je ne prendrai
pas de jus d'orange avec mon croissant. **f.** Vous ne parlez
pas de langues étrangères ? **g.** Je n'ai pas d'argent pour
payer le voyage. **h.** Je ne cherche pas de nouvelle maison.

8 PISTE 7

Transcription :
Ex. — Ton mari t'a offert une bague pour ton anniversaire ?
— Il ne m'a pas offert une bague mais un collier.
a. — Tu as acheté un ordinateur portable ?
— Je n'ai pas acheté un ordinateur portable mais une tablette.
b. — Tu bois du café ?
— Je ne bois pas du café mais du thé.
c. — Il achète un nouvel appartement ?
— Il n'achète pas un nouvel appartement mais une maison.
d. — Ce sont des collègues de bureau ?
— Ce ne sont pas des collègues de bureau mais des amis.
e. — C'est un paiement par carte bancaire ?
*— Ce n'est pas un paiement par carte bancaire mais un
paiement en espèces.*
f. — Il faut une lettre de motivation ?
*— Il ne faut pas une lettre de motivation mais une lettre
de recommandation.*

9

Les journées - une fois - la France entière - les musées -
le grand public - De nombreuses personnes - un lieu -
les visites - du succès - de la patience - le musée -
les marches - la seule occasion - des musées - un dimanche -
le premier dimanche - de droit - les musées - les monuments

10

Proposition de réponse :
Dimanche, j'ai fait un pique-nique à la campagne. Quand
on est arrivés, on a commencé par jouer avec un ballon de
football, puis on a mangé un peu. C'était plus un goûter
qu'un déjeuner : dans le panier, on avait un gâteau, du
chocolat et de la confiture. Pour la boisson, on avait du jus
de fruit. On a fait une sieste et on a profité du soleil. Toute
la famille a adoré ce petit moment agréable.

3. emploi des articles (2)

....pages 19, 20, 21

1  PISTE 9

Transcription :
a. Chloé est la nouvelle assistante.
b. Nous achèterons du pain ce soir.
c. Arthur a gagné ce concours de jeunes acteurs.
d. Mon frère est avocat à Paris.
e. J'ai perdu mes clés de bureau.
f. Elle a besoin d'informations récentes.
g. Cécile est une actrice célèbre.
h. Nina nous confie peu de choses sur elle.

article : a, b, g,
absence d'article : c, d, e, f, h

2

a. un **b.** Ø **c.** les **d.** Ø **e.** le **f.** la

3

a. un **b.** Ø **c.** un **d.** Ø **e.** Ø **f.** des

4

a. un livre de poche
b. des chaussures de sport
c. un chef d'entreprise
d. une bouteille de lait
e. une table de jardin
f. un film d'aventures
g. une musique de film
h. une feuille de notes
i. une porte de garage

5

a. d' **b.** du **c.** de la **d.** de **e.** du **f.** de **g.** du **h.** de

6

a. de la **b.** de **c.** du **d.** de **e.** du **f.** de **g.** de **h.** du

7

a. – J'ai besoin de temps.
b. – Elle s'occupe d'enfants.
c. – Nous manquons d'argent.
d. – Tu rêves de vacances.
e. – Il se sert d'Internet.
f. – Ils ont envie de calme.
g. – Nous parlons de sports.
h. – Vous changez de voiture.

8

a. Jean est un musicien célèbre.
b. Votre voisin est le professeur de notre fils.
c. Olivier est le cuisinier de notre mariage.
d. Amélie est danseuse à l'Opéra de Paris.
e. Hélène est une comédienne du cours Florent.
f. Ce garçon rêve d'être un astronaute qui va sur la Lune.
g. Mickael est un pilote qui a gagné beaucoup de prix.
h. Cet homme est un jeune footballeur.
i. Cette femme est l'avocate de mon père.

9  PISTE 10

Transcription
Ex. – Il a acheté des cadeaux pour sa famille ?
– Il a acheté beaucoup de cadeaux pour sa famille.
a. *– Elle a du temps pour nous aider ?*
– Elle a assez de temps pour nous aider.
b. *– Elles ont vu des sites touristiques intéressants ?*
– Elles ont vu beaucoup de sites touristiques intéressants.
c. *– Ils ont du travail à terminer ?*
– Ils ont pas mal de travail à terminer.
d. *– Elle connaît des personnes dans sa nouvelle entreprise ?*
– Elle connaît peu de personnes.
e. *– Il veut de l'aide pour son projet ?*
– Il veut un peu d'aide.
f. *– Elle ressent de la colère ?*
– Elle ressent trop de colère.
g. *– Il lui a répété plusieurs fois ?*
– Il lui a répété des dizaines de fois.
h. *– Il a des avantages dans son nouveau travail ?*
– Il a autant d'avantages dans son nouveau travail.

10

Proposition de réponse :
Il n'a pris qu'une cuillérée de confiture.
On doit manger beaucoup de fruits.
Il ne faut pas boire trop de café.
Tu as mangé assez de pain.
Vous voulez une tasse de thé ?
Je mange une tartine avec un peu de chocolat.
Je pourrais avoir un morceau de sucre ?
Il faut boire beaucoup d'eau pour être en bonne santé.

11

a. du **b.** de **c.** d' **d.** des **e.** des **f.** de - de

12

un chanteur - un ancien joueur - de tennis - Ø capitaine - l'artiste - un homme - d'actions - de la vie - d'aide - un membre - du concert

13

Proposition de réponse :
Pour réussir de bonnes crêpes, il faut de la farine de froment, des œufs frais, un peu de sel et du lait. Vous n'avez pas besoin de sucre dans la pâte.
Pour la cuisson, il faut laisser chauffer la poêle assez de temps et mettre un peu d'huile pour que les crêpes ne restent pas collées.
On peut les manger avec du sucre, de la confiture, du miel. Mais, il ne faut pas mettre trop de miel par exemple, car cela peut gâcher le goût de la crêpe !
Beaucoup de Français mangent des crêpes le 2 février, pour la fête de la Chandeleur.

4. quantité indéterminée
.... pages 23, 24, 25

1  PISTE 12

Transcription
a. *Je ne viendrai pas à la cérémonie de remise des diplômes car je n'ai reçu aucune invitation.*
b. *J'ai des problèmes avec mes voisins car ils écoutent de la musique à n'importe quelle heure.*
c. *Comme ils ont gagné plusieurs matchs, l'équipe de Nantes est bien classée.*
d. *Il connaît assez bien cet auteur de bandes dessinées car il a lu quelques œuvres de sa collection.*
e. *Demain, c'est férié, toutes les piscines sont fermées.*
f. *Sarah n'a pas donné de date précise pour son accouchement, cela peut arriver à tout moment !*
g. *Chaque été, je pars en vacances à la montagne chez mon oncle.*
h. *Certains spectateurs ont dit que le spectacle était un chef d'œuvre, quel succès !*

aucun / aucune : a
certains : h
quelques : d
plusieurs : c
chaque : g
n'importe quel / quelle : b
tout / toute : f
tout le / toute la / tous les / toutes les : e

2

b. Il n'a donné aucune indication.

c. Quelques étudiants ont réussi l'examen.

d. Elle fait confiance à plusieurs personnes.

e. Certains enfants ont classe le mercredi matin.

f. Plusieurs acteurs sont venus à l'avant-première du film.

3

b. Ce patron ne fait confiance à aucun employé.

c. Aucune maison n'est à vendre dans le quartier.

d. Aucun magasin n'est fermé le mardi.

e. Je n'ai aucune solution à ton problème.

4 PISTE 13

Transcription

a. — Il a trouvé une solution.

— Il n'a trouvé aucune solution.

b. — J'ai envie de me lever de bonne heure.

— Je n'ai aucune envie de me lever de bonne heure.

c. — Les voisins se sont plaints du bruit.

— Aucun voisin ne s'est plaint du bruit.

d. — Il a pris sa décision.

— Il n'a pris aucune décision.

e. — Une alarme a été installée.

— Aucune alarme n'a été installée.

f. — Nous visiterons des musées.

— Nous ne visiterons aucun musée.

g. — La police a arrêté un suspect.

— La police n'a arrêté aucun suspect.

h. — Je connais de bons restaurants.

— Je ne connais aucun bon restaurant.

i. — De vieilles affiches sont en vente sur Internet.

— Aucune vieille affiche n'est en vente sur Internet.

5

a. tout b. Chaque / N'importe quelle c. tout / n'importe quel d. n'importe quel e. Chaque / N'importe quel

6

a. Toutes les secondes comptent lorsqu'on court le marathon.

b. Tous les dimanches, Lili court 10 kilomètres à pied.

c. Il cherche à réussir sa carrière par tous les moyens.

d. Méline était tellement fatiguée qu'elle a dormi tout le week-end.

e. Nous avons investi toutes nos économies pour faire ce voyage.

7

n'importe quelle action - toutes ses courses - tous les supermarchés - tous leurs clients - n'importe quel produit - certains aliments - Certaines fois - plusieurs fois

8  PISTE 14

Transcription

Ex. : — Vous allez voir vos enfants ce week-end ?

— Oui, toute la famille fait un pique-nique.

a. — Excusez-moi, vous les vendez combien ?

— Tous les livres sont à 5 €.

b. — Bonsoir, nous sommes deux, vous avez de la place ?

— Toutes les tables sont réservées.

c. — Votre bureau est ouvert tous les jours ?

— Il est fermé chaque mercredi.

d. — Vous avez bien compris la règle ?

— Nous avons quelques questions.

e. — Les soldes ont commencé ?

— Certains articles sont déjà soldés.

f. — Tu sais pourquoi il n'est pas venu ?

— Il n'a donné aucune explication.

9

Propositions de réponses :

a. Chaque semaine, certains clients téléphonent pour prendre un rendez-vous.

b. Dans n'importe quelle entreprise, tous les collègues partagent leurs idées et travaillent ensemble.

c. Aucun ordinateur ne fonctionne car chaque bureau est mal équipé.

d. Toute la matinée, les salariés ont prévu plusieurs réunions.

e. Chaque contrat doit être signé par le directeur, et aucune décision n'est prise sans son accord.

f. Chaque année, M. Picard fait plusieurs voyages d'affaires.

10

Proposition de réponse :

Léa a tous les jours beaucoup de travail. Chaque matin, elle doit répondre à tous les courriels et répondre à tout client qui téléphone pour prendre un rendez-vous avec le directeur. Plusieurs jours par semaine, elle est en réunion avec certains collègues. Ils partagent toutes leurs idées et prennent certaines décisions. Parfois, aucun salarié ne peut travailler car les ordinateurs ne fonctionnent plus. Chaque soir, Léa quitte son bureau vers 17h.

5. place et accords des adjectifs
.... pages 27, 28, 29

1  PISTE 16

Transcription :

a. Il m'a raconté une histoire amusante.

b. Elle a fait un voyage fantastique.

c. C'est une bonne entreprise.

d. Avez-vous d'autres questions ?

e. Il m'a envoyé un message adorable.

f. L'appartement de Stéphanie est au 7ᵉ étage.

g. *Vous voulez de l'eau gazeuse ?*

h. *J'ai un rendez-vous important.*

i. *Julie vient avec un ami brésilien.*

j. *À mon avis, tu as fait un mauvais choix.*

k. *Félicitations, c'est une excellente nouvelle !*

avant le nom : c, d, f, j, k
après le nom : a, b, e, g, h, i

b. prochaine
c. postale
d. curieux
e. nouvelle
f. merveilleuses
g. inacceptable
h. trilingue
i. autre
j. sociale

adjectifs courts et fréquents / avant le nom : prochaine, nouvelle, autre
adjectifs objectifs / après le nom : postale, trilingue, sociale
adjectifs subjectifs / avant ou après le nom : curieux, merveilleuses, inacceptable

b. un petit service
c. un restaurant vietnamien
d. le candidat suivant
e. une chambre meublée
f. une mauvaise idée
g. une autre chose

a. politique internationale
b. coréens et japonais
c. sympathiques et accueillantes
d. scientifique importante
e. nationales et internationales

Mon pays préféré - une zone climatique et géographique exceptionnelle - climat chaud et humide - agréable - de sympathiques habitants - de grosses voitures noires - des personnes riches - de manière tranquille dans de jolies maisons individuelles - des personnes généreuses

 **PISTE 17**

Transcription :

Ex. : – une écharpe rouge
– une écharpe indienne rouge

a. *– une jeune femme*
– une jeune femme charmante

b. *– un virement international*
– un virement bancaire international

c. *– des problèmes personnels*
– des problèmes psychologiques personnels

d. *– une chemise bleue*
– une chemise bleue et blanche

e. *– une autorisation obligatoire*
– une autorisation officielle obligatoire

f. *– un gentil message*
– un gentil message électronique

g. *– un document important*
– un document administratif important

h. *– un accident catastrophique*
– un accident industriel catastrophique

i. *– l'espace européen*
– l'espace économique européen

a. un matériau synthétique noir importé
b. une compétition cycliste internationale reconnue
c. un marché intérieur japonais limité
d. les dernières innovations industrielles allemandes
e. des mesures économiques régionales inadaptées

a. les yeux rouges
b. des ballons orange
c. des chaussures marron
d. la voiture blanche
e. des volets bleu clair
f. une veste cerise
g. une chemise vert pomme
h. ma valise noire
i. une jolie robe bordeaux

Proposition de réponse :

Le Panama est un petit pays tropical américain merveilleux où le climat est chaud et humide toute l'année. Le pays possède de belles forêts protégées et inhabitées, des îles paradisiaques et de jolies plages de sable blanc. Il est surtout connu pour son canal interocéanique qui permet à d'immenses bateaux de passer de l'Atlantique au Pacifique. La capitale, Panama, est une ville moderne avec de grands immeubles. Elle possède également un vieux quartier historique de style espagnol et français. Les Panaméens sont des personnes sympathiques et accueillantes qui sont toujours heureuses d'accueillir des visiteurs et des touristes étrangers.

6. *être* + adjectif

.... pages 31, 32, 33

 ① 🎧 ▶ PISTE 19

Transcription :

a. *Non, vous ne verrez pas Rachid aujourd'hui, il est malade.*

b. *Hum, c'est bon ! Comment tu as préparé ton poulet ?*

c. *J'adore les petites villes de la région, c'est très fleuri.*

d. *Il dit qu'il n'a pas vu qu'il y avait un problème. C'est difficile à croire.*

e. *J'ai installé un nouveau programme dans l'ordinateur. Il est simple à utiliser.*

f. *J'aime bien les chemises en soie, c'est agréable à porter.*

g. *Tu ne ranges jamais tes affaires, c'est pénible !*

h. *On voudrait inviter l'écrivain Amin Maalouf, mais il est difficile à joindre.*

une personne ou une chose précise : a
une idée ou un nom à valeur générale : b, c, g
une personne ou une chose qui est l'objet de l'action : e, h
une idée qui est l'objet de l'action : d, f

②

a. Elle est **b.** c'est **c.** elle est **d.** c'est **e.** c'est **f.** C'est **g.** C'est **h.** il est

③ 🎧 ▶ PISTE 20

Transcription :

Ex. – Tu viendras me voir à Toulouse quand j'aurai mon appartement ?
– C'est évident !

a. *– Tu peux m'aider à faire mes exercices de mathématiques ?*
– C'est facile.

b. *– Clément ne sort pas, il va étudier tout le week-end.*
– Il est sérieux.

c. *– Il y a moins de voyageurs en première classe.*
– C'est agréable.

d. *– Mathéo est malade aujourd'hui.*
– C'est embêtant.

e. *– Comment tu trouves Lucas ?*
– Il est sympa.

f. *– Tu connais le chanteur belge, Stromae ?*
– Il est génial.

g. *– La France a gagné le match contre le Brésil.*
– C'est incroyable !

h. *– Arthur n'est pas là ?*
– Il est malade.

④

b. C'est simple de sélectionner les bons lieux touristiques.

c. C'est complexe de négocier les prix dans les hôtels.

d. C'est gênant de dire non à un touriste.

e. C'est désagréable de recevoir de mauvaises critiques.

⑤

a. C'est impossible à expliquer.

b. Oui, il est difficile à comprendre.

c. Oui, c'est bien, c'est léger à porter.

d. Non, c'est long à faire.

e. Il est compliqué à utiliser ?

f. Oui, c'est facile à monter.

⑥

a. de **b.** d' **c.** à **d.** à **e.** d' **f.** de

⑦

a. avez **b.** ailles **c.** devient **d.** veut **e.** partions

⑧ 🎧 ▶ PISTE 21

Transcription :

Ex. – Tu sais pourquoi elle est fâchée ?
– C'est difficile à dire.

a. *– Je trouve que tu es une personne merveilleuse.*
– C'est agréable à entendre.

b. *– Tu crois que ton équipe va gagner ?*
– C'est impossible de gagner.

c. *– Bon, finalement, on va accepter votre invitation.*
– C'est gentil de venir.

d. *– Ton séjour en France se passe bien ?*
– C'est amusant de parler français.

e. *– Malgré tous les problèmes, il va rester là-bas.*
– C'est courageux de rester.

f. *– C'est toi qui as fait cette quiche ?*
– C'est facile à préparer.

⑨

a. Il est nécessaire que vous partiez à 8 h.

b. Il est possible que tu finisses ça pour demain ?

c. Il est dommage que vous ne participiez pas à notre réunion.

d. Il est essentiel que vos enfants mangent équilibré.

e. Il est obligatoire que je le dise à mon directeur ?

⑩

Proposition de réponse :

Monsieur le Directeur,

– C'est embêtant de venir à l'école à 8 h.

– Il est impossible de bien étudier dans les salles de cours.

– C'est difficile de rester assis pendant des heures sur les chaises : elles sont inconfortables.

– C'est simple de décorer des salles avec des affiches, pourquoi ne le fait-on pas ?

– Les espaces verts, c'est agréable, mais c'est dommage que les étudiants ne puissent pas s'y assoir.

– Il est nécessaire d'améliorer les espaces pour le sport.

– Il y a un distributeur de boisson, c'est facile d'en installer un deuxième.

– Les livres, c'est lourd à porter : il faut des casiers.

7. pronoms COD / COI

.... pages, 35, 36, 37, 38, 39

 **PISTE 23**

Transcription

a. *Je les aime.*

b. *Je le fais.*

c. *J'en veux.*

d. *Elles y pensent.*

e. *Tu l'as détesté.*

f. *Élise l'a emporté.*

g. *Vous les offrez.*

h. *Je réfléchis.*

b. COI - Elle leur offre son aide.

c. COD - Je viens de le voir.

d. COI - Nous y repensons souvent.

e. COD - Mes parents les racontent.

f. COI - Maria lui envoie un colis.

a. en (Ils en ont adopté deux).

b. le (Tu l'as acheté récemment ?)

c. y (Je vais y réfléchir.)

d. leur (Je leur demande un conseil.)

e. la (Je l'ai organisée avec l'aide des parents d'élèves.)

f. les (Il les félicite pour leur travail.)

g. lui (Nous allons lui offrir son cadeau d'anniversaire.)

a. Adèle lui parle au téléphone.

b. Elle y a renoncé.

c. Il leur a vendu son vélo.

d. Nous y pensons.

e. Les enfants lui offrent un cadeau.

f. Il leur envoie des cadeaux.

a. notre frère

b. du pain

c. à son frère

d. des robes

e. à ma voiture

f. au spectacle de cirque

g. son amie Sarah

h. à ses vacances

a. l' b. la c. en d. leur e. y f. les

a. le b. l' c. y d. leur e. la f. en

Les objets d'occasion ont beaucoup de succès. Les gens préfèrent **en** acheter car cela coûte moins cher et cela **leur** permet d'économiser un peu d'argent. Les vide-greniers sont devenus très populaires car on peut **y** trouver beaucoup d'objets pour la famille. Un vélo, des vêtements, une BD de collection **la** séduiront par leur petit prix ! De nombreuses personnes utilisent aussi Internet car on **y** trouve des voitures ou des meubles d'occasion. Les sites spécialisés dans le troc ont du succès et les Français **les** utilisent de plus en plus. Enfin, la protection de l'environnement et le recyclage font aujourd'hui partie de la vie quotidienne et les personnes **y** font attention en ne jetant pas les objets abîmés. En **les** revendant, on réduit notre empreinte écologique.

a. Oui, il la tient dans sa main.

b. Oui, ils le regardent en souriant.

c. Oui, la dame blonde le lui rend.

d. Non, elle n'y fait pas attention.

e. Oui, elle en porte.

f. Oui, il les surveille.

g. Oui, le chien le suit.

 **PISTE 24**

Transcription

a. *J'en bois tous les jours.*

b. *Paul l'a prêté à son fils.*

c. *Vous en avez acheté une.*

d. *Nous l'écoutons avec attention.*

e. *Mon mari ne les connaît pas.*

f. *Adrien ne l'a jamais vu.*

g. *Il les regarde passer.*

h. *Elle en télécharge beaucoup.*

une maison : **c.** en

ces amis : **e.** les

les bateaux : **g.** les

son vélo : **b.** l'

des séries télévisées : **h.** en

du café : **a.** en

le Mont-Saint-Michel : **f.** l'

le professeur : **d.** l'

Il ne s'**en** est pas douté ? - réussi à **lui** préparer - sans qu'il **le** sache - tes amis sont venus **t'**aider à **l'**organiser - ils **m'**ont rejointe - pour **la** décorer et **y** installer les plats - Comment l'as-tu convaincu - Je **lui** ai demandé d'**y** aller - tu **lui** as fait plaisir - je **te** montrerai les photos - je passerai **te** voir - on **les** regardera

 **PISTE 25**

Transcription

Ex. : – Richard sait qu'on est en retard ?

– Oui, je lui ai téléphoné.

a. *– Tu connais Marie ?*

– Oui, je l'ai rencontrée.

b. *– Tu as pensé au pain ?*

– Oui, j'en ai acheté.

c. *– Les enfants ont fini leurs devoirs ?*

– Oui, ils les ont faits.

d. *– Tu as l'accord de tes parents ?*

– Je vais leur demander.

e. *– Ils financent votre projet ?*

– Oui, ils s'y intéressent.

f. *– Marthe a quitté son appartement ?*

– Oui, elle en a trouvé un dans le centre ville.

Propositions de réponses :

b. J'en ai plusieurs dans mon coffre à bijoux. Mon mari m'en a offert un à mon anniversaire. Je le porte tous les jours. J'y fais très attention.

c. Les enfants le caressent. La famille l'a adopté la semaine dernière. Nous en prenons soin car il est tout petit.

d. Les enfants l'adorent. Ils l'attendent toute l'année avec impatience. Ils lui demandent beaucoup de cadeaux.

Propositions de réponses :

b. Je la gare dans mon garage. J'en prends soin. Je peux y mettre plusieurs personnes.

c. On le respecte. Les employés lui demandent une augmentation.

d. Je le vois tous les matins. Il me rend quelques services. Je lui offre un café.

e. J'y fais très attention. J'en ai besoin tous les jours.

f. Je les attends depuis des mois. J'y pense souvent. J'en ai besoin.

g. Je la regarde au coucher du soleil. Je m'y baigne souvent.

h. Nous leur demandons des conseils. Nous les écoutons.

8. verbes et pronoms (1)

.... pages 41, 42, 43

 **PISTE 27**

Transcription

a. *– De son projet ? Il t'en a parlé ?*

b. *– A ton frère ! Tu lui as dit !*

c. *– Une explication ? Si tu y tiens…*

d. *– Mon mari… Je ne peux pas vivre sans lui !*

e. *– Ah Julie ! Je pense souvent à elle !*

f. *– Ton avis ! Je m'en moque complètement !*

g. *– Cette histoire ! Je n'y crois pas une seconde !*

h. *– M. Dubois ? Mais je lui ai déjà parlé de son contrat !*

i. *– Un nouveau jean ? Non, tu n'en as pas besoin !*

a. chose, idée : en

b. chose, idée : lui

c. chose, idée : y

d. chose, idée : lui

e. chose, idée : elle

f. chose, idée : en

g. chose, idée : y

h. chose, idée : lui

i. chose, idée : en

b. lui **c.** lui **d.** nous **e.** moi **f.** toi **g.** elle **h.** toi

 PISTE 28

Transcription

a. *Je pense à lui.*

b. *Je lui donne des conseils.*

c. *Il s'y intéresse.*

d. *Il s'intéresse à lui.*

e. *Je m'en souviens.*

f. *Je me souviens de lui.*

g. *Je m'en charge.*

h. *J'y tiens.*

à mon petit garçon : a, b, d, f
de ce poème : e, g
de cet artiste : f
à ce professeur : a, b, d
de ce projet : e, g
à cette œuvre : c, h
à ce projet : c, h

❹

a. Je n'en ai plus besoin.

b. Je me méfie d'eux.

c. Il ne faut pas s'en approcher.

d. Oui, tous les conseillers municipaux s'y sont opposés.

e. Non, mais on m'en a beaucoup parlé.

❺

a. 5 **b.** 6 **c.** 3 **d.** 7 **e.** 4 **f.** 8 **g.** 2 **h.** 1

❻

b. Ils lui ont offert un beau bouquet.

c. Mon frère s'y intéresse.

d. Annie s'est habituée à eux.

e. Le professeur leur a posé une question.

f. Tu t'y fies toujours.

g. Cet artiste y a consacré sa vie.

h. Les clients s'adressent directement à elle.

b. Vous lui faites confiance.

c. Le candidat s'oppose à lui.

d. Ils leur ont vendu leur maison.

e. Les parents font attention à eux.

f. Ce spécialiste leur explique le fonctionnement du cerveau.

8

a. – Oui, nous sommes fiers de lui.

b. – Oui, elle y participera.

c. – Non, son père a fait le saut avec elle.

d. – Je dois leur demander.

e. – Non, j'en ai besoin.

f. – Oui, je crois qu'ils sont chez eux.

9

a. leur - y - nous

b. lui - y

c. lui - lui - y

9. verbes et pronoms (2)

.... pages 45, 46, 47

1 🎧 PISTE 30

Transcription

b. Il a envie de partir en voyage.

c. Nous tenons à commencer à l'heure.

d. Nous vous demandons de ne pas fumer à l'intérieur.

e. Tu penses à ce que je t'ai dit ?

f. Je me moque de ce qu'il va dire.

g. Je m'attends à ce qu'il soit en retard.

h. J'ai besoin que tu me réexpliques une deuxième fois.

b. en **c.** y **d.** le **e.** y **f.** en **g.** y **h.** en

2

a. 2 **b.** 7 **c.** 6 **d.** 5 **e.** 1 **f.** 3 **g.** 8 **h.** 4

3

a. – Vous en avez parlé.

b. – Tu l'as raconté ?

c. – Il l'a bien dit ?

d. – J'en ai envie.

e. – Tu y fais attention.

f. – Tu y es prêt.

g. – Il le préfère.

h. – Tu le refuses.

4

b. Désolé, j'ai oublié de te le dire.

c. En effet, Charline ne s'y intéresse pas.

d. Non, mais tu devrais t'en méfier.

e. Mais, si, je le comprends bien.

f. Oui, il l'espère vraiment.

5

a. – Oui, je ne l'ai pas oublié.

b. – Non, je m'en souviens.

c. – Oui, je n'y prête pas attention.

d. – Oui, j'en suis content.

e. – Oui, je le sais.

6

– Salut Damien ! Ça te dirait de faire un cours de cuisine ?

– Oh, je n'ai pas très envie <u>de faire un cours de cuisine</u> → je n'**en** ai pas très envie ! Je suis au régime !

– Ah bon ? Je ne comprends pas <u>que tu sois au régime</u> → Je ne **le** comprends ! Tu n'as pas besoin <u>d'être au régime</u> → Tu n'**en** as pas besoin !

– Si, je t'assure que <u>j'ai besoin d'être au régime</u> → j'**en** ai besoin ! Je dois perdre 3 kilos avant l'été !

– D'accord ! Mais suivre un cours de cuisine ne t'empêchera pas <u>de perdre 3 kilos avant l'été</u> → ne t'**en** empêchera pas ! Surtout que nous apprenons à cuisiner des plats équilibrés et bons pour la santé.

– Mais je veux justement faire attention <u>à cuisiner des plats équilibrés et bons pour la santé</u> → je veux justement **y** faire attention !

– Parfait, alors on se retrouve samedi à midi devant le théâtre ?

– D'accord, je vais noter sur mon agenda pour ne pas oublier <u>de te retrouver samedi à midi devant le théâtre</u> → pour ne pas l'**oublier**. Merci de m'avoir proposé cette activité, je pense qu'on va passer un bon moment ensemble !

– Oui, je suis sûre <u>qu'on va passer un bon moment ensemble</u> → j'**en** suis sûre !

7 🎧 PISTE 31

Transcription

Ex. : – Tu es au courant que notre chef va partir à la retraite ?

– Oui, je le sais.

a. – Tu crois qu'il va venir ?

– Oui, je le pense.

b. – Vous saviez qu'il avait déménagé en Russie ?

– Oui, il nous l'a dit.

c. – Tu as perdu tes clés ?

– Oui, je viens de m'en rendre compte.

d. – Matthieu va faire le tour du monde à vélo ?

– Oui, il en rêve depuis longtemps.

e. – Valentin n'a pas réussi son examen ?

– Oui, il ne s'y attendait pas.

f. – Je vais me marier l'année prochaine !

– J'en suis ravi !

g. – Tu passes ton permis de conduire demain ?

– Oui, j'en suis malade !

h. – Anna va accepter le nouveau poste ?

– Elle y réfléchit.

i. – Tu savais que Paul voulait quitter l'entreprise ?

– Je m'en doutais.

8

je n'y ai pas - m'en a - je m'y suis - je n'y avais - le propose - n'en était pas - je m'en méfierais - je ne m'y

9

a. à ce que tu m'as fait (3. Je n'y pense plus.)
b. que je vous aide (5. Vous en avez besoin?)
c. que nous lui pardonnions (1. Elle le demande gentiment.)
d. à vivre dans cette ville (2. Vous vous y habituerez.)
e. de travailler avec vous (4. Nous en sommes ravis!)
f. que c'est votre meilleur projet (6. Si vous le dites!)

10. ordre et place des pronoms

pages 49, 50, 51, 52, 53

1  PISTE 33

Transcription:
a. *J'en ai envie.*
b. *Elles en ont parlé.*
c. *Ils n'en ont plus parlé.*
d. *Vous nous en avez offert.*
e. *Elles en ont mangé.*
f. *Je les ai gardés dehors.*
g. *Nous y étions invités.*
h. *Vous ne voulez pas parler?*

2

Chaque année, l'association de notre quartier organise la fête des voisins. C'est la deuxième fois que nous participons à la fête des voisins → *que nous y participons.* L'année dernière, nous avions fait la connaissance de nos voisins de palier, Jean et Alexandra. Nous avions sympathisé avec Jean et Alexandra → *eux* et nous avions invité Jean et Alexandra → *et nous les avions invités plusieurs fois pour l'apéritif.* Cette année, le thème de la fête est le carnaval, il faut donc prévoir un déguisement original! Le problème est qu'Anthony et moi n'avons pas de déguisement original → *n'en avons pas!* Mon frère qui habite à Paris a un déguisement de super héros. Il a prêté son déguisement à Anthony → *il l'a prêté à Anthony,* mais moi, je cherche un déguisement original → *j'en cherche un*! Je n'ai pas encore trouvé de déguisement original → *je n'en ai pas encore trouvé* et la fête est dans seulement deux jours! Alexandra m'a proposé de faire les boutiques avec elle demain pour trouver notre tenue. On trouvera certainement dans les boutiques → *On y trouvera certainement* une tenue pour la fête! Et je suis sûre que nous passerons un bon moment à cette fête! → *que nous y passerons un bon moment*!

3

b. Je vais en avoir besoin.
c. Il va leur dire demain.
d. Nous voulons le savoir rapidement.
e. Tu pourras y penser?
f. J'ai décidé de les vendre.
g. Tu penses pouvoir y aller?
h. Nous sommes venus pour les voir.

4

b. tu peux la réparer?
c. tu veux y aller?

d. vous savez en faire?
e. tu dois y penser!
f. Tu peux les lui rendre?
g. et vous pouvez en louer.
h. vous pensez à le rédiger?
i. tu vas en avoir besoin.

5

Marcelle, je ne t'aime plus depuis des mois et aujourd'hui, j'ose te l'avouer!
Hier, je ne voulais pas te parler, je pensais ne pas en avoir le courage!
Et surtout, je n'avais pas très envie de te le dire!
Et aujourd'hui, j'ose!
Quelle que soit ta réaction, je ne l'accepterai pas! J'espère seulement que nous ne continuerons pas à nous voir et que nous ne resterons pas en contact.

6

b. Tu ne dois pas lui dire.
c. Tu nous conseilles de ne plus en parler.
d. Nous ne pouvons pas y aller.
e. Ils te disent de ne pas en acheter.
f. Nous ne devons plus y penser.
g. Je vous conseille de ne pas leur faire confiance.
h. Tu m'ordonnes de ne pas les déranger.
i. Je te souhaite de ne pas tomber malade.

7

a. – Non. J'ai oublié de le commander.
b. – Non. Je ne pourrai pas y assister.
c. – Non. Je n'y fais pas attention.
d. – Non. Elle doit le repasser.
e. – Oui. Je voudrais en faire.
f. – Oui. Je ne l'ai pas oublié.

8

b. Je pense à lui offrir pour son anniversaire.
c. Il me l'a promis.
d. Tu ne dois rien lui dire.
e. Ils leur en ont offert.
f. Tu ne devrais pas t'en occuper.
g. Il a décidé de la lui prêter.
h. Tu peux les lui rendre quand tu partiras.

9  PISTE 34

Transcription
1. *Je les y emmène tous les matins.*
2. *On le lui a offert à son anniversaire.*
3. *Tu leur en parleras ce soir.*
4. *Je n'en ai pas envie.*
5. *Elle nous y a invités.*
6. *Je vous en apporterai demain.*
7. *Il lui en a commandé un.*
8. *Tu m'y feras penser!*

b. 4 c. 3 d. 7 e. 2 f. 5, 8 g. 7 h. 2 i. 3, 6 j. 3 k. 8 l. 1

10

b. Ne te lève pas si tard !
c. Donne-le-moi !
d. N'en prends pas après 17 h !
e. Soyez-y attentifs !
f. Ne t'en fais pas pour moi !
g. Soigne-toi !
h. Ne lui en parle pas !

 11

Propositions de réponses :
a. Pliez-le - Transportez-le dans le train - Ne l'emportez pas dans le bus.
b. Ne la garez pas sur un parking classique - Rechargez-la souvent - Ne la conduisez pas plus de deux heures sans la recharger.
c. Ouvrez-le à la maison - Ne le regardez pas dans la classe - Cherchez-y des informations.

 12

a. Il n'a pas pu leur expliquer.
b. Je ne peux pas l'aider.
c. Dis-lui la vérité.
d. Ne le regarde pas.
e. Il s'est perdu en y allant.
f. Il ne nous en a jamais parlé.

 13

Propositions de réponses :
a. – Nous l'avions rencontrée lors de la fête des voisins.
b. – Non, nous n'en avions jamais eu.
c. – Non, nous ne la connaissions pas.
d. – Nous ne l'avons jamais vu.
e. – Nous allons leur dire que tout le monde l'appréciait.
f. – Le voisin est étrange, nous le suspectons d'être l'assassin.

 14

Proposition de réponse :
Les voisins ont vu la victime pour la dernière fois le soir. Ils lui ont dit « bonsoir » et ils l'ont vue rentrer chez elle. Ils ne la connaissaient que depuis quelques semaines. Ils l'avaient rencontrée lors de la fête des voisins. Ils n'avaient jamais eu de problèmes avec elle et la trouvaient très sympathiques. Ils ne connaissaient pas la famille de la victime. Elle ne les voyait pas souvent. Ils ont parlé plusieurs fois au voisin, M. Guittet. Ils le trouvent assez étrange. Ils vont dire aux journalistes que tout le monde appréciait la voisine et qu'il était agréable de vivre dans le même immeuble qu'elle. Ils ont des doutes sur le voisin, ils le suspectent d'être l'assassin.

 **15** PISTE 35

Transcription :
a. Vas-y !
b. Je vais vous en donner un.
c. N'en achète pas.
d. Elle nous y a invités.
e. Je vous en parlerai demain.
f. Pensez-y !

11. pronoms relatifs simples

.... pages 55, 56, 57

 **1** PISTE 37

Transcription :
a. *C'est un livre dont le titre est Les fourmis.*
b. *Tu devrais regarder le film qui a obtenu la Palme d'or.*
c. *Le jour où tu es arrivé, il faisait très froid.*
d. *Je te présente l'homme dont je suis amoureuse.*
e. *Enzo est le jeune homme dont je t'ai parlé.*
f. *Paris est une ville où il y a beaucoup d'activités culturelles.*
g. *C'est une femme que j'aime bien.*

a. dont **b.** qui **c.** où **d.** dont **e.** dont **f.** où **g.** que

2

a. que **b.** dont **c.** qui **d.** dont **e.** où **f.** que **g.** où **h.** que

3

a. 2 **b.** 6 **c.** 4 **d.** 7 **e.** 1 **f.** 5 **g.** 3

4

a. qui **b.** où **c.** qui **d.** que **e.** où **f.** que **g.** où **h.** qui

 5

a. Je rêve d'un monde idéal où l'inégalité entre les hommes et les femmes n'existerait pas.
b. Je n'aime pas ces voisins qui parlent très fort toute la nuit.
c. J'ai perdu le bracelet que tu m'as acheté pour mes 40 ans.
d. J'ai adoré ce film qui est sorti en salle la semaine dernière.
e. J'aime bien cette ville où j'ai fait mes études.
f. J'admire ces jeunes qui ont des idées innovantes et ambitieuses.
g. Je respecte ces femmes qui arrivent à conjuguer vie professionnelle et vie familiale.

 6

a. le jour où **b.** le mois où **c.** l'année où **d.** le jour où **e.** le mois où **f.** l'année où

a. – J'ai reçu ce matin une nouvelle dont je suis très heureuse.
b. – Mon père m'a offert ce livre sur l'art contemporain dont j'avais besoin pour mes études.
c. – La villa dont nous rêvions n'est plus disponible du 5 au 20 août.
d. – L'appartement dont tu m'as parlé me semble petit pour cinq personnes.
e. – L'enfant dont je m'occupe est à l'école maternelle Saint-Jean.
f. – L'homme dont je suis amoureuse m'a demandé en mariage la semaine dernière.
g. – La voiture dont j'ai besoin coûte 15 000 €.

qui se trouve - qui viennent - qui offre - dont le nom - qui se compose - que vous allez adorer - où vous passerez

Proposition de réponse :
L'Andalousie est une région qui se trouve au Sud de l'Espagne et que j'aime beaucoup parce que c'est la région où j'ai passé les meilleurs moments de ma vie. Les villes dont je garde d'excellents souvenirs sont Grenade et Cordoue. Ce sont deux villes qui ont une histoire incroyable et où on peut voir de nombreux monuments dont les Andalous sont aussi très fiers ! C'est vraiment une région que je recommande à tous de visiter.

12. pronoms relatifs composés

.... pages 59, 60, 61

 🎧 **PISTE 39**

Transcription :
a. *Les petites filles à côté desquelles j'étais assise au cirque se sont endormies.*
b. *Le marathon auquel j'ai participé comptait plus de 2 000 participants.*
c. *Les amis avec lesquels tu étais avaient l'air très sympa.*
d. *C'est une belle piscine au bord de laquelle on peut manger en été.*
e. *La mairie a construit un centre commercial dans lequel on trouve plusieurs cinémas.*
f. *Est-ce que tu te souviens du séminaire auquel on a participé la semaine dernière ?*
g. *Lyon est la ville à côté de laquelle je suis né.*
h. *Les cours de cuisine auxquels tu t'es inscrite sont annulés.*

a. desquelles **b.** auquel **c.** lesquels **d.** de laquelle **e.** lequel
f. auquel **g.** de laquelle **h.** auxquels

a. lequel **b.** laquelle **c.** lesquels **d.** lesquels **e.** lesquelles
f. lesquelles **g.** lequel **h.** lequel

a - c - d - e

a. – L'université dans laquelle Mᵐᵉ Brun enseigne est privée et réputée.
b. – Les patrons japonais pour lesquels / pour qui Hiromi travaillent sont compétents et sérieux.
c. – La résidence dans laquelle mes parents vivent est récente et bien entretenue.
d. – Le lac sur lequel j'ai fait du canoë est calme et tranquille.
e. – Les amies avec lesquelles / avec qui Nina part en vacances sont sympas et sérieuses.
f. – Le quartier dans lequel je vis est agréable et charmant.

a. auquel / à qui **b.** à laquelle **c.** auquel **d.** auxquels **e.** auxquels / à qui **f.** auxquelles

Propositions de réponses :
– C'est un parfum grâce auquel vous trouverez le grand amour !
– C'est un livre dans lequel vous trouverez toutes les réponses à vos problèmes.
– C'est une boisson grâce à laquelle vous n'aurez plus jamais soif.

b. Il a pris un verre dans un bar à côté duquel il y avait un spectacle de rue.
c. Les enfants en face desquels / de qui j'étais ont beaucoup ri.
d. La pâtisserie près de laquelle tu habites fait d'excellents éclairs.
e. Le restaurant près duquel je travaille sert des plats bon marché.
f. Comment s'appelle ce musée près duquel vous avez déjeuné hier ?
g. Les deux femmes à cause desquelles / de qui j'ai été licencié ont obtenu une promotion.

a. lequel **b.** duquel **c.** laquelle **d.** auxquelles **e.** de laquelle
f. à qui **g.** auquel

grâce auquel - à cause desquelles - pendant lesquels - grâce auxquelles - avec lesquels / qui - autour duquel - pour lesquelles

Propositions de réponses :

b. Je viens de trouver un travail à Angers où je loue une maison trop grande pour moi tout seul. Je cherche donc un ou une colocataire avec qui /lequel je partagerais le loyer et grâce à qui / auquel je pourrais rencontrer de nouvelles personnes. Si vous êtes intéressé, contactez-moi !

c. Je viens d'emménager à Paris et je cherche un appartement à côté duquel il y aurait tous les services comme le boulanger, le coiffeur, etc. Ce serait un appartement dans lequel il y aurait beaucoup de lumière et une cuisine équipée. Si vous vendez ce type d'appartement, contactez-moi !

d. Nous venons d'avoir un bébé et nous cherchons une voiture d'occasion assez grande dans laquelle toutes nos affaires pourront rentrer. Elle doit aussi être confortable car c'est une voiture avec laquelle nous voyagerons dans toute la France. N'hésitez pas à nous contacter si votre voiture correspond à ces critères !

13. pronoms démonstratifs

.... pages 63, 64, 65

 **PISTE 41**

Transcription :
a. *Apprenez bien cela.*
b. *Ça te convient ?*
c. *Écoutez bien ceci : « Vous devez partir avant 11 h ».*
d. *Ce qui me plaît ici, c'est que tout le monde est détendu.*
e. *Écoutez cela.*
f. *Est-ce que tu écoutes ça ?*
g. *C'est une très bonne idée.*
h. *Vous devez mémoriser ceci : le code est B2765.*

ceci : c, h
cela : a, e
ça : b, f
ce : d, g

2

a. C'est une bonne nouvelle. / Ça me semble être une bonne nouvelle.
b. Cela t'a plu de voir ce film. / Ceci reste à expliquer : quelle est la pertinence du film ?
c. Ça suffit ! / C'est fini.
d. Ce qui me plaît, c'est le scénario. / Cela me fait plaisir d'être allé au cinéma.

3

a. cela **b.** Ce **c.** ça **d.** Ça **e.** c' **f.** Ceci

4

a. ça - ce - c' **b.** Ça - c' **c.** ce - C' **d.** ça - Ce **e.** Ça - C'
f. Ce - c' - ça - ça

5

Proposition de réponse :
Ça me rappelle de bons souvenirs. Mais ça m'étonne qu'on ne se soit pas croisé(e)s plus tôt. Ce qui est bien, c'est de le / la revoir après si longtemps. Ça me plaît de reparler de ma jeunesse ! C'est génial qu'elle soit là ! Ce que j'aime, c'est retrouver des amis du lycée.

6

a. – Non, désolé, mais je n'aime pas ça.
b. – Euh, oui, je te le prête.
c. – Oh oui, on adore ça.
d. – Oui, je le connais.
e. – Non, je ne les veux pas.
f. – Oui, il aime ça.

7

Cela - Ce - c' - ce - cela - ceci - cela.

8

Proposition de réponse :
Ce qui m'a surpris, c'est qu'un restaurant propose des produits de mauvaise qualité. Ça m'a vraiment beaucoup surpris car je n'avais lu que des critiques positives sur ce restaurant. Et ceci m'a encore plus étonné : le service était très long. Nous avons attendu 30 minutes entre chaque plat. Je n'ai pas du tout aimé ça. Que dire du décor ? Il était ancien et cela donnait au restaurant un côté un peu ringard. Mais ceci a probablement été le plus choquant : l'accueil peu chaleureux des restaurateurs. Cerise sur le gâteau : on a payé le repas très cher et il était servi dans de la vaisselle sale. Tout cela ne nous a pas du tout donné envie de revenir.

14. pronoms indéfinis

.... pages 67, 68, 69

 **PISTE 43**

Transcription :
1. *Plusieurs disent qu'elle est partie dans cette direction.*
2. *Parmi les étudiants, certains sont déjà bilingues.*
3. *Quelqu'un t'a offert des fleurs ?*
4. *Regarde, il y a quelque chose sous la porte.*
5. *Tout se passe bien.*
6. *Personne ne peut te comprendre.*
7. *Il a donné un cadeau à chacun de ses petits-enfants.*
8. *Rien ne se passe comme prévu.*
9. *Il ne m'en a donné aucun.*
10. *J'en ai acheté quelques-uns. Tu veux goûter ?*
11. *Lou me l'a rendu mais d'autres non.*
12. *J'ai le même que toi.*

a. 4 **b.** 8 **c.** 3 **d.** 6 **e.** 12 **f.** 7 **g.** 2 **h.** 11 **i.** 1 **j.** 10 **k.** 9 **l.** 5

❷

b. – Non, il ne se passe rien dans la rue.

c. – Non, personne n'a sonné à la porte.

d. – Non, rien ne me perturbe.

e. – Non, on ne m'a rien offert.

f. – Non, je n'ai vu personne à l'accueil.

g. – Non, il n'a rien vu d'anormal.

❸

b. – Non, je n'ai rien vu d'étrange.

c. – Oui, c'est quelqu'un de très drôle.

d. – Oui, j'ai acheté quelque chose d'original

e. – Non, je n'ai rien remarqué de spécial.

f. – Non, je n'ai rien regardé d'intéressant.

g. – Oui, c'est quelqu'un de très sympathique.

❹

a. Tout b. toutes c. tout d. tout e. tous f. tous g. toutes h. Tout

❺

a. – Non, je n'en ai eu aucune.

b. – Non, elle n'a rencontré personne.

c. – Non, aucun ami n'a pu venir.

d. – Oui, quelqu'un me l'a donnée.

e. – Non, personne ne sait où il est.

❻

a. certaines - d'autres

b. quelques-uns - Chacun

c. aucun - plusieurs

d. chacun - la même

❼

a. – Non, je n'en fais aucun.

b. – Oui, j'en ai lu quelques-uns.

c. – Oui, j'en connais plusieurs.

d. – Oui, j'ai le même.

e. – Oui, j'en connais certains.

f. – Non, je n'en ai aucune.

❽

Proposition de réponse :

M. Levasseur a vu quelqu'un qui sortait du magasin vers 18 h. Cette personne, un homme, semblait cacher quelque chose dans une poche de son manteau. Il était courbé, si bien que plusieurs passants se sont retournés en le voyant et certains lui ont demandé s'il allait bien. Il leur a répondu qu'il n'avait aucun problème et qu'ils avaient autre chose de mieux à faire que de le regarder. M. Levasseur a ajouté qu'il y avait d'autres personnes avec l'homme. Il n'a rien pu ajouter à sa déclaration.

15. pronoms possessifs

.... pages 71, 72, 73

❶ 🎧 PISTE 45

Transcription :

a. *Ce pull, c'est le sien ?*

b. *Ces chaussures, ce ne sont pas les miennes ?*

c. *Mes clés sont dans la voiture, et les tiennes ?*

d. *Voici mes livres et ceux-là sont les vôtres.*

e. *Cette voiture, c'est la tienne.*

f. *Non, ce n'est pas la leur.*

g. *Cette bague, c'est la vôtre ?*

h. *Ce sont vos verres car les nôtres sont sur ta table.*

b. féminin / pluriel : à moi

c. féminin / pluriel : à toi

d. masculin / pluriel : à vous

e. féminin / singulier : à toi

f. féminin / singulier : à eux / à elles

g. féminin / singulier : à vous

h. masculin / pluriel : à nous

❷

a. Le tien : ton sac

b. Les vôtres : vos colliers

c. Les nôtres : nos clés

d. La mienne : ma maison

e. Les siens : ses livres

f. La leur : leur écharpe

❸

b. le mien

c. les tiennes

d. les siens

e. les leurs

f. le nôtre

❹

a. Ce sont les nôtres.

b. Ce sont les miens.

c. Bien sûr, c'est la sienne.

d. J'ai oublié la mienne.

e. Ce sont les siennes.

f. Oui, c'est le mien.

❺

a. – Oui, c'est la sienne.

b. – Non, ce ne sont pas les siennes.

c. – Non, ce n'est pas le leur.

d. – Oui, ce sont les nôtres.

e. – Non, ce ne sont pas les leurs.

f. – Oui, c'est le tien.

g. – Oui, c'est le mien.

h. – Oui, ce sont les miennes.

PISTE 46

Transcription :

1. C'est le livre de Paco ?
2. Ce sont les enfants de Nadia et Sébastien ?
3. C'est ta moto ?
4. Madame, ce sont vos clés ?
5. Monica et Antoine, c'est votre voiture ?
6. C'est ton cahier ?
7. M. et Mme Moreau, ce sont vos filles sur la photo ?
8. Ce sont tes papiers d'identité ?
9. C'est la fille de tes amis ?
10. C'est la veste de Marie ?

a. 2 **b.** 3 **c.** 10 **d.** 1 **e.** 5 **f.** 8 **g.** 6 **h.** 7 **i.** 9 **j.** 4

7

a. Ce sont les siennes.
b. C'est le mien.
c. C'est la leur.
d. Ce sont les nôtres.
e. C'est le leur.
f. C'est le sien.

8

a. le mien - le sien
b. la vôtre - la mienne
c. le vôtre / le tien - Le mien
d. les vôtres / les tiens - les vôtres
e. les miennes
f. le tien - le mien

9

Proposition de réponse :

– À qui est ce sac ?
– C'est le mien.
– Et ce chapeau, il est à Paul ou c'est le tien ?
– Non, ce n'est pas le sien et le mien est rangé dans le placard.
– Cette guitare, elle est à toi ou à papa ?
– C'est la mienne.
– Tu me la prêtes ? En échange, je te donne des livres et des DVD. Tiens, les voilà !
– Mais, les livres, ce sont les miens ! Et les DVD, ce sont ceux de maman !
– Ah bon ? Tu es sûr ? Et ces chaussettes qui sentent mauvais, ce ne sont pas les miennes !
– Ah, désolé, je crois que ce sont les miennes ! Et le pull, il est à qui ?
– Je crois qu'il est à papa ! Oui, c'est le sien et la raquette de tennis, c'est la sienne aussi.

16. passé composé et imparfait

.... pages 75, 76, 77, 78, 79

 PISTE 48

Transcription :

a. J'ai mangé dans un restaurant coréen.
b. Il peignait des tableaux.
c. J'avais beaucoup de temps au lycée.
d. Nous prenions beaucoup le bus.
e. Ma grand-mère faisait de bons gâteaux.
f. J'ai été triste d'apprendre cette nouvelle.
g. Ils étaient très inquiets.
h. Nous avons eu beaucoup de difficultés à comprendre.

imparfait : b, c, d, e, g
passé composé : a, f, h

2

habitude dans le passé : b, h / imparfait
situation passée qui a cessé d'exister : a, e / imparfait
contexte d'une histoire du passé : i / imparfait
action réalisée ou non réalisée dans le passé : c, f / passé composé
événement passé : g / passé composé
action passée qui modifie une situation : d / passé composé

Amédé Pafuté **s'est introduit** - **a pris** plusieurs objets - pendant qu'il **cambriolait** - Amédé **n'a pas pu** résister à l'envie - Il **a allumé** l'ordinateur - **s'est connecté** à son profil - quand il **a quitté** la maison, l'ordinateur **était** toujours en marche - Comme il **pleuvait**, Amédé **était** totalement trempé - et il **a échangé** ses vêtements - il **a laissé** ses affaires - Léon Adubol **a vu** les vêtements - il **a envoyé** à son voleur un message qui **disait** : « Tu **as oublié** tes affaires - Ils **ont convenu** d'un rendez-vous - Léon Adubol **est arrivé** - il **a reconnu** son voleur - Il **a téléphoné** à la police qui **a arrêté** Amédé - la police **interrogeait** Amédé, il **portait** - la montre qu'il **venait** de voler

c. passé composé : action réalisée ou non réalisée dans le passé
d. imparfait : habitude dans le passé
e. passé composé : événement passé
f. imparfait : situation passée qui a cessé d'exister
g. imparfait : contexte d'une histoire du passé
h. passé composé : action ponctuelle dans le passé
i. passé composé : action passée qui modifie une situation
j. imparfait : habitude dans le passé

5

a. n'habitait plus - suis allé
b. n'avons pas encore réservé
c. n'ont jamais été augmentés
d. as déjà visité
e. a toujours voulu
f. n'a jamais voté
g. aimions - étions
h. n'ai plus pris - j'ai acheté

6

Propositions de réponses :
b. Avant, les habitants circulaient en bus. Puis on a construit les lignes de tramway.
c. Auparavant, les enfants pouvaient jouer dans la nature. Ensuite, la ville s'est développée et la pollution a augmenté.
d. Avant, les champs étaient autour de la ville. Puis on a construit des usines à la place.
e. À l'époque, les habitants faisaient leurs courses dans les petits magasins. Après, on a installé des supermarchés. Aujourd'hui, les petits magasins ferment.
f. D'abord, il y avait seulement quelques écoles dans la ville. Plus tard, on a ouvert une université.

7

je suis arrivé à la gare - **j'ai sorti** mon roman - **j'ai commencé** à le lire - **j'ai décidé** de changer - **Je suis sorti** - **je suis monté** dans le TGV - Comme le train **était** complètement vide - **j'ai été** pris de panique et **j'ai traversé** tous les wagons. Le train **a roulé** - **je me suis retrouvé** - **j'ai pu** descendre - le conducteur **m'a proposé** de m'emmener - **Nous sommes arrivés** à midi ! **Il était** trop tard - **j'ai prévenu** - **je ne suis pas allé** au bureau

8

C'était le mois - **Ce jour-là**, il **faisait** un temps - **J'étais** assise - **C'était** l'heure - Je **regardais** les enfants - Un homme **jouait** au football - Il **avait** la trentaine. Il **était** grand - ils **ont lancé** le ballon - **j'ai eu** à peine - l'homme **s'est dirigé** vers moi - Nos regards **se sont croisés** et nous **avons échangé** un sourire. Nous **avons commencé** à parler et **ça a été** le début

9

Proposition de réponse :
Hakim travaillait beaucoup depuis plusieurs semaines et il voulait se reposer. Il a pris des jours de vacances. Il était très heureux.
Un jour, son amie Léa a téléphoné.
Elle lui a proposé de passer le week-end chez elle.
Hakim a pris le bus tôt le matin suivant mais il est resté bloqué dans le bus pendant cinq heures à cause de la neige.
Il a discuté avec sa voisine de siège.
Elle était très belle.
Il est tombé amoureux d'elle tout de suite.
Hakim a passé les plus belles vacances de sa vie.

 10

Proposition de réponse :
Coluche est né en 1944. Son nom de naissance était Michel Colucci car son père était italien. Il a vécu une enfance heureuse à Paris. Il s'est marié avec Véronique en 1985. Ses deux fils sont nés en 1972 et 1976. Il avait 26 ans au début de sa carrière, c'était un jeune humoriste. Il a connu le succès et a célébrité en 1974 avec la parodie du jeu télévisé *Le Schmilblick*. À cette époque, Coluche était très populaire. Il a été candidat aux élections présidentielles en 1981. Il a fait ses débuts comme acteur dans les années 80 et a gagné le César du meilleur acteur en 1984 pour le film *Tchao Pantin*. Il a créé les Restos du Cœur en 1985. Coluche est mort en 1986 dans un accident de moto.

11  **PISTE 49**

Transcription :
1. *arriver / tu / passé composé*
2. *faire / ils / imparfait*
3. *louer / nous / passé composé*
4. *prendre / vous / passé composé*
5. *expliquer / tu / imparfait*
6. *finir / elle / passé composé*
7. *aller / je / passé composé*
8. *manger / nous / imparfait*
9. *partir / il / passé composé*
10. *descendre / elles / passé composé*
11. *essayer / vous / imparfait*
12. *partir / il / imparfait*
13. *atteindre / je / passé composé*
14. *tomber / elle / passé composé*
15. *rester / elles / imparfait*
16. *partir / vous / passé composé*
17. *faire / ils / imparfait*
18. *attendre / elles / passé composé*
19. *faire / ils / passé composé*
20. *atteindre / nous / passé composé*

b. 13 c. 9 d. 16 e. 19 f. 4 g. 20 h. 18 i. 10 j. 2 k. 12 l. 5
m. 15 n. 11 o. 6 p. 17 q. 8 r. 3 s. 14 t. 7

 12

Proposition de réponse :
Lilou et ses amis sont partis à la montagne pour les vacances d'hiver. Quand ils sont arrivés, ils ont loué des skis. Ils faisaient du ski tous ensemble le matin. Le midi, ils mangeaient des spécialités de la région. Un jour, ils ont pris le grand téléphérique et ils ont atteint les pistes les plus difficiles. Les amis de Lilou lui ont expliqué comment descendre la piste rouge. Elle a attendu un moment avant de partir. Au moment où elle descendait, elle a essayé de freiner et de faire des virages et elle est très mal tombée : elle a fini ses vacances à l'hôpital.

13 PISTE 50

Transcription

Ex. : – À quel âge avez-vous commencé le tennis ?

– J'ai commencé le tennis à 6 ans.

a. *– Qui est-ce qui vous entraînait ?*

– Mon père m'entrainait.

b. *– Combien de séances d'entraînement faisiez-vous par semaine ?*

– Je faisais quatre séances d'entraînement par semaine.

c. *– Quand êtes-vous devenu professionnel ?*

– Je suis devenu professionnel quand j'avais 16 ans.

d. *– Quelle a été votre première grande victoire ?*

– J'ai gagné le tournoi de Paris.

e. *– Quelle a été votre meilleur souvenir ?*

– Mon meilleur souvenir est quand j'ai gagné Paris Bercy.

f. *– Pourquoi n'avez-vous pas joué la saison dernière ?*

– Je n'ai pas joué car je me suis blessé.

g. *– Comment vous sentiez-vous à ce moment-là ?*

– J'étais motivé pour retrouver la forme.

h. *– Vous allez mieux aujourd'hui ?*

– Oui, je me suis soigné.

i. *– Vous allez participer au tournoi de Roland Garros ?*

– J'ai déjà gagné les qualifications.

14

Proposition de réponse :

L'été dernier, j'ai visité l'Angleterre. Je suis parti en Eurostar. Le voyage était impressionnant, nous sommes passés sous la Manche ! J'ai rejoint une amie qui faisait un stage là-bas pendant un an. Elle habitait dans le centre de Londres. Elle m'a accueilli chez elle. Nous avons visité tous les quartiers touristiques de la ville. J'ai vu Big Ben et j'ai même croisé la Reine d'Angleterre ! Elle passait avec sa voiture officielle au moment où nous admirions Buckingam Palace ! Après, j'ai loué une voiture et j'ai fait le tour du pays. J'étais très heureux de passer ces quelques jours en Angleterre.

17. plus-que-parfait

.... pages 81, 82, 83, 84, 85

1  PISTE 52

Transcription :

a. *Elle n'avait jamais cru à son histoire.*

b. *Nous étions restés longtemps sans nouvelles.*

c. *Il ne disait jamais de mensonges.*

d. *Vous étiez obligé de lui parler.*

e. *Ils avaient voulu les aider.*

f. *Il a aimé cette jeune fille pendant des années.*

g. *On a vraiment essayé de le convaincre.*

plus-que-parfait : a, b, e, d
imparfait : c
passé composé : f, g

2

a. s'y étaient installés

b. avait bien réussi

c. avait sélectionné

d. aviez pris

e. avaient sorti

f. n'avais pas eu

3

a. je n'avais pas pu.

b. nous avions su

c. on avait mis

d. elle était partie

e. vous n'aviez pas dit

f. ils étaient partis

g. elles étaient nées

h. il avait pris

i. ils avaient eu

j. ils s'étaient aimés

4

étaient - avaient quitté - avaient vécu - s'était déjà fait - a rencontré - ils se sont entendus - ne se sont jamais quittés.

5 PISTE 53

Transcription :

Ce matin-là, la femme d'Hector lui **a demandé** de faire les courses. Il **était** un peu fâché d'y aller car il **avait prévu** de regarder un match de football mais il ne **pouvait** jamais rien refuser à sa femme. Comme il **avait emmené** sa voiture au garage la veille, il **a dû** prendre la voiture de sa femme ! Il **est** donc **parti** très vite, **a fait** les courses mais quand il **est sorti** du magasin, impossible de retrouver sa voiture. Il **n'avait pas fait** attention au moment de la garer ! Puis, enfin, il **a retrouvé** la voiture de sa femme ! Seulement, il **n'a pas réussi** à l'ouvrir ! Hector **s'était trompé** de voiture ! Mais, le propriétaire **était arrivé** derrière lui et **avait déjà appelé** la police quand Hector **s'est rendu compte** de sa présence ! Quand la police **est arrivée**, les deux hommes **s'étaient expliqués** et Hector **avait retrouvé** la voiture de sa femme avec l'aide de son nouvel ami !

6

a. Je lui en avais parlé la veille mais il ne pouvait pas m'aider !

b. Je ne comprends pas, je vous l'avais envoyé dès le début de mois !

c. Je vous assure Madame, la veille de l'examen, j'y avais passé toute ma soirée !

d. Le transporteur m'a dit qu'il les leur avait livrés hier !

e. Oui, et pour une fois, mon mari s'en était souvenu !

7

b. Je ne lui en avais pas parlé.

c. Je n'y avais pas pensé.

d. Je ne l'avais jamais croisé.

e. On ne vous l'avait pas dit?

f. Vous n'aviez pas pris d'assurance?

8

a. La tempête a détruit de nombreux arbres à Orléans. Elle avait fait beaucoup de dégâts à Tours une heure plus tôt.

b. Adrien est allé au Togo le mois dernier. Il n'était jamais allé en Afrique auparavant.

c. Mes parents ont vendu leur maison l'année dernière. Mes grands-parents avaient fait construire la maison en 1956.

d. Clara n'a pas pu rentrer chez elle parce qu'elle avait perdu ses clés.

e. Jennifer a acheté une nouvelle robe alors que les soldes n'avaient pas encore commencé.

f. Nathalie et Eric ont eu un enfant même s'ils ne s'étaient pas encore mariés.

g. Amandine a vendu sa voiture. Elle l'avait achetée cinq ans plus tôt.

9  PISTE 54

Transcription :

Ex. : – Pourquoi Margot était-elle triste ?

– Parce qu'elle avait perdu son chat.

a. *– Pourquoi tu as déménagé à Lyon ?*

– Parce que j'avais trouvé un nouveau travail.

b. *– Pourquoi les enfants ne sont-ils pas allés à l'école ?*

– Parce que les professeurs avaient annoncé une grève.

c. *– Pourquoi le train était-il bloqué ?*

– Parce qu'il avait neigé toute la nuit.

d. *– Pourquoi Manu était-il aussi stressé ?*

– Parce qu'il n'avait jamais parlé en public avant.

e. *– Pourquoi sa maman s'est-elle fâchée ?*

– Parce qu'Emmy n'avait pas encore rangé sa chambre.

f. *– Pourquoi la police est-elle venue ?*

– Parce que quelqu'un avait cambriolé la maison.

g. *– Pourquoi avais-tu la voiture d'Olivier ?*

– Parce qu'il me l'avait prêtée.

10

Hier, tout allait mal ! - je **suis arrivée** devant le collège : il **pleuvait**. J'**avais passé** au moins une heure - les cheveux qui **frisaient** - Hugo **est passé** devant moi et m'a **fait** un grand sourire ! Il ne **m'avait jamais regardée** comme ça avant ! Je **me suis posée** des questions ! Est-ce qu'il **m'avait regardée** car il me **trouvait** jolie - j'**étais** mal coiffée - la cloche **a sonné**, on **est partis** en cours - le professeur de maths **a décidé** de nous donner une interrogation - nous **n'avions pas réussi** notre dernier test - nous **n'avions pas assez étudié**

11

le lion n'**était** pas le roi - les animaux **avaient** peur - les animaux n'**avaient** pas le droit - Dankélé n'**était pas passé** le premier - elle **devait** nourrir - qui **venait** - Elle **était allée** à la rivière et **avait donné** de l'eau à son petit - Dankélé **était arrivé** et **s'était fâché** si fort qu'il **avait tué** la lionne - le petit lionceau **avait pu** s'échapper - a **attendu** de devenir - qu'il **était** - il **est sorti** de sa cachette et **est allé** voir le roi - Il lui **a demandé** où **était** sa maman - le roi **ne se souvenait pas** de sa maman, le grand lion **a décidé** de la venger et il s'est **jeté** sur le roi - Il **a libéré** tous les animaux - **est devenu** le roi

12

a. 3 b. 5 c. 7 d. 2 e. 12 f. 4 g. 6 h. 1 i. 9 j. 11 k. 13 l. 10 m. 15 n. 8 o. 14

13

Propositions de réponses :

a. Quand il était parti au travail, il avait oublié ses clés. Il n'a pas pu entrer car le serrurier était en vacances.

b. Ils étaient partis en vacances deux jours plus tôt. Quand ils sont arrivés à l'aéroport, on avait perdu leur valise.

c. Elle était sortie tôt de la maison. Mais, comme les chauffeurs de bus étaient en grève, elle était venue à pied.

d. Les organisateurs avaient installé la scène à l'extérieur. Mais, comme il a plu toute la soirée, le chanteur a annulé le concert.

e. On était parti voir le match au stade. En sortant, on ne se souvenait plus où on avait garé la voiture.

f. Comme il était fatigué, il n'avait pas entendu le réveil et il est vite parti de la maison.

g. C'était le jour de son anniversaire et elle attendait des fleurs ou un cadeau mais son mari avait oublié.

14

Proposition de réponse :

Anthony et Amandine se sentaient seuls chez eux, chacun devant son ordinateur.

Ils s'étaient rencontrés sur Internet. Ils avaient communiqué régulièrement et au bout de quelque temps, ils se connaissaient bien. Ils discutaient souvent et un jour, ils avaient eu un rendez-vous. Ils s'étaient plu tout de suite. Ils se voyaient régulièrement. Ils avaient présenté leurs amis et ils partageaient de bons moments ensemble. Puis, ils avaient emménagé ensemble.

Au bout de deux ans, Anthony a demandé Amandine en mariage. Ils ont organisé le mariage pendant des mois et on fait la fête pendant deux jours entiers. Ils ont fait un beau voyage de noces et ont acheté une grande maison. Ils ont eu deux beaux enfants.

18. accords du participe passé

.... pages 87, 88, 89, 90, 91

1 🎧 PISTE 56

Transcription :

a. *Il les a prises.*

b. Vous m'avez séduit.

c. Nous nous sommes compris.

d. L'affiche que tu as produite.

e. Vous l'avez écrite.

f. Elles se sont mises à pleurer.

g. On les a construites.

h. Elles sont passées.

i. Lesquelles avez-vous conduites ?

2

a. levée **b.** rendu **c.** passés **d.** entrés **e.** endormies **f.** annoncé **g.** préparées **h.** revenue

3

b. Je ne l'ai pas comprise.

c. Les enfants en ont acheté.

d. Je l'ai contacté mais il ne répond pas !

e. Je les ai payées !

f. Nous leur avons menti.

g. On l'a achetée !

h. Éric lui a pardonné.

4

b. Je vous présente l'assistante que nous avons engagée.

c. Regarde les chaussures que j'ai achetées.

d. La Corse est la région que j'ai préférée.

e. Je n'aime pas du tout la blague que tu as faite.

f. Je te présente l'homme que j'ai épousé.

g. Tu te souviens de l'émission que nous avons regardée.

h. Admirez les tableaux que nous avons exposés.

i. Regarde le gâteau que j'ai préparé.

5 🎧 PISTE 57

Transcription :

Ex. – Où avez-vous trouvé ces casquettes ?

– Je les ai achetées à l'entrée du stade.

a. – Ils sont de toi ces poèmes ?

– Je les ai écrits l'été dernier.

b. – Elles sont trop belles tes chaussures !

– Je les ai trouvées en solde.

c. – Elle est neuve ta voiture ?

– Je l'ai nettoyée ce matin.

d. – Tu connais bien tes leçons pour demain ?

– Je les ai apprises par cœur.

e. – Ils sont jolis ces dessins !

– Je les ai faits pour toi.

f. – Vous connaissez vos voisins ?

– Je les ai rencontrés à la fête des voisins.

g. – Vous savez où est Caroline ?

– Elle est partie il y a cinq minutes.

6

b. Quelle robe as-tu achetée ?

c. Quelle route avez-vous suivie ?

d. Quelles chanteuses a-t-il engagées ?

e. Quelles collègues as-tu invitées à ton mariage ?

f. Quels pays avez-vous visités pendant votre voyage en Asie ?

g. Quelle maison ont-ils louée ?

7

b. Quelles informations avez-vous envoyées par courriel ?

c. Ils ont monté les escaliers en courant.

d. Vous vous êtes regardés tendrement.

e. Anne s'est blessée en faisant du ski.

f. Nous nous sommes écrit régulièrement des lettres.

8

Ma meilleure amie s'appelle Katia. Je l'ai rencontré**e** - nous sommes entré**es** - **elle** est devenue une ami**e** indispensable - **elle** m'a annoncé qu'**elle** partait - **Elle** m'a beaucoup manqué - nous nous sommes retrouvé**es** - je suis allé**e** **la** voir - nous ne nous étions jamais séparé**es** - Je me suis beaucoup amusé**e** - j'étais heureus**e** - mon ami**e** que je n'avais pas vu**e**

9

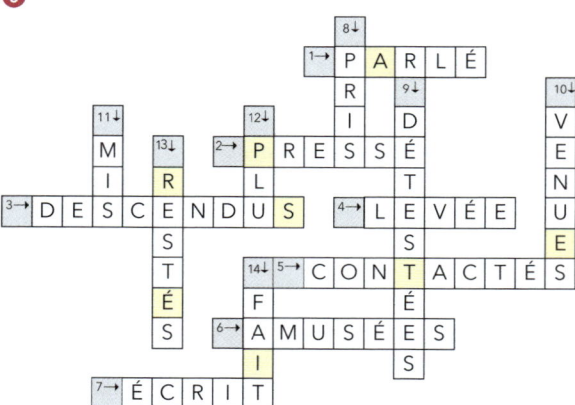

mot à fomer : parties

10

partie - arrivée - restée - décidée - commandé – parlé - regardée - expliqué - arrivée - aidée - achetés - goûté

11

a. sortis **b.** passée **c.** passés **d.** sorties **e.** rentrée **f.** rentrés **g.** descendue **h.** descendus

⑫

b. Alice est partie à 8 h et est arrivée au bureau à 8 h 30.

c. Alice et sa collègue ont parlé de la réunion qu'elles ont préparee.

d. Alice a accueilli les clients qu'elle a invités à la réunion.

e. Alice a animé la réunion et sa collègue a pris des notes.

f. Alice et sa collègue se sont vues et ont parlé de l'inauguration qu'Alice a organisée.

g. Alice a pris les notes de la réunion et les a relues.

h. Alice est rentrée chez elle et s'est détendue devant un film.

⑬  **PISTE 58**

Transcription:

Ex. – Vous avez noté les dates des prochaines réunions ?

– Je les ai écrites dans votre agenda.

a. *– Quelle chanteuse avez-vous contactée pour le congrès ?*

– J'ai contacté la chanteuse que vous avez produite.

b. *– Où sont logées nos clientes japonaises ?*

– Je les ai conduites à l'Hôtel de la Gare.

c. *– Avez-vous préparé les explications de notre projet pour nos clients étrangers ?*

– Je les ai écrites en plusieurs langues.

d. *– Avez-vous pris la chemise de documents pour la réunion ?*

– J'ai apporté la chemise que vous avez mise sur mon bureau.

e. *– Pourquoi y a-t-il des factures sur mon bureau ?*

– Je vous ai donné les factures que le fournisseur a émises.

f. *– Qu'est-ce que les employés ont dit au sujet des dates de vacances ?*

– Ils ont respecté la décision que vous avez prise.

g. *– Notre client australien a bien reçu la carte de remerciement ?*

– Je l'ai remise au client en main propre.

⑭

Proposition de réponse:

Madame,

À propos des dates des prochaines réunions, je les ai notées dans votre agenda. J'ai aussi contacté la chanteuse que vous avez produite pour le congrès. Vos clientes japonaises sont arrivées et bien logées, je les ai conduites à l'Hôtel de la Gare. J'ai préparé les explications de notre projet pour nos clients étrangers et je les ai écrites en plusieurs langues. J'ai pris la chemise de documents pour la réunion que vous avez mise sur mon bureau. Les factures sur votre bureau sont celles que le fournisseur a émises. En ce qui concerne les dates des vacances, les employés ont respecté la décision que vous avez prise. Enfin, notre client australien a bien reçu votre carte de remerciement, je la lui ai remise en main propre.

19. concordance des temps
.... pages 93, 94, 95, 96 97

①  **PISTE 60**

Transcription:

a. *Elle avait annoncé qu'elle arriverait en retard.*

b. *Elle dit qu'elle est restée deux heures à attendre sous la pluie.*

c. *Je te demande si tu as vu ma paire de lunettes.*

d. *Nous affirmons qu'il faut que vous alliez la voir.*

e. *Nous vous avons conseillé d'aller la voir.*

f. *Vous leur avez demandé s'ils avaient parlé au directeur ?*

g. *Ils demandaient ce que vous vouliez faire pour les vacances.*

h. *Je vous ai dit qu'il fallait que vous fassiez attention.*

présent: b, c, c,
passé: a, e, f, c, h

②

b. Elle t'a conseillé de faire attention à tes affaires.

c. Elle a voulu savoir ce que tu faisais quand elle t'avait appelé.

d. Vous m'avez demandé à quelle heure je partais du bureau.

e. Elles nous ont raconté qu'elles aimeraient devenir actrices.

f. Il vous a dit qu'il était indispensable que vous soyez à l'heure.

③

a. 3 **b.** 4 **c.** 5 **d.** 2 **e.** 1

④  **PISTE 61**

Transcription:

Ex. – Passez à la maison si vous voulez !

– Elle nous a proposé de passer à la maison si nous voulons.

a. *– Je veux que tu sois rentrée à minuit !*

– Il m'a indiqué qu'il voulait que je sois rentrée à minuit.

b. *– Qu'est-ce que vous ferez pour le Nouvel An ?*

– Ils nous ont demandé ce que nous ferions pour le Nouvel An.

c. *– Est-ce que tu joueras à la fête de la musique ?*

– Je t'ai demandé si tu jouerais à la fête de la musique.

d. *– Je ne savais pas que tu habitais dans le centre ville.*

– Tu m'as dit que tu ne savais pas que j'habitais dans le centre ville.

e. *– Est-ce que vous avez écouté ce qu'on vous a dit ?*

– Il leur a demandé s'ils avaient écouté ce qu'on leur avait dit.

f. *– Qu'est-ce qui s'est passé ?*

– Tu lui as demandé ce qui s'était passé.

⑤

a. 1 **b.** 2 **c.** 3 **d.** 3 **e.** 5 **f.** 4

⑥

b. « Tu visiteras la ville demain ? »

c. « Qu'est-ce que tu visiteras dans deux jours? »

d. « Qu'est-ce que tu visiteras dans deux jours? »

e. « Qu'est-ce que tu as visité hier ? »

f. « Qu'est-ce que tu as visité hier ? »

⑦

ce qu'il avait fait - quel était son travail - s'il avait des projets - qu'il se marierait / qu'il allait se marier - qu'il avait rencontré - qu'il l'avait rencontrée - quand il passait - qu'il faisait - si sa femme habitait - qu'elle l'avait rejoint - de venir - lui ferait plaisir que je vienne - que je ferais

8

a. – Je lui ai demandé s'il avait croisé Oscar la veille.

b. – Elles nous ont informés qu'elles ne pouvaient pas ouvrir le magasin ce jour-là.

c. – Il m'a demandé ce que j'allais faire le lendemain.

d. – Elle nous a raconté que, deux ans plus tôt, elle vivait en Chine pour son travail.

e. – Il nous a confié qu'il en avait marre qu'il ne fasse pas d'efforts à ce moment-là.

f. – Ils nous ont demandé si nous avions prévu de voir Paul cette semaine-là.

g. – On nous a interdit de toucher à ce tableau-là.

 9

Proposition de réponse :

Mirta a demandé à Paulo où il avait mis sa robe bleue. Il lui a répondu qu'il ne l'avait pas prise. Elle a répliqué qu'elle lui avait demandé la veille de faire la lessive et lui a expliqué qu'il y avait sa robe bleue dans le bac à linge. Il lui a demandé si elle voulait qu'il fasse la lessive. Il a dit qu'il n'avait pas le temps et que si elle voulait une robe propre, elle devait la laver elle-même. Mirta a répliqué qu'à partir de ce jour-là, elle ne laverait que ses vêtements et qu'elle laisserait ses chaussettes sales sous son oreiller. Paulo lui a demandé de ne pas être si susceptible. Il lui a avoué que c'était une blague et qu'il avait lavé sa robe ce matin-là. Il a ajouté qu'il l'avait repassée et rangée dans l'armoire. Il lui a dit de regarder. Elle lui a demandé de l'excuser et a avoué qu'elle ne l'avait pas vue. Elle l'a remercié.

 10

a. Il nous a dit qu'il apporterait les dossiers.

b. Je t'ai conseillé de ne pas parler de ces choses-là.

c. Vous leur avez demandé si le groupe viendrait.

d. Je t'avais confirmé que nous prendrions l'avion.

e. Elle nous disait souvent qu'elle voulait quitter ce poste-là.

f. Il lui a avoué qu'il n'était pas fier de lui.

 11

Tu **as rencontré** Marilyne et tu lui **as dit** qu'elle **était** belle, que tu **n'avais jamais vu** de femme aussi belle qu'elle !

Après, tu lui **as demandé** ce qu'elle **était venue** faire dans cette ville, tu lui **as proposé** de sortir boire un verre avec elle, tu lui **as promis** qu'elle **passerait** une belle soirée...

Après, bon, elle **a refusé**, donc tu lui **as dit** qu'elle le **regretterait**, qu'elle ne **trouverait** jamais un homme aussi gentil et charmant que toi... Tu **as compris**, tu **as joué** le rôle d'un homme qui **venait** d'avoir un coup de foudre ! Tu lui **as avoué** que tu **étais tombé** sous son charme à la minute où tu **l'avais vue**...

 **12** 🎧 **PISTE 62**

Transcription :

– Monsieur, pouvez-vous me parler de votre expérience ?

– Oui, mais je n'ai pas beaucoup d'expérience car j'ai terminé mes études il y a deux mois. J'ai obtenu mon diplôme de master cette année.

– Qu'est-ce qui vous donnerait envie de travailler pour nous ?

– Si je travaille dans votre entreprise, je pourrai acquérir de l'expérience et je découvrirai le monde du travail...

– Est-ce que vous avez fait des stages pendant vos études ?

– Oui, il faut que nous fassions des stages en 2ᵉ année de master.

– Racontez-moi votre stage ! Où s'est-il passé ?

– Alors, j'ai fait deux stages de trois mois en Angleterre et en Espagne.

– Très bien, nous allons prendre rendez-vous avec le responsable des ressources humaines.

b. Le candidat a répondu qu'il n'avait pas beaucoup d'expérience car il avait terminé ses études deux mois plus tôt.

c. Il a ajouté qu'il avait obtenu son diplôme de master cette année-là.

d. Le recruteur a voulu savoir ce qui lui donnerait envie de travailler pour eux.

e. Le candidat a expliqué que s'il travaillait dans leur entreprise, il pourrait acquérir de l'expérience et qu'il découvrirait le monde du travail.

f. Le recruteur a demandé s'il avait fait des stages pendant ses études.

g. Le candidat a répondu qu'il fallait qu'ils fassent des stages en deuxième année de master.

h. Le recruteur a demandé de raconter son stage et il lui a demandé où il s'était passé.

i. Le candidat a raconté qu'il avait fait deux stages de trois mois en Angleterre et en Espagne.

j. Le recruteur a dit qu'ils allaient prendre rendez-vous avec le responsable des ressources humaines.

 **13** 🎧 **PISTE 63**

Transcription :

Ex. : – Vous devez vous présenter à 8 h devant le bureau de la directrice.

– Monsieur, vous êtes en retard, nous vous avions pourtant indiqué que vous deviez vous présenter à 8 h devant le bureau de la directrice.

a. – Les entretiens collectifs commenceront à 8 h 15.

– Maintenant, il est trop tard, nous vous avions expliqué que les entretiens collectifs commenceraient à 8 h 15.

b. – Nous n'accepterons pas les candidats qui arrivent en retard.

– Je suis désolé mais nous vous avions prévenu que nous n'accepterions pas les candidats qui arrivaient en retard.

c. – Apportez avec vous votre CV et vos lettres de recommandation.

– Vous n'avez pas vos documents ? On vous avait pourtant demandé d'apporter avec vous votre CV et vos lettres de recommandation.

d. – *Si vous avez déjà travaillé, préparez un résumé de vos expériences.*
– *Vous n'avez rien préparé ? Mais on vous avait dit que si vous aviez déjà travaillé, il fallait que vous prépariez un résumé de vos expériences.*

e. – *Pour l'entretien individuel, nous vous convoquerons dans l'après-midi.*
– *Oui, il faut revenir cet après-midi, on vous avait prévenu que, pour l'entretien individuel, nous vous convoquerions dans l'après-midi.*

f. – *À la fin de la semaine, nous vous donnerons une réponse.*
– *Non, pas de réponse aujourd'hui, on avait bien expliqué que nous vous donnerions une réponse à la fin de la semaine.*

 14
Proposition de réponse :
M. Brochard a demandé quand les livraisons seraient prêtes. Mme Aslanidi a expliqué que la production avait commencé le 15 mars mais qu'il y avait des problèmes avec un composant électronique. Elle a ajouté qu'il y aurait un retard de 20 jours et que les commandes seraient prêtes le 8 juillet. M. Leclerc a répondu que c'était impossible, qu'il fallait terminer le 25 juin pour expédier au plus tard le 30 juin. Mme Aslanidi a demandé comment ils pouvaient faire. Elle a expliqué qu'ils n'avaient pas de solutions. Mme Ouvrard a proposé de contacter une entreprise de sous-traitance. M. Leclerc a ajouté qu'il y aurait une augmentation des coûts de production et que la facture serait plus élevée. Mme Ouvrard a conseillé de prendre sur leur marge et de ne pas facturer la différence au client.

20. connecteurs temporels
·· pages 99, 100, 101, 102, 103

 **1** 🎧 **PISTE 65**
Transcription :
a. *Nous ne nous sommes pas revus depuis qu'il est parti vivre en Australie.*
b. *Cela fait dix ans qu'ils sont mariés.*
c. *Romuald et Susanne habitent à Paris depuis qu'elle a trouvé son emploi d'hôtesse de l'air.*
d. *Elle n'a pas pris de vacances depuis qu'elle travaille dans ce cabinet d'avocats.*
e. *Il a eu beaucoup de succès depuis qu'il a sorti son premier album.*
f. *Cela faisait des années qu'ils ne s'étaient pas parlé.*
g. *Il travaille à son compte depuis qu'il a perdu son emploi de cuisinier.*
h. *Cela fait plusieurs semaines qu'il n'a pas donné de nouvelles.*

b. 1 présent - 2 présent
c. 1 présent - 2 passé composé
d. 1 passé composé - 2 présent
e. 1 passé composé - 2 passé composé
f. 1 imparfait - 2 plus-que-parfait

g. 1 présent - 2 passé composé
h. 1 présent - 2 passé composé

 2
a. Paul est prudent depuis qu'on a cambriolé son appartement.
b. Céline voit beaucoup moins sa famille depuis qu'elle habite à Moscou avec son compagnon.
c. Nous ne sommes jamais retournés dans ce restaurant depuis qu'ils ont engagé un nouveau chef.
d. Elles ont acheté beaucoup de vêtements depuis qu'elles connaissent cette boutique bon marché.
e. Ma sœur n'achète pas de jouets neufs depuis qu'elle connaît des sites de vente d'occasion.

 **3** 🎧 **PISTE 66**
Transcription :
a. *J'ai eu beaucoup de missions depuis que l'on m'a confié ce nouveau poste.*
b. *Ils gagnent tous leurs matchs depuis que Valentin les entraîne.*
c. *Il part en vacances tous les ans sur cette île depuis qu'il l'a découverte.*
d. *Nous n'avons pas revu Pierre depuis qu'il a quitté l'entreprise.*
e. *Elle est en pleine forme depuis qu'elle va à la piscine régulièrement.*
f. *Ils sortent moins souvent depuis qu'ils ont eu des triplés.*
g. *Il a vendu beaucoup d'œuvres depuis qu'il expose dans cette galerie.*
h. *Elle n'a plus acheté de plats cuisinés depuis qu'elle possède son robot mixe-tout.*

Proposition principale
action non terminée : a, c, e, f
action réalisée ou non dans le passé : d, g, h

Proposition dépendante
action non terminée ou habitude : b, c, e, g, h
action ponctuelle : d, f

 4
a. as fait **b.** a l'air **c.** se perd **d.** s'est perdu(e)s
e. se voient **f.** n'écoutes plus rien **g.** n'ai pas changé
h. ont été augmentées

 5
b. Elle n'a pas conduit / ne conduit pas depuis qu'elle a eu un accident.
c. Tu cuisines bien depuis que tu as fait un stage de cuisine l'année dernière.
d. J'ai acheté trois robes depuis que j'ai perdu 5 kilos
e. Ils jouent souvent à la belote depuis qu'ils connaissent bien les règles.
f. Il ne lui parle plus / ne lui a plus parlé depuis qu'il s'est disputé avec elle.
g. Nous venons souvent / sommes souvent venus dans ce restaurant depuis qu'il a ouvert.
h. Ils ont voté deux fois depuis qu'ils ont eu 18 ans.

6 🎧 PISTE 67

Transcription:

Ex. — Il habite à Paris depuis trois ans.

— Cela fait trois ans qu'il habite à Paris.

a. *— Ils se sont pacsés il y a six ans.*

— Cela fait six ans qu'ils se sont pacsés.

b. *— Je n'ai pas revu Alice depuis des mois.*

— Cela fait des mois que je n'ai pas revu Alice.

c. *— Tu travailles à Londres depuis longtemps.*

— Cela fait longtemps que tu travailles à Londres.

d. *— Nous avons changé de voiture il y a deux semaines.*

— Cela fait deux semaines que nous avons changé de voiture.

e. *— Elles sont colocataires depuis plusieurs années.*

— Cela fait plusieurs années qu'elles sont colocataires.

f. *— Vous n'avez pas pris de vacances depuis plus d'un an.*

— Cela fait plus d'un an que vous n'avez pas pris de vacances.

g. *— Elle a acheté son nouveau téléphone il y a une semaine.*

— Cela fait une semaine qu'elle a acheté son nouveau téléphone.

7

a. Il habite à Genève depuis qu'il a déménagé en Suisse.

b. Edith a fait plusieurs séjours à Megève depuis qu'elle y a acheté un chalet.

c. Nous n'avons pas revu Franck depuis que nous sommes partis au ski avec lui.

d. J'aime beaucoup ce skieur depuis qu'il fait partie de l'équipe de France.

e. Ils ont eu peu de visites depuis qu'ils habitent à la montagne.

f. Il a gagné plusieurs courses depuis qu'il a changé de skis.

8

b. Cela faisait deux mois que l'entreprise était fermée.

c. Cela faisait dix ans que j'avais commencé à travailler.

d. Cela faisait plusieurs heures qu'il était venu pour te voir.

e. Cela faisait déjà plusieurs soirs qu'ils mettaient la musique trop forte.

f. Cela faisait plusieurs semaines qu'il n'était pas venu nous rendre visite.

g. Cela faisait des siècles qu'on ne s'était pas vus !

h. Cela faisait longtemps qu'on n'était pas allés danser !

i. Cela faisait une heure que je lui avais envoyé le message.

9

a. habitons **b.** est devenu **c.** a trahi **d.** n'ai pas vu
e. habitons **f.** ne dormons plus **g.** étaient partis
h. a dit

10

a. Cela fait trois ans que j'ai rencontré mon futur mari.

b. Cela fait six mois que je n'ai pas travaillé.

c. Cela fait deux heures que nous sommes perdus.

d. Cela fait plus d'un an que je ne suis pas allé chez le coiffeur.

e. Cela fait quelques semaines qu'ils se sont séparés.

f. Cela fait un mois que j'ai changé de voiture.

g. Cela fait quelques années qu'ils travaillent ensemble.

11

b. Cela faisait / il y avait des années qu'il rêvait de travailler à Londres.

c. Cela faisait / il y avait longtemps que Steve cherchait un associé pour sa pizzeria.

d. Cela fait / il y a trois mois que Steve et Federico ont commencé à travailler ensemble.

e. Cela fait / il y a deux semaines que Federico a créé la pizza London-Roma.

f. Cela fait / il y a des jours que les clients n'arrêtent pas de la commander.

g. Cela faisait / il y avait des années que Steve n'avait pas vendu autant de pizzas.

12 🎧 PISTE 68

Transcription:

Ex. — Depuis quand êtes-vous en France ?

— Je suis en France depuis que j'ai commencé mes études.

a. *— Depuis quand êtes-vous installée à Paris ?*

— Cela fait deux ans que je suis installée à Paris.

b. *— Quand avez-vous commencé à étudier le français ?*

— Il y a plusieurs années que j'ai commencé à étudier le français.

c. *— Cela faisait longtemps que vous vouliez vivre à Paris ?*

— Cela faisait longtemps que je voulais vivre à Paris.

d. *— Depuis quand n'êtes-vous pas retourné au Japon ?*

— Cela fait trois ou quatre mois que je ne suis pas retourné au Japon.

e. *— Cela fait longtemps que vous connaissez le club de conversation ?*

— Je connais le club de conversation depuis que je suis inscrit à l'école de langue.

f. *— Depuis quand travaillez-vous au musée franco-japonais ?*

— Il y a trois mois que je travaille au musée franco-japonais.

g. *— Cela fait combien de temps que vous avez installé l'exposition sur les origamis ?*

— Cela fait six semaines que j'ai installé l'exposition sur les origamis.

h. *— Depuis combien de temps les artistes préparaient cette exposition ?*

— Il y avait six mois que les artistes préparaient cette exposition.

i. *— Depuis combien de temps le musée n'avait-il pas eu autant de visiteurs ?*

— Cela faisait longtemps que le musée n'avait pas eu autant de visiteurs.

13

Proposition de réponse:

Cela fait deux ans que je suis installé à Paris. Il y a plusieurs années que j'ai commencé à étudier le français. Cela faisait longtemps que je voulais vivre à Paris. Cela fait déjà trois ou quatre mois que je ne suis pas retourné au Japon. Je connais le club de conversation depuis que je suis inscrit à l'école de langue et il y a trois mois que je travaille au musée franco-japonais. Cela fait six semaines que j'ai installé l'exposition sur les origamis: il y avait six mois que les artistes préparaient cette exposition. Cela faisait longtemps que le musée n'avait pas eu autant de visiteurs.

 14

Cela **faisait** des semaines que je **préparais** mon séjour. Cela **faisait** des mois que j'**apprenais** le français et que je **faisais** des exercices pour améliorer ma prononciation. Ce jour-là, je **pouvais** enfin parler avec de vrais francophones! Je **suis arrivé** dans la résidence universitaire mais le gardien m'**a dit** qu'il n'y **avait** pas de place!
Je lui **ai affirmé** que pourtant, ça **faisait** des mois que j'**avais réservé** ma chambre pour le 31 septembre!
Et là, il s'**est moqué** de moi en me disant que le 31 septembre ça n'**existait** pas et m'**a demandé** si ça **faisait** longtemps que je n'**avais pas dormi**!
Je lui **ai répondu** qu'effectivement, ça **faisait** plusieurs jours que j'**avais quitté** ma maison et que ça **faisait** plusieurs heures que je **rêvais** de poser mes valises pour me reposer!
Il m'**a proposé** alors la chambre 7 mais il m'**a prévenu** que ça **faisait** des semaines que personne n'**y avait dormi** à cause des travaux dans la rue juste en-dessous! »

21. subjonctif

.... pages 106, 107, 108, 109

 **1** PISTE 70

Transcription:

a. J'espère que tu vas bien.
b. Je voudrais que tu fasses les courses.
c. Je suis heureuse qu'il ait trouvé un nouveau travail.
d. Il parait que tu as passé de merveilleuses vacances.
e. Je suis certaine que tu seras heureuse dans cette nouvelle ville.
f. Il aimerait que vous restiez plus tard ce soir.
g. C'est dommage que tu n'aies pas eu de ses nouvelles.
h. Je ne pense pas que ce soit une bonne nouvelle

indicatif: a, d, e,
subjonctif: b, c, f, g, h

2

b. nous rentrons – que vous rentriez
c. ils se perdent – qu'elles se perdent
d. ils écrivent – qu'il écrive
e. nous prenons – que vous preniez
f. ils construisent – que je construise
g. nous oublions – que nous oubliions
h. nous remplissons – que vous remplissiez

i. ils réfléchissent – que tu réfléchisses
j. ils vendent – qu'on vende
k. nous rions – que nous riions

3

Mot à créer: veuilles

4

a. que vous remplissiez
b. que nous le dérangions
c. qu'ils ne puissent pas
d. que vous lui présentiez
e. que tu me dises
f. qu'il réussisse
g. que le gouvernement aide
h. que tu achètes

5

a. C'est super que Barbara vienne à ton mariage.
b. Ça m'énerve que ma belle-mère veuille faire le plan de table.
c. C'est formidable que vous partiez à Cuba pour votre voyage de noces.
d. Ça me gêne qu'Elsa ne connaisse personne.
e. Il est urgent qu'on trouve une solution en cas de pluie.
f. Ça me surprend qu'Emma porte une robe de mariée blanche.

6

a. Il ne faut pas que tu acceptes son invitation.
b. C'est dommage qu'on ne parte pas en vacances.
c. Je ne pense pas qu'elle soit blessée.
d. On est tristes que tu ne veuilles plus nous voir.
e. Je lui ai expliqué pour qu'elle comprenne.
f. Ça me fait plaisir que tu m'aides.
g. On ne croit pas qu'elle soit heureuse.

7

b. Il veut aller au cinéma.
c. Elles voudraient qu'on prenne l'avion.
d. Il aimerait que je m'inscrive avec lui au club de sport.
e. On souhaiterait vous inviter au restaurant.
f. Mon patron veut que je fasse des heures supplémentaires.
g. Il voudrait que j'envoie les invitations rapidement.
h. Je voudrais prendre un rendez-vous.

8

a. que nous ayons gagné

b. que Julie ne soit pas restée

c. que Sam et Tom ne soient pas venus

d. qu'elles soient sorties

e. que vous ayez obtenu

f. que vous n'ayez pas entendu

g. que Franck ne se soit pas amusé

h. qu'il n'ait pas aidé

9

b. Je suis content que les spectateurs aient applaudi.

c. Je regrette qu'il ait plu en début de soirée.

d. Les organisateurs voudraient qu'on ait enlevé le matériel avant demain.

e. Je doute qu'on ait réussi à ranger le matériel avant.

f. Ça m'étonne que Marion ne soit pas venue nous voir.

10

Propositions de réponses :

a. Je suis triste que mon petit ami parte six mois à l'étranger pour ses études.

b. Ça m'énerve que mon fils ait cassé mon ordinateur.

c. Je suis étonné que ma mère ne m'ait pas téléphoné depuis deux semaines.

d. Je suis déçu que ma fille n'ait pas obtenu son baccalauréat.

e. J'ai peur que mon fils se soit perdu.

11

a. pourra **b.** trouverez **c.** connaisses **d.** sera **e.** deviendra **f.** faille **g.** fasse **h.** ayez

12

vas - rendes - aille - pas que je serai / pas être - as pris - venir - aies pensé

13

est - puisse / ait pu - a pris - ait commis - s'occupait - découvrir - doit - a inventé

14

Proposition de réponse :

Je suis content que tu viennes me rendre visite. Je regrette que tu ne sois pas venu plus tôt, car il fait très chaud en ce moment. C'est aussi dommage que tu ne puisses pas rester quelques jours de plus mais nous allons bien en profiter, ne t'inquiète pas ! Je voudrais que nous visitions ensemble quelques musées et j'aimerais aussi que tu découvres quelques marchés locaux et que tu goûtes les spécialités de ma ville, notamment les pâtisseries. Je ne suis pas non plus surpris que tu n'aies pas trouvé d'hébergement, il faudrait que je contacte un ami pour qu'il t'aide. Je souhaite que tu apprennes beaucoup sur ma culture pendant ton séjour !

22. infinitif / subjonctif

.... pages 111, 112, 113, 114 115

1 🎧 PISTE 72

Transcription :

a. *Je pourrai t'aider demain.*

b. *Tu sais qu'il a raison.*

c. *Ça me dérange que tu fumes à l'intérieur.*

d. *J'ai besoin de prendre des vacances.*

e. *Elle est contente de le revoir.*

f. *Ils sont tristes que vous partiez.*

g. *Je pense arriver vers 10 h.*

h. *Ça nous arrange de prendre notre voiture.*

même sujet : a, d, e, g, h

deux sujets différents : b, c, f

2

a. 2 **b.** 1 **c.** 3, 6, 7 **d.** 1, 4, 8 **e.** 3, 6 **f.** 5 **g.** 1, 8 **h.** 3, 6, 7

3

a. Je veux que tu arrives à l'heure.

b. Elles pensent qu'elles obtiendront / obtenir leur diplôme.

c. Ça m'inquiète qu'il ne rappelle pas.

d. Ils ont besoin que vous les aidiez.

e. J'ai envie de cuisiner un bon petit plat.

f. J'espère que je vous reverrai / vous revoir bientôt.

4

b. Tu es sûr de savoir conduire une moto ?

c. transformation impossible

d. transformation impossible

e. Il espère avoir une réponse rapidement.

f. Tu nous avais promis de nous aider.

g. transformation impossible

5

a. 4 **b.** 6 **c.** 2 **d.** 3 **e.** 5 **f.** 1

6

b. Nous espérons pouvoir / que nous pourrons arriver à temps pour le concert.

c. Je suis content de rester à la maison ce week-end.

d. Elles ont besoin que nous donnions notre avis sur leur travail.

e. Ça m'ennuie de devoir travailler tard ce soir.

f. Nous devons rentrer avant que la nuit tombe.

7

a. Nous espérons voyager à Casablanca bientôt.

b. Ça me fait plaisir d'être là.

c. Elles sont contentes d'être allées au concert.

d. Je voudrais prendre rendez-vous avec le directeur.

e. Nous pensons visiter le château de Chambord le week-end prochain.

8

a. Tu es heureuse d'avoir revu ton vieil ami ?
b. Ça m'a fait plaisir qu'il ait pu venir à mon anniversaire.
c. Ça ne t'a pas dérangée qu'Émilie ne soit pas venue ?
d. Elle pensait t'avoir vexée.
e. Ça m'énerve qu'elle oublie toujours mes anniversaires !
f. Je suis pourtant sûre de lui avoir rappelé.

9

b. Ça m'énerve d'avoir encore perdu ses clés.
c. Vous souhaitez faire un beau voyage.
d. Nous sommes tristes de ne pas avoir trouvé de billets pour le concert.
e. Ça m'agace de toujours faire des erreurs.
f. Ça me fait plaisir d'avoir passé une bonne soirée avec vous.
g. Ils sont tristes d'être restés tout seuls pendant deux heures.

10

a. Ça me plaît de ne pas avoir passé de temps avec elle !
b. Ça me fait plaisir de ne pas avoir goûté sa soupe de légumes !
c. Je suis heureux de ne pas lui avoir parlé de mes problèmes !
d. Ça me plaît de ne pas connaître les potins du village !
e. Je suis enchanté de ne pas avoir gardé son chien pendant sa sieste !
f. Je suis sûr de ne pas la revoir bientôt !

11

que tu répondes - que je t'appelle - d'entendre - que je fasse - que tu m'aimes - de t'avoir donné

12

Propositions de réponses :
a. Je suis fatiguée d'avoir travaillé tous les jours jusqu'à 21 h.
b. Je suis contente d'avoir prévu d'aller au cinéma.
c. Ça m'étonne d'avoir finalement dîné dans un restaurant chic.
d. Ça me choque que le serveur ne se soit pas montré très aimable.
e. Je suis déçue de ne pas être allée au cinéma après le restaurant.
f. Ça me fait plaisir d'avoir passé la soirée en discothèque pour mon anniversaire.
g. Ça m'énerve de ne pas avoir revu le beau garçon aux yeux bleus de la dernière fois.

13  **PISTE 73**

Transcription :
Ex. – Arthur a invité cinquante personnes pour son anniversaire.
– Ça me surprend qu'Arthur ait invité cinquante personnes pour son anniversaire
a. – Sa petite amie a fait des gâteaux.
– Il devait être content que sa petite amie ait fait des gâteaux.
b. – Ils ont préparé la salle tout l'après-midi.
– Ça ne m'étonne pas qu'ils aient préparé la salle tout l'après-midi.
c. – Ils ont tout bien préparé pour faire la fête.
– Ils étaient fiers d'avoir tout bien préparé pour faire la fête.

d. – *Aucun invité n'est venu à la fête.*
– *Ils étaient déçus qu'aucun invité ne soit venu à la fête.*
e. – *Arthur et sa petite amie étaient inquiets.*
– *C'est logique qu'Arthur et sa petite amie aient été inquiets.*
f. – *Ils ont téléphoné à quelques amis pour comprendre.*
– *C'est normal qu'ils aient téléphoné à quelques amis pour comprendre.*
g. – *Arthur s'était trompé de jour sur le carton d'invitation !*
– *Ça ne me surprend pas qu'Arthur se soit trompé de jour sur le carton d'invitation !*
h. – *Ses amis lui ont organisé une autre fête la semaine suivante.*
– *Il était heureux que ses amis lui aient organisé une autre fête la semaine suivante.*
i. – *L'année prochaine, Arthur organisera une fête pour son anniversaire.*
– *Il est pressé d'organiser une fête pour son anniversaire l'année prochaine.*

14

Proposition de réponse :
Mes amis, je suis content que vous soyez venus à ma fête d'anniversaire. Je suis heureux que vous m'ayez offert tous ces cadeaux. Je ne suis pas surpris que nous nous soyons tant amusés ! Bien sûr, je suis déçu que certains n'aient pas pu venir mais ça me fait plaisir d'avoir les meilleurs amis du monde ! Ça me rend heureux que vous soyez près de moi et ça ne m'étonne pas que vous m'ayez fait une si belle surprise ! J'ai envie de vous remercier et j'ai vraiment besoin d'avoir des amis comme vous ! Bisous
Marco

23. impératif

.... pages 117, 118, 119

1 **PISTE 75**

Transcription :
a. *Écoutez-moi !*
b. *Ne t'inquiète pas !*
c. *Vous faites du sport ?*
d. *Allons-y !*
e. *Vous vous dépêchez.*
f. *Tu m'appelles ?*
g. *Ne cours pas !*
h. *Parlez en français !*

indicatif : c, e, f,
impératif : a, b, d, g, h

2

a. faites - prenez - pensez - choisissez - mangez
b. prends - continue - prends - Fais
c. Disons - prenons - rentrons

3

b. Reposons-nous! **c.** Promène-toi! **d.** Amuse-toi!
e. Dépêchons-nous! **f.** Souviens-toi! **g.** Réveillez-vous!
h. Habillez-vous!

4

Mot à créer: prenez

5

a. ne mange pas **b.** ne fumez pas **c.** ne te couche pas
d. ne vous promenez pas **e.** Ne partons pas **f.** ne venez pas
g. ne t'approche pas **h.** ne faites pas

6 🎧 PISTE 76

Transcription:
a. *Achètes-en.*
b. *Téléphonez-lui.*
c. *Vas-y ce soir!*
d. *Offre-lui des fleurs!*
e. *Remercions-les.*
f. *Manges-en.*
g. *Parlez-leur.*
h. *Dis-lui bonjour.*

7

a. N'en prends pas! **b.** Ne lui parlez pas! **c.** Ne vous
inquiétez pas! **d.** Ne lui offrez pas ça! **e.** Ne les oublie pas!
f. Ne l'achetons pas! **g.** Ne t'énerve pas!

8

Propositions de réponses:
Invite-le / Invite-la dans un bon restaurant. Aie confiance
en toi. Surprends-le. / Surprends-la. Offre-lui des fleurs.
Habille-toi bien. Mets-toi en valeur. Aie de l'humour. Fais-lui
des compliments. Intéresse-toi à lui. / Intéresse-toi à elle.
Reste naturel(le). Ne sois pas trop insistant(e). Écris-lui des
lettres romantiques.

9

Les enfants, approchez-vous et écoutez-moi. Dans le
musée, ne touchez pas les tableaux. Ne prenez pas de
photos. Ne faites pas de bruit. Ne courez pas et ne vous
asseyez pas par terre. Suivez-moi dans toutes les salles et
ne vous perdez pas.

24. participe présent et gérondif
.... pages 121, 122, 123

1 🎧 PISTE 78

Transcription:
a. *Elliot fait de la course à pied en écoutant de la musique.*
b. *N'étant pas sûr de moi, je préfère te demander de vérifier.*
c. *Ils ont rencontré ces jeunes vivant dans la banlieue de
Toulouse.*
d. *En écoutant attentivement, vous comprendrez rapidement.*
e. *En partant tôt le matin, nous éviterons les embouteillages.*
f. *Ayant terminé plus tôt au bureau, j'ai pu passer la fin de
journée sur la plage.*
g. *Nous avons réussi à monter ce meuble en lisant les
instructions données par le fabricant.*
h. *Nous avons atteint le sommet de la montagne en
l'escaladant.*

gérondif: a, d, e, g, h
participe présent: b, c, f

2

b. Les enfants apprennent en s'amusant.
c. Les touristes ont trouvé l'hôtel en demandant aux
passants.
d. Marion se sent bien en travaillant avec des enfants.
e. Mylène se promène en sifflant.
f. Les candidats stressent en attendant leur tour.
g. Benoît est devenu riche en gagnant au loto.
h. Valentin nous a dit bonjour en passant devant chez nous.

3 🎧 PISTE 79

Transcription:
Ex. – J'ai acheté mon vélo sur un site d'occasion.
– J'ai trouvé mon vélo en l'achetant sur un site d'occasion.
a. *– Il est arrivé chez lui et il a appelé ses amis.*
– Il a appelé ses amis en arrivant chez lui.
b. *– J'ai lu le journal et j'ai appris la nouvelle.*
– J'ai appris la nouvelle en lisant le journal.
c. *– Pour faire ce bracelet, j'ai utilisé des élastiques colorés.*
– J'ai fait ce joli bracelet en utilisant des élastiques colorés.
d. *– On paie l'addition quand on part.*
– On paie l'addition en partant.
e. *– Il est tombé de vélo et il s'est fait mal au poignet.*
– Il s'est fait mal au poignet en tombant de vélo.
f. *– Je conduis et j'écoute de la musique.*
– J'écoute de la musique en conduisant.

4

a. En t'attendant, je t'ai laissé au moins dix messages sur
ton répondeur!
b. En t'achetant une montre, tu ne serais plus en retard.
c. En se dépêchant, on réussira peut-être à voir la séance
de 18 h!
d. En prenant les billets, achète aussi du pop-corn.

e. Je vais payer les billets en utilisant mes réductions.

f. Chut! Il ne faut pas faire de bruit en vous asseyant dans la salle!

g. En arrivant à l'heure, on n'aurait pas manqué le début du film!

 5

b. Le propriétaire n'étant pas arrivé, Katia a attendu pendant deux heures.

c. L'appartement étant très agréable, Katia était bien installée.

d. Le propriétaire lui ayant indiqué les lieux à visiter Katia a pu découvrir la ville.

e. Sachant parler anglais, Katia a parlé avec les voisins.

f. Gardant un très bon souvenir de son séjour, Katia retournera certainement à Londres.

 6

a. en se déplaçant b. en écoutant c. Ne sachant pas
d. ayant e. En téléphonant f. S'étant perdue g. en faisant
h. En cherchant

 7

– **Étant déjà partis**, nous vous laisserons les clés sous le pot de fleurs ;

– **notre voisine étant très gentille**, elle a proposé de vous donner des légumes de son jardin ;

– **en allant visiter** le village, vous trouverez des commerces d'alimentation ;

– **en prenant** les vélos, le village est à cinq minutes ;

– **la région étant viticole**, vous pouvez rencontrer des viticulteurs et goûter leurs vins ;

– **en prenant** le train dans la commune voisine, vous serez à Nantes en quinze minutes ;

– **la ville de Nantes proposant** des visites insolites, elle attire de nombreux touristes ;

– **en partant**, laissez les clés de la maison à la voisine ou sous le pot de fleurs.

Bon séjour à vous.

25. conditionnel passé
 .... pages 125,126,127

1  PISTE 81

Transcription :

a. *Je voudrais te présenter mes parents.*

b. *Il aurait aimé faire des études.*

c. *On aimerait faire le tour du monde.*

d. *Un homme aurait volé La Joconde.*

e. *Il faudrait que tu me rendes mon livre.*

f. *Vous auriez pu passer nous voir.*

g. *Je préférerais un thé.*

h. *S'il n'avait pas fait de sport, il ne se serait pas blessé.*

conditionnel présent : a, c, e, g
conditionnel passé : b, d, f, h

 2

a. 2 b. 1 c. 3 d. 4 e. 6 f. 5

 3

a. elle serait partie

b. je t'aurais acheté

c. nous n'aurions pas eu

d. il ne se serait pas déplacé

e. il aurait réagi

f. l'eau ne serait pas rentrée

g. le patron t'aurait récompensé

h. Maria serait arrivée

 4

a. Un chien aurait sauvé une petite fille de la noyade.

b. Une actrice aurait perdu sa jupe lors du festival de Cannes.

c. Une jeune femme aurait gagné un million d'euros au casino.

d. Un prince français se serait marié à Las Vegas avec une actrice mexicaine.

e. Une célèbre chanteuse américaine aurait adopté des jumeaux.

f. Un homme aurait grimpé en haut de la tour Eiffel sans sécurité.

 **5** PISTE 82

Transcription :

a. *Si j'avais su, je t'aurais téléphoné avant de venir.*

b. *Elle aurait pu prendre de mes nouvelles.*

c. *J'aurais aimé partir en vacances quand j'avais ton âge.*

d. *On aurait retrouvé les tableaux volés dans une poubelle.*

e. *Si on avait pu, on serait allés voir ta pièce de théâtre.*

f. *Un chien aurait fait plus de 1 000 kilomètres pour retrouver son maître.*

g. *Il aurait voulu devenir médecin.*

h. *Tu aurais dû aller chez le médecin plus tôt.*

regret : c, g
reproche : b, h
information non confirmée : d, f
hypothèse non réalisée dans le passé : a, e

 6

b. Si le vendeur m'avait fait une réduction, j'aurais acheté cet appareil.

c. Si le touriste avait réservé un hôtel, il ne se serait pas retrouvé sans logement.

d. Si mon fils avait prévenu de son retard, je ne l'aurais pas attendu une heure devant son lycée.

e. Si le patron avait payé son employé plus cher, il n'aurait pas démissionné.

 7

b. Felipe aurait pu me téléphoner.

c. Gillian aurait pu venir à mon mariage.

d. Mes fils auraient pu me dire qu'ils invitaient leurs amis.

e. Marta aurait dû étudier plus pour son examen

f. Éthan aurait pu s'excuser pour son retard.

g. Gabin aurait pu me remercier.

h. M. Bujot aurait dû m'envoyer son dossier.

b. Dana aurait voulu m'accompagner à Londres.

c. J'aurais aimé que mes enfants fassent plus attention à l'environnement.

d. Cela m'aurait plu de savoir jouer du piano.

e. Il aurait adoré obtenir un stage dans une agence de voyage.

f. Ils auraient préféré qu'on fête Noël en famille.

a. – J'aurais voulu faire une tournée internationale.

– J'aurais aimé être plus connue.

– J'aurais souhaité faire partie d'un groupe.

b. – Vous auriez pu me téléphoner plus tôt.

– Vous auriez dû me prévenir que le livre était en rupture de stock.

– Vous auriez dû me conseiller un autre livre.

– Vous auriez pu me faire une réduction sur un livre d'occasion.

10

Proposition de réponse :

Salut Jocelyn,

J'aurais vraiment aimé que tu viennes parce que j'aurais souhaité partager ce moment avec toi. Mais surtout, tu aurais dû me téléphoner pour me prévenir que tu ne venais pas : si tu l'avais fait, je ne me serais pas inquiété et je ne t'aurais pas attendu pendant deux heures. Et si tu m'avais dit que tu ne pouvais pas venir ce jour-là, nous aurions pu trouver une autre date pour fêter mon anniversaire.

À bientôt, j'espère.

Ludo

26. prépositions

.... pages 129,130,131

 **PISTE 84**

Transcription :

a. J'ai demandé à Pablo de venir.

b. J'ai oublié de répondre à son invitation.

c. Il a accepté de remplacer Marie.

d. Tu t'es inscrit au cours de danse ?

e. J'adore la littérature anglaise.

f. Tu as regardé le journal télévisé ?

g. As-tu téléphoné à la banque ?

h. J'ai suggéré à Linda de prendre des cours particuliers.

i. Il rêve de gagner au loto.

direct : c, e, f

indirect avec à : a, b, d, g, h, i

indirect avec *de* : a, b, c, h, i

a. à **b.** Ø **c.** de **d.** de **e.** de **f.** Ø

a. à **b.** à **c.** Ø **d.** de **e.** Ø **f.** de **g.** de **h.** à

4

a. Il m'a aidé à déménager. - Il m'a promis de faire des efforts. - Il peut conduire.

b. J'ai arrêté de fumer. - J'ai commencé à travailler. - J'aimerais maigrir.

c. Elle a oublié de m'aider. - Elle veut étudier. - Elle commence à parler.

d. On a décidé de vous écouter. - On est descendus faire des courses. - On tient à vous aider.

5

a. Vous manquez de talent.

b. Vous devez changer de métier.

c. Je vous conseille de chercher un nouveau travail.

d. Vous avez besoin de changer de voix.

e. Je vous propose de vous donner de l'argent pour arrêter de chanter.

f. Vous devez prendre des cours de chant.

Dépêchez-vous de - Je souhaiterais Ø - Nous n'envisagions pas de - servira à - permettra (…) d' - nous ont aidés à - nous ne regretterons pas d'

a. On a demandé à Laurence d'étudier plus. - On a encouragé Laurence à étudier plus.

b. J'ai conseillé à Lola de changer de travail. - J'ai félicité Lola d'avoir changé de travail.

c. Il a déconseillé à Marta de partir au Liban. - Il a aidé Marta à partir au Liban.

d. J'ai obligé les employés à venir à 8 h. - J'ai promis aux employés de venir à 8 h.

Proposition de réponse :

Vous pouvez demander une liste de logements à louer et sur notre site, vous trouverez des informations sur l'école. Si vous voulez participer aux activités culturelles de l'école (cours de cuisine…), inscrivez-vous à ces activités dès que vous arriverez car certaines d'entre elles sont très demandées. Mais ne vous inquiétez pas, nous nous occupons de toute la logistique (transport en car…) pour ces activités. Nous vous conseillons aussi de prendre une carte de train, afin de pouvoir voyager avec des réductions. Et enfin, il faut que vous commenciez à chercher un billet d'avion retour dès maintenant, pour bénéficier de prix avantageux.

9

rêvez **de** passer Ø un week-end - Nous nous occupons **de** - nous vous proposons **de** vivre Ø un week-end - adorer Ø la rencontre - Ils vous apprendront **à** cuisiner et **à** vous servir **de** - ils vous aideront **à** construire Ø votre igloo - Nous vous proposerons Ø - vous accéderez **à** une île - N'oubliez pas **d'** - Vous vous souviendrez à jamais **de**

27. sens et place des adverbes
.... - pages 134, 135

1 PISTE 86

Transcription :

a. *Tu cours rapidement.* b. *Il est très grand.* c. *On va rarement au théâtre.* d. *C'est trop dur !* e. *Ce livre est vraiment intéressant.* f. *Regarde dehors !* g. *Tu te lèves tôt le matin ?* h. *Tout va mal.* i. *Il a toujours faim.*

a. rapidement b. très c. rarement d. trop e. vraiment f. dehors g. tôt h. mal i. toujours

2

a. très b. trop c. beaucoup d. très e. très f. beaucoup g. trop h. très

3

a. très b. trop / très c. très d. beaucoup e. très f. beaucoup - très g. trop / très h. très

4

Mot à créer : fièrement

5

a. calmement b. couramment c. lentement d. prudemment e. récemment f. confortablement g. concrètement

6

a. Vous avez assez travaillé ?
b. Jules, tu as assez dormi ?
c. Aurélie va bien parler allemand.
d. Il va étudier là-bas pendant un an.
e. On va souvent se retrouver chez Iman.
f. Mon grand-père a monté lentement les escaliers.

7

b. Les spectateurs attendent impatiemment la suite.
c. Le film évoquait extrêmement bien les relations familiales.
d. L'actrice principale a été vraiment ravie de recevoir la Palme d'or.
e. Le réalisateur s'est montré très touché.
f. Les critiques ont jugé le film merveilleusement bien.
g. Le second rôle a été applaudi unanimement.

28. comparatif et superlatif
.... pages 137, 138, 139 140, 141

1 PISTE 88

Transcription :

a. *C'est au mois de juillet que nous avons le plus de touristes.*
b. *Nous avons moins d'argent cette année.*
c. *Tu voyages toujours autant ?*
d. *Maintenant, j'habite plus loin, près de Massy.*
e. *Ici, tout est moins cher qu'en France.*
f. *Qui chante le mieux, Noélia ou Barbara ?*
g. *Il y a toujours autant de touristes ici ?*
h. *L'A380 est l'avion qui transporte le plus de passagers.*
i. *C'est nous les plus fortes !*
j. *On va supprimer les photos les moins belles.*
k. *Ah, oui, ce restaurant est vraiment meilleur.*
l. *Non, ce n'est pas plus difficile.*

plus, plus de : d, k, l
moins, moins de : b, e,
aussi, autant, autant de : c, g
le, la, les plus (de) : a, f, h, i
le, la, les moins (de) : j

2

b. Elle n'est pas aussi belle que ma femme.
c. Je vois Clara moins souvent que Vincent.
d. Tu crois qu'elle est plus heureuse que toi ?
e. Gabrielle est aussi sympathique que Mary.
f. Vivre à Tokyo coûte plus cher qu'à Paris.

3

a. On voyage mieux en première classe.
b. Nous avons maintenant de meilleures conditions de travail.
c. Le médecin l'a vue ce matin, elle va mieux.
d. Elle est partie à Londres avec sa meilleure amie.
e. Ah, d'accord ! Je comprends mieux maintenant !
f. Les fruits de mon jardin sont meilleurs que ceux du supermarché.

4

a. Elle gagne plus d'argent que moi.
b. J'ai moins de problèmes qu'avant.
c. Mathias fait autant de sport que Jessica.
d. On a eu plus de pluie que l'année dernière.
e. Les entreprises n'ont pas autant de commandes qu'en 2012.
f. Les familles ont maintenant moins d'enfants qu'au XIXᵉ siècle.

5

Audrey danse plus que Mathilde.
Audrey marche plus que Mathilde.
Audrey sourit autant que Mathilde.
Audrey voyage moins que Mathilde.
Audrey va plus au restaurant que Mathilde.
Audrey utilise autant les réseaux sociaux que Mathilde.

 6

Proposition de réponse :
Moscou est aussi touristique que Tunis mais elle est moins exotique. Tunis est plus animée mais Moscou a plus de monuments touristiques, bien que Tunis soit plus vieille. Il y a plus d'habitants à Moscou. Le climat de Tunis est plus agréable mais les espaces verts sont plus nombreux à Moscou. Le métro de Moscou est plus grand, plus vieux et plus connu que le métro de Tunis.

 7

a. Le dentifrice Beldent, pour avoir les dents **les plus** saines.
b. Onigo, les prix **les plus** bas pour les voyages **les plus** exotiques !
c. Samson, le téléphone **le plus** performant pour les appels **les plus** efficaces !
d. La lessive Magik, pour avoir les vêtements **les plus** blancs et **les plus** propres !
e. La nouvelle Macra, **la plus** écologique et **la plus** économique des voitures !
f. Pizza Zazi, les pizzas **les plus** fraîches et **les plus** italiennes !

 8

b. Prenez les plus belles fleurs. / Prenez les fleurs les plus belles.
c. Maéva est la fille la plus stressée.
d. C'est l'exercice le plus difficile.
e. Mon rêve le plus grand est d'aller au Brésil. / Mon plus grand rêve est d'aller au Brésil.
f. La BMC i3 est la voiture la plus écologique.

 9

b. C'est le commerçant le moins aimable de la rue. / C'est le moins aimable des commerçants de la rue.
c. Il faut que tu viennes le plus vite possible.
d. Qui sont les personnes que tu aimes le moins ?
e. Prenez-la le plus délicatement que vous pouvez.
f. Les étudiants sont les personnes qui déménagent le plus.

10

a. le meilleur **b.** le mieux **c.** les meilleurs **d.** la meilleure
e. le meilleur **f.** la meilleure **g.** les meilleures
h. les meilleures **i.** le mieux

 11

b. La baleine est l'animal le plus grand.
c. Qui est la candidate la meilleure ?
d. On est allés dans l'hôtel le meilleur.
e. L'étudiant le plus jeune a 17 ans.
f. Les Suisses sont les Européens les plus riches.
g. Il s'est marié avec la Coréenne la plus jolie et la plus douce.

 12

la plus favorable - la salle la plus belle / la plus belle des salles - la décoration la plus prodigieuse / la plus prodigieuse des décorations - vos meilleurs amis / vos amis les meilleurs - les plats les plus merveilleux / les plus merveilleux des plats - les gâteaux les plus délicieux / les plus délicieux des gâteaux - les jus de fruits les plus exotiques / les plus exotiques des jus de fruits - les activités les plus amusantes / les plus amusantes des activités - les musiques les plus entraînantes / les plus entraînantes des musiques - la plus réussie des fêtes.

 13

a. C'est Adrien qui lit le moins.
b. C'est Debora qui dort le moins.
c. C'est Zahiya qui voyage le plus.
d. C'est Amidou qui téléphone le moins.
e. C'est Amélie qui travaille le plus.

14  PISTE 89

Transcription :
Ex. — Quels sont tes souhaits ?
— Quels sont tes souhaits les plus chers ?
a. *— Quels sont tes souvenirs de voyage ?*
— Quels sont tes plus beaux souvenirs de voyage ?
b. *— Quel a été le moment de ta vie ?*
— Quel a été le meilleur moment de ta vie ?
c. *— Quelle est ta qualité ?*
— Quelle est ta plus grande qualité ?
d. *— Quel est ton défaut ?*
— Quel est ton plus gros défaut ?
e. *— Quelle est ta rencontre ?*
— Quelle est ta rencontre la plus romantique ?
f. *— Quel est ton rêve ?*
— Quel est ton rêve le plus fou ?

15

a. Les deux villes ont autant d'habitants.
b. Aix-en-Provence est la ville qui se trouve le plus loin de Paris.
c. Amiens est la ville la moins chaude.
d. C'est à Aix-en-Provence qu'il y a le plus de soleil.
e. Amiens est la ville où il y a le plus de chômeurs.
f. C'est Aix-en-Provence qui accueille le plus d'étudiants.
g. L'université la plus vieille est à Aix-en-Provence.
h. La ville la moins chère est Amiens.

16

Proposition de réponse :

L'Université de Madurai est la plus grande université au sud du Tamil Nadu. Elle compte moins d'étudiants que l'Université de Madras mais elle accueille plus de 100 000 étudiants chaque année. Elle est aussi beaucoup plus jeune que l'Université de Madras puisqu'elle a moins de 60 ans. Le plus grand département est le département des Sciences. L'université est située à moins de 10 minutes du centre de la ville de Madurai.

29. mise en relief

.... pages 143, 144, 145

1 🎧 🔊 PISTE 91

Transcription :

a. À droite, c'est l'immeuble où j'habitais il y a cinq ans.
b. C'est le directeur des ventes qui va venir lundi.
c. Vous connaissez la personne qui vient d'entrer ?
d. Non, c'est en 2012 qu'elle est partie au Canada.
e. Ce sont des questions très compliquées.
f. Ce sont mes voisins qui me l'ont dit.
g. C'est avec Maria qu'il va travailler maintenant.
h. C'est chez vous que nous allons dîner samedi ?
i. C'est vraiment très gentil de nous avoir invités.
j. Oui, c'est Thomas qui ira te chercher à l'aéroport.

phrases avec une mise en relief : b, d, f, g, h, j

2

a. qui b. que (qu') c. que (qu') d. que e. qu f. que

3

a. – Non, c'est vendredi que je la verrai.
b. – Non, c'est à Bari que Valérie est allée.
c. – Non, c'est Anneline qui va venir demain soir.
d. – Non, c'est 5 € que je l'ai payé.
e. – Non, c'est avec Mme Chupin que vous avez rendez-vous !
f. – Non, c'est de la voie treize qu'il part !

4

a. moi b. elle c. toi d. vous e. moi f. eux

5

b. Ce sont mes enfants qui vont être contents.
c. C'est pour eux que je suis venu.
d. Ce sont mes yeux qui me font mal.
e. Ce sont ces livres que je voudrais acheter.
f. Ce sont ces mots qui me posent problème.

6

b. C'est à cette heure-là que tu arrives ?
c. C'est lui qui a commis une erreur.
d. C'est une maison que Mathilde cherche à acheter.
e. C'est d'une bonne douche que j'aurais besoin.
f. C'est en 2007 qu'il est devenu président.

7

a. 5 b. 1 c. 2 d. 4 e. 6 f. 3

8

a. C'est ma grand-mère qui est la plus âgée.
b. C'est avec Mathias que je pourrais partir en vacances.
c. C'est le swahili que je voudrais apprendre.
d. C'est Jean Dujardin qui est mon acteur préféré
e. Ce sont les monuments historiques que j'aime dans les villes françaises.
f. C'est au Sénégal que je voudrais aller.

9

b. C'est parce qu'il était malade qu'il n'a pas pu venir.
c. C'est seulement quand les travaux seront terminés qu'on paiera le reste.
d. C'est pour se reposer qu'on est partis là-bas.
e. C'est trouver un autre travail qui est difficile.
f. C'est pour qu'elle réussisse que je fais tout ça.

10 🎧 🔊 PISTE 92

Transcription :

Ex. – Laquelle tu veux, la verte ou la jaune ?
– C'est la verte que je veux.
a. – Qui va venir te voir ? Ton frère ou ta sœur ?
– C'est ma sœur qui va venir.
b. – Alors, qu'est-ce qu'on vous a volé ? Votre portable ou votre carte ?
– C'est ma carte qu'on m'a volée.
c. – Où est-ce qu'elle étudie, en Australie ou en Angleterre ?
– C'est en Angleterre qu'elle étudie.
d. – Elle arrive à quelle heure ? À 3 h ou 13 h ?
– C'est à 3 h qu'elle arrive.
e. – Avec qui tu as parlé ? Pablo ou sa sœur ?
– C'est avec sa sœur que j'ai parlé !
f. – Il est venu comment, en train ou en avion ?
– C'est en avion qu'il est venu.
g. – Vous avez vu qui ? Un homme ou une femme ?
– C'est un homme que j'ai vu.
h. – Tu veux aller où ? À Paris ou à New York ?
– C'est à Paris que je veux aller.

11

Proposition de réponse :

C'est, en partie, parce que nous avons communiqué en anglais avec nos clients que nous n'avons pas pu établir cet accord. C'est un problème que nous avons déjà eu. Si on veut travailler avec le Brésil, c'est une personne parlant portugais qu'il faut envoyer là-bas. C'est pour être bien compris qu'il faut communiquer dans la langue de nos clients. Nos projets au Brésil sont réellement importants. Si nous ne parvenons pas à signer des accords, ce sont nos concurrents espagnols qui vont remporter le marché et c'est un marché d'un million d'euros que nous allons perdre. C'est maintenant que nous devons agir.

30. forme passive
.... pages 147, 148, 149

1  **PISTE 94**

Transcription :

a. *Elle a été applaudie par le public.*

b. Nous avons acheté une nouvelle voiture.

c. Il est respecté de tous ses collègues.

d. Notre chien avait été retrouvé par un voisin.

e. On les appellera demain.

f. Vous serez accueilli par des animateurs à votre arrivée.

g. Il faut que vous terminiez ce travail pour demain.

h. Ce formulaire doit être rempli avec soin.

forme active : b, e, g
forme passive : a, c, d, f, h

2

a. 1 **b.** 2 **c.** 4 **d.** 3 **e.** 6 **f.** 5

3

b. ils étaient construits / surpris

c. elle a été attendue / vue

d. nous avions été surpris / prises

e. elles seraient prises

f. elle sera attendue / vue

g. être choisi / reconnu / construits / surpris / attendue / vue / prises / élu

h. tu sois choisi / reconnu / élu / attendue / vue / surpris

4

b. Le maire sera élu par les habitants dimanche prochain.

c. Ses grands succès sont interprétés par les artistes pour ses 40 ans de carrière.

d. Notre maison était surveillée par le voisin pendant les vacances.

e. Tous ses amis avaient été invités par Manu pour son anniversaire.

f. Il faut que votre devoir soit rendu lundi au plus tard.

5  **PISTE 95**

Transcription :

Ex. — Ils avaient été sélectionnés ?

— Oui, ils avaient été sélectionnés par une agence de recrutement.

a. — C'est vous qui avez pris ces belles photos ?

— Oui, elles ont été prises au Canada.

b. — Vous viendrez avec vos enfants à la fête ?

— Non, ils seront gardés par les grands-parents.

c. — Vous avez vendu votre voiture ?

— Non, elle a été volée.

d. — Nous devons livrer ces cartons ?

— Oui, ils doivent être livrés avant vendredi.

e. — Nous pourrons aller à la piscine demain ?

— Non, elle sera ouverte dans quinze jours.

f. — Tu as jeté mon vieux pull gris ?

— Non, il a été donné à la bourse aux vêtements.

6

a. Ma voiture a été abîmée !

b. Le rétroviseur a été cassé !

c. La portière a été rayée !

d. La porte a aussi été cassée !

e. L'autoradio a été volé !

f. Ma veste n'a pas été volée.

g. J'ai peur qu'aucune empreinte n'ait été laissée !

h. Le témoin n'a pas été retrouvé !

7

a. de nuages **b.** par ses collègues **c.** par le technicien

d. par un passant **e.** de montagnes **f.** de sa réaction

g. d'un cocktail

8

b. Nous avions été surpris par sa décision.

c. Le président sera accompagné par les ministres.

d. Le village était entouré de vignes.

e. J'ai été bouleversé par son histoire.

h. L'Union européenne est composée de vingt-huit pays.

9

Proposition de réponse :

La tour Eiffel a été imaginée par Gustave Eiffel en 1889. Les plans ont d'abord été dessinés puis elle a été construite par des ouvriers. Chaque année, elle est visitée par de nombreux touristes. Elle a déjà été prise en photos des millions de fois ! Elle a aussi été filmée par plusieurs cinéastes. Lors d'événements exceptionnels, elle a été escaladée par des sportifs ou célébrée par des politiciens. L'année prochaine, elle sera rénovée pour le plus grand plaisir des Parisiens.

31. interrogation
.... pages 151, 152, 153, 154, 155

1  **PISTE 97**

Transcription :

a. Quand est-elle partie ?

b. Ma réponse vous satisfait ?

c. Pourquoi est-ce que ce n'est pas possible ?

d. Mme Delhumeau viendra-t-elle à notre forum ?

e. Vous préférez quelle couleur ?

f. Où devons-nous livrer la marchandise ?

g. Comment est-ce qu'elle s'appelle ?

h. Vous pensez terminer bientôt ?

avec est-ce que : c, g
inversion sujet-verbe : a, d, f
intonation : b, e, h

2

a. 3 **b.** 6 **c.** 1 **d.** 7 **e.** 2 **f.** 4 **g.** 5

3

a. De qui **b.** Pourquoi **c.** Depuis combien de temps **d.** D'où
e. À quelle heure **f.** Pour qui

4

a. Est-ce que tu les connais ?
b. À quelle heure est-ce que le train part ?
c. Qu'est-ce que tu veux acheter dans ce magasin ?
d. Est-ce que ça fait longtemps qu'il a ce problème ?
e. Quand est-ce que Mme Dupré revient du Burundi ?
f. Combien est-ce que vous avez payé pour votre billet ?

5

a. – Pourquoi est-ce qu'il a rapporté l'ordinateur ?
b. – À quelle heure est-ce que part l'avion pour Atlanta ?
c. – À combien est-ce que sont les pommes ?
d. – De quelle couleur est-ce qu'est le drapeau de la Pologne ?
e. – Quand est-ce que les invitations pour l'exposition
partent ?
f. – Quelles salles est-ce qu'on a réservées ?
g. – Quel âge est-ce qu'a son grand-père ?

6

a. – Qui est-ce qui vient du Brésil ? Mme Ferreira.
– Qu'est-ce qui vient de Côte d'Ivoire ? Le cacao.
b. – Qui est-ce que vous avez vu à Madrid ? Le directeur de
l'entreprise.
– Qu'est-ce que vous avez vu à Madrid ? Une entreprise de
transport.
c. – Qu'est-ce qui contrôle la température ? Un ordinateur.
– Qui est-ce qui contrôle la température ? Le responsable
de la production.
d. – Qu'est-ce qu'Amina a reçu ce matin ? Une lettre de la
banque.
– Qui est-ce qu'Amina a reçu ce matin ? Un employé de la
banque.

7

a. Qui est-ce qui **b.** Qu'est-ce que **c.** Qui est-ce que (qu')
d. Qu'est-ce qui **e.** Qui est-ce qui **f.** Qu'est-ce que (qu')
g. Qu'est-ce que (qu')

8

a. Pourquoi Pablo attend-il dehors ?
b. Où Sidonie va-t-elle partir ?
c. Depuis combien de temps le chat a-t-il disparu ?
d. À quelle température les draps peuvent-ils être lavés ?
e. Combien de personnes les mariés pensent-ils inviter ?
f. À quelle heure les résultats seront-ils affichés ?

9

b. Serez-vous chez vous samedi ? **c.** Voudra-t-elle nous
accompagner ? **d.** Peut-on s'installer ici ? **e.** Puis-je vous
être utile ? **f.** Sont-elles allées à Lille ?

10

b. Où la société est-elle installée ?
c. Combien de temps Jean-Luc part-il en Bolivie ?
d. À quel pays ce numéro correspond-il ?
e. À combien le maçon a-t-il estimé le montant des travaux ?
f. De quelle couleur le billet de 100 € est-il ?

11 🎧 PISTE 98

Transcription :
Ex. : – Depuis 2010.
– Depuis quand Claire travaille-t-elle à Nice ?
a. – Chez ses amis.
– Chez qui Amélie va-t-elle passer la nuit ?
b. – Jusqu'à 17 h.
– Jusqu'à quelle heure le chauffeur attend-il à la gare ?
c. – À 250 000 €.
– À combien la voisine vend-elle sa maison ?
d. – Devant le théâtre.
– Où M. Rahmani attend-il Assia ?
e. – Avec Mme Watanabe.
– Avec qui le directeur a-t-il rendez-vous ?
f. – Parce qu'ils sont en Belgique.
– Pourquoi M. et Mme Zani ne sont-ils pas chez eux ?
g. – À l'aéroport Charles-de-Gaulle.
– À quel aéroport l'avion arrive-t-il ?
h. – Dans une semaine.
– Dans combien de temps les meubles seront-ils livrés ?

12

– Quel jour Thomas va-t-il offrir douze roses rouges à Wafa ?
– Qui va offrir douze roses rouges à Wafa ?
– À qui Thomas va-t-il offrir douze roses rouges ?
– Que Thomas va-t-il faire ?
– Que Thomas va-t-il offrir à Wafa ?
– Quelles fleurs Thomas va-t-il offrir à Wafa ?
– Combien de roses Thomas va-t-il offrir à Wafa ?
– De quelle couleur les douze roses vont-elles être ?

13

Propositions de réponses :
– Quelles normes de production utilisez-vous ?
– Comment vérifiez-vous la qualité des produits ?
– D'où les matériaux utilisés pour la production
proviennent-ils ?
– Vos produits comportent-ils une part recyclable ?
– Quelles couleurs proposez-vous pour vos produits ?
– Comment le prix est-il fixé ?
– Quelle date de livraison pouvez-vous proposer ?
– Le moyen de transport le plus sûr est-il le train ?
– Vous occupez-vous des démarches pour l'importation ?
– Quelle garantie votre entreprise peut-elle nous offrir ?
– Quel moyen de paiement préférez-vous ?

32. négation

.... pages 158, 159, 160, 161

1 🎧 **PISTE 100**

Transcription :

1. *Ils n'ont visité ni Paris ni Versailles.*
2. *Je ne suis jamais malade en avion.*
3. *Elle ne travaille plus dans ce cabinet d'avocats.*
4. *Vous n'allez nulle part ?*
5. *Vous n'avez pas encore terminé ?*
6. *Il n'a pas compris ton explication.*
7. *Personne n'a sonné à la porte.*
8. *Je n'ai rien trouvé à faire.*

a. 6 **b.** 1 **c.** 2 **d.** 5 **e.** 4 **f.** 7 **g.** 3 **h.** 8

2

a. 2 **b.** 1 **c.** 4 **d.** 3 **e.** 5 **f.** 6

3

a. Nous ne retournerons pas à Berlin l'été prochain.
b. Nous n'allons plus / jamais au cinéma le dimanche soir.
c. Tu ne vois plus Yuri ?
d. Vous n'habitez plus à Angers ?
e. Ils n'ont pas encore / toujours pas vendu leur maison.
f. Je n'ai jamais / pas encore / toujours pas visité la Chine.
g. Elle n'est plus amoureuse d'Anthony.

4

a. Non, nous n'habitons plus à Nice.
b. Non, nous n'avons pas encore / toujours pas terminé nos études.
c. Non, nous ne parlons pas français entre nous.
d. Non, nous n'avons pas / pas encore / toujours pas trouvé de travail.
e. Non, nous n'allons pas déménager bientôt.
f. Non, nous n'avons jamais / toujours pas / pas encore vécu avec des Français.
g. Non, nous ne voulons plus partir à Paris.
h. Non, nous ne savons toujours pas / pas encore dans quelle université nous allons étudier.

5

b. Personne ne voit le voleur. / Personne n'a vu le voleur.
c. Tu ne comprends rien. / Tu n'as rien compris.
d. Elle ne va nulle part. / Elle n'est allée nulle part.
e. Vous ne connaissez personne. / Vous n'avez connu personne.
f. Rien n'est indiqué. / Rien n'a été indiqué.

6 🎧 **PISTE 101**

Transcription :

Ex. — Tu as rencontré quelqu'un à la fête ?
— Non, je n'ai rencontré personne à la fête
a. *— Tu vas faire quelque chose ce week-end ?*
— Non, je ne vais rien faire ce week-end.
b. *— Tu voyageras quelque part cette année ?*
— Non, je ne voyagerai nulle part cette année.
c. *— Quelque chose a changé ?*
— Non, rien n'a changé.
d. *— Quelqu'un a vu mes clés ?*
— Non, personne n'a vu tes clés.
e. *— Tu vas le dire à quelqu'un ?*
— Non, je ne vais le dire à personne.
f. *— Ils ont perdu quelque chose ?*
— Non, ils n'ont rien perdu.
g. *— Tu veux aller quelque part pour dîner ?*
— Non, je ne veux aller nulle part pour dîner.

7

a. Il ne voyage nulle part.
b. Personne n'a répondu au courriel.
c. Vous n'avez jamais su quoi dire.
d. Tu n'as pas encore terminé ?
e. Elle n'a toujours pas obtenu ses résultats.
f. Ils ne vont plus vouloir venir chez nous.
g. Personne ne va rien comprendre.
h. Nous ne parlons ni russe ni chinois.

8

a. Valentin ne parle qu'à son collègue.
b. Arturo ne viendra qu'à 10 h
c. Je n'ai acheté que deux pizzas.
d. Les voisins ne sont partis que deux semaines.
e. On ne se reposait que le dimanche.
f. Ils ne sont venus que pour toi.

9

a. Nous n'habitons plus dans la rue des Lilas.
b. Il n'a remercié personne pendant son discours.
c. Tu n'as rien lu ?
d. Rien n'est parfait !
e. Vous n'êtes jamais en retard
f. Il ne travaille que le matin.

10

b. Il ne sera là ni à 10 h ni à 15 h / ne sera pas là à 10 h ni à 15 h pour les réunions.
c. Elle ne fait confiance ni à ses amis ni à sa famille / ne fait pas confiance à ses amis ni à sa famille.
d. Ni mon frère ni mon cousin ne vont venir me rendre visite pendant les vacances.

e. Elle n'est acceptée ni à Marseille ni à Lyon / n'est pas acceptée à Marseille ni à Lyon pour ses études.

f. Il ne joue ni de la guitare ni du piano / ne joue pas de guitare ni de piano.

– M. Ribout! Ça **ne** va **pas** / **plus** du tout! Vous **ne** m'avez **pas encore** / **toujours pas** rendu le dossier sur l'affaire Crépon!

– Je suis désolé, je **ne** le trouve **pas** / **plus**!

– Comment ça? Vous **ne** savez **pas** / **plus** où il est? Je n'ai **jamais** vu un employé aussi désorganisé que vous!

– Je l'ai cherché partout! Il **n'**est **ni** dans mon bureau **ni** chez moi!

– Bon, vous **n'**avez **que** 24 heures pour le retrouver! Après ça, je vous licencie!

– Monsieur, ce n'est pas possible, il **n'**y a **que** pour vous que je peux travailler!

– Ah ça! Ça **ne** m'étonne **pas**!

Les habitants **ne** l'attendaient **plus** pour commencer la fête. Il **n'**a **pas** fait **de** discours et **n'**a **pas** annoncé le départ du feu d'artifice. Les habitants **n'**avaient **pas encore** / **toujours pas** préparé la scène pour le bal qui devait suivre. La soirée **n'**a **pas** été un succès! **Personne ne** s'amusait **ni ne** dansait! **Ils n'**organiseront **plus** cette fête du lac l'année prochaine!

Proposition de réponse :

Le président n'a toujours pas annoncé de nouvelle loi pour réduire les problèmes économiques du pays. La grève n'est pas encore terminée dans les transports publics. Les impôts et les taxes ne vont plus augmenter, bonne nouvelle! Cependant, les habitants n'ont pas pu conduire dans le centre ville à cause de la neige. L'équipe nationale de football n'a gagné ni le match de coupe ni le match de championnat. Pour terminer, le soleil ne brillera nulle part demain!

33. condition et hypothèse

.... pages 163, 164, 165

 **PISTE 103**

Transcription :

a. *Si j'avais su, je l'aurais aidé.*

b. *Si tu viens me voir, on ira faire une balade à vélo.*

c. *Si tu étais rentré plus tôt, on aurait pu sortir ce soir.*

d. *Si on avait plus de temps libre, on ferait plus de sport.*

e. *Si on a quelques jours de vacances, on viendra vous voir.*

f. *S'il avait fait beau, on serait allés à la piscine.*

g. *Si j'étais beau, je ne ferais pas de chirurgie esthétique.*

h. *Si vous voulez, on ira visiter le château.*

i. *Si tu as bien dormi, tu vas pouvoir m'aider à faire les travaux de la maison.*

L'action est réelle et son résultat est possible : b, e, h,
L'action est imaginaire et son résultat est impossible : d, g
L'action est imaginaire dans le passé et son résultat est impossible : a, c, f

a. ne viennent pas **b.** vois **c.** a volé **d.** me téléphones **e.** sors **f.** a dansé **g.** as compris

b. Si tu es prêt, on y va.

c. Si le train est en retard, téléphone-nous.

d. Si je ne suis pas là à 20 h, ne m'attends pas.

e. Si vous voulez sortir, je vous conseille d'aller dans le quartier latin.

f. Si vous avez des problèmes de garde d'enfants, je peux vous aider.

g. Si l'informaticien ne trouve pas la panne, j'achèterai un nouvel ordinateur.

– Si tu veux progresser, prends des cours particuliers, étudie avec des amis et demande de l'aide aux enseignants.

– Si tu veux faire des progrès à l'oral, pars en séjour linguistique en Angleterre et rencontre des anglophones.

– Si tu veux améliorer ta compréhension orale, regarde des films et écoute des chansons en anglais.

– Si tu veux augmenter ton vocabulaire, lis des romans en anglais.

b. Si je n'obtiens pas mon diplôme, je ne trouverai pas de travail et je recommencerai une année d'études.

c. Si j'ai des vacances, j'irai dans le désert et je ferai des balades à dos de dromadaire.

d. Si j'arrive en retard, je te préviendrai et je prendrai un taxi.

e. Si Mél na vient me rendre visite à Paris, on visitera les grands monuments parisiens et on fera une croisière sur la Seine.

f. Si je ne trouve pas de logement à Marseille, j'irai quelques jours à l'hôtel ou je retournerai vivre chez mes parents.

b. 1. – Si elle avait moins peur, elle ferait du saut à l'élastique.

c. 5. – S'il chantait bien, il aurait des fans.

d. 2. – Si on déménageait, on s'installerait dans un village de Provence.

e. 6. – Si vous m'accompagniez, ça me ferait plaisir.

f. 3. – S'ils avaient le temps, ils apprendraient le russe.

b. Si elle m'avait expliqué la situation, je ne lui ferais pas de reproches en ce moment.

c. Si vous m'aviez téléphoné plus tôt, je vous aurais proposé un rendez-vous hier.

d. Si mes parents m'avaient dit la vérité quand j'étais jeune, je me sentirais mieux aujourd'hui.

e. S'il n'avait pas plu, nous nous serions promenés au bord du lac avant-hier.

f. S'il avait réussi ses examens, il serait en vacances maintenant.

je me serais inscrit(e) - il reste - viens - tu peux - je t'enverrai - j'apporterais

Propositions de réponses :

a. … Je danserais bien le flamenco maintenant et peut-être que je parlerais bien espagnol aussi.

b. Si j'étais japonais(e), je mangerais souvent des sushis, je connaîtrais les caractères japonais et je porterais un kimono. Je crois que si j'avais été japonais(e), j'aurais aimé les mangas.

c. Si j'étais canadien(ne), j'aimerais les grands espaces et je profiterais de la neige. Et si j'étais né(e) au Québec, je parlerais plusieurs langues : l'anglais et le français. Si j'avais habité au Québec, j'aurais visité Montréal.

34. discours indirect
.... pages 167, 168, 169, 170, 171

 **PISTE 105**

Transcription :

a. *Tu vas venir à notre fête samedi ?*
b. *Je voudrais savoir ce qu'il t'a dit.*
c. *Et j'ajoute que je serai disponible pour tous les citoyens.*
d. *Elle nous demande si on a bien reçu sa lettre.*
e. *Je vous demande de ne pas parler pendant l'exposé.*
f. *Qu'est-ce qui te fait rire comme ça ?*
g. *Ils nous ont dit de quitter la salle.*
h. *Ne sois pas impoli avec les personnes âgées !*

discours direct : a, f, h
discours indirect : b, c, d, e, g

a. 2 **b.** 1 **c.** 6 **d.** 5 **e.** 4 **f.** 7 **g.** 3

 **PISTE 106**

Transcription :

1. *Qui est-ce qui t'a fait ça ?*
2. *Ne fais pas de bêtises !*
3. *Qu'est-ce que tu as fait ?*

4. *Est-ce que tu as fait une bêtise ?*
5. *Pourquoi as-tu fait cette bêtise ?*
6. *Qu'est-ce qu'il t'a fait ?*
7. *J'ai fait une bêtise.*

a. 2 **b.** 7 **c.** 4 **d.** 6 **e.** 3 **f.** 1 **g.** 5

b. Je vous dis que je partirai avec ma femme après notre mariage.

c. Il lui dit qu'il l'aime mais qu'il doit la quitter à cause de la distance.

d. Il me dit qu'il n'a pas pris mon portefeuille et qu'il ne sait pas où je l'ai mis.

e. Il nous affirme qu'il ne nous a jamais menti au sujet de son passé professionnel.

f. Vous nous répondez que vous êtes arrivé en retard à cause de votre voiture qui était en panne.

a. 3 **b.** 7 **c.** 1 **d.** 2 **e.** 4 **f.** 6 **g.** 5 **h.** 8

a. Il nous affirme que nous ne lui avons jamais confié ce dossier.

b. Tu me réponds que tu n'as pas fait exprès de casser ma voiture.

c. Vous déclarez que vous avez déjà vu cet homme avant aujourd'hui.

d. Tu nous dis que tu t'es bien occupé de ton petit frère.

e. Vous m'affirmez que vous ne saviez pas que je vous donnais un test aujourd'hui.

f. Tu m'assures que tu m'as laissé un message sur mon bureau.

a. 8 **b.** 7 **c.** 4 **d.** 3 **e.** 2 **f.** 1 **g.** 6 **h.** 5

a. Il lui demande quand elle a obtenu son permis de conduire.

b. Il lui demande ce qu'elle faisait avec son téléphone à la main.

c. Il lui demande pourquoi elle roulait si vite dans le centre ville.

d. Il lui demande ce qui s'est passé avec son phare avant gauche.

e. Il lui demande si sa ceinture de sécurité est cassée.

f. Il lui demande comment elle peut se maquiller en conduisant.

g. Il lui demande combien de points elle a sur son permis de conduire.

9

a. Qu'est-ce que **b.** Est-ce que **c.** Qu'est-ce qu'
d. Qu'est-ce qui **e.** Qui est-ce que **f.** Est-ce que
g. Qui est-ce qui **h.** Est-ce qu'

10 PISTE 107

Transcription :

Ex. : – Occupez-vous bien de votre petit frère !
– Il demande aux enfants de bien s'occuper de leur petit frère.

a. *– Soyez bien sages pendant notre absence !*
– Il dit aux enfants d'être bien sages pendant leur absence.

b. *– Ne donnez pas à manger au chat !*
– Il leur interdit de donner à manger au chat.

c. *– N'organisez pas de fête dans le salon !*
– Il leur ordonne de ne pas organiser de fête dans le salon.

d. *– Faites vos devoirs pour lundi !*
– Il leur conseille de faire leurs devoirs pour lundi.

e. *– Ne vous couchez pas trop tard le soir !*
– Il leur dit de ne pas se coucher trop tard le soir.

f. *– Ne mangez pas de pizzas ou de bonbons au dîner !*
– Il leur interdit de manger des pizzas ou des bonbons au dîner.

g. *– Ne prenez pas notre voiture !*
– Ils leur demandent de ne pas prendre leur voiture.

h. *– Téléphonez-nous le matin, le midi et le soir !*
– Il leur demande de leur téléphoner le matin, le midi et le soir.

i. *– Faites le ménage régulièrement !*
– Il leur ordonne de faire le ménage régulièrement.

11

b. Bertrand lui dit de ne pas l'attendre ce midi pour déjeuner.
c. Bertrand lui demande de prendre son costume au pressing pour lui.
d. Elle lui dit d'aller chercher les enfants à l'école en fin d'après-midi.
e. Elle lui conseille de ne pas arriver en retard à l'école.
f. Bertrand lui demande de faire les courses pour le dîner.
g. Claire lui dit de s'occuper du dîner.
h. Bertrand lui propose de le préparer ensemble.

12

L'agence de casting nous demande de nous inscrire par courriel une semaine avant et de leur indiquer nos coordonnées, notre expérience et nos contrats précédents. Ils nous disent d'envoyer également la scène que nous souhaitons leur présenter. Ils nous demandent de ne pas être en retard le jour du casting et de venir habillé en tenue de scène, et de venir nous présenter à l'accueil. Ils nous conseillent de bien noter le numéro qu'ils nous donneront et de l'annoncer au jury quand c'est à notre tour. Ils nous disent de les prévenir par téléphone si nous ne pouvons plus venir. Enfin, ils nous interdisent de leur téléphoner pour obtenir la réponse après le casting et nous demandent d'attendre leur courriel.

13

a. Je vous demande si vous avez besoin d'aide.
b. Tu leur expliques qu'ils doivent justifier leur absence.
c. Elle me dit qu'elle n'a pas pu lui donner son cadeau.
d. On nous a interdit de le répéter.
e. Il nous demande ce qui s'est passé à notre fête.
f. Je veux savoir où vous avez mis ma carte bancaire.

14

Adeline demande à ses enfants si tout est clair et s'ils ont bien noté toutes ses recommandations. Ils lui disent qu'ils ont pris les numéros d'urgence, la trousse de secours et l'adresse du médecin le plus proche de leur camping.
Elle leur demande de les appeler dès qu'ils arrivent.
Ils répondent qu'ils lui téléphoneront. Ils lui disent d'arrêter de s'inquiéter.
Elle leur demande s'ils ont pris le produit anti-venin.
Ils lui demandent pourquoi elle est aussi stressée. Ils ajoutent qu'ils ne partent que trois jours à la plage.
Elle leur répète de bien faire attention à eux.
Ils lui demandent ce qu'elle veut comme souvenir de l'île de Ré.
Elle leur interdit de lui acheter un souvenir. Elle leur indique qu'elle veut seulement les revoir sains et saufs dans trois jours.

15

a. Ils nous disent de ne pas faire trop de bruit dans le camping le soir.
b. Ils nous demandent de faire attention à nos affaires.
c. Ils nous disent qu'ils ont préparé un repas qu'ils ont mis dans notre sac.
d. Ils nous demandent de leur donner des nouvelles régulièrement.
e. Ils nous demandent ce que nous allons faire comme activités.
f. Ils nous disent que notre tante n'habite pas loin et qu'elle ira nous rendre visite.
g. Ils nous demandent qui nous connaissons là-bas.

35. cause, conséquence, but
.... pages 173, 174, 175, 176, 177

1  PISTE 109

Transcription :

a. *Comme il aime bien les produits frais, il va souvent au marché.*
b. *Je ne parle pas arabe donc je vais prendre des cours.*
c. *On a fait des économies afin de payer les études des enfants.*
d. *J'ai pu acheter ma voiture grâce à mon frère.*
e. *Puisque tu vas en Suisse, tu pourras m'acheter du chocolat ?*
f. *Le personnel est en grève. Par conséquent, notre magasin fermera ses portes à 17 h.*

g. *J'ai acheté des œufs pour qu'on fasse un gâteau.*

h. *Elle ne demande pas d'augmentation à son patron parce qu'elle a peur de lui.*

i. *Il a habité trois ans en Chine ; c'est pourquoi il parle bien chinois.*

j. *Je ne vois rien à cause du soleil.*

k. *Les pilotes sont en grève. En conséquence, tous les vols sont annulés.*

l. *On ferme les bureaux à clé pour éviter les vols.*

m. *On est arrivé en retard alors on a manqué le début du film.*

n. *J'ai inscrit Vanessa au conservatoire car elle adore le piano.*

o. *Elle leur a téléphoné afin qu'ils n'oublient pas l'heure du rendez-vous.*

b. donc (CQ)

c. afin de (B)

d. grâce à (C)

e. Puisque (C)

f. Par conséquent (CQ)

g. pour que (B)

h. parce que (C)

i. c'est pourquoi (CQ)

j. à cause de (C)

k. En conséquence (CQ)

l. pour (B)

m. alors (CQ)

n. car (C)

o. afin que (B)

a. 2 **b.** 7 **c.** 3 **d.** 5 **e.** 4, 6 **f.** 1, 2 **g.** 4, 6

a. grâce à **b.** à cause de **c.** car **d.** Grâce à **e.** Comme **f.** parce qu' **g.** En raison d' **h.** Puisque

b. Le bus ne passera pas à cause de la neige.

c. Je vais pouvoir réaliser mon rêve grâce à toi.

d. Il a créé une association grâce aux dons des gens.

e. On a déménagé parce que nos voisins étaient trop bruyants.

f. Nous sommes bloqués chez nous à cause du mauvais temps.

g. Je suis arrivé en retard parce que ma voiture est tombée en panne.

h. Je ne viendrai pas demain parce que mes enfants viennent me rendre visite.

⑤

a. Tu dois connaître Zazie puisque tu es française.

b. L'immeuble a été évacué en raison d'un incendie.

c. La rue principale a été fermée en raison d'une grève.

d. Elle ne peut pas sortir parce qu'elle s'est cassé la jambe.

e. Comme j'ai perdu mes clés, j'ai dû téléphoner au serrurier.

f. Comme tu connais bien le Mexique, tu pourras me faire visiter.

g. Ils ont été sauvés grâce à l'intervention rapide des pompiers.

h. J'ai dû annuler mon rendez-vous chez le dentiste à cause de ton retard.

⑥

Propositions de réponses :

a. Comme les gens ont pris conscience des problèmes environnementaux, le parti écologique remporte de plus en plus de voix. / Les gens ont pris conscience des problèmes environnementaux, donc le parti écologique remporte de plus en plus de voix.

b. En raison du développement du tramway, il y a moins de pollution dans les villes. / Le tramway se développe, c'est pourquoi il y a moins de pollution dans les villes.

c. Puisque l'eau est une ressource limitée, il faut l'économiser au quotidien. / L'eau est une ressource limitée, il faut donc l'économiser au quotidien.

d. Comme le pétrole pollue l'atmosphère, il faut développer les énergies vertes. / Le pétrole pollue tellement l'atmosphère qu'il faut développer les énergies vertes.

f. Grâce au tri des déchets, on préserve la planète. / On trie les déchets, en conséquence on préserve la planète.

⑦

b. Tu as 18 ans, alors tu peux voter.

c. À 19 h, il n'était toujours par arrivé alors je suis parti.

d. Ils se sont couchés très tard ; c'est pourquoi ils sont fatigués.

e. Tu es très occupé donc je ne vais pas te déranger plus longtemps.

f. Mon père est canadien et ma mère turque. Par conséquent, je suis bilingue.

g. Les loyers ont fortement augmenté. En conséquence, le gouvernement va augmenter la prime au logement.

⑧

a. Il a mangé **tellement / si** vite **qu'**il a mal au ventre.

b. Vous avez **tellement de / tant de** livres **que** je ne sais pas lequel choisir.

c. Pascaline est **tellement / si** gentille **que** tout le monde l'aime.

d. Il fait **tellement / si** chaud **que** tous les habitants sont sur la plage.

e. On a **tellement de / tant de** travail **qu'**on doit embaucher un nouveau salarié.

f. Il a été **tellement / si** désagréable avec moi **que** je refuse de lui parler.

g. Elle a **tellement / tant** étudié **qu'**elle ne pouvait pas échouer à son examen.

h. Laurence s'est **tellement / tant** investie pour aider ses collègues **qu'**elle a été élue pour représenter les salariés.

9

a. Venez dîner dans l'obscurité totale et laissez-vous guider par ces non-voyants. Ce concept a été créé **pour que / afin que** vous viviez une expérience unique et **pour que / afin que** tous vos sens soient en éveil. Notre équipe sera là **pour / afin de** vous conseiller et **pour / afin de** vous orienter à l'intérieur du restaurant.

b. Pour que / Afin que vos plats prennent tout leur envol, laissez-vous séduire par notre restaurant situé à 100 mètres au-dessus du sol. Une équipe de professionnels est présente dans la montgolfière **pour / afin d'**assurer votre sécurité et **pour / afin de** vous offrir un dîner extraordinaire !

10

b. J'ai téléphoné au médecin afin qu'il me donne des conseils.

c. Lola fait des économies afin d'offrir un voyage à ses enfants.

d. J'ai augmenté le volume de la télévision afin que tout le monde entende.

e. Nous allons contacter les anciens élèves afin qu'ils assistent à la remise des diplômes.

f. Nous partons quelques jours à la montagne afin de respirer un air pur.

g. J'ai réglé ta facture d'eau avant le 15 septembre afin que tu n'aies aucun problème.

11

un site internet **pour que** les jeunes - **Comme** le nombre d'accidents - **pour** emmener 3 ou 4 personnes. **Grâce à** ces capitaines - Vous vous sentirez **tellement** soulagés - c'est la solution rêvée **pour** passer une bonne soirée **parce que** vous n'aurez pas besoin

12

Proposition de réponse :
L'association Hôpi'Clowns a été créée pour améliorer la qualité de vie des enfants hospitalisés et afin de leur redonner le sourire. En effet, comme les conditions de vie sont difficiles pour les enfants et parce qu'ils souffrent aussi, Hôpi'Clowns veut montrer aux parents et aux enfants que le rire peut aussi être à l'intérieur de l'hôpital. Le principe est simple : des clowns viennent dans les hôpitaux une fois par semaine. Ce sont des moments privilégiés pour que les parents, l'équipe médicale et les enfants puissent se détendre. En effet, les parents et l'équipe médicale ont la possibilité de participer aux interventions des clowns. Par conséquent, on entend beaucoup de rires d'enfants et les autres enfants malades ont donc un meilleur moral aussi.

36. opposition et concession
.... pages 179, 180, 181, 182, 183

1  PISTE 111

Transcription :
a. *Contrairement à Hugo, je n'ai pas accepté la proposition de Marta.*
b. *Luc a cinq semaines de vacances par an tandis que Ludovic en a dix.*
c. *Il a beau étudier tous les jours, il n'a pas réussi son examen.*
d. *Lucie préfère l'équitation alors que Jonathan préfère l'escalade.*
e. *Tu ne vas quand même pas me laisser tout seul ce soir.*
f. *Nous irons nous promener même s'il pleut.*
g. *Au lieu de faire le ménage, il préfère surfer sur Internet.*
h. *Je ne la comprends pas bien que ce soit ma sœur jumelle.*
i. *Il a un bon travail, pourtant, il a des difficultés financières.*

a. Contrairement à
b. tandis que
c. avoir beau
d. alors que
e. quand même
f. même si
g. Au lieu de
h. bien que
i. pourtant

2
a. Contrairement à
b. tandis que
c. alors que
d. alors que
e. tandis que
f. En revanche

3
a. Tu devrais travailler plus au lieu de sortir tous les soirs. / Je travaille tous les samedis alors qu'il ne travaille qu'un samedi sur deux. / Contrairement à toi, je travaille dur.
b. Elle écoute de la musique tandis qu'elle devrait faire ses devoirs. / Elle préfère écouter du rap à la place de la salsa. / Au contraire de sa sœur, elle écoute du rap.
c. Tu pourrais m'aider au lieu de bavarder. / Je vais t'aider, par contre tu dois arrêter de bavarder. / Au contraire de son amie, il ne bavarde pas.

4
b. J'ai dû attendre trente minutes tandis que le magasin était vide
c. Martin est solitaire, au contraire, Clara adore faire de nouvelles rencontres. / Clara adore faire de nouvelles rencontres, au contraire, Martin est solitaire.
d. Marine voyage cinq fois par an, par contre, Azélice ne part jamais en vacances. / Azélice ne part jamais en vacances, par contre, Marine voyage cinq fois par an.

e. Mon fils déteste les légumes, en revanche, il adore les bonbons et les gâteaux.

f. Mon frère adore les sports d'hiver alors que ma sœur déteste les sports d'hiver. / Ma sœur déteste les sports d'hiver alors que mon frère adore les sports d'hiver.

g. Nous partons en Turquie au lieu de la Tunisie comme prévu. / Nous partons en Turquie au lieu de partir en Tunisie comme prévu.

 5

Proposition de réponse :

Il déteste faire les boutiques alors qu'elle adore la mode.
Il fume. En revanche, elle ne fume pas.
Il fait beaucoup de sport. Au contraire, elle déteste le sport.
Il adore aller au cinéma. À l'opposé, elle préfère regarder un film à la télé.
Il aime la cuisine thaï. Par contre, elle aime la cuisine italienne.
Il part en vacances à la montagne tandis qu'elle part à la mer.

 6

a. 1, 6 **b.** 1 **c.** 4 **d.** 5 **e.** 3 **f.** 1,2

 7

a. mais **b.** Malgré **c.** quand même **d.** pourtant **e.** même si
f. Bien que **g.** même si **h.** par contre

 8

a. Il a terminé à temps malgré la fatigue.
b. Il a beau faire des efforts, il n'y arrive pas.
c. Il est exigeant mais je l'apprécie quand même.
d. Je fais du sport même si j'ai quelques douleurs.
e. Je lui ai donné une autre chance malgré son attitude.
f. Elle peut venir. Cependant, elle doit payer 30 €.
g. Cette robe coûtait cher mais je l'ai achetée quand même.
h. Bien qu'il ait connu des difficultés, il a surmonté son handicap.

 9

b. On les a aidés mais on ne les aime quand même pas.
c. On va au Canada malgré le froid.
d. Votre discours était long. Cependant, il était intéressant et clair.
e. Je te donne 20 € même si je t'ai déjà donné ton argent de poche.
f. On doit quitter l'hôtel à 9 h. Pourtant, on m'avait dit 11 h au téléphone.
g. Sofia va accepter la proposition de Dounia bien qu'elle ne soit pas d'accord.
h. Louane est toujours de bonne humeur malgré ses problèmes familiaux.

 10

a. Elle a beau être malade, elle peut se lever.
b. Il a eu beau neiger toute la nuit, les routes sont dégagées.
c. Le taxi a beau coûter cher, je le prends tous les jours.
d. La vie a beau être chère à New-York, je vais m'y installer.
e. Lola a beau ne pas travailler, elle dépense beaucoup d'argent.
f. J'ai eu beau vivre vingt ans au bord de la mer, je ne sais pas nager.
g. Elle a eu beau avoir 30 ans le mois dernier, elle n'est toujours pas responsable.

 11

alors qu'- bien que - Contrairement à - Malgré - au lieu de - quand même

 12

Proposition de réponse :

Au Japon, on mange avec des baguettes alors qu'en France, on mange avec une fourchette et un couteau. Les Français gardent leurs chaussures dans leur maison tandis que les Japonais se déchaussent à l'entrée. Au lieu de faire la bise ou se serrer la main pour saluer, les Japonais préfèrent s'incliner pour dire bonjour. En France, on ouvre le cadeau devant la personne qui l'a offert. Au contraire, au Japon, on ouvre le cadeau quand on est seul. En France, on peut fumer dans la rue. À l'opposé, au Japon, on ne fume pas dans la rue sauf dans les endroits prévus. En France, on offre souvent un bouquet de fleurs ou une bouteille de vin lorsqu'on est invité. Par contre, au Japon, on offre souvent de la nourriture.

 13

Avant les femmes n'avaient pas le droit de vote alors que maintenant elles peuvent voter. Avant, on travaillait plus de quarante heures par semaine tandis que maintenant on travaille trente-cinq heures. Avant, on marchait beaucoup. Par contre, maintenant, on utilise souvent les voitures. Au lieu d'utiliser le lave-linge, les gens lavaient le linge à la main. Avant, les enfants n'avaient pas de cours le jeudi alors que maintenant ils n'ont pas de cours le mercredi. Contrairement à maintenant, les gens ne surfaient pas sur Internet.

37. indicateurs temporels
.... pages 185, 186, 187

1  PISTE 113

Transcription :

1. *J'insisterai jusqu'à ce que tu me répondes.*
2. *Je prendrai des congés après avoir fini ce projet.*
3. *Nous sommes sorties après que la pluie s'est arrêtée.*

4. Les enfants ne regarderont pas la télévision tant qu'ils n'auront pas terminé leurs devoirs.

5. Il faisait nuit lorsque nous sommes arrivés.

6. Parle-lui avant qu'il soit trop tard.

7. Il jouait avec les enfants pendant que je finissais mon travail.

8. Je t'appellerai avant d'arriver.

après que : 3
pendant que : 7
après : 2
jusqu'à ce que : 1
tant que : 4
avant de : 8
avant que : 6
lorsque : 5

b. Les enfants iront dormir [1] avant que le film soit fini [2].

c. Dès que nous aurons eu la réponse [1], nous te préviendrons [2].

d. Je ne connaissais pas Jacques [1] jusqu'à ce que tu me le présentes [2].

e. Après avoir cherché des heures [1], nous avons enfin trouvé la bonne route [2] !

f. Je travaillais dans une boutique [=] quand on m'a proposé le poste de gérant [=].

a. avant de
b. alors que
c. après
d. quand
e. dès que (qu')
f. jusqu'à ce que (qu')
g. tant que
h. pendant que

❹

a. 1, 4, 5, 6, 7, 8
b. 2, 6
c. 5
d. 3
e. 4
f. 1, 2, 5, 6
g. 1, 3, 4, 8
h. 3, 8

Transcription :

Ex. : – Vous avez déjà fait vos courses ?

– Oui nous avons fait les courses avant de planter la tente.

a. *– Vous restez encore longtemps dans le camping ?*

– Oui, nous restons jusqu'à ce que nos enfants reviennent de leur camp de vacances.

b. *– Vous allez visiter le phare de l'île ?*

– Oui, nous allons le visiter pendant que nous ferons la balade à vélo.

c. *– Vous mangez toujours à l'extérieur de la tente ?*

– Oui, nous mangeons à l'extérieur tant qu'il ne pleut pas.

d. *– Vous reprenez le travail tout de suite ?*

– Nous reprenons le travail après être rentrés chez nous.

e. *– Vous viendrez prendre l'apéritif un midi ?*

– Oui, nous viendrons prendre l'apéritif avant de quitter le camping.

a. Fais attention lorsque tu conduis !

b. Vous vous êtes revus après avoir terminé vos études ?

c. Elle continue son régime jusqu'à ce qu'on soit en été.

d. Je n'aurai pas le temps de terminer avant que tu reviennes.

e. Nous ferons des barbecues dans le jardin tant qu'il fera beau.

a. – J'ai décidé de travailler dans l'humanitaire pendant que je travaillais dans un hôpital en Afrique.

b. – Je suis allé en Afrique avant de partir vivre au Vietnam.

c. – Je compte rester au Vietnam jusqu'à ce que mes enfants grandissent.

d. – Je chercherai un travail lorsque ma femme prendra des cours de français.

e. – Nous prendrons une décision après avoir vécu quelques années en France.

Proposition de réponse :

Pendant que je visitais l'Europe, j'ai découvert la France et la Suisse. Après être rentré(e) dans mon pays, j'ai voulu apprendre le français. J'ai donc suivi des cours jusqu'à ce que je parle français couramment. Lorsque je suis revenu(e) en Europe, je pouvais communiquer facilement avec des Français. Alors que je me sentais à l'aise, j'ai cherché un travail. Je suis rentré(e) dans mon pays après avoir suivi une formation.

Bilan 1

.... pages 190, 191

❶

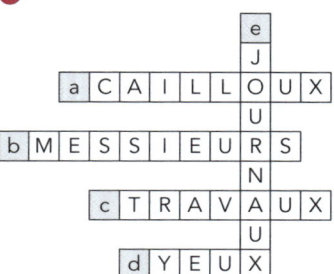

❷
a. sèche-linge **b.** demi-journées **c.** grands-parents
d. cafés-crème **e.** allers-retours

❸
a. de **b.** du **c.** de la **d.** le **e.** des

❹
une jeune fille - une artiste - du piano - des poèmes -
de la peinture - de longs - des yeux - le week-end - les
vacances - la femme

❺
a. Ø **b.** un **c.** l' **d.** Ø **e.** des

❻
a. des **b.** de **c.** de **d.** de la **e.** de la

❼
a. 4 **b.** 1 **c.** 3 **d.** 5 **e.** 2

❽
a. n'importe quel **b.** aucun **c.** tous **d.** Toute **e.** plusieurs

❾
a. une autre rencontre scientifique internationale
b. un beau film documentaire africain
c. les dernières créations technologiques japonaises
d. de jolies fleurs jaunes parfumées
e. de petites routes communales dangereuses

❿
a. tes lunettes orange
b. les vêtements bleu marine
c. de jolies chaussures rouges
d. les yeux marron
e. des rideaux vert clair

⓫
a. Oui, il est adorable.
b. Oh, c'est adorable.
c. C'est difficile à expliquer.
d. Oui, il est difficile à comprendre.
e. C'est agréable à entendre.

⓬
a. de **b.** à **c.** de **d.** à **e.** de

Bilan 2

.... pages 192, 193

❶
a. l' **b.** y **c.** lui **d.** en **e.** y

❷
a. le **b.** en **c.** y **d.** la (l') **e.** y

❸
a. – Oui, je les ai vues.
b. – Non, je ne l'ai pas comprise.
c. – Oui, ils vont y aller.
d. – Oui, je dois en acheter.
e. – Non, je ne pense plus à lui.

❹
a. 5 **b.** 3 **c.** 4 **d.** 1 **e.** 2

❺
a. de ce que tu lui as dit **b.** les croissants **c.** que c'est une
solution **d.** à ses amis **e.** à ce que vous dites

❻
a. – Non, je ne l'ai pas compris.
b. – Oui, je vais y penser.
c. – Oui, ils en ont envie.
d. – Non, je ne le pense pas.
e. – Non, elles ne s'y attendaient pas.

❼
a. lui **b.** lui **c.** moi **d.** t' **e.** y

❽
a. Elle ne nous en a jamais parlé.
b. Vous devez le lui dire.
c. Je ne me souviens pas de lui.
d. N'y passez pas trop de temps.
e. Nous allons leur en donner.

❾
a. Je leur en ai acheté.
b. Je ne veux pas le lui raconter.
c. Nous allons nous y habituer.
d. Je m'y étais habitué.
e. Je ne vais pas les accepter.

10

a. – Nous voulons lui en offrir.
b. – Tu les y as invités ?
c. – Elle leur en a parlé.
d. – Tu vas le leur expliquer.
e. – On va l'y inviter.

11

a. – Oui, prends-en trois.
b. – Oui, donnez-le-moi.
c. – Alors, explique-le-lui.
d. – C'est vrai. Présentez-le-moi.
e. – Très bien. Envoyez-les-nous.

12

me – y – y – m'- y – y – la – en – en – la – la

Bilan 3

.... pages 194, 195

1

a. 3 b. 4 c. 1 d. 5 e. 2

2

a. où b. dont c. que d. qui e. où

3

a. Tu connais la région où habite ?
b. Il a trouvé la maison dont je rêvais.
c. Le film qu'on a vu est sorti en 2013.
d. Je n'aime pas le disque que tu m'as offert.
e. La boutique où elle veut aller se trouve près de la poste.

4

a. laquelle b. lesquelles c. lequel d. lequel e. lesquels

5

a. chez qui b. de laquelle c. auquel d. lesquelles e. auxquelles

6

a. Quels sont les films auxquels tu t'intéresses ?
b. Je ne connais pas les personnes avec lesquelles / avec qui je vais voyager.
c. Tu vois la boutique près de laquelle il y a un arrêt de bus ?
d. On a besoin d'un système grâce auquel on pourra facilement communiquer.
e. J'ai bien reçu la lettre par laquelle vous m'informez de votre décision.

7

a. Je peux lire ce qu'elle a écrit.
b. Tu as apporté des macarons ? J'adore ça !
c. C'est un joli cadeau ! Ça me plaît beaucoup.
d. Merci de noter ceci : la réunion est reportée au 15 mars.
f. Ils vont se marier ? Qui t'a dit ça ?

8

a. c' b. c' c. ce d. ça e. ça

9

a. tous b. tout c. Tout d. toutes e. toutes

10

a. – Je ne veux rien boire.
b. – Il ne connaît personne à Lyon.
c. – Personne ne lui a téléphoné.
d. – Rien ne me dérange.
e. – Il n'y a rien de bizarre.

11

a. plusieurs b. certains c. d'autres d. quelques-unes
e. les mêmes

12

a. le vôtre b. le mien c. le tien d. les leurs e. la sienne

Bilan 4

.... pages 196, 197

1

a. sommes b. a c. sont d. êtes e. as

2

a. Elles sont restées chez elles.
b. Tu pouvais répondre.
c. Vous aviez dû sortir.
d. Tu avais eu froid.
e. Tu as été malade.

3

a. Elle est allée à Strasbourg et elle a dormi sur place.
b. Nous lui avons dit la vérité : elle n'a pas compris.
c. Il est passé me voir et il est resté dîner.
d. Ils ont reçu du courrier et ils l'ont lu.
e. Elles sont parties tôt et elles sont rentrées tard.

4

a. avais prêtés b. avait écrites c. avais déjà vue
d. aviez choisis e. nous étions parlé

5

		d				e
a	I	N	S	C	R	I	T
		O				E
	b	F	R	I	S		N
		T				U
	c	M	I	S		

6

– passé – passées – passée – passés – passé

7

a. passée b. rentrés c. demandés d. raconté e. invitée

8

a. Je l'ai appelée. b. Nous l'avons achetée. c. Nous n'en avons pas trouvé. d. On les a révisés. e. Tu ne lui as pas souhaité?

9

a. Comme il faisait beau, nous sommes partis(es) à la plage. b. Quand j'étais triste, je mangeais du chocolat. c. Je t'ai rendu le livre que tu m'avais prêté. d. Elle lisait son livre et quelqu'un a sonné à la porte. e. J'ai trouvé que c'était difficile.

10

a. savais - l'avait dit b. est parti - n'était pas c. as retrouvé - avais perdu d. ne savait pas - ils avaient gagné e. est devenu - avait

11

a. Il n'a pas su qu'elle était partie en Chine. b. Ils se sont rencontrés quand ils étaient étudiants. c. Tu as reçu les colis que je t'avais envoyés? d. Ils sont restés un jour de plus car leur avion n'avait pas décollé. e. Comme elle se sentait fatiguée, il l'a raccompagnée chez elle.

12

a. Elle était heureuse quand tu l'as appelée. b. Je t'avais prêté ma veste et tu l'as tâchée. c. J'ai perdu la bague que mon mari m'avait offerte. d. Ils étaient contents car on les avait félicités pour leur travail. e. Elle ne m'a jamais raconté les vacances qu'elle a passées au Maroc.

Bilan 5

.... pages 198, 199

1

```
    4       5
    F       V
1 S A C H I E Z
    S       U
    S   2 A I L L E
    E       L
    E       L
3 P U I S S E N T
```

2

a. signiez b. ne puissent pas c. réussisse d. dises
e. comprennent

3

a. pour que vous dormiez bien.
b. pour que vous présentiez le projet.
c. pour que vous puissiez comprendre.
d. pour que vous la contactiez.
e. pour que vous connaissiez les résultats.

4

a. fera b. ce soit c. a d. faille e. ce soit

5

a. Ce serait bien que Clara sache nager.
b. C'est dommage que Lisa soit fâchée.
c. Ça me ferait plaisir que tu viennes me voir.
d. Ça m'énerve qu'il pleuve tout le temps.
e. Il est possible qu'on aille au Brésil.

6

a. soit parti b. aient vendu c. ait annulé d. ne soit pas allée e. n'aie pas pu

7

a. soit venu b. demandiez c. aille d. aie jamais vu.

8

a. 3 b. 1 c. 4 d. 2

9

a. de b. Ø c. Ø d. d' e. d' f. Ø

10

a. Je voudrais écrire à Lydia.
b. Elle est contente de partir?
c. On a besoin d'emprunter 10 000 €.
d. J'espère aller au Japon.
e. Tu es sûr de connaître la réponse?

11

a. avoir déjeuné. b. qu'elle parte. c. de l'envoyer. d. payer mes études. e. qu'il a déménagé.

12

a. J'espère que nous ne serons pas en retard.
b. Elle a besoin que tu lui écrives une lettre.
c. Elle est heureuse de partir en Australie.
d. Ça m'inquiète de ne pas avoir de nouvelles.
e. Je suis surpris qu'il soit d'accord.
f. Je suis ravi de l'avoir rencontré.

Bilan 6

.... pages 200, 201

1

a. suivez b. dis c. soyons d. prends e. parlez

2

a. lève-toi b. Vas-y c. veuillez d. dis e. asseyez-vous

3

a. Retournes-y, n'attends pas! b. Parlez-lui tout de suite! c. Ne vous dépêchez pas! d. Achètes-en! e. Ne leur offrons pas ce tableau!

4

a. Ne l'écoutez pas! **b.** Ne lui parle pas! **c.** N'y va pas!
d. N'en prenez pas! **e.** Ne leur répondez pas!

5

a. 4 **b.** 1 **c.** 3 **d.** 2 **e.** 5

6

aurait profité - serait entrée - aurait pris - seraient arrivés -
l'aurait emmenée

7

a. On aurait aimé réussir notre examen.
b. J'aurais voulu être célèbre.
c. Ils auraient souhaité faire le Tour de France.
d. Il aurait fallu partir à 18 h.
e. Nous aurions pu vous aider.

8

a. Lisa aurait dû me téléphoner.
b. Tu aurais pu faire le ménage.
c. Vous auriez pu me répondre.
d. Ils auraient dû respecter les règles.
e. Tu aurais dû finir ton assiette.

9

V	I	E	N	A	N	P	L
E	A	V	S	V	I	R	I
N	É	T	A	N	T	E	R
A	A	N	C	E	A	N	A
N	N	T	H	V	N	A	N
L	I	S	A	N	T	N	T
N	V	E	N	A	N	T	E
T	S	A	T	I	E	N	T

10

a. On cherche une maison ayant quatre chambres.
b. Parlant russe, il a été embauché.
c. On voudrait une voiture consommant peu.
d. N'ayant pas de lait, je ne ferai pas de crêpes.
e. Ayant mal à la tête, je serai absente.

11

a. Étant **b.** en marchant **c.** Connaissant **d.** partant
e. en criant

12

a. En travaillant plus, on gagnera plus d'argent.
b. Tu iras mieux en mangeant plus équilibré.
c. Vous verrez Lara en allant au marché.
d. En prenant des cours, il va progresser.
e. En t'entraînant, tu pourras faire le marathon.

Bilan 7

.... pages 202, 203

1

a. efficacement **b.** régulièrement **c.** lentement
d. sérieusement **e.** définitivement

2

a. couramment **b.** doucement **c.** concrètement
d. brusquement **e.** récemment

3

a. Pour réussir un bon gâteau, il faut suivre la recette
méticuleusement. **b.** Pour réussir un examen, il faut étudier
efficacement. **c.** Pour trouver un travail, il faut chercher
quotidiennement. **d.** Pour faire un bon voyage, il faut se
renseigner précisément. **e.** Pour être en forme, il faut faire
du sport fréquemment.

4

a. très **b.** trop **c.** beaucoup **d.** très **e.** beaucoup

5

a. Vous ne courez pas assez vite.
b. On ne la voit pas souvent.
c. Vous avez beaucoup trop mangé.
d. Elle fait toujours des erreurs.
e. Vous avez bien travaillé.

6

a. Ils ont dîné dehors.
b. Il parle très mal chinois.
c. Tu marches beaucoup trop vite.
d. Il est trop tôt pour te lever.
e. Ce roman est très intéressant.

7

a. Il va habiter là-bas. **b.** Il s'est reposé dehors. **c.** On a bien
aimé ce film. **d.** Il va avoir mal à la tête. **e.** J'ai mal dormi.

8

a. 4 **b.** 2 **c.** 1 **d.** 5 **e.** 3

9

a. Laure est plus grande que Maël.
b. Il y a moins de touristes que l'année dernière.
c. Il est aussi drôle que son père.
d. On a plus de disponibilités que vous.
e. Maria a autant d'amis que Louise.

10

a. meilleure **b.** aussi **c.** autant **d.** meilleures **e.** meilleur

11

a. meilleurs **b.** mieux **c.** meilleur **d.** meilleure **e.** mieux

12

la plus belle - aussi animée - plus de soleil - la plus grande - les meilleures

Bilan 8

.... pages 204, 205

1

a. 2 **b.** 5 **c.** 1 **d.** 4 **e.** 3

2

a. As-tu fini ton travail? **b.** Où se sont-ils rencontrés?
c. Avec qui vas-tu voyager? **d.** Quand pouvez-vous venir?
e. Que faites-vous?

3

a. Pourquoi Arturo n'est-il pas venu?
b. Qui Julie a-t-elle rencontré à Dakar?
c. Combien Mme Hirsch a-t-elle payé?
d. Comment Clara va-t-elle venir?
e. Quel numéro Lydia a-t-elle composé?

4

a. Qui - qui **b.** Qu' - qui **c.** Qu' - que **d.** Qui - que **e.** Qu' / Qui - que

5

a. Je ne prends jamais de café le matin.
b. Vous n'habitez plus à Paris.
c. Elle ne nous a pas remerciés pour notre aide.
d. Vous n'avez jamais pris le ferry?
e. Elle ne pense plus partir en Italie.

6

a. Personne n'a frappé à la porte. **b.** Je n'ai vu personne.
c. Nous n'avons rien vu/je n'ai rien vu. **d.** Rien n'a changé.
e. Je ne veux rien manger.

7

a. Vous n'aimez pas chanter ni danser.
b. Elle n'a acheté ni fruits ni légumes.
c. Je ne le raconterai ni à Paul ni à Martha.
d. Tu n'as pas trouvé ton sac ni tes lunettes.
e. Ni mes amis ni ma famille n'ont oublié ma fête.

8

a. ont été bloqués **b.** est désigné **c.** était adorée **d.** sera sélectionnée **e.** ont été guidées

9

a. Ariane a été choisie comme déléguée.
b. La campagne a été couverte de neige en une nuit.
c. La nouvelle va être annoncée à la radio.
d. Le clown est applaudi par les enfants.
e. Les spectateurs ont été déçus par ce film.

10

a. – Oui, il a été livré. **b.** – Non, il n'a pas été élu. **c.** – Non, elle ne sera pas réparée. **d.** – Oui, la décision a été prise.
e. – Non, il sera tourné à Sydney.

11

a. Nous n'avons pas encore été contactés par le directeur.
b. Elle n'est pas respectée de ses étudiants.
c. Ils ne sont jamais déçus par ses déclarations.
d. Vous ne serez pas surpris de sa réaction.
e. Elles n'ont pas été applaudies par l'assemblée.

12

a. Pourquoi n'ont-ils pas été choisis? **b.** Quand serai-je aidé? **c.** Serai-je payé avant la fin du mois? **d.** Où le coupable a-t-il été jugé? **e.** N'avez-vous pas été surpris par son annonce?

Bilan 9

.... pages 206, 207

1

a. Elle leur dit qu'ils leur ont manqué.
b. Il me dit qu'il m'aidera si je veux.
c. Tu m'expliques que tu cherches ton dossier.
d. Elle m'annonce que ma réunion sera à 9 h.
e. Nous lui précisons que nous la lui confions.

2

a. Comment as-tu réussi? **b.** Pourquoi es-tu parti?
c. Où vas-tu? **d.** À qui as-tu prêté ta moto? **e.** Quand serez-vous libres?

3

a. 4 **b.** 1 **c.** 5 **d.** 2 **e.** 3

4

a. Elle lui a demandé pourquoi il lui avait dit.
b. Elle lui demande s'il pourra lui dire.
c. Elle lui a dit qu'elle ne lui dirait pas.
d. Elle lui a demandé de ne pas lui dire.
e. Elle lui demande ce qu'il lui dira.

5

a. Il te demande de ne pas être en retard.
b. Je leur dis de prendre leurs affaires.
c. Je lui ordonne de faire attention.
d. Vous lui conseillez de ne rien lui dire.
e. Elle lui dit de se tenir droit.

6

a. 3 **b.** 5 **c.** 1 **d.** 4 **e.** 2

7

a. de ne rien dire b. s'il pouvait venir c. qu'il voulait prendre des vacances d. que j'avais réussi e. d'être à l'heure

8

a. viendrait b. avait terminé c. savions d. se passait e. rentrerait

9

a. contexte passé: conditionnel = le lendemain
b. contexte présent: présent = aujourd'hui
c. contexte passé: plus-que-parfait = la veille
d. contexte présent: passé composé = hier
e. contexte présent: futur = demain

10

a. Ne soyez pas en retard! b. Avez-vous passé un bon séjour? c. Que penses-tu de mon projet? d. Garde nos filles! e. Nous chanterons à la soirée.

11

a. Je lui ai dit de ne pas aller trop loin. b. Il m'a demandé si j'avais compris ses explications. c. Tu m'avais dit que ce n'était pas une bonne idée. d. Elle nous a annoncé qu'elle se marierait le lendemain. e. Il nous a annoncé qu'il avait pris sa décision la veille.

12

a. Tu lui as expliqué que tu ne participerais pas à sa soirée. b. Elle leur a avoué qu'elle avait cassé leur voiture. c. Je t'ai dit de ne pas faire de bruit. d. Ils nous ont demandé si nous parlions français. e. Il t'a demandé ce que tu avais choisi comme dessert.

Bilan 10

.... pages 208, 209

1

a. 5 b. 3 c. 4 d. 2 e. 1

2

a. pour b. Comme c. afin que d. Puisque e. pour

3

a. à cause d' b. alors c. pour d. Comme e. pour

4

a. Comme il dort mal, il est fatigué.
b. Je sais conduire grâce à Fabien.
c. Puisque tu vas au Maroc, tu parleras arabe.
d. Le métro est fermé en raison d'une grève.
e. Mon fils pleure parce qu'il a faim.

5

a. Il a si chaud qu'il reste à l'ombre.
b. J'ai tant marché que j'ai des courbatures.
c. On a tant de choses qu'on va en donner.
d. Il crie si fort qu'on l'entend partout.
e. Il mange tant qu'il a souvent mal au ventre.

6

a. Liz a beau habiter à Saint-Lary, elle ne skie pas.
b. Il a beau pleuvoir, il se baigne.
c. Il a beau aimer les sushis, il n'en a pas mangé.
d. J'ai beau avoir mon permis, je n'ai pas de voiture.
e. Il a beau manger beaucoup, il ne grossit pas.

7

a. 2 b. 5 c. 3 d. 1 e. 4

8

a. Contrairement à b. alors que c. tandis que d. au lieu de e. à la place de

9

a. Tim est fils unique, par contre, Matt a deux frères. / Matt a deux frères, par contre, Tim est fils unique. b. Liam est sportif, au contraire, Julia déteste le sport. / Julia déteste le sport, au contraire, Liam est sportif. c. Je l'ai payé 20€ à la place de 30€. d. Elena est grande alors que Lou est petite. / Lou est petite alors qu'Elena est grande. e. On part dimanche au lieu de samedi.

10

a. avant de b. après c. dès que d. pendant que e. depuis que

11

a. Téléphone-moi dès que tu es arrivé.
b. Viens dîner avant d'aller au cinéma.
c. On partira après avoir terminé le travail.
d. Tu discutais avec Léa lorsque je t'ai vu.
e. Il doit rester ici tant qu'il n'a pas fini.

12

Dès que - Avant de - pendant que - jusqu'à ce qu' – Dès qu'/ Après qu'

Direct and Indirect Object Pronouns ..... page 212

les - leur - leur - l' - me - te - la - lui - m' - lui - nous - vous / te

The pronoun *en* and the pronoun *y* ...... page 213

y - y - en - en - en - y

The Imperfect and Past Perfect Tenses page 214

❶ était - faisait - a plu - as fait - avons visité - étaient - s'est promenés - savait - avait - a pas rencontré
❷ a. je suis tombé malade b. il faisait beau c. lui a téléphoné d. j'avais 15 ans e. il était allongé f. nous sommes partis

Past Participle Agreement .... page 215

❶ vu - regardée - aimé - interviewées - trouvé - parties - quitté - pleuré - touchée
❷ tombée - plantées - fané - rentrés - migré - fermé - arrivé

The Subjunctive .... page 216

qu'il part (indicative) : Je remarque… - Je vois… - Je sais… - Il est évident…
qu'il parte (subjunctive) : Je souhaite… - Il faut… - Je doute… - Je ne crois pas…

The Conditional: Concept and Use .... page 217

voudriez - aimerions - plairait - devrait - Seriez - préférerions - conviendrait - serait - envisageriez - pourrions

El pronombre *en* .... page 218

❶ a. J'en rêve. b. Nous en faisons plus qu'avant. c. Julien en a mis dans les pâtes. d. Je veux m'en acheter une paire. e. Il en reste pour demain. f. Maud va bientôt en faire. g. Il y en a trop dans ce document. h. Ce jeu est incomplet, il en manque deux.
❷ a. Oui, j'en fais. / Non, je n'en fais pas b. Oui, nous en voulons. / Non, nous n'en voulons pas c. Oui, ils en reviennent. / Non, ils n'en reviennent pas. d. Oui, j'en ai beaucoup pris. / Non, je n'en ai pas beaucoup pris e. Oui, j'en ai acheté six. / Non, je n'en ai pas acheté. f. Oui, je m'en souviens. / Non, je ne m'en souviens plus. g. Oui, j'en ai besoin. / Non, je n'en ai pas besoin. h. Oui, il en faut 100. / Non, il n'en faut pas autant.

El pronombre *y* .... page 219

❶ a. Dominique ne s'y est pas encore inscrite. b. Nous avons prévue d'y participer. c. Tu as l'intention d'y rester longtemps ? d. Tu y passes tout ton temps. e. Tu y crois ? g. Olivier y passe l'été. h. Tous les enfants y ont assisté.

❷ a. au cinéma. b. au restaurant. c. au musée. d. chez le médecin. e. à la mer, à la plage, à la piscine… f. en haut de la tour Eiffel, en montagne… g. à la poissonnerie, à la pêche…

El orden de los pronombres .... page 220

a. Je me le suis cuisiné tout seul. b. Répète-le lui plusieurs fois ! c. Il faut l'y inscrire avant la rentrée. d. Vous lui en prendrez. e. Il le lui a rappelé.

El superlativo relativo .... page 220

a. C'est l'endroit où il y a le plus d'embouteillages de la ville. b. Cette fille a les cheveux les plus longs de la classe. c. C'est la fille la plus drôle que j'ai rencontrée. d. Michael Jackson est le chanteur le plus connu au monde / dans le monde. e. Gérald est le médecin le plus expérimenté de la région.

Los pronombres relativos .... page 221

a. J'ai trouvé les livres de grammaire dont j'ai besoin. b. On se retrouve au marché qui est au même endroit que l'année dernière. c. Elsa a récupéré le costume qu'elle avait oublié. d. Il aime beaucoup la ville de Lille où il a étudié. e. J'ai croisé mon professeur de physique dont j'ai très peur. f. Je dois te rendre l'album de Tardi que tu m'as prêté.

El gerundio .... page 222
❶
a. en partant b. ayant c. en faisant d. En sachant e. Voyant f. en jouant g. ayant
❷
a. Il étudie de plus en plus. b. Il va à l'école en marchant. c. Je suis en train de cuisiner. d. Julian a appris son poème en nettoyant les vitres. e. Les personnes rencontrant des difficultés peuvent me demander. f. Il communiquait en faisant des signes.

La hipótesis con la oración condicional .... page 223

a. 4. b. 5. c. 2. d. 1. e. 3.

La enfatización con pronombres relativos .... page 223

a. C'est – qui b. Ce sont – que c. Ce sont – qui d. C'est – que

Tableau des conjugaisons

276

Verbes
avec prépositions *à* et *de*

282

Tableau des conjugaisons

	Être	Avoir	Verbes réguliers en -*er* Parler	Verbes irréguliers en -*er* Aller	Verbes pronominaux en -*er* Se laver
Présent	je suis tu es il, elle, on est nous sommes vous êtes ils, elles sont	j'ai tu as il, elle, on a nous avons vous avez ils, elles ont	je parle tu parles il, elle, on parle nous parlons vous parlez ils, elles parlent	je vais tu vas il, elle, on va nous allons vous allez ils, elles vont	je me lave tu te laves il, elle, on se lave nous nous lavons vous vous lavez ils, elles se lavent
Impératif	sois soyons soyez	aie ayons ayez	je parle parlons parlez	va allons allez	lave-toi lavons-nous lavez-vous
Passé composé	j'ai été tu as été il, elle, on a été nous avons été vous avez été ils, elles ont été	j'ai eu tu as eu il, elle, on a eu nous avons eu vous avez eu ils, elles ont eu	j'ai parlé tu as parlé il, elle, on a parlé nous avons parlé vous avez parlé ils, elles ont parlé	je suis allé(e) tu es allé(e) il, elle, on est allé(e)(s) nous sommes allé(e)s vous êtes allé(e)(s) ils, elles sont allé(e)s	je me suis lavé(e) tu t'es lavé(e) il, elle, on s'est lavé(e)(s) nous nous sommes lavé(e)s vous vous êtes lavé(e)(s) ils, elles se sont lavé(e)s
Imparfait	j'étais tu étais il, elle, on était nous étions vous étiez ils, elles étaient	j'avais tu avais il, elle, on avait nous avions vous aviez ils, elles avaient	je parlais tu parlais il, elle, on parlait nous parlions vous parliez ils, elles parlaient	j'allais tu allais il, elle, on allait nous allions vous alliez ils, elles allaient	je me lavais tu te lavais il, elle, on se lavait nous nous lavions vous vous laviez ils, elles se lavaient
Plus-que-parfait	j'avais été tu avais été il, elle, on avait été nous avions été vous aviez été ils, elles avaient été	j'avais eu tu avais eu il, elle, on avait eu nous avions eu vous aviez eu ils, elles avaient eu	j'avais parlé tu avais parlé il, elle, on avait parlé nous avions parlé vous aviez parlé ils, elles avaient parlé	j'étais allé(e) tu étais allé(e) il, elle, on était allé(e)(s) nous étions allé(e)s vous étiez allé(e)(s) ils, elles étaient allé(e)s	je m'étais lavé(e) tu t'étais lavé(e) il, elle, on s'était lavé(e)(s) nous nous étions lavé(e)s vous vous étiez lavé(e)(s) ils, elles s'étaient lavé(e)s
Futur	je serai tu seras il, elle, on sera nous serons vous serez ils, elles seront	j'aurai tu auras il, elle, on aura nous aurons vous aurez ils, elles auront	je parlerai tu parleras il, elle, on parlera nous parlerons vous parlerez ils, elles parleront	j'irai tu iras il, elle, on ira nous irons vous irez ils, elles iront	je me laverai tu te laveras il, elle, on se lavera nous nous laverons vous vous laverez ils, elles se laveront
Conditionnel présent	je serais tu serais il, elle, on serait nous serions vous seriez ils, elles seraient	j'aurais tu aurais il, elle, on aurait nous aurions vous auriez ils, elles auraient	je parlerais tu parlerais il, elle, on parlerait nous parlerions vous parleriez ils, elles parleraient	j'irais tu irais il, elle, on irait nous irions vous iriez ils, elles iraient	je me laverais tu te laverais il, elle, on se laverait nous nous laverions vous vous laveriez ils, elles se laveraient
Subjonctif présent	je sois tu sois il, elle, on soit nous soyons vous soyez ils, elles soient	j'aie tu aies il, elle, on ait nous ayons vous ayez ils, elles aient	je parle tu parles il, elle, on parle nous parlions vous parliez ils, elles parlent	j'aille tu ailles il, elle, on aille nous allions vous alliez ils, elles aillent	je me lave tu te laves il, elle, on se lave nous nous lavions vous vous laviez ils, elles se lavent

Verbes réguliers en -ir	Verbes irréguliers en -ir			Verbes en -ire
Finir	**Sortir**	**Venir**	**Offrir**	**Écrire**
je finis	je sors	je viens	j'offre	j'écris
tu finis	tu sors	tu viens	tu offres	tu écris
il, elle, on finit	il, elle, on sort	il, elle, on vient	il, elle, on offre	il, elle, on écrit
nous finissons	nous sortons	nous venons	nous offrons	nous écrivons
vous finissez	vous sortez	vous venez	vous offrez	vous écrivez
ils, elles finissent	ils, elles sortent	ils, elles viennent	ils, elles offrent	ils, elles écrivent
finis	sors	viens	offre	écris
finissons	sortons	venons	offrons	écrivons
finissez	sortez	venez	offrez	écrivez
j'ai fini	je suis sorti(e)	je suis venu(e)	j'ai offert	j'ai écrit
tu as fini	tu es sorti(e)	tu es venu(e)	tu as offert	tu as écrit
il, elle, on a fini	il, elle, on est sorti(e)(s)	il, elle, on est venu(e)(s)	il, elle, on a offert	il, elle, on a écrit
nous avons fini	nous sommes sorti(e)s	nous sommes venu(e)s	nous avons offert	nous avons écrit
vous avez fini	vous êtes sorti(e)(s)	vous êtes venu(e)(s)	vous avez offert	vous avez écrit
ils, elles ont fini	ils, elles sont sorti(e)s	ils, elles sont venu(e)s	ils, elles ont offert	ils, elles ont écrit
je finissais	je sortais	je venais	j'offrais	j'écrivais
tu finissais	tu sortais	tu venais	tu offrais	tu écrivais
il, elle, on finissait	il, elle, on sortait	il, elle, on venait	il, elle, on offrait	il, elle, on écrivait
nous finissions	nous sortions	nous venions	nous offrions	nous écrivions
vous finissiez	vous sortiez	vous veniez	vous offriez	vous écriviez
ils, elles finissaient	ils, elles sortaient	ils, elles venaient	ils, elles offraient	ils, elles écrivaient
j'avais fini	j'étais sorti(e)	j'étais venu(e)	j'avais offert	j'avais écrit
tu avais fini	tu étais sorti(e)	tu étais venu(e)	tu avais offert	tu avais écrit
il, elle, on avait fini	il, elle, on était sorti(e)(s)	il, elle, on était venu(e)(s)	il, elle, on avait offert	il, elle, on avait écrit
nous avions fini	nous étions sorti(e)s	nous étions venu(e)s	nous avions offert	nous avions écrit
vous aviez fini	vous étiez sorti(e)(s)	vous étiez venu(e)(s)	vous aviez offert	vous aviez écrit
ils, elles avaient fini	ils, elles étaient sorti(e)s	ils, elles étaient venu(e)s	ils, elles avaient offert	ils, elles avaient ecrit
je finirai	je sortirai	je viendrai	j'offrirai	j'écrirai
tu finiras	tu sortiras	tu viendras	tu offriras	tu écriras
il, elle, on finira	il, elle, on sortira	il, elle, on viendra	il, elle, on offrira	il, elle, on écrira
nous finirons	nous sortirons	nous viendrons	nous offrirons	nous écrirons
vous finirez	vous sortirez	vous viendrez	vous offrirez	vous écrirez
ils, elles finiront	ils, elles sortiront	ils, elles viendront	ils, elles offriront	ils, elles écriront
je finirais	je sortirais	je viendrais	j'offrirais	j'écrirais
tu finirais	tu sortirais	tu viendrais	tu offrirais	tu écrirais
il, elle, on finirait	il, elle, on sortirait	il, elle, on viendrait	il, elle, on offrirait	il, elle, on écrirait
nous finirions	nous sortirions	nous viendrions	nous offririons	nous écririons
vous finiriez	vous sortiriez	vous viendriez	vous offririez	vous écririez
ils, elles finiraient	ils, elles sortiraient	ils, elles viendraient	ils, elles offriraient	ils, elles écriraient
je finisse	je sorte	je vienne	j'offre	j'écrive
tu finisses	tu sortes	tu viennes	tu offres	tu écrives
il, elle, on finisse	il, elle, on sorte	il, elle, on vienne	il, elle, on offre	il, elle, on écrve
nous finissions	nous sortions	nous venions	nous offrions	nous écrivions
vous finissiez	vous sortiez	vous veniez	vous offriez	vous écriviez
ils, elles finissent	ils, elles sortent	ils, elles viennent	ils, elles offrent	ils, elles écrivent

	Verbes en -ire		Verbes en -oir		
	Dire	**Lire**	**Pouvoir**	**Vouloir**	**Devoir**
Présent	je dis tu dis il, elle, on dit nous disons vous dites ils, elles disent	je lis tu lis il, elle, on lit nous lisons vous lisez ils, elles lisent	je peux tu peux il, elle, on peut nous pouvons vous pouvez ils, elles peuvent	je veux tu veux il, elle, on veut nous voulons vous voulez ils, elles veulent	je dois tu dois il, elle, on doit nous devons vous devez ils, elles doivent
Impératif	dis disons dites	lis lisons lisez	*n'existe pas*	veuillez	*n'existe pas*
Passé composé	j'ai dit tu as dit il, elle, on a dit nous avons dit vous avez dit ils, elles ont dit	j'ai lu tu as lu il, elle, on a lu nous avons lu vous avez lu ils, elles ont lu	j'ai pu tu as pu il, elle, on a pu nous avons pu vous avez pu ils, elles ont pu	j'ai voulu tu as voulu il, elle, on a voulu nous avons voulu vous avez voulu ils, elles ont voulu	j'ai dû tu as dû il, elle, on a dû nous avons dû vous avez dû ils, elles ont dû
Imparfait	je disais tu disais il, elle, on disait nous disions vous disiez ils, elles disaient	je lisais tu lisais il, elle, on lisait nous lisions vous lisiez ils, elles lisaient	je pouvais tu pouvais il, elle, on pouvait nous pouvions vous pouviez ils, elles pouvaient	je voulais tu voulais il, elle, on voulait nous voulions vous vouliez ils, elles voulaient	je devais tu devais il, elle, on devait nous devions vous deviez ils, elles devaient
Plus-que-parfait	j'avais dit tu avais dit il, elle, on avait dit nous avions dit vous aviez dit ils, elles avaient dit	j'avais lu tu avais lu il, elle, on avait lu nous avions lu vous aviez lu ils, elles avaient lu	j'avais pu tu avais pu il, elle, on avait pu nous avions pu vous aviez pu ils, elles avaient pu	j'avais voulu tu avais voulu il, elle, on avait voulu nous avions voulu vous aviez voulu ils, elles avaient voulu	j'avais dû tu avais dû il, elle, on avait dû nous avions dû vous aviez dû ils, elles avaient dû
Futur	je dirai tu diras il, elle, on dira nous dirons vous direz ils, elles diront	je lirai tu liras il, elle, on lira nous lirons vous lirez ils, elles liront	je pourrai tu pourras il, elle, on pourra nous pourrons vous pourrez ils, elles pourront	je voudrai tu voudras il, elle, on voudra nous voudrons vous voudrez ils, elles voudront	je devrai tu devras il, elle, on devra nous devrons vous devrez ils, elles devront
Conditionnel présent	je dirais tu dirais il, elle, on dirait nous dirions vous diriez ils, elles diraient	je lirais tu lirais il, elle, on lirait nous lirions vous liriez ils, elles liraient	je pourrais tu pourrais il, elle, on pourrait nous pourrions vous pourriez ils, elles pourraient	je voudrais tu voudrais il, elle, on voudrait nous voudrions vous voudriez ils, elles voudraient	je devrais tu devrais il, elle, on devrait nous devrions vous devriez ils, elles devraient
Subjonctif présent	je dise tu dises il, elle, on dise nous disions vous disiez ils, elles disent	je lise tu lises il, elle, on lise nous lisions vous lisiez ils, elles lisent	je puisse tu puisses il, elle, on puisse nous puissions vous puissiez ils, elles puissent	je veuille tu veuilles il, elle, on veuille nous voulions vous vouliez ils, elles veuillent	je doive tu doives il, elle, on doive nous devions vous deviez ils, elles doivent

Verbes en -*oir*		Verbes en -*oire*		Verbes en -*endre*	
Voir	**Savoir**	**Boire**	**Croire**	**Prendre**	**Vendre**
je vois tu vois il, elle, on voit nous voyons vous voyez ils, elles voient	je sais tu sais il, elle, on sait nous savons vous savez ils, elles savent	je bois tu bois il, elle, on boit nous buvons vous buvez ils, elles boivent	je crois tu crois il, elle, on croit nous croyons vous croyez ils, elles croient	je prends tu prends il, elle, on prend nous prenons vous prenez ils, elles prennent	je vends tu vends il, elle, on vend nous vendons vous vendez ils, elles vendent
vois voyons voyez	sache sachons sachez	bois buvons buvez	crois croyons croyez	prends prenons prenez	vends vendons vendez
j'ai vu tu as vu il, elle, on a vu nous avons vu vous avez vu ils, elles ont vu	j'ai su tu as su il, elle, on a su nous avons su vous avez su ils, elles ont su	j'ai bu tu as bu il, elle, on a bu nous avons bu vous avez bu ils, elles ont bu	j'ai cru tu as cru il, elle, on a cru nous avons cru vous avez cru ils, elles ont cru	j'ai pris tu as pris il, elle, on a pris nous avons pris vous avez pris ils, elles ont pris	j'ai vendu tu as vendu il, elle, on a vendu nous avons vendu vous avez vendu ils, elles ont vendu
je voyais tu voyais il, elle, on voyait nous voyions vous voyiez ils, elles voyaient	je savais tu savais il, elle, on savait nous savions vous saviez ils, elles savaient	je buvais tu buvais il, elle, on buvait nous buvions vous buviez ils, elles buvaient	je croyais tu croyais il, elle, on croyait nous croyions vous croyiez ils, elles croyaient	je prenais tu prenais il, elle, on prenait nous prenions vous preniez ils, elles prenaient	je vendais tu vendais il, elle, on vendait nous vendions vous vendiez ils, elles vendaient
j'avais vu tu avais vu il, elle, on avait vu nous avions vu vous aviez vu ils, elles avaient vu	j'avais su tu avais su il, elle, on avait su nous avions su vous aviez su ils, elles avaient su	j'avais bu tu avais bu il, elle, on avait bu nous avions bu vous aviez bu ils, elles avaient bu	j'avais cru tu avais cru il, elle, on avait cru nous avions cru vous aviez cru ils, elles avaient cru	j'avais pris tu avais pris il, elle, on avait pris nous avions pris vous aviez pris ils, elles avaient pris	j'avais vendu tu avais vendu il, elle, on avait vendu nous avions vendu vous aviez vendu ils, elles avaient vendu
je verrai tu verras il, elle, on verra nous verrons vous verrez ils, elles verront	je saurai tu sauras il, elle, on saura nous saurons vous saurez ils, elles sauront	je boirai tu boiras il, elle, on boira nous boirons vous boirez ils, elles boiront	je croirai tu croiras il, elle, on croira nous croirons vous croirez ils, elles croiront	je prendrai tu prendras il, elle, on prendra nous prendrons vous prendrez ils, elles prendront	je vendrai tu vendras il, elle, on vendra nous vendrons vous vendrez ils, elles vendront
je verrais tu verrais il, elle, on verrait nous verrions vous verriez ils, elles verraient	je saurais tu saurais il, elle, on saurait nous saurions vous sauriez ils, elles sauraient	je boirais tu boirais il, elle, on boirait nous boirions vous boiriez ils, elles boiraient	je croirais tu croirais il, elle, on croirait nous croirions vous croiriez ils, elles croiraient	je prendrais tu prendrais il, elle, on prendrait nous prendrions vous prendriez ils, elles prendraient	je vendrais tu vendrais il, elle, on vendrait nous vendrions vous vendriez ils, elles vendraient
je voie tu voies il, elle, on voie nous voyions vous voyiez ils, elles voient	je sache tu saches il, elle, on sache nous sachions vous sachiez ils, elles sachent	je boive tu boives il, elle, on boive nous buvions vous buviez ils, elles boivent	je croie tu croies il, elle, on croie nous croyions vous croyiez ils, elles croient	je prenne tu prennes il, elle, on prenne nous prenions vous preniez ils, elles prennent	je vende tu vendes il, elle, on vende nous vendions vous vendiez ils, elles vendent

	Verbes en *-tre*		Verbes en *-uire*	Verbes en *-eindre* et *-aindre*	
	Connaître	**Mettre**	**Conduire**	**Peindre**	**Craindre**
Présent	je connais tu connais il, elle, on connaît nous connaissons vous connaissez ils, elles connaissent	je mets tu mets il, elle, on met nous mettons vous mettez ils, elles mettent	je conduis tu conduis il, elle, on conduit nous conduisons vous conduisez ils, elles conduisent	je peins tu peins il, elle, on peint nous peignons vous peignez ils, elles peignent	je crains tu crains il, elle, on craint nous craignons vous craignez ils, elles craignent
Impératif	*peu utilisé*	mets mettons mettez	conduis conduisons conduisez	peins peignons peignez	crains craignons craignez
Passé composé	j'ai connu tu as connu il, elle, on a connu nous avons connu vous avez connu ils, elles ont connu	j'ai mis tu as mis il, elle, on a mis nous avons mis vous avez mis ils, elles ont mis	j'ai conduit tu as conduit il, elle, on a conduit nous avons conduit vous avez conduit ils, elles ont conduit	j'ai peint tu as peint il, elle, on a peint nous avons peint vous avez peint ils, elles ont peint	j'ai craint tu as craint il, elle, on a craint nous avons craint vous avez craint ils, elles ont craint
Imparfait	je connaissais tu connaissais il, elle, on connaissait nous connaissions vous connaissiez ils, elles connaissaient	je mettais tu mettais il, elle, on mettait nous mettions vous mettiez ils, elles mettaient	je conduisais tu conduisais il, elle, on conduisait nous conduisions vous conduisiez ils, elles conduisaient	je peignais tu peignais il, elle, on peignait nous peignions vous peigniez ils, elles peignaient	je craignais tu craignais il, elle, on craignait nous craignions vous craigniez ils, elles craignaient
Plus-que-parfait	j'avais connu tu avais connu il, elle, on avait connu nous avions connu vous aviez connu ils, elles avaient connu	j'avais mis tu avais mis il, elle, on avait mis nous avions mis vous aviez mis ils, elles avaient mis	j'avais conduit tu avais conduit il, elle, on avait conduit nous avions conduit vous aviez conduit ils, elles avaient conduit	j'avais peint tu avais peint il, elle, on avait peint nous avions peint vous aviez peint ils, elles avaient peint	j'avais craint tu avais craint il, elle, on avait craint nous avions craint vous aviez craint ils, elles avaient craint
Futur	je connaîtrai tu connaîtras il, elle, on connaîtra nous connaîtrons vous connaîtrez ils, elles connaîtront	je mettrai tu mettras il, elle, on mettra nous mettrons vous mettrez ils, elles mettront	je conduirai tu conduiras il, elle, on conduira nous conduirons vous conduirez ils, elles conduiront	je peindrai tu peindras il, elle, on peindra nous peindrons vous peindrez ils, elles peindront	je craindrai tu craindras il, elle, on craindra nous craindrons vous craindrez ils, elles craindront
Conditionnel présent	je connaîtrais tu connaîtrais il, elle, on connaîtrait nous connaîtrions vous connaîtriez ils, elles connaîtraient	je mettrais tu mettrais il, elle, on mettrait nous mettrions vous mettriez ils, elles mettraient	je conduirais tu conduirais il, elle, on conduirait nous conduirions vous conduiriez ils, elles conduiraient	je peindrais tu peindrais il, elle, on peindrait nous peindrions vous peindriez ils, elles peindraient	je craindrais tu craindrais il, elle, on craindrait nous craindrions vous craindriez ils, elles craindraient
Subjonctif présent	je connaisse tu connaisses il, elle, on connaisse nous connaissions vous connaissiez ils, elles connaissent	je mette tu mettes il, elle, on mette nous mettions vous mettiez ils, elles mettent	je conduise tu conduises il, elle, on conduise nous conduisions vous conduisiez ils, elles conduisent	je peigne tu peignes il, elle, on peigne nous peignions vous peigniez ils, elles peignent	je craigne tu craignes il, elle, on craigne nous craignions vous craigniez ils, elles craignent

Autres verbes en -re		Verbes impersonnels	
Faire	**Vivre**	**Falloir**	**Pleuvoir**
je fais tu fais il, elle, on fait nous faisons vous faites ils, elles font	je vis tu vis il, elle, on vit nous vivons vous vivez ils, elles vivent	il faut	il pleut
fais faisons faites	vis vivons vivez	*n'existe pas*	*n'existe pas*
j'ai fait tu as fait il, elle, on a fait nous avons fait vous avez fait ils, elles ont fait	j'ai vécu tu as vécu il, elle, on a vécu nous avons vécu vous avez vécu ils, elles ont vécu	il a fallu	il a plu
je faisais tu faisais il, elle, on faisait nous faisions vous faisiez ils, elles faisaient	je vivais tu vivais il, elle, on vivait nous vivions vous viviez ils, elles vivaient	il fallait	il pleuvait
j'avais fait tu avais fait il, elle, on avait fait nous avions fait vous aviez fait ils, elles avaient fait	j'avais vécu tu avais vécu il, elle, on avait vécu nous avions vécu vous aviez vécu ils, elles avaient vécu	il avait fallu	il avait plu
je ferai tu feras il, elle, on fera nous ferons vous ferez ils, elles feront	je vivrai tu vivras il, elle, on vivra nous vivrons vous vivrez ils, elles vivront	il faudra	il pleuvra
je ferais tu ferais il, elle, on ferait nous ferions vous feriez ils, elles feraient	je vivrais tu vivrais il, elle, on vivrait nous vivrions vous vivriez ils, elles vivraient	il faudrait	il pleuvrait
je fasse tu fasses il, elle, on fasse nous fassions vous fassiez ils, elles fassent	je vive tu vives il, elle, on vive nous vivions vous viviez ils, elles vivent	il faille	il pleuve

Autres temps et modes

Conditionnel passé

Le conditionnel passé se forme avec *avoir* ou *être* au conditionnel présent et le participe passé, sur le modèle du passé composé.

Passé composé :
il a parlé – elle est partie

Conditionnel passé :
il aurait parlé – elle serait partie

Subjonctif passé

Le subjonctif passé se forme avec *avoir* ou *être* au subjonctif présent et le participe passé, sur le modèle du passé composé.

Passé composé :
il a parlé – elle est partie

Subjonctif passé :
il ait parlé – elle soit partie

Verbes avec prépositions *à* et *de*

Abréviations : *qqch* (quelque chose) / *qqn* (quelqu'un)

A

accepter de faire* *(qqch)/qqch*
acheter *qqch (à qqn)*
aider *(qqn)* à (faire) *qqch/qqn***
apporter *qqch (à qqn)*
apprendre à faire / *(à qqn)* (à faire) *qqch*
arrêter (de faire) *qqch*
arriver à faire *(qqch)*
assister à *qqch*
avoir besoin de (faire) *qqch*/de *qqn*
avoir envie de (faire) *qqch*
avoir peur de (faire) *qqch*/de *qqn*

C

choisir (de faire) *qqch*
commander *(à qqn)* (de faire) *qqch*
commencer (à faire) *qqch*
conseiller *(à qqn)* (de faire) *qqch/qqn*
continuer (à faire / de faire) *qqch*
croire à *qqch*/en *qqn*

D

décider de (faire) *qqch*
déclarer *(à qqn)* (faire) *qqch*
déconseiller *(à qqn)* (de faire) *qqch/qqn*
demander *(à qqn)* (de faire) *qqch/qqn*
dire *(à qqn)* (de faire) *qqch*
discuter de *qqch*/de *qqn*
donner *qqch (à qqn)*

E

échouer à *qqch*
écrire à *qqn (qqch)/qqch*
emporter *qqch (à qqn)*
emprunter *qqch (à qqn)*
encourager *(qqn à faire) qqch/qqn*
envisager de faire / (de faire) *qqch*
envoyer *qqch (à qqn)*
essayer de faire / (de faire) *qqch*
éviter de faire / (de faire) *qqch*

F

faire attention à *qqch*/à *qqn*
faire confiance à *qqn*/à *qqch*
féliciter *qqn* de (faire) *qqch/qqn*
finir (de faire) *qqch*

I

interdire *(à qqn)* (de faire) *qqch*
inviter *qqn* à (faire) *qqch/qqn*

J

jouer à (faire) *qqch*
jouer de *qqch*

M

manquer à *qqn*
manquer de *qqch*

---

* Le verbe *faire* est donné à titre d'exemple et peut être remplacé par un autre verbe.
Ex. : *J'accepte de faire un gâteau. / J'accepte de préparer un gâteau.*
** Plusieurs constructions sont souvent possibles. Exemples :
accepter → *J'accepte de travailler / J'accepte ton invitation.*
acheter → *J'achète trois gâteaux. / J'achète au boulanger trois gâteaux.*
aider → *J'aide Marius à construire sa maison. / J'aide à construire la maison. /*
        J'aide à la construction de la maison. / J'aide Marius.

O

obliger *qqn* à faire *(qqch)*
offrir *qqch (à qqn)*
oublier de faire/(de faire) *qqch/qqn*

P

parler à *qqn*/de *qqn (à qqn)*/de (faire) *qqch (à qqn)*
participer à *qqch*
penser à (faire) *qqch*/à *qqn*
penser de (faire) *qqch*/de *qqn*
prendre *qqch (à qqn)*
prêter *qqch (à qqn)*
promettre *(à qqn)* (de faire) *qqch*
proposer *(à qqn)* (de faire) *qqch*

R

rappeler *(à qqn)* (de faire) *qqch*
recevoir *qqch* (de *qqn*)
réclamer *(à qqn) qqch/qqn*
refuser *(à qqn)* (de faire) *qqch*
regretter (de faire) *qqch*
remercier *qqn* de (faire) *qqch*
rendre visite à *qqn*
répondre à *qqch*/à *qqn*
ressembler à *qqch*/à *qqn*
réussir à faire *(qqch)*/*qqch*
rêver de (faire) *qqch*/de *qqn*
risquer (de faire) *qqch*

S

s'adresser **a** *qqn*
s'amuser à faire *(qqch)*
s'excuser de (faire) *qqch*
s'opposer à *qqch/qqn*
se dépêcher de faire *(qqch)*
se mettre à (faire) *qqch*
se moquer de *qqch*/de *qqn*
se servir de *qqch*/de *qqn*
se souvenir de (faire) *qqch*/de *qqn*
servir à (faire) *qqch*/à *qqn*
s'inscrire à *qqch*
s'intéresser à *qqch*/à *qqn*
s'occuper de (faire) *qqch*/de *qqn*
souhaiter *(à qqn)* (de faire) *qqch*
suggérer *(à qqn)* (de faire) *qqch*

T

téléphoner à *qqn*
tenir à (faire) *qqch*/à *qqn*
transmettre *qqch (à qqn)*

V

vendre *qqch (à qqn)*
voler *qqch (à qqn)*

Index

Index